经济法律
基础与实务

刘 红 王雄文 主编

知识产权出版社
全国百佳图书出版单位
——北京——

图书在版编目（CIP）数据

经济法律基础与实务/刘红，王雄文主编. —北京：知识产权出版社，

2025.6. —ISBN 978-7-5130-9705-5

Ⅰ.D922.29

中国国家版本馆 CIP 数据核字第 2024LP4520 号

内容提要

本书主要内容包括企业法、公司法、合同法、反不正当竞争法、反垄断法、知识产权法、产品质量法、消费者权益保护法、劳动合同法、经济仲裁与经济诉讼法等，结合经济、管理类专业学生知识结构的特点和非法学专业经济法课程设置的实际需要，依据新颁布的相关的法律法规而编写，既阐释了经济法律制度的理论基础，又融入了案例与实务内容，满足了经济、管理类专业学生学习和未来发展对法律知识的需求。

责任编辑：李　叶　　　　　　　　　责任印制：刘译文

封面设计：乾达文化

经济法律基础与实务

JINGJI FALÜ JICHU YU SHIWU

刘　红　王雄文　主编

出版发行：知识产权出版社有限责任公司	网　　址：http://www.ipph.cn
电　话：010-82004826		http://www.laichushu.com
社　址：北京市海淀区气象路50号院	邮　编：100081
责编电话：010-82000860 转 8745	责编邮箱：laichushu@cnipr.com
发行电话：010-82000860 转 8101	发行传真：010-82000893
印　刷：北京中献拓方科技发展有限公司	经　销：新华书店、各大网上书店及相关专业书店
开　本：720mm×1000mm　1/16	印　张：24.25
版　次：2025年6月第1版	印　次：2025年6月第1次印刷
字　数：423千字	定　价：128.00元

ISBN 978-7-5130-9705-5

前　言

　　我国已开启建设现代化国家的新征程。实现"中国式现代化"，尤其需要法律对经济发展的促进和保障。为此，有必要结合经济社会发展和法治建设的新需要，综合经济法律理论和制度的新发展，对旧有的经济法教材作出修订。近年来，经济立法已发生较大变化。例如，国家立法机关修改了《中华人民共和国反垄断法》《中华人民共和国反不正当竞争法》《中华人民共和国公司法》等，国务院通过了《消费者权益保护法实施条例》，最高人民法院发布关于适用《中华人民共和国民法典》合同编通则若干问题的解释等，尤其是《中华人民共和国公司法》的修改力度很大，这些都需要在新编教材中加以体现。本书的编写力图体现经济法律理论研究和制度建设的最新成果，适合作为应用型高等院校相关非法学专业本科生、专科生的教材，也适合对经济法律有兴趣的社会各界人士阅读。

　　本书主要内容由经济法律基础、企业法律制度、公司法律制度、合同法律制度、反不正当竞争和反垄断法律制度、知识产权法律制度、消费者权益保护和产品质量法律制度、劳动合同法律制度、经济仲裁和经济诉讼九章构成。第一章是经济法律基础，集中介绍法学基础知识和与经济法律相关的基本制度，是学习经济法律的基础。第二章至第八章分别介绍企业、公司、合同、竞争、知识产权、消费者保护及劳动合同的法律制度。第九章主要介绍经济仲裁和经济诉讼等程序制度。本书注重吸纳其他非法学专业经济法教材的优点，不断修改完善。编写体例分为引例、正文、同步练习和课后思考四个模块，在正文中力求将复杂的经济法律理论和制度实践用简明的语言表达出来，设立"法条链接""典型案例""知识拓展"等环节。本书紧密结合中国经济社会实践和学生的实际，更有助于学生全面理解经济法律对于推动国家现代化的重要价值。

　　本书由东莞城市学院法学院教师编写。各章撰稿情况如下：王雄文撰写

第一章、第二章、第八章、第九章；刘红撰写第四章、第五章；丛珊撰写第三章；田路撰写第六章、第七章。本书由刘红教授、王雄文副教授任主编，并负责最后的修改定稿工作。

本书编写过程参考和借鉴了国内外有关专家、学者的研究成果和论述的精髓，因篇幅原因无法一一注明出处，在此对原作者表示深切的谢意。同时，本书出版得到了知识产权出版社的大力支持，一并致谢！

本书编写虽然力求准确科学，但因水平有限，可能存在诸多不足，诚望读者专家多予雅正。

编　者

2024 年 9 月 9 日

目录

第一章　经济法律基础

引 例

甲、乙公司签订了 80 万元的买卖合同，合同标的为机器设备一台。合同约定"甲公司应当在 4 月 1 日前交货，乙公司在收到设备后 10 日内付款"。后甲方未按约定交付设备，乙方遂将其起诉至法院。

试分析该案中法律关系的主体、内容和客体。

第一节　法学基础知识

一、法的概念与特征

（一）法的概念

法是由国家制定或认可的，以权利义务为主要内容的，体现国家意志，并以国家强制力保障实施的人们行为规范的总称。[1] 法通过规定人们在相互关系中的权利和义务，确认、保护和发展对统治阶级有利的社会关系和社会秩序。

法是法律规范的总称，法律规范是构成法的"细胞"。所谓法律规范，是指国家通过制定或认可的方式形成法律规则和法律原则来调整人们的行为。法律规范不同于法律条文，法律条文是法律规范的文字，法律规范是法律条文内涵的意思表示。一般而言，法律规范由多个法律条文组成。法律规范不仅包含法律规则，还包含法律原则。法律规则是采取一定的结构形式具体规定人们的权利、义务及相应的法律后果的行为规范。任何法律规则均由假定

---

[1] 全国人大常委会办公厅研究室. 全国人大常委会法制讲座汇编（第二辑）［M］. 北京：中国民主法制出版社，2000：1.

条件、行为模式和法律后果三个部分构成，这是法律规则的逻辑结构。法律原则是指一定法律体系中作为法律规则的指导思想、基础或本源的、综合的、稳定的法律原理和准则。法律规则、法律原则与法律概念是法这一复杂系统的构成要素。

在法律规则和法律原则的适用上，一般优先适用法律规则，但是有例外，即法律原则适用的三个条件："穷尽规则""实现个案正义"，或"更强理由"。

在我国，一般认为狭义的法律仅指全国人民代表大会及其常务委员会制定的规范性的文件，广义的法律是指包括宪法、法律、行政法规、地方性法规等在内的一切规范性法律文件。

【典型案例】

甲与乙结婚，婚后因感情不和而分居。后来，乙认识了丙，两人同居。在乙因患肝癌去世之后，丙拿出了乙的遗嘱，称其与乙是朋友，乙将其一部分财产指定由甲继承，将另一部分价值约 6 万元的遗产遗赠于丙。乙的遗嘱由公证机关公证，遗嘱生效后，甲控制了全部遗产，丙认为甲的行为侵犯了她的合法权益，遂向法院提起诉讼，请求法院判令甲给付其相应的遗产。

法院以乙的遗嘱违背公序良俗原则为由驳回了丙的诉求，但学界也出现了很多主张保护丙的继承权的观点。在本案中，法官选择了优先适用法律原则而未选择具体的法律规则作为裁判的依据，属一般法律原则对具体法律规则的例外和突破。

（二）法的基本特征

法的基本特征是指法与上层建筑的其他组成部分（如社会道德规范）相比较而体现的特殊性，一般认为，法有四大基本特征。

1. 法是调整人们行为的规范

人是天生的社会动物，人们之间必然存在着相互关系，这就是社会关系。人们在相互交往中常常发生矛盾、冲突，这就要求有一系列规则以规范人们的行为，人们之间才能正常有序地进行交往。恩格斯指出这个规则首先表现为习惯，后来便成了法律。

2. 法是由国家制定或认可的一种特殊的行为规范

人们的社会行为规范有多种，如习惯、教义、道德、政策、纪律等，法与它们不同，是由国家制定或认可的、体现国家意志的行为规范。所谓法的制定，是指国家机关通过立法活动产生新规范。在我国，全国人民代表大会和全国人民代表大会常务委员会有立法权。所谓法的认可，是指国家对既存的行为规则予以承认，赋予法律效力。

【知识拓展】

2020 年 5 月 28 日，十三届全国人民代表大会三次会议表决通过《中华人民共和国民法典》（以下简称《民法典》），该法自 2021 年 1 月 1 日起施行，婚姻法、继承法、民法通则、收养法、担保法、合同法、物权法、侵权责任法、民法总则同时废止。

3. 法是以规定权利和义务的方式来运作的行为规范

法所规定的权利和义务，包括个人、组织（法人和非法人）及国家（作为普通法律关系主体）的权利和义务，还包括国家机关及公职人员在依法执行公务时的职权和责任。它明确地告诉人们可以怎么做、必须怎样做、禁止怎样做，必须做的未做、禁止做的做了就要追究法律责任。

4. 法是由国家强制力保证实施的社会行为规范

国家强制力即军队、警察、法庭、监狱等，是法的后盾，其他社会行为规范都不具有这种属性。在通常情况下，这种强制力是不显现的；对少数违法犯罪分子来说，这种强制力就显现出来。其他社会规范也有强制力，但不具有国家性。另外，法是具有严格程序规定的规范，具有程序性也是法的一个重要特征。

二、法的本质

法的本质，指的是法有别于其他社会现象的特有的质的规定。马克思主义法学产生前，不同学派曾对法的本质作过不同的阐述：法是自然的一部分，法是体现"永恒正义"的"健全理性"，法是主权者的命令，等等。

马克思主义关于法的本质的论述，可以概括为以下三方面。

（一）法是统治阶级意志的表现

法是以国家政权意志形式出现的社会规范。国家政权由统治阶级掌握，因此法首先要反映统治阶级意志。统治阶级意志不是他们各个成员个人的意志和利益的简单相加，更不是个别集团、个别人的任性。

（二）法是体现国家意志的统治阶级意志

统治阶级意志并不都表现为法，只有以国家意志表现出来的统治阶级意志才是法。比如在我国，社会主义核心价值观是国家根本利益的反映，维护社会主义核心价值观本质上是维护国家的根本利益。同时，社会主义核心价值观体现了中华民族在当代的核心价值，以国家意志的形式宣示核心价值观，既是捍卫核心价值的需要，也是立法、修法实践的需要，因而有着重要的时代意义。也因为如此，社会主义核心价值观上升为法律、上升为国家意志，是普遍现象。

【知识拓展】

倡导富强、民主、文明、和谐，倡导自由、平等、公正、法治，倡导爱国、敬业、诚信、友善，积极培育和践行社会主义核心价值观。富强、民主、文明、和谐是国家层面的价值目标，自由、平等、公正、法治是社会层面的价值取向，爱国、敬业、诚信、友善是公民个人层面的价值准则，这24个字是社会主义核心价值观的基本内容。

《中华人民共和国宪法》第二十四条第二款："国家倡导社会主义核心价值观，提倡爱祖国、爱人民、爱劳动、爱科学、爱社会主义的公德，在人民中进行爱国主义、集体主义和国际主义、共产主义的教育，进行辩证唯物主义和历史唯物主义的教育，反对资本主义的、封建主义的和其他的腐朽思想。"❶

（三）法的内容是由统治阶级的物质生活条件决定的

法体现统治阶级意志，但统治阶级意志并非凭空产生，而是由统治阶级生活中的社会物质生活条件决定的。概言之，法就是统治阶级意志的反映。这是关于法的本质的基本回答。

三、法与道德、国家、政策、经济的关系

（一）法与道德

道德是生活于一定物质条件的人们以善与恶、正义与非正义、光荣与耻

---

❶ 张光杰，陈大文. 法律基础［M］. 上海：上海教育出版社，2003：1.

辱、公正与偏私等标准来评价人们的言行，并靠人们的内心信念、传统习惯和社会舆论维持的规范、原则和意识的总称。法律与道德的关系问题是法学理论的一个永恒的话题，二者有内在的必然的联系，又有明显的区别。法与道德都是人们的社会行为规范，都建立在同一经济基础上并随着经济基础的发展变化而变化，内容是互相渗透的，且目标是竞合的。两者的关系表现在：法律是传播道德的有效手段，道德是法律的评价标准和推动力量。这是法与道德的联系。法与道德也有区别：两者在起源时间、表现形式、具体内容、实现的方式和手段及调整的范围等方面不尽相同。

【知识拓展】❶

法的概念的争论中心问题是关于法与道德之间的关系。依据人们在定义法的概念时对法与道德的关系的不同主张，大致上可以将那些形形色色的法的概念区分出两种基本立场，即实证主义学派和自然法学派。实证主义学派主张，在法与道德之间，在法律命令什么与正义要求什么之间，在"实际上是怎样的法"与"应该是怎样的法"之间，不存在概念上的必然联系，即法和道德是分离的。与此相反，自然法学派主张在定义法的概念时，道德因素被包括在内，法与道德是相互联结的，法律应当合乎道德规范，即"恶法非法"。马克思主义关于法的主要观点表现为法的正式性、阶级性和社会性（物质制约性）。

（二）法与国家

1. 国家是法存在的政治基础

法依附于国家，离不开国家，没有国家就没有法律。这主要是因为，法的存在离不开国家，法的实施离不开国家的强制力。另外，法的性质直接取决于国家的性质，法的特征、表现形式和内容均受国家的影响。

2. 法是实现国家职能的规范

国家也离不开法，无法不称其为国家。原因在于：法是确认国家权力的一种重要表现形式，是执行国家职能的有效工具，是完善国家制度所必需的手段。

---

❶ 叶晓川，曲广娣. 2009年国家司法考试一本通：法理学·法制史［M］. 北京：法律出版社，2008：34.

（三）法与政策

政策有党的政策、国家政策之分，有总政策、基本政策和具体政策之别。党的政策是其在政治活动中为实现一定的目的而作出的政治决策。

1. 党的政策与法的区别

党的政策是党的意志的体现，比较原则，其实施主要依靠宣传教育，政策的稳定性不强；而法是国家意志的体现，规范而具体，其实施主要依靠法律制裁手段，有较强的稳定性。

2. 法与政策相互作用

法以政策（执政党的政策）为指导，政策依靠法来彻实施。法与政策都是统治阶级意志的集中体现，都是为经济基础服务的，是阶级专政的工具。在认识和处理法与政策的关系问题时，既不能把二者简单等同，又不要把二者完全割裂开来、对立起来。当它们在实践中发生矛盾时，既要坚持依法办事，维护法的稳定性和权威性，又要根据新政策的精神对法作出修订，使二者的内容和原则保持一致。

（四）法与经济

法与经济的关系体现在法与经济基础、生产力的关系上。①法与经济基础。法是由经济基础决定的，法对经济基础具有反作用。②法与生产力。法的发展终归受到社会生产力发展水平的制约，但法对生产力同样具有反作用。

四、法的价值和作用

（一）法的价值

法的价值是指法对于人的有用性，是法这一事物的内在尺度。法的价值体现了一种主客体之间的关系，表明法对于人们而言所拥有的正面意义。法的价值既包括对实然法的认识，又包括对应然法的认识。"实然"是指事物的实际状态，"应然"是指事物的理想状态。在法的实然与应然之间存在一定距离。实际存在的法与人们期待的法总会有差异。法具有三种基本价值：自由、秩序、正义。此外，效率、利益也是法的价值。

【知识拓展】

2023年3月1日，最高人民法院发布10件人民法院大力弘扬社会主义核心价值观典型民事案例。2022 年，全国法院在法律框架内运用社会主义核心价值观释法说理的一审民事案件达 38.25 万件，涌现出一大批释法说理精准得当、法理情水乳交融、充满法治精神和人文关怀、具有行为规范指引和道德价值引领双重意义的典型案例。此次发布的典型案例涉及英烈保护、善意规劝、尊老爱幼、婚姻自由、职场文明、法治精神六个方面。

（二）法的作用

法的作用是指法对人们的行为、社会生活和社会关系的影响。法的作用可以分为规范作用与社会作用两类。在两者的关系上，规范作用是手段，社会作用是目的。

1. 法的规范作用

法的规范作用是法自身表现出来的、对人们的行为或社会关系的影响，具体表现为指引、评价、预测、强制和教育作用。

2. 法的社会作用

法的社会作用是法为实现一定的社会目的而发挥的作用。在阶级对立的社会中，法的社会作用大体上表现在两个方面：第一，法在维护阶级统治方面的作用。法调整着统治阶级与被统治阶级之间的关系、统治阶级内部的关系、统治阶级与其同盟者之间的关系。第二，法在执行社会公共事务方面的作用。社会公共事务是相对于纯粹的政治活动而言的一类社会活动。这些事务的直接目的并不表现为维护政治统治，而在客观上对全社会的一切成员均有利，具有"公益性"。调整社会公共事务的法体现着社会性（非政治性），在本质上与法在维护阶级统治方面的作用并不矛盾。

在阶级社会中，法以其独特的方式对人类生活产生着重要的影响。法的作用是不容低估的，但法因其自身局限并非无所不能。法只是众多社会调整手段中的一种，其作用的范围不是无限的，而是有限的。人们对法的价值和作用往往不作区分，但它们之间有区别。前者取决于人的需要或取向，具有主观性、内生性；后者不因人的意志而转移，具有客观性、外显性。

五、法的渊源

（一）法的渊源的概念

法的渊源又称为法的形式，是指法的各种具体表达方式。细细探究，法的渊源的含义不限于法的形式。法的渊源，简称法源，它有实质渊源、形式渊源之分。实质渊源指的是法体现谁的意志，即法出于"神"的意志、全民的意志还是统治阶级的意志，不同社会、不同国家对此有不同的回答。形式渊源是指一定的国家机关依照法定职权和程序制定或认可的具有不同效力和地位的法的不同表现形式，即根据法的效力来源不同而划分的法的不同形式。在我国，法的渊源一般指形式意义上的渊源，主要是各种制定法。

（二）法的渊源的种类

根据法的创制方式的不同，可将法划分为制定法（成文法）和非制定法（不成文法）。

制定法，即由有权的立法机关依法定程序制定的法律文件。我国法的渊源主要是各种制定法，包括宪法、法律、行政法规、部委规章和地方性法规等。非制定法主要有习惯法、判例法等。我国国家政策是当代我国法的非正式渊源之一，习惯应视为我国法的非正式渊源。

（三）我国正式法渊源

1. 宪法

作为根本法，宪法具有最高法律效力，被称作"母法"。因此从理论上讲司法机关在裁判案件时，首先应当以宪法为依据来进行案件裁判。但鉴于我国当前宪法并未司法化，因此将宪法列入正式法律渊源只是从形式上对宪法的尊重，在司法实践中，宪法极少单独作为案件裁判依据。

2. 法律

①基本法律。由全国人民代表大会（以下简称"人大"）制定和修改的刑事、民事、国家机构和其他方面的规范性文件。②基本法律以外的法律（也被称为普通法律）。全国人民代表大会常务委员会（以下简称"人大常委会"）制定和修改的规范性文件。③全国人大及其常委会作出的具有规范性效力的决议、决定、规定、办法等，也被视为法律。

3. 行政法规

国家最高行政机关即国务院所制定的规范性文件，其法律地位和效力仅次于宪法和法律。

4. 地方性法规、民族自治法规、经济特区的规范性文件

①地方性法规。省级、地市级别的人大及其常委会，根据本行政区域的

具体情况和实际需要，依法制定的在本行政区域内具有法的效力的规范性法律文件。

②民族自治法规。民族自治地方的人大有权依照当地民族的政治、经济和文化的特点，制定变通性质的自治条例和单行条例，但应报全国或省级人大常委会批准之后才生效。

③经济特区法规。根据全国人大授权制定，其法律地位和效力不同于一般的法规、规章。从理论上说，经济特区法规的效力相当于法律。假如经济特区制定并适用的规范性文件与上一位阶的规范性文件有冲突的，并不一定因此而被宣布无效或撤销。

5. 规章

包括部门规章和地方政府规章。部门规章是指国务院各部委根据法律和国务院行政法规、决定、命令制定、发布的规范性法律文件；地方政府规章是指省级、设区的市以上的人民政府根据法律和法规制定的普遍适用于本行政区域的规范性法律文件的总称。

6. 特别行政区的法律

香港特别行政区和澳门特别行政区立法会根据基本法所制定的，属在特区生效的地方性法律文件。

7. 国际条约、国际惯例

这里的国际条约以中国缔结或加入为前提，国际惯例则是对国际条约的补充。

六、法的效力

法的形式渊源也称效力渊源，故在探讨法的形式时不能忽略法的效力。广义的法的效力是指所有法律文件的约束力和强制力，包括规范性法律文件如刑法、民法等，具有普遍的效力；也包括非规范性法律文件如判决书、调解书、公证书等，只有具体的、特定的法律效力。狭义的法的效力仅是指规范性法律文件的效力，即对什么人、在什么地方和什么时间有效力。

（一）对人的效力

法对人的效力是指法适用于哪些人。有以下几种原则。

①属人主义。以国籍为准，凡是本国籍人，不论在国内或国外，都受本国法约束。本国法对在本国领域的外国人不适用。

②属地主义。以地域为准，不论本国人、外国人，只要在本国法所管辖的区域内，一律有效力。本国人在国外，不受本国法的约束。

③保护主义。以维护本国利益为准，任何人只要损害了本国利益，不论损害者的国籍和所在地，都受到本国法的追究。

④折中主义。它以属地主义为主，与属人主义、保护主义相结合。现代国家大都采用这一原则，我国也采用这一原则。

（二）空间效力

法的空间效力是法适用的领域范围，一国的主权领域通常包括领土、领海和领空，以及其他延伸意义上的领域（驻外国使馆、悬挂本国国旗的船舶和航空器等）。法的空间效力包括域内效力，也包括域外效力。域外效力是指法的效力及于国家所管辖的领土范围之外，域内效力是指在一国主权范围内生效。

在我国，由于实行"一国两制"和二级立法体制，法的域内效力主要表现为以下四种形式。

①在全国一切领域内有效的法：宪法；全国人大制定的基本法律和决议、决定；全国人大常委会制定的法律和决议、决定；国务院制定的行政法规和发布的决定、命令等。

②在局部地区生效。凡是地方国家机关制定的地方性法规，只能在本行政区域内有效。应注意的是，香港基本法和澳门基本法两个基本法属于全国性法律，在全国范围内生效。

③国务院各部委制定的规章只在本部门所管辖的事项范围内有效，即具有行业性；与有权制定地方性法规的人大同级的政府制定的规章，只在本行政区域或本行政区域内的有关行业有效。但是，其内部规章只在本部门内部有效。

④有的法，如戒严法，只有在某一地区发生的情况达到该法规定的条件，依法定程序宣布实行戒严的地区和时间内有效。我国制定法律、法规和规章的主体很多，因此，必须切实加强立法监督，才能使我国法的体系内容和谐一致，形式完整统一。

（三）时间效力

法的时间效力是指法从何时开始有效、何时失效，以及对其生效以前的事项是否有效。

①法生效的时间一般有以下四种形式：第一，自法颁布之日起生效；第二，由该法明文规定具体生效时间；第三，由专门的决定规定该法具体生效的时间；第四，明文规定法颁布后经过一定期限开始生效。通常的做法是明文规定（明示）生效的具体时间。

②法的失效通常有两种，一类是明示的废止，另一类是默示的废止。明示的废止是指具有立法权的国家机关通过明确的方式宣布某一法律失去法的效力，包括：第一，新法取代原有法，同时明文宣布原有法失效；第二，由有权机关或授权机关发布专门的文件宣布废止某个或某些法律、法规、规章。默示的废止是指虽然具有立法权的国家机关并未明确宣告某一法律丧失法律效力，但由于某些特定的缘由，使得这些法律不再具有法的效力。如新法公布之后，根据"新法优于旧法"或"后法优于前法"，旧法自然失去效力；还有些法律因不适应新的形势在社会中不再发挥作用而自动失去效力，等等。

③法对其生效以前的事项是否有效，即法的溯及力问题。在法的溯及力问题上，主要有从旧原则、从新原则、从旧兼从轻原则和从新兼从轻原则。我国 1997 年修订的《中华人民共和国刑法》（以下简称《刑法》）第 12 条规定："中华人民共和国成立以后本法施行以前的行为，如果当时的法律不认为是犯罪，适用当时的法律；如果当时的法律认为是犯罪的，依照本法总则第四章第八节的规定应当追诉的，按照当时的法律追究刑事责任，但是如果本法不认为是犯罪或者处刑较轻的，适用本法。"这就是通常所说"从旧兼从轻"原则。

七、法的分类

（一）法的一般分类

法的分类是指从一定的角度或根据一定的标准将法律规范或法律制度划分为若干不同的种类。由于角度不同、标准不同，法被分为若干不同的类型。例如，以社会形态或历史形态为标准，可以把法分为奴隶制法、封建制法、资本主义法、社会主义法；以法规范的内容为标准，可以分为宪法、民法、刑法等；以创制方式和表现形式为标准，可以分为成文法、不成文法；等等。下面着重介绍几种常见的分类方法。

1. 实体法和程序法

实体法和程序法是按照法律规定的内容对法的分类。实体法是规定和确认权利与义务或职权与职责为主的法，如宪法、行政法、民法、刑法等，其规定的权利和义务直接来自人们在生产和生活中形成的相互关系的要求，如所有权、债权、政治权利义务；程序法是以保证权利与义务得以实施或职权与职责得以履行的有关以程序为主的法，如民事诉讼法、刑事诉讼法、行政诉讼法等，其规定的权利和义务是派生的。需要注意的是，实体法中往往有少量的程序规定，程序法中往往也规定有关国家机关和诉讼参与人在诉讼活动中的职权职责和权利义务。另外，要把程序法与诉讼法加以区别，程序法不一定涉及诉讼问题。完备而良好的法律程序是制约权力的有效机制，是实现权利平等的基本前提，是法律权威的重要保障。

2. 公法和私法

这是民法法系中一种特殊的分类。著名的罗马法学家乌尔比安认为："公法是关于罗马国家的法律，私法是关于个人的法律。"这种分类来源于罗马法，但罗马法的内容主要是私法。现代法学一般认为，凡涉及公权力的法，如宪法、行政法、刑法、诉讼法是公法，凡涉及私权利的法，如民法、商法是私法。进入 20 世纪，由于国家对经济的干预日益增多，在一些国家出现了"法律社会化"的现象，公私法相互渗透，传统划分方式日益受到挑战，开始出现社会法的划分。

【知识拓展】❶

公法与私法的划分：公法与私法分类的基本意义在于便于法律的适用。区分二者的实益在于，易于确定法律关系的性质、应适用何种法律规定、应采用何种救济方法或制裁手段，以及案件应由何种性质的法院或审判庭受理、应适用何种诉讼程序。公法与私法的区别是整个法律秩序的基础。如果这一区别被混淆，甚至无视公法与私法的本质差异，作为社会调整器的法律将会失灵，社会关系和社会秩序将会处于混乱之中。具体言之，公法与私法的划分主要有以下不同意义。

（1）从利益保护的重心来看，公法以维护公共利益即"公益"为主要目的，私法则以保护个人或私人利益即"私益"为依归。

（2）从调整的社会关系即对象来看，公法调整的是国家与公民之间、政府与社会之间的各种关系，主要体现为政治关系、行政关系及诉讼关系等。

---

❶ 宋行. 法律原理教程［M］. 北京：法律出版社，2011：78.

私法调整私人之间的民商事关系即平等主体之间的财产关系和人身关系。

（3）公法以权力为轴心，严守"权力法定"的定律；私法则以权利为核心，适用"权利推定"的逻辑。

（4）公法奉行"国家或政府干预"的理念，私法遵循"意思自治""私法自治"的原则。

（5）公法以政治国家为作用空间，私法以市民社会为功能范围。

3. 根本法和普通法

根本法和普通法是按照法的法律地位、内容、程序所作的法的分类。在采用成文宪法的国家，根本法是指宪法，它在国家法律体系中享有最高的法律地位，具有最高的法律效力。宪法的内容和制定、修改的程序都不同于其他的法。普通法是指宪法以外的其他法。普通法的内容一般只涉及社会生活的某一方面，如民法、行政法、刑法等，其法律效力低于宪法。

4. 一般法和特别法

按照法的效力范围可将法分为一般法和特别法。一般法是指在效力范围上具有普遍性的法律，即针对一般的人或事，在较长时期内，在全国范围普遍有效的法。特别法是指对特定主体、事项，或在特定地域、特定时间有效的法律。一般而言，特别法的效力优于普通法。例如，同是规范公司的法，公司法是普通法，外商投资企业法是特别法。

（二）国际法与国内法的关系

国际法不论在理论上还是实践上，都有一个与国内法的关系问题。国内法是指由一国国家机关创制并适用于本国主权范围的法律；国际法则是参与国际关系的国家通过协议制定或认可的适用于国家之间的法律。

关于国际法在本国的适用问题，各国都采取严格且谨慎的态度。我国宪法对国际法与国内法的关系没有一般性的规定。以国际条约为例，宪法只对缔结条约的程序作了规定，具体如下：①国务院缔结条约；②全国人大常委会决定条约的批准和废除；③中华人民共和国主席根据全国人大常委会的决定批准和废除条约。从这个程序看，缔结条约的程序与制定国内法的程序基本相同，因而可以认为只要是我国批准的条约，在国内具有与法律同等的效力。条约是否可以直接适用于国内在宪法上没有规定，但从一些法律的规定看是可以直接适用的，如《中华人民共和国民事诉讼法》（以下简称《民事诉讼法》）第 271 条规定，"中华人民共和国缔结或者参加的国际条约同本法有不同规定的，适用该国际条约的规定，但中华人民共和国声明保留的条款除外"。这就意味着，在国内法与国际条约相冲突时，国际法优于国内法。

（三）法系

所谓法系，是根据某种共性或历史传统对法进行的划分。当代世界主要法系有三个：大陆法系、英美法系、以苏联和东欧国家的法律为代表的社会主义法系。其他的法系还有伊斯兰法系、印度法系等。对资本主义影响最大的是大陆法系和英美法系。

1. 大陆法系

大陆法系，又称民法法系、罗马法系、法典法系、罗马-德意志法系，是以罗马法为基础发展起来的法律的总称。大陆法系最先产生于欧洲大陆，以罗马法为历史渊源，以民法为典型，以法典化的成文法为主要形式。

大陆法系中反映了自由资本主义时期社会经济的特点的法国法系，是以1804 年《法国民法典》为蓝本建立起来的；作为垄断资本主义时期法的典型的德国法系，则以 1896 年《德国民法典》为基础建立起来。欧洲大陆上的法、德、意、荷兰、西班牙、葡萄牙等国和拉丁美洲、亚洲的许多国家的法都属于大陆法系。国民党统治时期的中国也属于这一法系。大陆法系的特点如下：①全面继承罗马法。吸收了许多罗马私法的原则、制度，接受了罗马法学家的整套技术方法，如赋予某些人的集合体以特定的权利能力和行为能力、所有权的绝对性、侵权行为与契约制度、遗嘱继承与法定继承相结合制度等。②实行法典化，法律规范的抽象化、概括化。③明确立法与司法的分工，强调制定法的权威，一般不承认法官的造法功能。

2. 英美法系

英美法系，又称普通法法系、判例法法系，是以英国中世纪以来的法律，特别是以普通法为基础而发展起来的法律的总称。除英国、美国外，印度、巴基斯坦、新加坡、缅甸、加拿大、澳大利亚、新西兰、马来西亚等的法都属于英美法系。

需要注意的是，英国的英格兰、美国的路易斯安那州和加拿大的魁北克省，由于各自的历史原因，大陆法系和英美法系两个传统的特征交织存在。英美法系的特点如下：①以英国为中心，英国普通法为基础。②以判例法为主要表现形式，遵循先例，法官具有通过判决造法的权限。③变革相对缓慢，具有保守性，有"向后看"的思维习惯。④体系庞杂，缺乏系统性。⑤注重程序的"诉讼中心主义"。

3. 大陆法系与英美法系的区别

两者的主要区别包括以下几个方面。

①法律渊源不同。大陆法系是成文法系，其法律以成文法即制定法的方式存在。英美法系的法律渊源既包括各种制定法，又包括判例。

②适用法律不同。大陆法系的法官审理案件时是将成文法规定的一般准则适用到具体事件和行为，而且法官只能适用法律，不能创制法律；英美法系的法官审理案件时除依据成文法外，也要适用判例法，法官往往有权创制法律。

③判例地位不同。判例在大陆法系不是法的正式渊源，而在英美法系则是法。

④法律分类不同。大陆法系一般将法分为公法和私法，英美法系则分为普通法和衡平法。

⑤诉讼程序不同。大陆法系的诉讼程序以法官为重心，具有纠问式的特点；英美法系的诉讼程序以原告、被告及其辩护人和代理人为重心，具有抗辩式的特点，同时还存在陪审团制度。

法系有助于促进人们对法律文化的了解与交流，但它不能揭示法的本质。大陆法系和英美法系在历史上差异显著，但自 20 世纪以来呈现出两大法系互相交融的局面。

八、法律关系

（一）法律关系的概念

法律关系是法律规范在调整社会关系的过程中所形成的人与人之间的权利和义务关系。从这一定义可以看出，法律关系具有如下特征：①法律关系是根据法律规范建立的一种社会关系，具有合法性。②法律关系体现为意志关系，属上层建筑范畴。③法律关系是特定法律关系主体之间的权利义务关系，权利义务是其内容。④法律关系是由国家强制力保证实施的社会关系。法律关系可分为纵向（隶属）法律关系和横向（平权）法律关系、单向法律关系和双向法律关系、第一性法律关系（主法律关系）和第二性法律关系（从法律关系）等。

法律关系主体、内容和客体是法律关系的构成要素。

(二) 法律关系的主体

法律关系的主体是指法律关系的参加者，即在法律关系中一定权利的享有者和一定义务的承担者。在我国，根据各种法律的规定，能够参与法律关系的主体包括以下几类：自然人、法人、非法人组织、国家。其中，法人是指具有民事权利能力和民事行为能力，能够独立享有民事权利和承担民事义务的组织。

【知识拓展】

《民法典》对法人的分类

《民法典》将法人分为营利法人，非营利法人和特别法人。

1. 营利法人。营利法人是指以取得利润并分配给股东等出资人为目的成立的法人。营利法人包括有限责任公司、股份有限公司和其他企业法人等。

2. 非营利法人。非营利法人是为公益目的或者其他非营利目的而成立，不向出资人、设立人或会员分配所得利润的法人。非营利法人包括事业单位、社会团体、基金会、社会服务机构等。

3. 特别法人。本书的特别法人是指机关法人、农村集体经济组织法人、城镇农村的合作经济组织法人、基层群众性自治组织法人。

法律关系主体的资格分为两个方面：

①权利能力。权利能力是指法律关系主体能够参与一定法律关系，依法享有一定权利和承担一定义务的法律资格。它是法律关系主体实际取得权利、承担义务的前提条件。自然人的权利能力可以分为一般权利能力和特殊权利能力。法人的权利能力没有上述区别，所以与自然人的权利能力不同。

②行为能力。行为能力是指法律关系主体能够通过自己的行为实际取得权利和履行义务的能力。世界各国一般根据年龄、精神状况等，把自然人划分为完全行为能力人、限制行为能力人和无行为能力人。法人也有行为能力，但在存续时间、行为实施上与自然人不同。

【法条链接】

《民法典》第十七条至第二十条

第十七条　十八周岁以上的自然人为成年人。不满十八周岁的自然人为未成年人。

第十八条 成年人为完全民事行为能力人，可以独立实施民事法律行为。

十六周岁以上的未成年人，以自己的劳动收入为主要生活来源的，视为完全民事行为能力人。

第十九条 八周岁以上的未成年人为限制民事行为能力人，实施民事法律行为由其法定代理人代理或者经其法定代理人同意、追认；但是，可以独立实施纯获利益的民事法律行为或者与其年龄、智力相适应的民事法律行为。

第二十条 不满八周岁的未成年人为无民事行为能力人，由其法定代理人代理实施民事法律行为。

（三）法律关系的内容

法律关系的内容是指法律关系主体之间的法律权利和法律义务。所谓法律权利就是国家通过法律规定对法律关系主体可以自主决定作出某种行为的许可和保障手段，法律义务是国家通过法律规定对法律主体的行为的一种约束手段，是法律规定人们应当作出和不得作出某种行为的界限。法律关系主体的权利和义务源于法律规定，受制于一定法律事实，得到国家的确认和保护。法律关系主体的权利和义务与作为法律规范内容的权利和义务（法律上规定的权利和义务）虽然都具有法律属性，但它们所属的领域、针对的法律主体及法律效力存在一定的差别。

1. 关于权利与义务的理论

①利益说。认为法律权利是法律所确认和保护的利益。一项权利之所以能成立是为了保护某种利益，即利在其中。相对来说，义务是负担，义务人要付出一定的利益。

②主张说。认为法律权利是正当而具有法律效力的主张。一种利益若无人提出对它的主张，就不可能成为法律权利。提出主张是主动的。

③资格说。认为法律权利是法律赋予权利主体作为或不作为的资格。提出主张要有资格，有了这种资格就意味着他"可以"做某事，没有这种资格就意味着他"不可以"做某事。

④力量说。认为法律权利是法律赋予权利主体实现其利益的一种力量（权能），包括权威和能力。由法律赋予的利益或资格是有权威的法律权利，有了这种权利的同时，主体还要具备享有和实现其利益的实际能力，这样就构成权利这种法律上的力量，这种力量能够保证主体为实现某种利益而活动，

或者改变法律关系。

⑤自由说。认为法律权利是法律所允许的权利主体不受干预的自由，包括意志自由和选择自由。权利主体可以按个人意志去行使或放弃某项权利，不受外来的干预或胁迫，例如婚姻自由。

2. 权利和义务的相互联系❶

①法律关系中的对应关系。这种对应关系是指任何一项法律权利都有相对应的法律义务，二者是相互关联、对立统一、不可分割的。正如马克思指出的："没有无义务的权利，也没有无权利的义务。"例如，劳动和受教育既是权利，又是义务。

②社会生活中的对等关系。这主要表现在权利义务的总量是大体相等的。如果权利的总量大于义务的总量，有的权利就是虚设的；如果义务总量大于权利总量，就有特权。在具体的法律关系中，二者的总量也是相等的，如债权与债务是对等、等量的。

③功能上的互补关系。法律权利的享有和行使有助于法律义务的积极履行。

④价值选择中的主从关系。在任何类型的法律体系中都是既有权利又有义务的。由于国家本质和社会性质的不同决定了人们的价值选择不同。例如，奴隶制法以义务为本位。

在我国社会主义条件下，由于坚持法律面前人人平等，在基本权利义务分配上一视同仁。也就是说权利义务统一，任何人都既是权利主体，又是义务主体。

3. 法律关系主体权利和义务的实现

权利和义务的实现最重要的是通过国家来保障。国家除了要不断创造和改善物质条件、政治条件和文化条件以外，还必须建立和健全法制，通过法律手段的完善来保证两者在社会生活和社会关系中的落实。

（四）法律关系的客体

法律关系客体又称权利客体，是指法律关系主体之间权利和义务所指向的对象。

---

❶ 刘瀚. 法的概念和法律关系——全国人大常委会法制讲座讲稿摘登 [J]. 中国人大，1999（10）：17-20.

法律关系客体的种类很多，包括物、行为、人格利益、精神产品（智力成果）。人身不仅是人作为法律关系主体的承载者，而且在一定范围内成为法律关系的客体。

据此分析，本章导入案例中的甲乙之间法律关系的主体为甲公司和乙公司；法律关系的内容表现为甲公司收到设备的权利和承担支付价款的义务，乙公司有收到货款的权利和交付设备的义务，甲乙公司各自的权利义务构成法律关系的内容；法律关系在该案中具体表现为乙公司依约向甲公司交付设备的行为。

（五）法律事实

法律关系处在不断产生、变更和消灭的运动过程中。它的产生、变更和消灭需要具备一定的条件，其中最主要的条件有二：一是法律规范；二是法律事实。所谓法律事实，就是法律规范所规定的、能够引起法律关系产生、变更和消灭的客观情况或现象。法律事实必须具有客观性和法定性。一般来说，法律事实可分为以下两类：

①法律事件。法律事件是法律规范规定的、不以当事人的意志为转移而引起法律关系产生、变更或消灭的客观事实。比如，灾害发生了就可以引起保险公司的赔偿责任。法律事件又分为社会事件和自然事件两种。

②法律行为。法律行为是以当事人的意志为转移，能引起法律关系产生、变更和消灭的法律事实，如合同的签订，即在当事人之间发生相应的权利义务关系。因人们的意志有善意与恶意、合法与违法之分，故其行为也可分为善意行为、合法行为与恶意行为、违法行为。

综上所述，法律关系的三要素（主体、客体、内容）和法律关系的产生、变更、消灭，分别是法律关系的静态面和动态面，也是人们全面正确认识法律关系必须要把握的两个方面。

九、法律责任

（一）法律责任的概念和种类

违法者应承担法律责任，这是世界各国的法在规定权利和义务时，一项不可或缺的内容。法律责任指的是行为人由于违法行为、违约行为或者由于法律规定而应承受的某种不利的法律后果。对此概念，可作如下理解：一是法律责任的发生原因主要是违法行为、违约行为。二是法律责任的主体是实施违法行为、违约行为的行为人。三是法律责任的性质是违法（约）行为人承担基于原生义务的派生义务，即法律责任是国家对违反原义务者所强行追加的一种新义务。四是法律责任的内容是违法（约）行为人向违法（约）行为相对人或国家给付一定财物和其他利益，或接受一定约束、警戒和谴责。

1. 法律责任的特点

①承担法律责任的最终依据是法律。②它与违法（约）有不可分的联系，违法（约）是承担法律责任的前提和根据。③它体现了国家对违法（约）行为的否定性评价。④法律责任具有国家强制性。

2. 法律责任的种类

根据违法的性质，与违法行为相对应，法律责任分为刑事责任、民事责任、行政责任、违宪责任。这是对法律责任的基本分类。另外，根据责任人主观上有无过错可以分为过错责任、无过错责任；根据责任承担内容不同，可以分为财产责任、非财产责任。

【知识拓展】

法律责任主要有民事责任、行政责任和刑事责任三类。

1. 民事责任的形式主要有：停止侵害；排除妨碍；消除危险；返还财产；恢复原状；修理、重作、更换；继续履行；赔偿损失；支付违约金；消除影响、恢复名誉；赔礼道歉。承担民事责任的方式可以单独适用，也可以合并适用。

2. 行政责任包括行政处罚和行政处分。行政处罚是行政主体对行政相对人违反行政法律规范尚未构成犯罪的行为所给予的法律制裁。行政处罚的种类有：警告、罚款；没收违法所得、没收非法财物；责令停产停业；暂扣或者吊销许可证、暂扣或者吊销执照；行政拘留；法律、行政法规规定的其他行政处罚。行政处分是对违反法律规定的国家机关工作人员或被授权、委托的执法人员所实施的内部制裁措施。行政处分种类有：警告、记过、记大过、降级、撤职、开除。

3. 刑事责任，即刑罚，分为主刑和附加刑两类。主刑包括管制、拘役、有期徒刑、无期徒刑、死刑，附加刑包括罚金、剥夺政治权利、没收财产、驱逐出境。

（二）归责原则

所谓归责，是指确定责任的归属。确定责任的归属需要依据一定的法律准则，该准则就是归责原则。换言之，归责原则是指确定行为人对其行为所造成的损害是否承担责任的标准。归责原则分为主观归责和客观归责。

主观归责是根据行为人的主观意志状态确定责任的归属，即行为人主观上有过错是确定行为人承担责任的必要条件，有过错才能有责任，无过错则无责任。因而，主观归责是指以行为人主观上存在过错为必要条件的法律责任。

客观归责是以人的意志以外的某种客观事件（如特定损害或损失的结果）作为确定责任归属的依据，主要有无过错责任和严格责任。无过错责任是指不以行为人主观上存在过错为必要条件的法律责任。严格责任是一种不考虑行为人主观上有无过错的责任形式，其是为了便捷地处理当事人之间的争议，只要有损害行为人就要承担责任。

（三）法律制裁

法律制裁是被动承担法律责任的一种主要方式，是指由特定国家机关对违法者依其法律责任而实施的强制性惩罚措施。法律制裁的目的在于，制裁和教育违法者，排除不法侵害，主持正义和公德，恢复和维护被破坏的法律，保护国家利益、公共利益和公民的合法利益。法律制裁的主要特点是：由国家专门机关依法实施的；是一种惩罚性的强制措施；必须以违法行为和法律责任为前提；是一种"要式"的法律行为，即实施惩罚的国家机关必须遵守严格的程序，并制作相应的法律文书。一般地，法律制裁可分为刑事制裁、民事制裁、行政制裁和违宪制裁四种。

十、法的运行

（一）立法

立法是有权的国家机关在职权范围内依照法定程序制定、修改和废止规范性法律文件及认可法律规范的活动，也叫法的创制，是法实施的前提。认识、分配和协调利益是法的创制的重要内容。立法活动主要涉及立法体制、立法程序和立法技术。其中，立法体制是指一个国家在立法过程中建立起来的一系列有关如何立法的操作规程，包括立法权限的划分、立法机关的设置和立法权的行使等各方面的制度。我国的立法体制是一元性的，全国只有一个立法体系，同时又是多层次的。

【法条链接】

《中华人民共和国立法法》（以下简称《立法法》）第十条　全国人民代表大会和全国人民代表大会常务委员会根据宪法规定行使国家立法权。

全国人民代表大会制定和修改刑事、民事、国家机构的和其他的基本法律。

全国人民代表大会常务委员会制定和修改除应当由全国人民代表大会制定的法律以外的其他法律；在全国人民代表大会闭会期间，对全国人民代表大会制定的法律进行部分补充和修改，但是不得同该法律的基本原则相抵触。

全国人民代表大会可以授权全国人民代表大会常务委员会制定相关法律。

立法的基本过程包括立法准备阶段和从法案到法阶段。立法准备阶段是指从宏观到微观的准备活动，比如从立法规划到确定立法目标、组织协调相关工作，再到形成法案草稿、征求意见阶段。立法准备工作是否充分、内容思想是否科学对所立之法能否具备实效性有重要影响。从法案到法阶段的活动是指从法案被提出到法案成为法的这段时间内的立法活动，通常包括提出法案、审议法案、表决法案、公布法案这四个阶段。一般在从法案到法阶段之后还有立法完善阶段。在整个立法活动中，程序法对于立法结果的好坏会起到至关重要的作用，其不仅有保障实体法实施的作用，更有保障程序公正的独立价值。

2023年3月13日，第十四届全国人民代表大会第一次会议对《立法法》进行了第二次修正。

【知识拓展】

《立法法》修改为加强新时代立法工作提供制度保障

2023年3月13日，十四届全国人大一次会议通过了《全国人民代表大会关于修改〈中华人民共和国立法法〉的决定》，这是2000年制定《立法法》以来的第二次修改。此次修改贯彻落实了党的二十大精神、中央人大工作会议精神和党中央决策部署，总结了新时代立法工作的新成果、新经验，完善了立法的指导思想和原则，健全了宪法实施监督制度，完善了立法权限、立法程序和备案审查制度。此次修订突出党对立法工作的全面领导，与时俱进完善立法的指导思想和原则；加强宪法实施和监督，明确合宪性审查要求，完善备案审查制度；坚持重大改革于法有据，完善立法决策与改革决策相衔接、相统一的制度机制；总结实践经验，完善立法体制机制。

《立法法》的修改和贯彻实施对于加强党对新时代立法工作的全面领导，坚持和发展全过程人民民主，推进全面依法治国、依宪治国，不断完善以宪法为核心的中国特色社会主义法律体系，保障在法治轨道上全面建设社会主义现代化国家，以中国式现代化全面推进中华民族伟大复兴，具有重大意义。

（二）守法

守法也称法的遵守，是指公民、社会组织和国家机关以法律为自己的行为准则，依照法律行使权利、切实履行义务的活动。守法的对立面是违法。广义的守法包括法的实施。认真遵守法律是公民、社会组织和国家机关实现自己的根本利益的必然要求。只有严格遵守法律，才能使体现在法律中的人民的根本利益得到实现。遵守法律也是建设社会主义法治国家的必要条件。

（三）执法

执法是指国家行政机关、法律授权、法律委托的组织及其公职人员依照法定职权和程序，贯彻实施法律活动。执法活动的主体特定，内容广泛，多数执法活动具有单方性。执法的主体为行政主体与行政相对人，两者之间是一种管理与被管理、命令与服从的纵向法律关系。

1. 执法的原则

（1）合法性原则

合法性原则首先是指执法主体应在法律规定的权限范围之内进行执法活动，且执法活动的内容和程序要遵守现行有效的法律，不得作出与法律相抵触的执法行为，且执法主体要积极行使法律规定的职责。

（2）合理性原则

合理性原则是指执法主体在执法活动中须合乎理性，尤其是涉及行使自由裁量权时更应注重合理性原则。

（3）正当程序原则

正当程序原则又称"正当法律程序原则"，是指在公权力主体对公民作出任何不利处分和裁决时，必须严格遵循程序正义理念，充分保障相对方和参与者的各种程序权利，防止公权滥用，促进形式公正，维护人格尊严。该原则为世界各国所普遍认同，是现代国家治理的一项法治原则。

2. 执法的分类

执法活动根据执法主体不同可以分为行政机关的执法、法律授权组织的执法和行政委托组织的执法。

（四）司法

司法是指国家司法机关依据法定程序行使法定职权，运用法律处理案件的专门活动，具有专属性、程序性、专业性及权威性。人民法院系统和人民检察院系统共同构成了当代中国的司法体系。

1. 人民法院

人民法院是我国的审判机关，依照法律规定独立行使审判权。具体来说，人民法院承担着刑事审判、民事审判、行政审判、国家赔偿审判、强制执行、法治教育等任务。

我国的最高审判机关是最高人民法院，它监督地方各级人民法院和专门法院的审判工作，上下级人民法院之间是监督与被监督的关系。因此，上级法院不能针对下级法院正在审理的案件发出指令。地方各级人民法院包括高级人民法院、中级人民法院、基层人民法院。此外，还有军事法院、海事法院、铁路运输法院、森林法院、农垦法院、石油法院、知识产权法院、互联网法院等专门法院。

【知识拓展】

新时代新法院：互联网法院

2017 年 8 月 18 日，全国首家互联网法院——杭州互联网法院正式挂牌成立，集中管辖互联网特定类型案件。杭州互联网法院的设立被评为改革开放40 年 40 个"第一"之一，写入《党的十八大以来大事记》，入选首届数字中国建设年度最佳实践成果。

2018 年 9 月 9 日，北京互联网法院挂牌成立。截至 2022 年，该院在线立案申请率达到 100.0%，在线庭审率 99.9%，共审结案件 16.6 万件，审理了全国首例"暗刷流量"案、全球首例"人工智能"著作权案、"AI 陪伴"软件侵害人格权案等一批标杆性案件，创造了互联网审判的"北京经验"。

广州互联网法院于 2018 年 9 月 28 日成立，是粤港澳大湾区唯一一家互联网法院。该院不断推动前沿技术与司法深度融合，打造"24 小时不打烊"的一站式诉讼服务平台，连通"5G 智审卡片"，以短消息为入口，成立全国首个涉数据纠纷专业合议庭，打造出一批具有广泛社会影响力的典型案例。

我国最高人民法院在深圳、沈阳、重庆、西安、南京、郑州共设立 6 个巡回法庭，审理跨行政区域的重大行政案件、民商案件。巡回法庭制度的建立有利于案件纠纷的就地解决，也有助于避免地方保护主义干扰审判活动，维护审判的公正性。

我国的主要审判制度包括两审终审制度、公开审判制度、人民陪审员制度、审判监督制度。

2. 人民检察院

人民检察院是我国的法律监督机关，依照法律规定独立行使检察权。人民检察院履行批捕起诉、诉讼监督等职能。

我国的最高检察机关是最高人民检察院，它领导地方各级检察院和专门检察院的工作，上下级检察院之间是领导与被领导的关系。检察官在独立行使检察权时受"检察一体"原则的限制，上级检察院有权针对下级检察院的具体案件发出指令。

我国的主要检察制度包括刑事审判监督制度、立案监督制度、侦查监督制度、刑罚执行与监所监督制度、民事行政检察制度、检务公开制度等。

3. 司法的原则

①司法公正。包括实体法的公正和程序法的公正。司法活动的性质和法的内在精神要求司法公正。

②公民在法律面前一律平等。其中包括：法律对全体公民平等；公民依照法律享有平等的权利，承担平等的义务；任何公民的合法权益都受法律保护，任何公民的违法行为都要受法律的追究。

③以事实为依据，以法律为准绳。以事实为依据即以客观事实为依据，排除主观想象、分析和判断的依据。要以法律的标准和尺度审理案件，严格依照法律程序办事。

④司法机关依法独立行使职权。其中包括：国家的审判权和检察权分别由人民法院和人民检察院依法统一行使。司法机关依照法律规定独立行使职权，不受行政机关、社会团体和个人的干涉。司法机关在司法中必须依照法律规定正确地适用法律。这是司法权的三个性质即专属性、行使职权独立性和合法性决定的。

4. 司法的特征

①司法的被动性。行政在运行时具有主动性，而司法具有被动性。

②司法的中立性。行政权有倾向性，司法权则要求绝对的中立性。司法中立指法院及法官态度不受任何因素影响。

③司法的形式性。行政权更注重权力结果的实质性，而司法权更注重权力过程的形式性，即程序性。

④司法的专属性。行政权具有可转授性，司法权则具有专属性。

⑤司法的终极性。行政权效力非终极性，司法权效力有终极性。司法权是最终、最权威的判断权，这是司法权的典型特征。

（五）法律监督

法律监督通常有广义和狭义两种理解。从狭义上说，是指由有关国家机关依照法定权限和法定程序对法律的实施进行监督；从广义上说，则是由所有国家机关、社会组织或公民依法对法律的实施进行的监督，它包括国家机关和社会力量及政党的监督，这三方面监督的有机结合构成了法律实施的监督体系。法律监督的基本构成要素一般包括三个方面：谁监督、监督谁和监督什么，即法律监督的主体、法律监督的客体和法律监督的内容。法律监督有着重要的意义，它是维护法律统一和尊严的重要措施，是保障法律实施的重要条件。作为保证法律实施的基本条件和重要手段，法律监督能有效防止和纠正滥用权力。

第二节　与经济法律相关的基本概念与制度

一、法律行为

（一）法律行为的概念与分类

法律行为是指民事主体通过意思表示设立、变更、终止民事法律关系的行为。

1. 法律行为的概念

①法律行为是一种法律事实。法律行为作为法律事实的一类，就其本质

来看是法律关系变动的原因，因而其与权利义务的设立、变更和消灭相关。

②法律行为以意思表示为要素。意思表示是法律行为不可缺少的核心要素，当事人作出意思表示后，法律行为能够产生主体预期的结果，能够依法在当事人之间产生约束力。

③法律行为是私法上的行为。从意思表示的内涵来看，法律行为所产生的效果是行为人希望发生的。如此看来，法律行为只有适用于民事法律关系才是合理的，本章的内容也是针对民事法律行为来阐述的。

【法条链接】

《民法典》第一百三十三条　民事法律行为是民事主体通过意思表示设立、变更、终止民事法律关系的行为。

2. 法律行为的分类

（1）单方法律行为与双方法律行为

以法律行为中意思表示的人数为标准可分为单方法律行为与多方法律行为。

单方法律行为指仅由一方的意思表示就能成立的法律行为，如债务的免除、立遗嘱捐赠身体器官等；多方法律行为则需要两个或者两个以上的行为人的意思表示一致才能成立的法律行为，如订立合同、赠与等。二者的区别在于法律对两者成立的要求不同。单方法律行为如立遗嘱只需要一方当事人作出意思表示即可成立，而多方法律行为如签订合同一般需要多个当事人的意思表示一致行为才能成立。

（2）有偿法律行为与无偿法律行为

以法律行为有无对价为标准可分为有偿法律行为与无偿法律行为。

有偿法律行为指双方须给付代价的法律行为，如买卖合同。无偿法律行为指一方当事人承担给付代价，而他方当事人不承担相应给付代价的行为，如赠与、无偿保管、无偿消费借贷等。二者的区别在于，无偿法律行为对于行为人的责任要求较低。无偿法律行为如赠与合同中赠与人一般不承担瑕疵担保责任，但有偿法律行为如买卖合同需要承担标的物的瑕疵担保责任。《民法典》第六百一十五条规定："出卖人应当按照约定的质量要求交付标的物。出卖人提供有关标的物质量说明的，交付的标的物应当符合该说明的质量要求。"《民法典》第六百一十二条规定："出卖人就交付的标的物，负有保证第三人对该标的物不享有任何权利的义务，但是法律另有规定的除外。"《民法典》第六百六十二条第一款规定："赠与的财产有瑕疵的，赠与人不承担责任。"此外，只有有偿法律行为才会因为显失公平而被撤销，而这在无偿法律行为中不存在。无民事行为能力人、限制民事行为能力人一般不能独立订立有偿合同或者实施与其能力不相适应的法律行为，但在无偿法律行为中可以作为纯获利益的一方。

（3）要式法律行为与不要式法律行为

以法律行为是否须采用一定的方式为标准可分为要式法律行为与不要式法律行为。

要式法律行为指法律规定必须采用某种特定形式才能成立的法律行为。不要式法律行为指法律对其形式无要求的法律行为。二者的区别在于，法律行为成立的条件不同。要式法律行为一般需要严格依照法律规定的方式才可成立，如房屋买卖合同应当采用书面形式；不要式法律行为如自然人之间的借贷，既可以用口头方式订立合同，也可以用书面方式订立合同。

（4）主法律行为与从法律行为

以法律行为相互关系为标准可分为主法律行为与从法律行为。

主法律行为指不需要有其他法律行为的存在就可以独立成立的法律行为。从法律行为指从属于其他法律行为而存在的法律行为。二者的区别在于，主法律行为的存废与效力由其自身决定，从法律行为的存废与效力不影响主法律行为，如债权行为是主行为，不以担保行为为存在前提；从法律行为的存废与效力一般取决于主法律行为，如担保行为不能独立存在，需要以债权契约为存在条件，若债权行为无效或者被撤销，则担保行为随之无效。

（二）意思表示

意思表示是指行为人将意欲达到某种预期法律后果的内在意思表现于外部的行为。意思表示包括内在意思与外在表示两个方面。

1. 内在意思

内在意思是指当事人内心意思欲达到的法律效果。内在意思包括行为意思、表示意思与效力意思。

①行为意思。行为意思是指表意人自觉地从事某种行为。比如甲在醉酒后精神错乱的情况下与乙签订了合同，可认为甲这种行为缺乏必要的行为意思。

②表示意思。表示意思是指行为人认识其行为具有某种法律行为上的意

义。比如甲将正式的合同误以为是会议的请柬而在上面签字确认，此时甲的行为仅具有行为意思，但是缺乏表示意思。

③效力意思。效力意思是指行为人欲表示发生一定的法律效果。比如在某一场拍卖会上，主持人最后一次询问："珠宝10万元是否有人要买，想买的请举手示意"。此时甲看见好友从门外走来，便举手示意与其坐在一起，而主持人认为甲同意购买珠宝。实际上，甲的举手并非表现购买意愿，此行为并不具备效力意思。

【知识拓展】

特里尔葡萄酒拍卖会案

特里尔是德国一个著名的生产葡萄酒的地方，一天，对当地并不熟悉的甲偶然走到了一个地下室酒馆，他并不知道那里当时正在举办一场葡萄酒拍卖大会，在场者举手则视为应价。甲在并不知晓的情况下向熟人招手，拍卖师随即将甲的行为视为应价，由于在场的并没有其他人应价，拍卖师认为甲应当拍下这瓶葡萄酒。甲并不具效力意识。

2. 外在表示

外在表示是指当事人将内心意思表现于外部。行为人可以明示或者默示作出意思表示（《民法典》第一百四十条）。外在表示的形式主要包括以下几类：

①书面形式。书面形式是指用书面文字形式所进行的意思表示，如书面合同等。书面形式又分为一般书面形式（包括信函、电报、电传、传真等）与特殊书面形式（包括公证、鉴证、审批等）。

②口头形式。口头形式是指以口头语言方式进行的意思表示，如双方当事人通过当面协商或者电话洽谈而订立的口头合同。

③推定形式。推定形式是指当事人通过有目的、有意义的积极行为将其内在意思表现于外部，使他人可以根据交易习惯等推知当事人已作某种意思表示。需要注意的是，这种推定必须是符合法律要求的。例如，租赁期间满，承租人继续使用租赁物而出租人没有提出异议的，原租赁合同继续有效，但租赁期限为不定期，此处可认为是推定形式。

④沉默形式。沉默形式是指行为人以不作为方式所作的意思表示，或者他人根据行为人的沉默推定其具有某种意思。但需要注意的是，沉默只有在有法律规定、当事人约定或者符合当事人之间的交易习惯时，才可以被视为

意思表示（《民法典》第一百四十条）。

3. 意思表示的分类

依据是否有相对人，意思表示可分为有相对人的意思表示和无相对人的意思表示。

①有相对人的意思表示。有相对人的意思表示是指行为人向相对人作出意思表示，相对人受领其意思表示。有相对人的意思表示又可分为对特定人的意思表示和对不特定人的意思表示。对特定人的意思表示指行为人向特定人作出的意思表示，如甲向乙发出要约，乙则为特定相对人；对不特定人的意思表示指行为人向不特定人作出的意思表示，如悬赏广告。

②无相对人的意思表示。无相对人的意思表示是指行为人不向相对人作出的意思表示，也无须相对人受领意思表示，如抛弃动产所有权的意思表示。这两种意思表示真实含义的确定方式不同。《民法典》第一百四十二条规定："有相对人的意思表示的解释，应当按照所使用的词句，结合相关条款、行为的性质和目的、习惯以及诚信原则，确定意思表示的含义。无相对人的意思表示的解释，不能完全拘泥于所使用的词句，而应当结合相关条款、行为的性质和目的、习惯以及诚信原则，确定行为人的真实意思。"

这两种意思表示的效力有差别。《民法典》第一百三十八条规定："无相对人的意思表示，表示完成时生效。法律另有规定的，依照其规定。"第一百三十九条规定："以公告方式作出的意思表示，公告发布时生效。"第一百四十一条规定："行为人可以撤回意思表示。撤回意思表示的通知应当在意思表示到达相对人前或者与意思表示同时到达相对人。"

依据是否有对话，意思表示可分为对话的意思表示和非对话的意思表示。

①对话的意思表示。对话的意思表示是指行为人与相对人直接以口头交谈或者电话通话方式进行的意思表示。

②非对话的意思表示。非对话的意思表示是指行为人采用信函、电报或通过传话人传达等方式进行的意思表示。

对话与非对话的意思表示生效时间有区别。《民法典》第一百三十七条规定："以对话方式作出的意思表示，相对人知道其内容时生效。以非对话方式作出的意思表示，到达相对人时生效。以非对话方式作出的采用数据电文形式的意思表示，相对人指定特定系统接收数据电文的，该数据电文进入该特定系统时生效；未指定特定系统的，相对人知道或者应当知道该数据电文进入其系统时生效。当事人对采用数据电文形式的意思表示的生效时间另有约定的，按照其约定。"

（三）法律行为的成立与生效

法律行为的成立与生效有联系也有区别。法律行为的成立是法律行为生效的逻辑前提，法律行为的生效是民事法律行为成立的归宿。法律行为只有成立后，才有进一步衡量其是否有效。法律行为的成立，仅是对法律行为是否存在这一事实的认定，是一种事实判断；法律行为的生效是一种法律评价，是一种价值判断。

1. 法律行为的成立要件

①一般成立要件。一般成立要件包括当事人、标的与意思表示。其中，单方法律行为仅需一方的意思表示，多方法律行为需要多方意思表示一致。

②特别成立要件。特别成立要件是指根据法律规定或者依据当事人的约定，某些法律行为的成立还应具备的事实要素。实践法律行为除意思表示外还须交付标的物，如定金合同、保管合同是实践合同，自标的物交付时成立。要式法律行为须具备法定形式。

2. 法律行为的生效

法律行为的生效要件包括一般生效要件与特别生效要件。

（1）一般生效要件

《民法典》第一百四十三条规定："具备下列条件的民事法律行为有效：（一）行为人具有相应的民事行为能力；（二）意思表示真实；（三）不违反法律、行政法规的强制性规定，不违背公序良俗。"

第一，行为人具有相应的民事行为能力。这里的行为人具有相应的民事行为能力主要是对自然人提出的要求。民事法律行为是以意思表示为核心的，因此要求自然人具有相应的行为能力是为了确保行为人能作出合乎法律规范的意思表示。就自然人而言，完全民事行为能力人可以以自己的行为独立实施民事活动；限制民事行为能力人只能从事与其年龄和智力发育程度、精神健康状况相适应的法律行为，其他行为由其法定代理人代理，或者征得其法定代理人的同意；无民事行为能力人不能独立从事法律行为，其民事法律行为必须由其法定代理人代理。就法人而言，一般都具备相应的民事行为能力，其民事行为能力是由法人核准登记的经营范围决定的。为了维护相对人的利益，如当事人超越经营范围订立合同，人民法院并不因此认定合同无效。但是，违反国家限制经营、法规禁止经营规定的除外。

第二，意思表示真实。一方面指法律行为生效后产生的法律后果是当事人所追求的，因此意思表示必须是在其意志自由下作出的；另一方面指行为人的内心意思与其外在表示相符的基础上反映其真实的意愿。

第三，不违反法律、行政法规的强制性规定，不违背公序良俗。这里需要注意，不能违反的是法律与行政法规中的效力性强制规定，而效力性强制规定不同于管理性强制规定。另外，不得违背公序良俗主要指不损害社会公共利益，广泛来看，其含义包括不违反公共秩序与不得损害国家、集体或者第三人利益。

（2）特别生效要件

通常情况下，法律行为具备上述一般生效要件即生效。但在特殊情形下，法律行为须满足法律的特殊规定或者当事人的约定条件才能产生法律效力，如依法成立的合同自成立时生效。法律、行政法规规定应当办理批准、登记等手续生效的，依照其规定。此处的批准、登记手续为特别生效要件。

（四）无效法律行为

无效法律行为是指因欠缺民事法律行为的有效条件，不发生当事人预期法律后果的民事行为。此处的无效是指无效民事行为自始无效、当然无效、绝对无效。需要注意的是，民事法律行为部分无效不影响其他部分效力的，其他部分仍然有效（《民法典》第一百五十六条）。无效法律行为有以下几种情形。

1. 无民事行为能力人实施的法律行为

这一情形缺乏"行为人具有相应的民事行为能力"这一生效要件。无民事行为能力人实施的民事法律行为无效（《民法典》第一百四十四条）。本章导入案例中的未成年人如果未满八周岁，那么其独立实施的民事行为无效；如果该未成年人为年满八周岁未满十八周岁，其行为效力待定，法律效力需要其法定代理人进行追认方可有效。

2. 以虚假的意思表示实施的法律行为

行为人与相对人以虚假的意思表示实施的民事法律行为无效。以虚假的意思表示隐藏的民事法律行为的效力，依照有关法律规定处理（《民法典》第一百四十六条）。此种法律行为中，行为人一般以虚假的合法形式来隐藏内心真实的意思表示，由于其内心真实的意思表示非法，因此此种民事法律行为无效。现实中最常见的表现形式为阴阳合同。

【**典型案例**】

虚假买卖合同案例

房屋买卖中，买卖双方在签订第一份合同（"阴合同"）后，办理过户手续时，为了少交税，就同一套房屋双方又签订了一份约定房价较低的合同（"阳合同"）。由于第二份合同是双方当事人为办理房屋产权变动登记的目的而签订的，第二份房屋买卖合同约定的房价并非双方当事人的真实意思表示，且该行为损害了国家利益，应当认定第二份合同无效。

3. 违反法律、行政法规强制性规定的法律行为

这一情形缺乏"不违反法律、行政法规的强制性规定，不违背公序良俗"这一生效要件。《民法典》第一百五十三条第一款规定："违反法律、行政法规的强制性规定的民事法律行为无效。但是，该强制性规定不导致该民事法律行为无效的除外。"

4. 违背公序良俗的法律行为

《民法典》第八条规定："民事主体从事民事活动，不得违反法律，不得违背公序良俗。"第一百五十三条第二款规定："违背公序良俗的民事法律行为无效。"

所谓的公序良俗原则，实际上是以一般的道德为核心，民事主体在进行非交易性质的民事法律行为时，应当尊重公共秩序和善良风俗，并将这一原则作为民法的基本准则，是民事主体对社会和道德予以尊重的基本要求，针对的主要是非交易性质的民事法律行为。其基本作用是，在非交易的民事法律行为和民事活动中，把公序良俗作为衡量利益冲突的一般标准，平衡民事主体之间的利益冲突，确保正常的社会公共秩序，以此保护弱者，维护社会正义。

5. 恶意串通，损害他人合法权益的法律行为

这一情形同样缺乏"不违反法律、行政法规的强制性规定，不违背公序良俗"这一生效要件。《民法典》第一百五十四条规定："行为人与相对人恶意串通，损害他人合法权益的民事法律行为无效。"恶意串通是指行为人与相对人双方合谋进行的不当行为。而此处的"他人合法权益"包括国家、集体或者第三人的利益。

【典型案例】

彭某甲与彭某乙等确认合同无效纠纷案

行为人彭某甲与相对人彭某乙作为家庭成员及法定继承人，在明知房屋遗产属于与其他法定继承人共同共有的情况下私自签订赠与合同，属于恶意串通，损害了其他法定继承人的合法权益。同时，因房屋遗产属于共同共有而非按份共有，且行为人与相对人在赠与合同中处分的是整套房屋遗产，因此赠与合同应属全部无效。

（五）可撤销的法律行为

可撤销的法律行为是指已经成立并生效，但因意思表示不真实，行为人具有撤销权的法律行为。可撤销的法律行为有以下特点：第一，撤销权人行使撤销权之前该行为已经生效；第二，撤销权人有选择权，其可以保留或者撤销该行为；第三，撤销权人行使撤销权不能超过法定期限。

1. 撤销权

可撤销法律行为的撤销权是权利人以其单方的意思表示撤销已经成立的法律行为的权利。但是，在可撤销的法律行为中，并非所有的当事人均享有撤销权。《民法典》中明确规定只有"受欺诈方"或是"受胁迫方"可以行使撤销权，因此，享有撤销权的主体是受害方。撤销权人撤销的意思表示须向人民法院或者仲裁机构作出，而非向相对人作出。撤销权的行使有法定期限的限制，具体规定如下：《民法典》第一百五十二条规定："有下列情形之一的，撤销权消灭：（一）当事人自知道或者应当知道撤销事由之日起一年内、重大误解的当事人自知道或者应当知道撤销事由之日起九十日内没有行使撤销权；（二）当事人受胁迫，自胁迫行为终止之日起一年内没有行使撤销权；（三）当事人知道撤销事由后明确表示或者以自己的行为表明放弃撤销权。当事人自民事法律行为发生之日起五年内没有行使撤销权的，撤销权消灭。"需要注意的是，撤销权的行使期限属于除斥期间，即属于不变期间，不得适用诉讼时效的中止、中断和延长。

2. 撤销权行使的后果

可撤销的民事行为被撤销变为无效之前具有法律上的效果，对当事人有约束力。一旦权利人行使撤销权，原实施的行为归于无效，但仍存在法律后果，且合同被撤销后不影响有关争议处理的条款。

【法条链接】

《民法典》第一百五十五条　无效的或者被撤销的民事法律行为自始没有法律约束力。

《民法典》第一百五十七条　民事法律行为无效、被撤销或者确定不发生效力后，行为人因该行为取得的财产，应当予以返还；不能返还或者没有必要返还的，应当折价补偿。有过错的一方应当赔偿对方由此所受到的损失；各方都有过错的，应当各自承担相应的责任。法律另有规定的，依照其规定。

《民法典》第五百零七条　合同不生效、无效、被撤销或者终止的，不影响合同中有关解决争议方法的条款的效力。

3. 可撤销的民事法律行为种类

根据《民法典》的规定，可撤销的民事法律行为有以下四种类型：重大误解、显失公平、欺诈情形及胁迫情形下实施的民事法律行为。

（1）基于重大误解实施的可撤销法律行为

《民法典》第一百四十七条规定："基于重大误解实施的民事法律行为，行为人有权请求人民法院或者仲裁机构予以撤销。"行为人因为对行为的性质，对方当事人，标的物的品种、质量、规格和数量等的错误认识，使行为的后果与自己的意思相悖，并造成较大损失的，可以认定为重大误解。

重大误解应当具备以下条件：第一，必须对民事法律行为的内容发生了重大误解；第二，误解人因误解作出非真实的意思表示，误解人的误解与其意思表示之间具有因果关系；第三，误解是由误解人自己的过错的，误解是误解人的非故意行为，误解的发生是由于误解人自身的不谨慎；第四，这种行为造成了表意人较大的损失。

【典型案例】

小张将家中祖传的瓷器花瓶卖给小王。小王请朋友来观摩，有懂行的朋友说这个花瓶看着不太像真品。于是小王将瓷器花瓶送到权威机构进行鉴定，果然是赝品。小王找到小张要求退货并返还货款。小张表示，因家中祖传，一直没有去鉴定，也从未怀疑过瓷器的真实性。

小王对瓷器花瓶买卖过程中的标的物花瓶产生了错误认识，这种错误认识并非小张欺诈造成的，而是买卖合同双方当事人都对花瓶产生了错误认识。所以小王可以根据法律规定请求法院和仲裁机构撤销这一买卖合同。当然，如果小张主张不知情，双方可以协商解除合同，各自返还，这样能更加方便快捷地解决问题，节约社会成本。

（2）以欺诈手段使对方违背真实意思实施的法律行为

一方当事人故意告知对方虚假情况，或者故意隐瞒真实情况，诱使对方当事人作出错误意思表示的，可以认定为欺诈行为。欺诈行为的构成要件有四个：第一，须有欺诈人的欺诈行为，主要包括捏造虚拟事实、隐藏真实事实与歪曲真实事实；第二，欺诈人须有欺诈的故意；第三，表意人因相对人的欺诈而陷于错误；第四，对方因陷于错误而作出意思表示，即错误与意思表示之间有因果关系。

一方以欺诈手段使对方在违背真实意思的情况下实施的民事法律行为，受欺诈方有权请求人民法院或者仲裁机构予以撤销（《民法典》第一百四十八条）。第三人实施欺诈行为、使一方在违背真实意思的情况下实施的民事法律行为、对方知道或者应知道该欺诈行为的，受欺诈方有权请求人民法院或者仲裁机构予以撤销（《民法典》第一百四十九条）。

【典型案例】

张某于 2021 年 9 月在淮安某汽车销售公司花费 40 余万元购买一辆奥迪 A6，后发现该车开过发票、出过保险、上过临时牌照。张某感觉自己上当受骗，便要求汽车销售公司给予赔偿。因赔偿价格协商未果，张某向淮安市清江浦区人民法院起诉，要求退还买车款，并按照《中华人民共和国消费者权益保护法》（以下简称《消费者权益保护法》）第五十五条的规定，赔偿三倍价款。

（3）以胁迫手段使对方违背真实意思实施的法律行为

以给公民及其亲友的生命健康、荣誉、名誉、财产等造成损害，或者以给法人的荣誉、名誉、财产等造成损害为要挟，迫使对方违背真实意思表示的，可以认定为胁迫行为。胁迫行为的构成要件有三个：第一，行为人有胁迫行为；第二，行为人有胁迫的故意，即有使表意人陷于恐惧的意思；第三，相对人因受胁迫而为的意思表示。

《民法典》第一百五十条规定："一方或者第三人以胁迫手段，使对方在违背真实意思的情况下实施的民事法律行为，受胁迫方有权请求人民法院或者仲裁机构予以撤销。"

（4）显失公平的法律行为

《民法典》第一百五十一条规定："一方利用对方处于危困状态、缺乏判断能力等情形，致使民事法律行为成立时显失公平的，受损害方有权请求人民法院或者仲裁机构予以撤销。"显失公平的民事法律行为包括两方面的要件：第一，对方有处于危困状态、缺乏判断能力的客观情况；第二，行为人有利用对方危困、缺乏判断能力的故意，这种利用他人的主观状态已表明此种行为背离了公平、诚信原则的要求。

【典型案例】

周某的儿子突遇意外需住院治疗，情急之下，周某向邻居张某提出借款5万元，承诺半年内归还。张某同意出借，但提出要按本金年息40%计付利息。为让孩子得到及时诊疗，周某无奈只能违心出具了借据。还款期满后，双方为利息事宜引发争执形成诉讼。法院审理认为，原告虽持有被告的借据，但此行为系乘人之危高利放贷，属显失公平的可撤销民事行为。最后法院判决周某偿还张某本金，利息按法律规定的标准计付。

（六）附条件和附期限的民事法律行为

民事法律行为可以附条件与期限。此处所附的条件与期限是法律行为成立与生效之间的时间差产生的原因之一。《民法典》对民事法律行为可以附条件、附期限的规定是为了防止民事法律行为的效果意思确定后，行为人的预期目的没有出现而违背行为人的初衷的情况。通过附条件、附期限可以方便人们在民事法律行为中灵活地控制行为效力暂不发生，或使已经发生的效力及时终止。

1. 附条件的民事法律行为

附条件的民事法律行为是以一定的条件成就与否作为效力发生或者消灭的法律行为。民事法律行为可以附条件，但是按照其性质不得附条件的除外（《民法典》第一百五十八条）。根据相关法律规定，下列民事法律行为不得附条件：第一，行使形成权的民事法律行为通常不得附条件。例如，抵销不得附条件或者附期限。第二，不符合社会公共利益或社会公德的民事法律行为不得附条件，如结婚、收养等行为。第三，登记等法律程序行为不得附条件。

并非任何事件或者行为都可以作为所附的条件。可附的事项应当具备下列特征：第一，必须是将来发生的事实。第二，必须是将来不确定的事实。如果该事实是将来必然发生的，则该事实应当作为民事法律行为的期限而非条件。第三，条件应当是双方当事人约定的。民事行为所附条件必须是双方当事人约定的，不能是法律规定的与民事行为效力有关的条件。第四，条件必须合法。违反法律、社会公德或损害社会公共利益，以及以侵害他人权利为目的的事实，不能作为条件。

所附的条件根据不同的分类标准可以进行不同分类。

（1）根据所附条件对民事法律行为产生的效力不同，可以将所附的条件分为生效条件和解除条件

生效条件，又称延缓条件、停止条件，是只有当约定的事实出现时法律行为才发生效力的条件。生效条件的作用在于使法律行为暂时不生效，如果所附条件最终未出现，该法律行为不生效。附生效条件的法律行为在条件成就时生效，双方形成权利义务关系。

解除条件，又称消灭条件，是使已发生效力的民事法律行为在条件成就时终止的条件。解除条件的作用在于使所附条件的已生效的法律行为的效力归于消灭。附解除条件的法律行为在条件成就时失效，双方解除权利义务关系。

（2）以某种客观事实的发生或不发生为标准，可分为积极条件和消极条件

积极条件是以所设事实发生为内容的条件。

消极条件是以所设事实不发生为内容的条件。需要注意的是，当事人负有顺应条件自然发展而不加以不正当干预的义务，即条件不能受到任何一方的不当影响。在条件成就与否未得到确定之前，行为人一方不得损害另一方将来条件成就时可能得到的利益，行为人也不得为了自己的利益以不正当行为促成或阻止条件成就。

附条件的民事法律行为，当事人为自己的利益不正当地阻止条件成就的，视为条件已成就；不正当地促成条件成就的，视为条件不成就（《民法典》第一百五十九条）。

【典型案例】

附条件的民事法律行为

甲打算卖房，问乙是否愿意买。乙一向迷信，就跟甲说："如果明天早上

7 点你家屋顶上来了喜鹊，我就出 10 万元买你房子。"甲同意。乙回家后非常后悔。第二天早上 7 点差几分时，恰有一群喜鹊停在甲家的屋顶上，乙正要将喜鹊赶走，甲不知情的儿子拿起弹弓把喜鹊打跑了，至 7 点再无喜鹊飞来。请问甲、乙之间买卖合同的效力如何？

2. 附期限的民事法律行为

附期限的民事法律行为是以一定期限的到来作为效力发生或消灭的民事法律行为。民事法律行为可以附期限，但是按照其性质不得附期限的除外（《民法典》第一百六十条）。与所附条件类似，所附期限也须具备法律要件：第一，必须是将来发生的事实，已经发生的事实不能被设定为期限。第二，必须是必然发生的事实，不可能发生的事实不能被设定为期限。

根据期限对法律行为效力所起作用的不同，可以将期限分为生效期限和终止期限。生效期限又称始期，是使法律行为效力发生的期限。附生效期限的民事法律行为在始期到来前不生效，自期限届至时生效。终止期限又称终期，是使法律行为效力终止的期限。附终止期限的民事法律行为在终期到来前效力不终止，自期限届满时失效。

二、代理制度

（一）代理的概念与特征

代理是指代理人在代理权限内，以被代理人（本人）的名义与第三人实施民事法律行为，被代理人对代理人的该行为承担民事责任的一种法律制度。

《民法典》第一百六十二条规定："代理人在代理权限内，以被代理人名义实施的民事法律行为，对被代理人发生效力。"在代理关系中存在三个主体，代理人、被代理人和第三人。由此，它们之间也存在三种关系：①代理人与被代理人之间是代理与被代理的关系；②代理人与第三人之间直接进行法律行为的关系；③被代理人与第三人之间的权利义务关系。

代理行为作为一种事关三个法律主体和三种法律关系的民事法律行为，与行纪、委托、中介等概念有所区别，具有以下几个特征。❶

---

❶ 本书编委会. 中华人民共和国民事法律法规全书（含典型案例及文书范本）［M］. 北京：中国法制出版社，2017：137.

1. 代理人以被代理人的名义实施民事法律行为

代理人必须以被代理人的名义实施民事法律行为。非以被代理人的名义而以自己的名义代替他人实施民事法律行为的不属于代理行为，对被代理人不发生约束，这也是代理与行纪的区别。行纪是指经纪人受委托人的委托，以自己的名义与第三方进行交易，并承担规定的法律责任的行为。《民法典》第九百二十五条规定："受托人以自己的名义，在委托人的授权范围内与第三人订立的合同，第三人在订立合同时知道受托人与委托人之间的代理关系的，该合同直接约束委托人和第三人；但是，有确切证据证明该合同只约束受托人和第三人的除外。"

2. 代理人直接向第三人进行意思表示

代理行为的目的在于与第三人设立、变更或终止权利义务关系。因此，只有代理人直接向第三人为意思表示，才能实现代理行为的目的。这一点也正是代理行为与委托的区别，委托只涉及两方当事人，即委托人与受托人，而不存在第三人。但是，委托与代理之间也存在联系。例如，在委托代理中，代理人（受托人）与被代理人（委托人）之间就是委托关系，而代理人、被代理人与第三人三者之间就是代理关系。

3. 代理人在代理权限内独立地为意思表示

代理人在代理权限内有权根据情况独立地进行判断，并作出意思表示或者接受意思表示。非独立进行意思表示的行为不属于代理行为，如传达、中介等。传达就是我们平常所说的传递信息。传递信息的人（传达者）仅起到传递信息的作用，而不能进行独立的意思表示，因此不属于代理行为。中介是指中介人向委托人报告商业机会，提供订立合约的媒介服务并收取报酬的行为。在中介行为中，中介者只是起到了订立合同的桥梁作用，既不向第三人作出意思表示，也不接受意思表示，因此也不属于代理行为。

4. 代理行为的法律效果直接归属于被代理人

尽管代理人与第三人进行直接的民事法律行为，但是在代理活动中，代理人只是履行了代理的责任，并不从此民事法律行为中获得任何的个人利益或者承担任何的责任。当然，在一些代理行为中，代理人是可以获得一定的报酬的。代理所产生的法律后果归属于被代理人，设立、变更或者终止的权利义务关系都是被代理人与第三人之间的。这个特征使得代理与代表区别开来。法人组织有自己的法定代表人，法定代表人本身就是法人组织的组成部分，因此代表人的行为就视为法人组织本身的行为，而不存在法律效果归属的问题。

（二）代理的适用范围

代理一般适用于民事主体之间设立、变更或终止权利义务关系的法律行为，同时也适用于民事法律行为之外的一些其他行为，如申请行为、申报行为、诉讼行为等。代理行为大致可以分为三类：第一，民事法律行为；第二，民事诉讼行为；第三，申请、申报等行政、财政行为。另外，有一些民事法律行为并不适用于代理制度，如具有严格人身性质的订立遗嘱、婚姻登记、收养子女等行为。《民法典》第一百六十一条第二款规定："依照法律规定、当事人约定或者民事法律行为的性质，应当由本人亲自实施的民事法律行为，不得代理。"

（三）代理的分类

1. 根据代理权产生的方式不同，代理可分为委托代理、法定代理

委托代理又称意定代理，指基于被代理人的委托授权而发生的代理。授权行为是一种单方法律行为，即仅凭被代理人一方的意思表示就可以发生授权的效果。

法定代理指基于法律直接规定而当然发生的代理，通常适用于被代理人是无民事行为能力人或者限制民事行为能力人的情况。关于监护人的确定，我国法律有具体的规定，包括：①配偶；②父母、子女；③其他近亲属；④其他愿意担任监护人的个人或者组织，但是须经被监护人住所地的居民委员会、村民委员会或者民政部门同意。

2. 根据代理权来源的不同，代理可分为本代理和复代理

本代理指直接基于被代理人的授权或者法律规定而产生的代理。复代理指代理人为被代理人的利益而将代理权转托给他人而产生的代理，又称再代理。需要注意的是，复代理的代理权来源是代理人的转托，因此再代理人的代理权限必然不能超过本代理的代理权限。同时需要明确，再代理人是被代理人的代理人，而不是本代理人的代理人，因此其民事法律行为的法律效果也直接归属于被代理人。《民法典》第一百六十九条规定："代理人需要转委托第三人代理的，应当取得被代理人的同意或者追认。转委托代理经被代理人同意或者追认的，被代理人可以就代理事务直接指示转委托的第三人，代

理人仅就第三人的选任以及对第三人的指示承担责任。转委托代理未经被代理人同意或者追认的，代理人应当对转委托的第三人的行为承担责任；但是，在紧急情况下代理人为了维护被代理人的利益需要转委托第三人代理的除外。"

3. 根据代理人为民事法律行为时所依的名义，可将代理分为直接代理和间接代理

直接代理指代理人以被代理人的名义实施民事法律行为的代理制度。间接代理指代理人以自己的名义实施民事法律行为，但法律效果仍归属于被代理人的代理制度。

4. 根据代理权行使时所需的代理人个数，可将代理分为单独代理和共同代理

单独代理是指代理人可以单独行使代理权的代理制度。共同代理是指数个代理人必须共同行使代理权。数人为同一代理事项的代理人的，应当共同行使代理权，但是当事人另有约定的除外（《民法典》第一百六十六条）。在共同代理中，一个代理人单独行使代理权并不能使代理行为生效，而必须经过本人或者其他代理人的共同承认才能生效。

（四）代理的终止

代理的终止指代理人与被代理人之间的代理关系消灭，代理人不再拥有代理权，不能继续以被代理人的名义实施民事法律行为。基于代理权产生方式不同的委托代理与法定代理，其终止的原因也不相同。

【法条链接】

《民法典》第一百七十三条 有下列情形之一的，委托代理终止：（一）代理期限届满或者代理事务完成；（二）被代理人取消委托或者代理人辞去委托；（三）代理人丧失民事行为能力；（四）代理人或者被代理人死亡；（五）作为代理人或者被代理人的法人、非法人组织终止。

《民法典》第一百七十五条 有下列情形之一的，法定代理终止：（一）被代理人取得或者恢复完全民事行为能力；（二）代理人丧失民事行为能力；（三）代理人或者被代理人死亡；（四）法律规定的其他情形。

值得注意的是，由于法定代理主要针对限制民事行为能力人和无民事行为能力人，若被代理人死亡，自然不再需要代理人，因此在法定代理中，被

代理人死亡必然导致代理终止。而在委托代理中，在一些情况下委托代理人在被代理人死亡后所为的代理行为依然有效。

（五）代理权

代理权是代理关系的基础，是指代理人以被代理人名义独立为意思表示，并使其效果直接归属于被代理人的一种法律资格。

1. 代理权的产生

代理权的产生方式有两种，包括委托代理中的委托行为、法定代理中的法律规定。

①委托代理代理权的产生。委托代理是基于被代理人的委托授权而发生的，并且被代理人的委托授权行为是单方民事行为，无须代理人的同意即可使得委托授权行为生效。委托代理授权采用书面形式的，授权委托书应当载明代理人的姓名或者名称、代理事项、权限和期限，并由被代理人签名或者盖章（《民法典》第一百六十五条）。

②法定代理代理权的发生。法定代理人代理权的发生是由于法律的直接规定。无民事行为能力人和限制民事行为能力人与其代理人之间的代理关系的基础是监护关系。

2. 代理权行使的一般要求

代理人行使代理权必须符合被代理人的利益，不得利用代理权为自己谋取私利，必须做到勤勉尽责，审慎周到，以实现和保护被代理人的利益。代理人不得因故意或者过失损害被代理人的利益，也不得怠于行使代理权。同时，代理人必须及时向被代理人报告代理事项的进展情况，以便被代理人及时知道自己利益的得失。另外，在整个代理过程中，代理人不得滥用代理权，有关代理权滥用的内容将在下一部分详细阐述。代理人不履行或者不完全履行职责，造成被代理人损害的，应当承担民事责任（《民法典》第一百六十四条第一款）。

3. 代理权的滥用

代理人能够以被代理人的名义实施民事法律行为，就在于他拥有代理权。然而，若其实施的行为损害了被代理人的利益，即可被认为滥用代理权。滥用代理权的行为主要包括以下三种情形：

①自己代理，即代理人以被代理人的名义与自己实施民事法律行为；

②双方代理，即代理人以被代理人的名义与其同时代理的其他人实施民

事法律行为；

③代理人和第三人恶意串通，损害被代理人的合法权益的民事法律行为。

【法条链接】

《民法典》第一百六十八条　代理人不得以被代理人的名义与自己实施民事法律行为，但被代理人同意或者追认的除外。

代理人不得以被代理人的名义与自己同时代理的其他人实施民事法律行为，但是被代理的双方同意或者追认的除外。

《民法典》第一百六十四条第二款　代理人和相对人恶意串通，损害被代理人合法权益的，代理人和相对人应承担连带责任。

自己代理和双方代理属于效力待定的代理行为，即被代理人若追认，该代理行为生效。第三种滥用代理权的行为，即代理人和第三人恶意串通，视为无效代理。代理人滥用代理权给被代理人和他人带来损失的，应当承担相应的民事责任。

【典型案例】

潘某有一套市价约 500 万元的红木家具，委托钟某代为出售。刘某向钟某提出以 600 万元购买，辛某向钟某提出以 350 万元购买，但承诺暗中给钟某 50 万元回扣。钟某于是对潘某谎称红木市场价格暴跌，隐瞒刘某的报价，以潘某的名义将该套红木家具以 350 万元出卖给辛某。

（六）无权代理

1. 无权代理的概念与情形

无权代理指没有代理权而以他人的名义与第三人进行民事行为的代理。具体包括：第一，没有代理权的代理行为；第二，超越代理权的代理行为；第三，代理权终止后的代理行为。《民法典》第一百七十一条规定："行为人没有代理权、超越代理权或者代理权终止后，仍然实施代理行为，未经被代理人追认的，对被代理人不发生效力。"

2. 无权代理的法律效果

虽然代理人在进行无权代理的行为时并不具备代理权，但是无权代理并非必然无效，而是属于一种效力待定的法律行为。无权代理行为是否无效需要根据实际情况进行具体的分析判断。

（1）本人（被代理人）的追认权与拒绝权

在无权代理的情况下，若本人在代理行为发生后追认的，无权代理人所为的代理行为的法律效果归属于被代理人，视为有权代理，即代理行为有效。追认权性质上属于形成权，即仅凭被代理人的单方面的意思表示即可决定无权代理行为是否有效。追认权的行使必须在第三人行使撤销权之前才有效力。当然，被代理人也享有拒绝权，可以拒绝对该代理行为进行追认，使该代理行为归于无效。对于拒绝追认的行为，无权代理人应当对无权代理行为给被代理人和善意相对人造成的损失进行赔偿。被代理人在相对人的催告期内未作出追认的表示或者消极的不作为，视为拒绝追认。

（2）相对人的催告权和撤销权

相对人享有催告权。相对人可以催告被代理人自收到通知之日起三十日内予以追认（《民法典》第一百七十一条第二款）。但是，催告权仅是意思通知行为，不能决定无权代理行为是否有效。被代理人是否要追认，无权代理行为是否有效都由被代理人本人决定。

相对人的撤销权是指在无权代理的情况下，在合同被追认之前，善意相对人有权撤销其对无权代理人已经作出的意思表示。撤销权在性质上属于形成权，即仅凭善意相对人的单方面的意思表示即可决定无权代理行为是否有效。一旦被撤销，无权代理行为即变为无效代理，即在被代理人与第三人之间不产生权利义务关系。但是，撤销权的行使需要两个条件，一是相对人必须是善意相对人。若相对人知道或应当知道无权代理人是无权代理仍与其进行代理行为，则不具有撤销权。二是撤销权的行使必须在被代理人进行追认之前。若被代理人已经追认，则认为代理行为有效，此时，善意相对人不再拥有撤销权。《民法典》第一百七十一条第二款规定："相对人可以催告被代理人自收到通知之日起三十日内予以追认。被代理人未作表示的，视为拒绝追认。行为人实施的行为被追认前，善意相对人有撤销的权利。撤销应当以通知的方式作出。"第四款规定："相对人知道或者应当知道行为人无权代理的，相对人和行为人按照各自的过错承担责任。"

（3）表见代理

善意相对人客观上有理由相信无权代理人拥有代理权时，可以向被代理人主张代理的效力。这是为了保护善意相对人的法律规定。在学术界，这种无权代理被称为"表见代理"。我们将在下文对其进行具体分析。

（七）表见代理

表见代理属于广义的无权代理，是指被代理人的行为足以使第三人相信无权代理人具有代理权，并基于这种信赖而与无权代理人实施法律行为的代理。法律上关于表见代理的规定主要是为了维护人们对代理制度的信赖，保护善意相对人的利益。

1. 表见代理的构成要件

除了满足代理的一般形式，只有满足以下条件的代理才能被认为是表见代理。

①行为人没有代理权、超越代理权或者代理权已经终止。既然表见代理属于广义的无权代理，那么该行为必然属于无权代理中的情形之一。

②相对人主观上为善意且无过失。相对人应当不知道行为人所实施的行为是无权代理，并且相对人在主观判断上并没有错误。

③有使相对人相信行为人具有代理权的情形。存在客观事由，使得相对人相信行为人是拥有代理权的。

④交易相对人因相信行为人拥有代理权与行为人确实进行了民事行为。只有民事行为确实进行了，才说得上构成了代理。

2. 表见代理的一般情形

根据相对人相信无权代理人拥有代理权的客观事由，可以将表见代理概括为以下几种情形。

①被代理人对第三人表示已将代理权授予某人，但实际未授予或就特定民事行为未授予，而相对人相信该人拥有代理权。

②被代理人将某种有代理权的证明文件（如带有公章或者被代理人签名的空白介绍信或空白合同文本、合同专用章等）交给他人，他人以此使第三人相信其有代理权。

③代理关系终止或者撤销后，被代理人未采取必要的措施（如公示代理关系的终止、收回代理证书）而使第三人仍然相信无权代理人有代理权。

④代理授权不明或者代理人违反被代理人的意思、超越代理权，第三人无过失地相信其有代理权并与之进行法律行为。

只有发生以上四种情形表见代理才成立。除此之外的无权代理均不是表见代理，按照普通的无权代理对待。

3. 表见代理的法律效果

①对于被代理人而言。表见代理对被代理人来说产生与有效代理一样的法律效果。表见代理下的民事行为的法律效果归属于被代理人，被代理人受无权代理人与第三人所为的民事行为的约束，不得以无权代理作为抗辩理由。

②对于第三人而言。表见代理对于第三人来说，第三人既可主张其为狭义的无权代理，行使其作为善意相对人的撤销权使代理行为无效，向行为人主张权利、追究责任，又可以主张其为表见代理，向被代理人主张代理行为的效力使代理行为有效。

【典型案例】❶

李某经营一家花店。某日，李某因急事需要离开，遂叫来店里聊天的邻居万某代为看店。恰好吴某到花店选购鲜花，万某将店里放着的一盆兰花卖给了吴某。不料，该兰花系名贵兰花，价值逾万元，是李某的岳父以高价购买回来自己观赏的，暂时寄放在李某的店里。李某赶紧找到吴某，要求退花还款，吴某不同意，李某为此将吴某起诉至法院。本案属典型的表见代理，应当产生与有权代理相同的法律效果。

【知识拓展】

冒名顶替与无权代理、表见代理

2013 年 11 月 15 日，李小天和"王五"签订了一份房屋租赁合同。事实上，与李小天签订合同的人并非真正的"王五"，而是杜某。杜某与王五系同学，王五出国后将房屋钥匙交予杜某，请杜某帮忙有时间看看房屋是否漏水。而杜某却假冒"王五"的身份将该房屋出租，并将租金占为己有。王五因急事回国发现该房屋被李小天占用居住，于是对李小天发出"逐客令"。

冒名顶替既不是无权代理也不是表见代理。

第一，从概念上界分，冒名顶替是指冒用他人身份并以他人的名义处分财产或者从事其他民事活动的行为。无权代理是指代理人不具备代理权而实施代理行为。表见代理是广义的无权代理，是指被代理人的行为足以使善意第三人相信无权代理人具有代理权，基于此项信赖与无权代理人进行交易，由此造成的法律效果强加于被代理人的代理。

---

❶ 张倩. 浅谈表见代理 [J]. 法制与经济（下旬），2012（12）：57-58.

第二，从结构上来看，冒名顶替所从事的活动自始至终仅存在双方结构，本案中表现为"王五"与李小天的双方关系。而无权代理与表见代理存在三方结构，即被代理人、代理人、相对人三方结构。

第三，具体到冒名顶替与无权代理。首先，无权代理的代理人一定程度上是为了被代理人的利益，体现被代理人的意愿，而冒名顶替则完全是违背了被冒名者的意愿。本案中杜某将房屋出租的行为并不是为了王五的利益，而是利用王五获取不当得利。其次，无权代理以代理人的身份进行民事活动，而冒名顶替则是自称本人，表现为本案中的杜某自称为"王五"。最后，无权代理一般不会是侵权行为，而冒名顶替的行为是侵权行为，本案的杜某不仅侵犯了王五的姓名权，同时侵犯了王五的财产权。

第四，具体到冒名顶替与表见代理，《民法典》第一百七十二条规定："行为人没有代理权、超越代理权或者代理权终止后，仍然实施代理行为，相对人有理由相信行为人有代理权的，代理行为有效。"虽然表见代理与冒名顶替在一定程度上违背了被代理人的意愿，可能都会对权利人产生一定的法律效果或财产损失，但是在表见代理情况下，相对人有理由相信无权处分人具备代理权。本案中，李小天并不是信赖杜某具有代理权，而是相信了杜某就是"王五"本人。虽然相对人产生了信赖，但是，在表见代理中，相对人信赖的是代理人具备代理权。而冒名顶替行为中的相对人信赖的是直接交易的相对人是真正的权利人，即本案中李小天相信杜某就是房屋所有权人"王五"。

三、诉讼时效

（一）诉讼时效的概念与适用范围

所谓诉讼时效，是指权利人在法定期间内不行使权利即导致义务人有权提出拒绝履行的抗辩权的法律制度。❶

《民法典》第一百八十八条第一款规定："向人民法院请求保护民事权利的诉讼时效期间为三年。法律另有规定的，依照其规定。"该条对诉讼时效作出了规定，但只是使用了"民事权利"这一表述，而没有对诉讼时效的适用范围作出明确界定。由此可见，诉讼时效应当主要适用于债权请求权。不适用诉讼时效的请求权包括：①请求停止侵害、排除妨碍、消除危险；②不动

---

❶ 王利明. 民法总则 [M]. 数字教材版. 北京：中国人民大学出版社，2017：89.

产物权和登记的动产物权的权利人请求返还财产；③请求支付抚养费、赡养费或者扶养费；④支付存款本金及利息请求权；⑤兑付国债、金融债券及向不特定对象发行的企业债券本息请求权；⑥基于投资关系产生的缴付出资请求权；⑦依法不适用诉讼时效的其他请求权。

（二）诉讼时效期间的分类

1. 普通诉讼时效期间

普通诉讼时效期间是指由民事基本法规定的普遍适用于应当适用时效的各种法律关系的时效期间。《民法典》第一百八十八条第一款规定："向人民法院请求保护民事权利的诉讼时效期间为三年。法律另有规定的，依照其规定。"

2. 特别诉讼时效期间

特别诉讼时效期间是指由民事基本法或特别法针对某些民事法律关系规定的时效期间。

①《民法典》第五百九十四条规定："因国际货物买卖合同和技术进出口合同争议提起诉讼或者申请仲裁的时效期间为四年。"

②《中华人民共和国产品质量法》（以下简称《产品质量法》）第四十五条第一款规定："因产品存在缺陷造成损害要求赔偿的诉讼时效期间为二年，自当事人知道或者应当知道其权益受到损害时起计算。"《中华人民共和国国家赔偿法》第三十九条规定："赔偿请求人请求国家赔偿的时效为两年，自其知道或者应当知道国家机关及其工作人员行使职权时的行为侵犯其人身权、财产权之日起计算，但被羁押等限制人身自由期间不计算在内。"

3. 最长诉讼时效期间

《民法典》第一百八十八条第二款规定："诉讼时效期间自权利人知道或者应当知道权利受到损害以及义务人之日起计算。法律另有规定的，依照其规定。但是自权利受到损害之日起超过二十年的，人民法院不予保护；有特殊情况的，人民法院可以根据权利人的申请决定延长。"

（三）诉讼时效期间的起算

1. 诉讼时效期间起算的一般规则

诉讼时效期间的起算，是指诉讼时效期间开始计算的时点，换言之，是从何时开始计算诉讼时效期间。

《民法典》第一百八十八条第二款规定："诉讼时效期间自权利人知道或者应当知道权利受到损害以及义务人之日起计算。但是自权利受到损害之日起超过二十年的，人民法院不予保护；有特殊情况的，人民法院可以根据权利人的申请决定延长。"

2. 诉讼时效起算的各种特殊情形

①分期履行债务中的诉讼时效的起算：当事人约定同一债务分期履行的，诉讼时效期间自最后一期履行期限届满之日起计算。

②无民事行为能力人或者限制民事行为能力人对其法定代理人的请求权，自该法定代理终止之日起计算。

③未成年人遭受性侵害的损害赔偿请求权，自受害人年满十八周岁之日起计算。

（四）诉讼时效期间的中断、中止

1. 诉讼时效期间的中断

（1）诉讼时效期间中断的概念和事由

所谓诉讼时效期间的中断，是指诉讼时效进行中因法定事由的发生，推翻了诉讼时效存在的基础，因此使已进行的期间全部归于无效，诉讼时效要重新起算。根据《民法典》第一百九十五条的规定，中断的事由主要有如下几种：权利人向义务人提出履行请求；义务人同意履行义务；权利人提起诉讼或者申请仲裁；与提起诉讼或者申请仲裁具有同等效力的其他情形。

（2）诉讼时效中断的法律效果

诉讼时效一旦中断，将发生如下效果：原有的已经经过的时效统归无效，已经计算的时效只要尚未届满都可以因为中断事由的出现而失去效力；中断事由消除以后，时效期间重新计算。在时效中断以后，可能会发生时效再次中断的效果。

2. 诉讼时效期间的中止

（1）诉讼时效中止的概念

诉讼时效的中止是指在诉讼时效期间进行中，因发生一定的法定事由使权利人不能行使请求权，从而暂时停止计算诉讼时效期间。诉讼时效中止的事由应当发生在诉讼时效期间的最后六个月。

（2）诉讼时效中止事由

根据《民法典》第一百九十四条规定诉讼时效的中止事由有：不可抗力；

无民事行为能力人或者限制民事行为能力人没有法定代理人，或者法定代理人死亡、丧失民事行为能力、丧失代理权；继承开始后未确定继承人或者遗产管理人；权利人被义务人或者其他人控制；其他导致权利人不能行使请求权的障碍。

（3）诉讼时效期间中止的法律效果

诉讼时效期间停止计算；中止事由发生前的时效期间仍然有效；中止事由消除后诉讼时效期间再计算六个月。

（五）诉讼时效期间届满的后果

1. 关于诉讼时效届满的后果的立法主义

诉讼时效届满的后果是指在诉讼时效经过以后，在法律上发生何种后果。我国《民法典》采用抗辩权发生主义。

2. 诉讼时效期间届满的后果

①义务人产生抗辩权；②义务人已自愿履行的不得请求返还；③法院不得主动适用诉讼时效的规定。

【知识拓展】

人民法院对于诉讼时效的一般裁判规则

在司法实务中，人民法院对于诉讼时效形成了诸多可供参考的裁判规则。第一，房产租赁合同中，人民法院以合同约定的租赁期限届满之日作为最后一期债务履行期限届满之日起算诉讼时效。第二，债权转让前已超诉讼时效的，不因转让时发布催收公告而重新起算诉讼时效。第三，案涉主债权未超过诉讼时效期间，当事人主张其保证责任已过保证期间的，人民法院不予支持。第四，诉讼虽未经法院实体处理，但足以表明一方当事人曾向对方主张过合同权利，构成诉讼时效中断。第五，当事人主张的债权没有足够证据予以证明的，人民法院不再审查该债权是否超过诉讼时效。

（六）除斥期间

1. 除斥期间的概念和特征

除斥期间是指法院规定某种权利预定存续的期间，债权人在此期间不行使权利，预定期间届满，便可发生该权利消灭的法律后果。

除斥期间具有以下特征：①除斥期间一般是不变期间，不因任何事由而中止、中断或者延长。②除斥期间消灭的是权利人享有的实体民事权利本身，如追认权、撤销权、解除权等形成权。③除斥期间规定的是权利人行使某项权利的期限，以权利人不行使该实体民事权利作为适用依据。④除斥期间自相应的实体权利成立之时起计算。

2. 除斥期间与诉讼时效的区别

①适用对象不同。诉讼时效适用于债权请求权；除斥期间一般适用于形成权，如追认权、解除权、撤销权等。

②适用的主体不同。诉讼时效须由当事人主张后人民法院才能审查，人民法院不能主动适用诉讼时效。除斥期间无论当事人是否主张，人民法院均可以主动审查。

③法律效力不同。诉讼时效届满只是导致胜诉权的消灭，实体权利不消灭；除斥期间届满，实体权利也消灭。

④期间性质不同。诉讼时效是可变期间，可以因主客观原因中断、中止或延长；除斥期间是不变期间，不适用时效中断、中止和延长的规定。

同步练习

一、不定项选择

1. 下列法律行为中，须经双方当事人意思表示一致才能成立的是（　）

A. 甲免除乙对自己所负的债务

B. 甲将一枚钻石戒指赠与乙

C. 甲授权乙以甲的名义购买一套住房

D. 甲立下遗嘱，将个人所有财产遗赠给乙

2. 甲向乙兜售毒品时虽然提供了真实的毒品作为样品，实际交付的却是面粉。下列关于该民事行为效力的表述中，正确的是（　）

A. 有效　　　　　　　　　B. 无效

C. 可撤销　　　　　　　　D. 效力待定

3. 小凡年满10周岁，精神健康，智力正常。他在学校门口的文具店看中一块橡皮，定价2元，于是用他的零用钱将其买下。下列关于小凡购买橡皮行为效力的表述中，正确的是（　）

A. 小凡是无民事行为能力人，其购买橡皮的行为无效

B. 小凡是无民事行为能力人，其购买橡皮的行为须经法定代理人追认方为有效

C. 小凡是限制民事行为能力人，其购买橡皮的行为有效

D. 小凡是限制民事行为能力人，其购买橡皮的行为须经法定代理人追认方为有效

4. 根据《民法典》的规定，下列各项中属于可撤销合同的是（　　）

A. 一方以欺诈的手段订立合同

B. 限制民事行为能力人与他人订立的纯获利益的合同

C. 违反法律强制性规定的合同

D. 因重大误解订立的合同

5. 甲公司向乙公司订购奶粉一批，乙公司在订立合同时，将国产奶粉谎称为进口奶粉。甲公司事后得知实情，适逢国产奶粉畅销。甲公司有意履行合同，乙公司则希望将这批货物以更高价格售予他人。此时，当事人的下列行为对合同效力将产生的影响是（　　）

A. 甲公司向乙公司催告交货，则合同有效

B. 甲公司向乙公司预付货款，则合同有效

C. 甲公司向乙公司送交确认合同有效的通知，则合同有效

D. 乙公司以合同订立存在欺诈事由主张撤销，则合同失去约束

6. 下列各项中，属于附条件的法律行为的是（　　）

A. 甲、乙签订房屋买卖合同，双方约定 2 个月后合同生效

B. 如果明天下雨，我就送你一把雨伞

C. 甲、乙约定如果甲明天盗窃成功，乙将自己的房子以 5 万元卖予甲

D. 张三与自己的儿子小张约定，等到放暑假时给小张买一台电脑

7. 下列行为中，不构成代理的是（　　）

A. 甲受公司委托，代为处理公司的民事诉讼纠纷

B. 乙受公司委托，以该公司名义与他人签订买卖合同

C. 丙受公司委托，代为申请专利

D. 丁受公司委托，代表公司在宴会上致辞

8. 甲授权乙以甲的名义将甲的一台笔记本电脑出售，价格不得低于 8000 元。乙的好友丙欲以 6000 元的价格购买。乙遂对丙说："大家都是好朋友，甲说最低要 8000 元，但我想 6000 元卖给你，他肯定也会同意的。"乙遂以甲的名义以 6000 元将笔记本电脑卖给丙。下列说法中，正确的是（　　）

A. 该买卖行为无效　　　　B. 乙是无权代理行为

C. 丙可以撤销该行为　　　D. 甲可以追认该行为

9. 甲为乙公司业务员，负责某小区的订奶业务多年，每月月底在小区摆摊，更新订奶户并收取下月订奶款。5月29日，甲从乙公司辞职。5月30日，甲仍照常前往小区摆摊收取订奶款。订奶户不知内情，照例交款，甲亦如常开出盖有乙公司公章的订奶款收据。之后甲携款离开，下落不明。根据民事法律制度的规定，下列表述中，正确的是（　　）

A. 甲的行为与乙公司无关，应由甲向订奶户承担合同履行义务

B. 甲的行为构成无权处分，应由乙公司向订奶户承担损害赔偿责任后，再向甲追偿

C. 甲的行为构成狭义无权代理，应由甲向订奶户承担损害赔偿责任

D. 甲的行为构成表见代理，应由乙公司向订奶户承担合同履行义务

10. 甲向乙借款1万元，借款到期后甲分文未还。在诉讼时效期间内发生的下列情形中，能够产生时效中断效果的有（　　）

A. 乙在大街上碰到甲，甲主动向乙表示将在3日内先支付约定的利息

B. 乙以特快专递发送催款函件给甲，甲签收后未拆封

C. 甲遇到车祸，变成了植物人，且没有法定代理人

D. 乙向人民法院申请支付令

11. 根据我国正式法渊源，下列说法正确的是（　　）

A.《中华人民共和国民法典》是基本法

B.《关于适用〈中华人民共和国反不正当竞争法〉若干问题的解释》是司法解释

C.《上海市消费者权益保护条例》的效力要低于《中华人民共和国消费者权益保护法》

D. 政策是我国的正式法渊源

12. 下列法的形式中，由全国人民代表大会及其常务委员会经一定立法程序制定颁布，调整国家、社会和公民生活中基本社会关系的是（　　）

A. 宪法　　　　　　　　　B. 法律

C. 行政法规　　　　　　　D. 行政规章

13. 下列法的形式中，在我国具有最高法律效力的是（　　）

A. 国际条约　　　　　　　B. 立法法

C. 宪法　　　　　　　　　D. 特别行政区基本法

14. 下列各项中，属于法律事实中的行为的是（　　）

A. 经济管理行为　　　　　　　B. 签订合同

C. 战争　　　　　　　　　　　D. 自然灾害

15. 关于法的本质与特征的下列表述中，正确的是（　　）

A. 法由统治阶级的物质生活条件所决定

B. 法体现的是全体国民的整体意志和根本利益

C. 法是由国家制定或认可的行为规范

D. 法由国家强制力保障其实施

16. 下列各项中，可以成为法律关系主体的有（　　）

A. 国有企业　　　　　　　　　B. 国家

C. 合伙企业　　　　　　　　　D. 无国籍人

17. 下列各项中，可以成为法律关系客体的有（　　）

A. 自然人　　　　　　　　　　B. 发明专利

C. 劳务　　　　　　　　　　　D. 物

18. 下列关于自然人民事行为能力的表述中，正确的有（　　）

A. 十六周岁以上不满十八周岁的自然人，有劳动收入的，视为完全民事行为能力人

B. 八周岁以上的未成年人是限制民事行为能力人

C. 八周岁以下的未成年人是无民事行为能力人

D. 完全不能辨认自己行为的精神病人是无民事行为能力人

19. 小明今年5周岁，智力正常，但先天腿部残疾。下列关于小明的权利能力和行为能力的表述中，正确的是（　　）

A. 小明有权利能力，但无行为能力

B. 小明有权利能力，但属于限制行为能力人

C. 小明无权利能力，且属于限制行为能力人

D. 小明既无权利能力，也无行为能力

20. 下列关于法律关系主体的表述中，正确的是（　　）

A. 法律关系主体必须同时具备权利能力和行为能力

B. 作为法律关系主体的自然人不包括外国人

C. 分公司具有法人地位

D. 法律关系主体既包括权利人，也包括义务人

二、简答题

1. 法的特征是什么？
2. 试述法律责任的概念及类型。
3. 如何理解法律规范、法律原则与法律规则的关系？
4. 简述我国法的正式渊源。
5. 简述民事法律行为的概念与分类。
6. 无效民事法律行为的具体情形有哪些？
7. 如何理解代理权滥用与无权代理？
8. 简述表见代理的构成要件。
9. 如何区分诉讼时效的中断与诉讼时效的中止？

三、案例分析

原告与被告系亲兄弟，父母退休后与被告共同居住并由其赡养。父亲去世时被告独自料理后事，未通知原告参加。原告以被告侵犯其悼念权为由诉至法院。法院认为，按照我国民间习惯，原告有权对死者进行悼念，但现行法律对此没有规定，该诉讼请求于法无据，判决原告败诉。

根据上述案例分析：

1. 悼念权是否为《民法典》人格权编规定的法定权利？
2. 运用法律渊源的知识分析原告败诉的原因。

第二章 企业法律制度

引 例

甲为厨师，甲、乙、丙三人约定开办饭馆。三人签订的合伙协议中约定：甲负责灶上事务；乙提供三间房屋并负责饭馆的经营，为负责人；丙出资金十万元，但不参加饭馆的事务处理；每年春节前结算，盈利按 3：4：3 的比例分配。后乙到工商管理部门办理了营业执照。开始三年，三人合作极好，每年按约定的比例分得利润。但第四年不仅没有盈利反而欠下水产店货款五万元，水产店找乙要钱，乙提出应由丙还，因该饭馆为丙出资；找丙要钱，丙则提出该饭馆是甲、乙合开的，自己不参加经营，只是借了十万元钱给他们，应由甲与乙还钱。

问：欠水产店的债务是何人的债务？应由何人偿还？为什么？

第一节 个人独资企业法

一、个人独资企业的概念和特征

(一) 个人独资企业的概念

个人独资企业是指依照《中华人民共和国个人独资企业法》（以下简称《个人独资企业法》）的规定在中国境内设立，由一个自然人投资，财产为投资人个人所有，投资人以其个人财产对企业债务承担无限责任的经营实体。❶

---

❶ 曾建飞，何玉龙. 经济法 [M]. 厦门：厦门大学出版社，2009：126.

(二) 个人独资企业的特征

1. 投资人方面

个人独资企业是由一个自然人投资设立的。设立个人独资企业只能是由一个自然人投资设立，这里的自然人为具有中国国籍的自然人。国家机关、企事业单位等组织及法律行政法规禁止从事营利活动的人，不得作为个人独资企业的投资人。

2. 产权关系和组织管理方面

个人独资企业的全部财产为投资人个人所有，投资人是企业财产的唯一所有者。在组织管理方面，个人独资企业的内部机构设置简单，经营管理方式灵活。

3. 责任形式方面

投资人对个人独资企业债务承担无限责任。当个人独资企业的财产不足以清偿债务时，投资人应当以其个人财产进行清偿。

4. 法律地位方面

个人独资企业不具有法人资格。个人独资企业虽然有资金、名称或商号，并以企业名义从事民事行为和参加诉讼活动，但它不具有独立的法人地位，只是自然人进行商业活动的一种特殊形态。

【知识拓展】

法 人

法人是与自然人并列的传统民法的两大法定民事主体之一。法人是具有民事权利能力和民事行为能力，依法独立享有民事权利和承担民事义务的组织。法人具有三大特征：

1. 独立人格

法人一经成立即具有独立法律人格，因此组成法人的某一自然人退出或者死亡不影响法人的存续，此点区别于合伙企业、个人独资企业。

2. 独立财产

法人财产由出资者的出资财产和经营积累的财产两部分构成。企业法人出资者一经出资即丧失了出资财产的所有权而转归法人所有，这也是法人企业区别于合伙企业、个人独资企业的特点之一。

3. 独立责任

法人以其独立财产对外承担独立责任。法人是以其全部财产承担债务的清偿责任，除法律有特别规定外，法人的组成人员及其他组织不对法人的债务承担责任，同样，法人也不对除自身债务外的其他债务承担民事责任。

二、个人独资企业法

（一）个人独资企业法的概念

个人独资企业法是调整国家协调经济运行过程中发生的关于个人独资企业的法律关系的法律规范的总称。为了规范个人独资企业这一市场主体的行为，保护个人独资企业投资人和债权人的合法权益，维护社会经济秩序，1999 年 8 月 30 日通过了《个人独资企业法》，自 2000 年 1 月 1 日起施行。该法是我国第一部规范个人独资企业的法律。

（二）个人独资企业法的立法宗旨和适用范围

1. 个人独资企业法的立法宗旨

①规范个人独资企业的行为。②保护个人独资企业投资人和债权人的合法权益。③维护社会经济秩序，促进社会主义市场经济的发展。

2. 个人独资企业法的适用范围

个人独资企业法只适用于一个自然人依法设立的个人独资企业，不适用于具有独资特征的全民所有制企业、国有独资企业和外商独资企业等商业主体。

三、个人独资企业的设立与变更

（一）个人独资企业设立的条件

1. 投资人为一个自然人

个人独资企业的投资人只能是自然人且只能是一个自然人，该自然人应该理解为"一个中国人"，不包括港澳台同胞和外国国籍的自然人。

2. 有合法的企业名称

个人独资企业的名称应当与其责任形式及营业范围相符合，遵守企业名称登记管理规定。个人独资企业只能使用一个名称，在个人独资企业名称中不得使用"有限""有限责任""公司"等字样。

3. 有投资人申报的出资

投资人可以以个人财产出资，也可以以家庭共有财产出资。以家庭共有财产出资的，投资人应当在设立或者变更申请书中予以说明。投资人可以以货币、实物、知识产权、土地使用权或者其他财产权利出资。个人独资企业没有最低注册资本金要求，仅要求投资人有自己申报的出资即可。

4. 有固定的生产经营场所和必要的生产经营条件

个人独资企业虽然内部机构设置简单，经营管理方式灵活，但是必须要有固定的生产经营场所和必要的生产经营条件，这些是个人独资企业开展经营活动的物质基础。

5. 有必要的从业人员

个人独资企业要有与其生产经营范围、规模相适应的从业人员。但是，对从业人员的具体数量、从业素质，《个人独资企业法》没有具体规定。

【法条链接】

《个人独资企业法》第八条　设立个人独资企业应当具备下列条件：

（一）投资人为一个自然人；

（二）有合法的企业名称；

（三）有投资人申报的出资；

（四）有固定的生产经营场所和必要的生产经营条件；

（五）有必要的从业人员。

（二）个人独资企业设立程序

个人独资企业设立程序包括申请、核准登记等程序。

1. 提出申请

申请设立个人独资企业应当由投资人或者其委托的代理人向个人独资企业所在地的登记机关提交下列文件。①设立申请书。应当载明下列事项：企业的名称和住所；投资人的姓名和居所；投资人的出资额和出资方式；经营范围。②投资人身份证明。③生产经营场所使用证明等文件。

受委托代理人申请设立登记时，应当出具投资人的委托书和代理人的合法证明。个人独资企业不得从事法律、行政法规禁止经营的业务；从事法律、行政法规规定须报经有关部门审批的业务，应当在申请设立登记时提交有关部门的批准文件。

2. 核准登记

登记机关应当在收到设立申请文件之日起 15 日内，对符合《个人独资企业法》规定条件的，予以登记，发给营业执照；对不符合规定条件的，不予登记，并应当给予书面答复，说明理由。个人独资企业的营业执照的签发日期为个人独资企业的成立日期。在领取个人独资企业营业执照前，投资人不得以个人独资企业名义从事经营活动。

个人独资企业设立分支机构应当由投资人或者其委托的代理人向分支机构所在地的登记机关申请登记，领取营业执照。分支机构经核准登记后，应将登记情况报该分支机构隶属的个人独资企业的登记机关备案。分支机构的民事责任由设立该分支机构的个人独资企业承担。

（三）个人独资企业的变更

个人独资企业变更，是指个人独资企业存续期间登记事项发生的变更，如企业名称、住所、经营范围、经营期限等方面发生的改变。个人独资企业存续期间登记事项发生变更的，应当在作出变更决定之日起的 15 日内依法向登记机关申请办理变更登记。个人独资企业登记事项发生变更时，未按《个人独资企业法》规定办理有关变更登记的，责令限期办理变更登记；逾期不办理的，处以 2000 元以下的罚款。

四、个人独资企业的事务管理

（一）个人独资企业事务管理的方式

1. 自行管理

由个人独资企业投资人对个人独资企业的经营事务直接进行管理。

2. 委托管理

由个人独资企业投资人委托其他具有民事行为能力的人负责企业的事务管理。

3. 聘任管理

由个人独资企业投资人聘用其他具有民事行为能力的人负责企业的事务管理。

投资人委托或者聘用他人管理个人独资企业事务，应当与受托人或者被聘用的人签订书面合同，明确委托的具体内容和授予的权利范围。

受托人或者被聘用的人员应当履行诚信、勤勉义务，按照与投资人签订的合同负责个人独资企业的事务管理。投资人委托或聘用人员管理个人独资企业事务时违反双方订立的合同，给投资人造成损害的，应承担民事赔偿责任。

个人独资企业的投资人与受托人或者被聘用的人员之间有关权利义务的限制，只对受托人或者被聘用的人员有效，对善意第三人并无约束力。受托人或者被聘用的人员超出投资人的限制与善意第三人进行的有关业务交往，应当对个人独资企业有效。

（二）受托人或者被聘用人员的义务

根据《个人独资企业法》的规定，投资人委托或者聘用的管理个人独资企业事务的人员不得有下列行为：①利用职务上的便利，索取或者收受贿赂。②利用职务或者工作上的便利侵占企业财产。③挪用企业的资金归个人使用或者借贷给他人。④擅自将企业资金以个人名义或者以他人名义开立账户储存。⑤擅自以企业财产提供担保。⑥未经投资人同意，从事与本企业相竞争的业务。⑦未经投资人同意，同本企业订立合同或者进行交易。⑧未经投资人同意，擅自将企业商标或者其他知识产权转让给他人使用。⑨泄露本企业的商业秘密。⑩法律、行政法规禁止的其他行为。

五、个人独资企业的权利、义务

（一）个人独资企业的权利

根据《个人独资企业法》的规定，个人独资企业存续期间享有下列权利：①个人独资企业可以依法申请贷款。②个人独资企业可以依法取得土地使用权。③个人独资企业拒绝摊派权。任何单位和个人不得违反法律、行政法规的规定，以任何方式强制个人独资企业提供财力、物力、人力；对于违法强制提供财力、物力、人力的行为，个人独资企业有权拒绝。④法律、行政法规规定的其他权利。

（二）个人独资企业的义务

根据《个人独资企业法》的规定，个人独资企业的主要义务有：①个人独资企业从事经营活动须遵守法律、行政法规，遵守诚实信用原则，不得损害社会公共利益。②个人独资企业应当依法设置会计账簿，进行会计核算。③个人独资企业招用职工的，应当依法与职工签订劳动合同，保障职工的劳动安全，按时、足额发放职工工资。④个人独资企业应当按照国家规定参加社会保险，为职工缴纳社会保险费。

（三）个人独资企业投资人的权利和责任

根据《个人独资企业法》的规定，个人独资企业投资人的权利主要有：个人独资企业投资人对本企业的财产享有所有权，其有关权利可以依法进行转让或继承。这表明个人独资企业的财产与投资人个人财产没有明确的界限。

个人独资企业财产不足以清偿债务的，投资人应当以其个人的其他财产予以清偿。个人独资企业投资人在申请企业设立登记时明确以其家庭共有财产作为个人出资的，应当依法以家庭共有财产对企业债务承担无限责任。

六、个人独资企业的解散与清算

（一）个人独资企业的解散

个人独资企业的解散是指个人独资企业终止活动使其民事主体资格消灭的行为。个人独资企业有下列情形之一时，应当解散：①投资人决定解散。②投资人死亡或者被宣告死亡，无继承人或者继承人决定放弃继承。③被依法吊销营业执照。④法律、行政法规规定的其他情形。

（二）个人独资企业的清算

个人独资企业解散时，应当进行清算。《个人独资企业法》对个人独资企业的清算作如下规定。

1. 清算人的产生

个人独资企业解散，由投资人自行清算或者由债权人申请人民法院指定清算人进行清算。原则上，个人独资企业的清算由投资人作为清算人自行清算，但经过债权人申请，人民法院可以指定投资人以外的人为清算人。

2. 通知和公告债权人

投资人自行清算的，应当在清算前15日内书面通知债权人，无法通知的，应当予以公告。债权人应当在接到通知之日起 30 日内，未接到通知的应当在公告之日起 60 日内，向投资人申报其债权。

3. 财产清偿顺序

个人独资企业解散的，财产应当按照下列顺序清偿：

①所欠职工工资和社会保险费用。

②所欠税款。

③其他债务。清算期间，个人独资企业不得开展与清算目的无关的经营活动。在按前条规定清偿债务前，投资人不得转移、隐匿财产。个人独资企业财产不足以清偿债务的，投资人应当以其个人的其他财产予以清偿。

④责任消灭制度。个人独资企业解散后，原投资人对个人独资企业存续期间的债务仍应承担偿还责任，但债权人在 5 年内未向债务人提出偿债请求的，该责任消灭。

⑤注销登记程序。个人独资企业清算结束后，投资人或者人民法院指定的清算人应当编制清算报告，并于 15 日内到登记机关办理注销登记。注销登记一旦完成，个人独资企业主体资格即消灭。

七、个人独资企业的法律责任

（一）个人独资企业违反个人独资企业法的法律责任

①提交虚假文件或采取其他欺骗手段，取得企业登记的，责令改正，处以 5000 元以下的罚款；情节严重的，并处吊销营业执照。②个人独资企业使用的名称与其在登记机关登记的名称不相符合的，责令限期改正，处以 2000 元以下的罚款。③涂改、出租、转让营业执照的，责令改正，没收违法所得，处以 3000 元以下的罚款；情节严重的，吊销营业执照。伪造营业执照的，责令停业，没收违法所得，处以 5000 元以下的罚款。构成犯罪的，依法追究刑事责任。④个人独资企业成立后无正当理由超过 6 个月未开业的，或者开业后自行停业连续 6 个月以上的，吊销营业执照。⑤未领取营业执照，以个人独资企业名义从事经营活动的，责令停止经营活动，处以 3000 元以下的罚款。个人独资企业登记事项发生变更时，未按本法规定办理有关变更登记的，责令限期办理变更登记；逾期不办理的，处以 2000 元以下的罚款。

【法条链接】

《个人独资企业法》第三十三条至第三十七条

第三十三条 违反本法规定，提交虚假文件或采取其他欺骗手段，取得企业登记的，责令改正，处以五千元以下的罚款；情节严重的，并处吊销营业执照。

第三十四条 违反本法规定，个人独资企业使用的名称与其在登记机关登记的名称不相符合的，责令限期改正，处以二千元以下的罚款。

第三十五条 涂改、出租、转让营业执照的，责令改正，没收违法所得，处以三千元以下的罚款；情节严重的，吊销营业执照。

伪造营业执照的，责令停业，没收违法所得，处以五千元以下的罚款。构成犯罪的，依法追究刑事责任。

第三十六条 个人独资企业成立后无正当理由超过六个月未开业的，或者开业后自行停业连续六个月以上的，吊销营业执照。

第三十七条 违反本法规定，未领取营业执照，以个人独资企业名义从事经营活动的，责令停止经营活动，处以三千元以下的罚款。

个人独资企业登记事项发生变更时，未按本法规定办理有关变更登记的，责令限期办理变更登记；逾期不办理的，处以二千元以下的罚款。

（二）投资人、委托人或聘用人员违反个人独资企业法的法律责任

①投资人委托或者聘用的人员管理个人独资企业事务时违反双方订立的合同，给投资人造成损害的，承担民事赔偿责任。②侵犯职工合法权益，未保障职工劳动安全，不缴纳社会保险费用的，按照有关法律、行政法规予以处罚，并追究有关责任人员的责任。③侵犯个人独资企业财产权益的，责令退还侵占的财产；给企业造成损失的，依法承担赔偿责任；有违法所得的，没收违法所得；构成犯罪的，依法追究刑事责任。④违反法律、行政法规的规定强制个人独资企业提供财力、物力、人力的，按照有关法律、行政法规予以处罚，并追究有关责任人员的责任。⑤个人独资企业及其投资人在清算前或清算期间隐匿或转移财产，逃避债务的，依法追回其财产，并按照有关规定予以处罚；构成犯罪的，依法追究刑事责任。⑥应当承担民事赔偿责任和缴纳罚款、罚金，其财产不足以支付的，或者被判处没收财产的，应当先承担民事赔偿责任。

【法条链接】

《个人独资企业法》第三十八条至第四十三条

第三十八条 投资人委托或者聘用的人员管理个人独资企业事务时违反双方订立的合同，给投资人造成损害的，承担民事赔偿责任。

第三十九条 个人独资企业违反本法规定，侵犯职工合法权益，未保障职工劳动安全，不缴纳社会保险费用的，按照有关法律、行政法规予以处罚，并追究有关责任人员的责任。

第四十条 投资人委托或者聘用的人员违反本法第二十条规定，侵犯个人独资企业财产权益的，责令退还侵占的财产；给企业造成损失的，依法承担赔偿责任；有违法所得的，没收违法所得；构成犯罪的，依法追究刑事责任。

第四十一条 违反法律、行政法规的规定强制个人独资企业提供财力、物力、人力的，按照有关法律、行政法规予以处罚，并追究有关责任人员的责任。

第四十二条 个人独资企业及其投资人在清算前或清算期间隐匿或转移财产，逃避债务的，依法追回其财产，并按照有关规定予以处罚；构成犯罪的，依法追究刑事责任。

第四十三条 投资人违反本法规定，应当承担民事赔偿责任和缴纳罚款、罚金，其财产不足以支付的，或者被判处没收财产的，应当先承担民事赔偿责任。

（三）登记机关及直接责任人员违反个人独资企业法的法律责任

①登记机关对不符合规定条件的个人独资企业予以登记，或者对符合规定条件的企业不予登记的，对直接责任人员依法给予行政处分；构成犯罪的，依法追究刑事责任。②登记机关的上级部门的有关主管人员强令登记机关对不符合规定条件的企业予以登记，或者对符合规定条件的企业不予登记的，或者对登记机关的违法登记行为进行包庇的，对直接责任人员依法给予行政处分；构成犯罪的，依法追究刑事责任。③登记机关对符合法定条件的申请不予登记或者超过法定时限不予答复。

【法条链接】

《个人独资企业法》第四十四条至第四十六条

第四十四条　登记机关对不符合本法规定条件的个人独资企业予以登记，或者对符合本法规定条件的企业不予登记的，对直接责任人员依法给予行政处分；构成犯罪的，依法追究刑事责任。

第四十五条　登记机关的上级部门的有关主管人员强令登记机关对不符合本法规定条件的企业予以登记，或者对符合本法规定条件的企业不予登记的，或者对登记机关的违法登记行为进行包庇的，对直接责任人员依法给予行政处分；构成犯罪的，依法追究刑事责任。

第四十六条　登记机关对符合法定条件的申请不予登记或者超过法定时限不予答复的，当事人可依法申请行政复议或提起行政诉讼。

第二节　合伙企业法

一、合伙企业的概念与特征

（一）合伙企业的概念

合伙企业是指依法设立，由两个或两个以上合伙人订立合伙协议，共同出资、合伙经营、共享收益、共担风险的营利性组织。

（二）合伙企业的分类

合伙企业分为普通合伙企业与有限合伙企业。

①普通合伙企业是指自然人、法人和其他组织通过订立合伙协议，依法在中国境内设立的，全体合伙人均为普通合伙人，各合伙人对合伙企业债务承担无限连带责任的营利性经济组织。

②有限合伙企业是指由普通合伙人和有限合伙人组成，其中普通合伙人对合伙企业债务承担无限连带责任，有限合伙人以其认缴的出资额为限对合伙企业债务承担责任的营利性经济组织。

【知识拓展】❶

合伙的性质

合伙是指两个以上的人为着共同的目标，相互约定共同出资、共同经营、共享收益、共担风险的自愿联合。合伙的性质首先是一种合同，即由合伙人订立，约定共同经营某项事业的协议，合伙关系即为合同关系。此外，合伙是一种企业组织形式，即由合伙人联合而成的经济组织，或是由合伙人聚合而成的联合体。

（三）合伙企业的法律特征

合伙企业作为企业的一种组织形式，具有如下法律特征。

1. 合伙企业是不具备法人资格的营利性经济组织

合伙企业是非法人组织，不具有法人资格，这种法律属性构成了合伙企业与企业法人的根本区别；合伙企业的营利性又使得它与其他具有合伙形式但不以营利为目的的合伙组织相区别。

2. 全体合伙人订立书面合伙协议

合伙企业是由全体合伙人根据共同意志而自愿组成的经济组织。合伙人可以根据他们之间的合意，在合伙协议中规定各自的权利与义务。

3. 合伙人共同出资、合伙经营、共享收益、共担风险

合伙企业的资本是由全体合伙人共同出资构成。共同出资的特点决定了合伙人原则上均享有平等地参与执行合伙企业事务的权利，也决定了合伙经营的收益和风险由合伙人共享、共担。

4. 合伙人对合伙企业的债务承担具有特殊性

在合伙企业中，合伙企业分为普通合伙企业和有限合伙企业，二者在债务的承担上也有一定的区别。普通合伙人对合伙企业债务承担无限连带责任，有限合伙人则以其认缴的出资额为限对合伙企业债务承担责任。

（四）合伙企业法

合伙企业法有狭义和广义之分。狭义的合伙企业法是指由国家最高立法

---

❶ 中国注册会计师协会. 经济法 [M]. 北京：中国财政经济出版社，2009：132.

机关依法制定的，规范合伙企业合伙关系的专门法律，即《中华人民共和国合伙企业法》（以下简称《合伙企业法》）。该法于 1997 年 2 月 23 日由第八届全国人民代表大会常务委员会第二十四次会议通过，2006 年 8 月 27 日第十届全国人民代表大会常务委员会第二十三次会议修订。广义的合伙企业法是指国家立法机关或者其他有权机关依法制定的，调整合伙企业合伙关系的各种法律规范的总称。因此，除了《合伙企业法》外，国家有关法律、行政法规和规章中关于合伙企业的法律规范，都属于广义合伙企业法的范畴，如《民法典》第四章、第二十七章关于非法人组织、合伙合同的规定。

二、普通合伙企业的设立

普通合伙企业是指自然人、法人和其他组织通过订立合伙协议，依法在中国境内设立的，全体合伙人均为普通合伙人，各合伙人对合伙企业债务承担无限连带责任的营利性经济组织。

（一）设立条件

根据我国《合伙企业法》的规定，普通合伙企业的设立应具备下列条件。

1. 有两个以上合伙人

合伙人可以是自然人、法人或其他组织。合伙企业合伙人至少为两人以上，对于合伙企业合伙人数的最高限额，《合伙企业法》未作规定，完全由设立人根据所设企业的具体情况决定。合伙人为自然人的，应当具备完全民事行为能力。法律、行政法规规定的禁止从事营利性活动的人，不得成为合伙企业的合伙人。同时，《合伙企业法》还规定，国有独资公司、国有企业、上市公司及公益性的事业单位、社会团体不得成为普通合伙人。

2. 有书面合伙协议

合伙协议又称合伙合同，是指两个以上合伙人为了共同的事业目的，订立的共享利益、共担风险的协议。合伙协议应载明下列内容：①合伙企业的名称和主要经营场所的地点；②合伙目的和合伙企业的经营范围；③合伙人的姓名及其住所；④合伙人的出资方式、数额和缴付出资的期限；⑤利润分配和亏损分担的办法；⑥合伙企业事务的执行；⑦入伙与退伙；⑧争议解决办法；⑨合伙企业的解散与清算；⑩违约责任。

合伙协议必须采用书面形式。合伙协议经全体合伙人签名、盖章后生效。

3. 有各合伙人认缴或者实际缴付的出资

根据《民法典》第九百六十八条的规定，合伙协议生效后，合伙人应当按照约定的出资方式、数额和缴付期限，履行出资义务。合伙人可以用货币、实物、知识产权、土地使用权或其他财产权利出资，也可以用劳务出资。合伙人以货币、实物、知识产权、土地使用权或者其他财产权利出资，需要评估作价的，可以由全体合伙人协商确定，也可以由全体合伙人委托法定评估机构评估。合伙人以劳务出资的，其评估办法由全体合伙人协商确定，并在合伙协议中载明。合伙人应当按照合伙协议约定的出资方式、数额和缴付期限履行出资义务。以非货币财产出资的，依照法律、行政法规的规定，需要办理财产转移手续的，应当依法办理。

4. 有合伙企业的名称和生产经营场所

合伙企业作为市场主体，同自然人一样需要有一个自己的称谓，以便于各种经济往来。按照《合伙企业法》的规定，合伙企业的名称中应当标明"普通合伙"字样。企业名称在申请登记时，由企业名称的登记机关核定，经核准登记注册后方可使用，在规定的范围内享有使用权。

作为一个营利性的经济组织，开展经济活动必须有自己的立足之地，即经营场所和其他的经营条件，如办公设备、厂房、一定数量的从业人员等。只有这样，其他市场主体才能同其进行业务往来，才能认可其经营行为，也便于管理机关依法进行监督管理。

5. 法律、行政法规规定的其他条件

法律、行政法规对特定合伙企业设立有特殊规定的，依照其规定。

（二）设立登记

根据《合伙企业法》和国务院发布的《中华人民共和国合伙企业登记管理办法》的规定，合伙企业的设立登记，应按如下程序进行。

1. 申请人向企业登记机关提交相关文件

申请人设立合伙企业应向企业登记机关提交以下文件：全体合伙人签署的设立登记申请书；全体合伙人的身份证明；全体合伙人指定的代表或者共同委托的代理人的委托书；合伙协议；出资权属证明；经营场所证明；国务院工商行政管理部门规定提交的其他文件。

2. 企业登记机关核发营业执照

申请人提交的登记申请材料齐全，符合法定形式，企业登记机关应自受理申请之日起 20 日内，作出是否登记的决定。对符合《合伙企业法》规定条件的，予以登记，发给营业执照；对不符合规定条件的，不予登记，并应当给予书面答复，说明理由。

合伙企业的营业执照签发日期为合伙企业成立日期。合伙企业领取营业执照前，合伙人不得以合伙企业名义从事合伙企业事务。

【法条链接】

《合伙企业法》第十四条至第十九条

第十四条　设立合伙企业，应当具备下列条件：

（一）有二个以上合伙人。合伙人为自然人的，应当具有完全民事行为能力；

（二）有书面合伙协议；

（三）有合伙人认缴或者实际缴付的出资；

（四）有合伙企业的名称和生产经营场所；

（五）法律、行政法规规定的其他条件。

第十五条　合伙企业名称中应当标明"普通合伙"字样。

第十六条　合伙人可以用货币、实物、知识产权、土地使用权或者其他财产权利出资，也可以用劳务出资。

合伙人以实物、知识产权、土地使用权或者其他财产权利出资，需要评估作价的，可以由全体合伙人协商确定，也可以由全体合伙人委托法定评估机构评估。

合伙人以劳务出资的，其评估办法由全体合伙人协商确定，并在合伙协议中载明。

第十七条　合伙人应当按照合伙协议约定的出资方式、数额和缴付期限，履行出资义务。以非货币财产出资的，依照法律、行政法规的规定，需要办理财产权转移手续的，应当依法办理。

第十八条　合伙协议应当载明下列事项：

（一）合伙企业的名称和主要经营场所的地点；

（二）合伙目的和合伙经营范围；

（三）合伙人的姓名或者名称、住所；

（四）合伙人的出资方式、数额和缴付期限；

（五）利润分配、亏损分担方式；

（六）合伙企业事务的执行；

（七）入伙与退伙；

（八）争议解决办法；

（九）合伙企业的解散与清算；

（十）违约责任。

第十九条 合伙协议经全体合伙人签名、盖章后生效。合伙人按照合伙协议享有权利，履行义务。修改或者补充合伙协议，应当经全体合伙人一致同意；但是，合伙协议另有约定的除外。

合伙协议未约定或者约定不明确的事项，由合伙人协商决定；协商不成的，依照本法和其他有关法律、行政法规的规定处理。

三、合伙企业的财产

（一）合伙企业财产的构成

根据《合伙企业法》和《民法典》的规定，合伙人的出资、以合伙企业名义取得的收益和依法取得的其他财产，均为合伙企业的财产。

1. 合伙人的出资

这些出资形成合伙企业的原始财产。

2. 以合伙企业名义取得的收益

主要包括合伙企业的公共积累资金、未分配的盈余、合伙企业债权、合伙企业取得的工业产权和非专利技术等财产权利。

3. 依法取得的其他财产

根据法律、行政法规的规定合法取得的其他财产，如合法接受的赠与财产等。

（二）合伙人财产份额的转让

合伙人财产份额的转让是合伙企业的合伙人之间或向合伙人以外的人转让其在合伙企业中的全部或者部分财产份额的行为。

①除合伙协议另有约定外，合伙人向合伙人以外的人转让其在合伙企业中的全部或者部分财产份额时，必须经其他合伙人一致同意。如果合伙协议有另外的约定，则无须经其他合伙人一致同意，按照合伙协议的规定执行。

②合伙人之间转让合伙企业中的全部或者部分财产份额时，应当通知其

他合伙人。

【法条链接】

《合伙企业法》第二十条至第二十五条

第二十条 合伙人的出资、以合伙企业名义取得的收益和依法取得的其他财产，均为合伙企业的财产。

第二十一条 合伙人在合伙企业清算前，不得请求分割合伙企业的财产；但是，本法另有规定的除外。

合伙人在合伙企业清算前私自转移或者处分合伙企业财产的，合伙企业不得以此对抗善意第三人。

第二十二条 除合伙协议另有约定外，合伙人向合伙人以外的人转让其在合伙企业中的全部或者部分财产份额时，须经其他合伙人一致同意。

合伙人之间转让在合伙企业中的全部或者部分财产份额时，应当通知其他合伙人。

第二十三条 合伙人向合伙人以外的人转让其在合伙企业中的财产份额的，在同等条件下，其他合伙人有优先购买权；但是，合伙协议另有约定的除外。

第二十四条 合伙人以外的人依法受让合伙人在合伙企业中的财产份额的，经修改合伙协议即成为合伙企业的合伙人，依照本法和修改后的合伙协议享有权利，履行义务。

第二十五条 合伙人以其在合伙企业中的财产份额出质的，须经其他合伙人一致同意；未经其他合伙人一致同意，其行为无效，由此给善意第三人造成损失的，由行为人依法承担赔偿责任。

四、合伙企业事务的执行

（一）合伙企业事务执行的形式

合伙人对执行合伙企业事务享有同等的权利。合伙企业事务的执行可以采取灵活的方式，只要全体合伙人同意即可。根据《合伙企业法》的规定，合伙人对合伙企业事务的执行有三种方式。

1. 合伙人共同执行

合伙人对合伙企业事务的执行享有同等的权利，合伙人共同执行合伙企业的事务是基本形式，尤其是涉及合伙企业重大事务时，更应由全体合伙人共同决定。

《合伙企业法》规定，除合伙协议另有约定外，合伙企业的下列事项应当经全体合伙人一致同意：①改变合伙企业名称；②改变合伙企业的经营范围、主要经营场所的地点；③处分合伙企业的不动产；④转让或处分合伙企业的知识产权和其他财产权利；⑤向企业登记机关申请办理变更登记手续；⑥以合伙企业名义为他人提供担保；⑦聘任合伙人以外的人担任合伙企业的经营管理人员。

2. 一个或数个合伙人执行

合伙人可以按照合伙协议的约定或者经全体合伙人决定，委托一个或者数个合伙人对外代表合伙企业，执行合伙企业事务，其他合伙人不再执行合伙企业事务。不执行合伙企业事务的合伙人有权监督执行合伙企业事务合伙人执行合伙企业事务的情况。

3. 聘任合伙人以外的人执行合伙企业事务

合伙企业可以根据合伙协议或经全体合伙人同意，聘任合伙人以外的人执行合伙企业事务，担任合伙企业的经营管理人员。被聘任的管理人员不具有合伙人资格，其应当在合伙企业授权范围内履行职务；超越合伙企业授权范围履行职务，或者在履行职务过程中因故意或者重大过失给合伙企业造成损失的，依法承担赔偿责任。

【法条链接】

《合伙企业法》第二十六条至第三十二条

第二十六条　合伙人对执行合伙事务享有同等的权利。

按照合伙协议的约定或者经全体合伙人决定，可以委托一个或者数个合伙人对外代表合伙企业，执行合伙事务。

作为合伙人的法人、其他组织执行合伙企业事务的，由其委派的代表执行。

第二十七条　依照本法第二十六条第二款规定委托一个或者数个合伙人执行合伙事务的，其他合伙人不再执行合伙事务。

不执行合伙企业事务的合伙人有权监督执行事务合伙人执行合伙企业事务的情况。

第二十八条　由一个或者数个合伙人执行合伙事务的，执行事务合伙人应当定期向其他合伙人报告事务执行情况以及合伙企业的经营和财务状况，其执行合伙事务所产生的收益归合伙企业，所产生的费用和亏损由合伙企业承担。

合伙人为了解合伙企业的经营状况和财务状况，有权查阅合伙企业会计账簿等财务资料。

第二十九条　合伙人分别执行合伙事务的，执行事务合伙人可以对其他合伙人执行的事务提出异议。提出异议时，应当暂停该项事务的执行。如果发生争议，依照本法第三十条规定作出决定。

受委托执行合伙事务的合伙人不按照合伙协议或者全体合伙人的决定执行事务的，其他合伙人可以决定撤销该委托。

第三十条　合伙人对合伙企业有关事项作出决议，按照合伙协议约定的表决办法办理。合伙协议未约定或者约定不明确的，实行合伙人一人一票并经全体合伙人过半数通过的表决办法。

本法对合伙企业的表决办法另有规定的，从其规定。

第三十一条　除合伙协议另有约定外，合伙企业的下列事项应当经全体合伙人一致同意：

（一）改变合伙企业的名称；

（二）改变合伙企业的经营范围、主要经营场所的地点；

（三）处分合伙企业的不动产；

（四）转让或者处分合伙企业的知识产权和其他财产权利；

（五）以合伙企业名义为他人提供担保；

（六）聘任合伙人以外的人担任合伙企业的经营管理人员。

第三十二条　合伙人不得自营或者同他人合作经营与本合伙企业相竞争的业务。

除合伙协议另有约定或者经全体合伙人一致同意外，合伙人不得同本合伙企业进行交易。

合伙人不得从事损害本合伙企业利益的活动。

（二）合伙人在执行合伙企业事务中的权利和义务

1. 合伙人的权利

根据《合伙企业法》的规定，合伙人在执行合伙企业事务时拥有的权利主要包括：①合伙人对执行合伙企业事务享有同等的权利，各合伙人无论其出资多少，都有平等地执行合伙企业事务的权利。②执行合伙企业事务的合伙人对外代表合伙企业。③不执行合伙企业事务的合伙人有监督的权利。④合伙人有查阅合伙企业会计账簿等财务资料的权利。⑤合伙人有提出异议的权利和撤销委托的权利。《合伙企业法》还规定，合伙人分别执行合伙企业事务的，执行事务的合伙人可以对其他合伙人执行的事务提出异议。受委托执行合伙企业事务的合伙人不按照合伙协议或者全体合伙人的决定执行事务的，其他合伙人可以决定撤销该委托。

2. 合伙人的义务

根据《合伙企业法》的规定，合伙人在执行合伙企业事务时的义务主要包括：①合伙企业事务执行人向不参加执行事务的合伙人报告企业经营状况和财务状况。②合伙人不得自营或者同他人合作经营与本合伙企业相竞争的业务。③合伙人不得同本合伙企业进行交易。④合伙人不得从事损害本合伙企业利益的活动。如果合伙人违反上述义务给合伙企业造成损失的，依法承担赔偿责任。

（三）执行合伙企业事务的办法

《民法典》第九百七十条规定："合伙人就合伙事务作出决定的，除合伙合同另有约定外，应当经全体合伙人一致同意。合伙事务由全体合伙人共同执行。按照合伙合同的约定或者全体合伙人的决定，可以委托一个或者数个合伙人执行合伙事务；其他合伙人不再执行合伙事务，但是有权监督执行情况。合伙人分别执行合伙事务的，执行事务合伙人可以对其他合伙人执行的事务提出异议；提出异议后，其他合伙人应当暂停该项事务的执行。"第九百七十一条规定："合伙人不得因执行合伙事务而请求支付报酬，但是合伙合同另有约定的除外。"关于合伙协议决议的办法，主要规则如下：①由合伙协议对决议办法作出约定。至于在合伙协议中所约定决议办法是采取全体合伙人一致通过，还是采取 2/3 以上多数通过，或者采取其他办法，由全体合伙人视所决议的事项作出约定。②实行合伙人一人一票并经全体合伙人过半数通过的表决办法。对各合伙人，无论出资多少和以何物出资，表决权数应以合伙人的人数为准，即每一合伙人对合伙企业有关事项均有同等的表决权，使用经全体合伙人过半数通过的表决办法。

（四）合伙企业的损益分配

合伙企业的利润分配按照合伙协议的约定办理；合伙协议未约定的或者

约定不明确的，由合伙人协商决定；协商不成的，由合伙人按照实缴出资比例分配；无法确定出资比例的，由合伙人平均分配。合伙协议不得约定将全部利润分配给部分合伙人。合伙企业年度的或者一定时期的利润分配的具体方案，由全体合伙人协商决定或者按合伙协议约定的办法决定。

合伙企业的亏损分担按照合伙协议的约定办理；合伙协议未约定或约定不明确的，由合伙人协商决定；协商不成的，由合伙人按照实缴出资比例分担；无法确定出资比例的，由合伙人平均分担。合伙协议不得约定由部分合伙人承担全部亏损。

【法条链接】

《合伙企业法》第三十三条至第三十六条

第三十三条 合伙企业的利润分配、亏损分担，按照合伙协议的约定办理；合伙协议未约定或者约定不明确的，由合伙人协商决定；协商不成的，由合伙人按照实缴出资比例分配、分担；无法确定出资比例的，由合伙人平均分配、分担。

合伙协议不得约定将全部利润分配给部分合伙人或者由部分合伙人承担全部亏损。

第三十四条 合伙人按照合伙协议的约定或者经全体合伙人决定，可以增加或者减少对合伙企业的出资。

第三十五条 被聘任的合伙企业的经营管理人员应当在合伙企业授权范围内履行职务。

被聘任的合伙企业的经营管理人员，超越合伙企业授权范围履行职务，或者在履行职务过程中因故意或者重大过失给合伙企业造成损失的，依法承担赔偿责任。

第三十六条 合伙企业应当依照法律、行政法规的规定建立企业财务、会计制度。

五、合伙企业与第三人的关系

(一) 合伙人对外行为的效力

合伙企业对合伙人执行合伙企业事务及对外代表合伙企业权利的限制，不得对抗善意第三人。善意第三人又称善意取得人，是指不知道或不能知道自己取得的财产是无权让与人所让与，并且是有偿取得的人。《合伙企业法》允许合伙人对外代表合伙企业执行合伙企业事务，但也规定了某一类合伙企业事务必须经全体合伙人一致同意。未经同意，任何一个合伙人不得单独决定并执行此类事务，如处分合伙企业的不动产、改变合伙企业名称、以合伙企业的名义为他人提供担保等。

（二）合伙企业的债务清偿与合伙人的关系

合伙企业清偿到期债务应先以合伙企业的全部财产进行清偿，合伙企业不能清偿到期债务的，合伙人承担无限连带责任。无限责任，指当合伙企业的全部财产不足以清偿到期债务时，各合伙人承担合伙企业债务不以出资额为限。连带责任，指合伙企业的债权人可以向任何一个合伙人主张债权，该合伙人不得拒绝。合伙人由于承担无限连带责任有权向其他合伙人追偿，其他合伙人对已经履行了合伙企业全部债务的合伙人承担按份之债。合伙企业的债权人向合伙人主张债权时，合伙人不得以其出资的份额大小、合伙协议的特别规定、合伙企业债务另有保证人或已经清偿其应当承担的数额相对抗。合伙人由于承担连带责任所清偿数额超过《合伙企业法》规定的其亏损分配比例的，有权向其他合伙人追偿。

（三）合伙人的债务清偿与合伙企业的关系

①合伙企业中某一个合伙人的债权人，不得以该债权抵销其对合伙企业的债务，即合伙人个人的债务与合伙企业的债权各自独立，不得相互抵销。

②合伙人个人负有债务的，其债权人不得代为行使该合伙人在合伙企业中的权利。因为合伙企业是基于合伙人之间人身信任关系建立的，其权利不是单一的财产权。

③合伙人个人财产不足以清偿其个人所负债务的，该合伙人只能以其从合伙企业中分取的收益用于清偿；债权人也可以依法请求人民法院依法强制执行，将该合伙人在合伙企业中的财产份额用于清偿。对该合伙人的财产份额，其他合伙人有优先购买权。其他合伙人未购买，且不同意将该财产份额转让给他人的，依照《合伙企业法》的规定为该合伙人办理退伙结算，或者办理削减该合伙人相应财产份额的结算。

六、入伙与退伙

(一) 入伙

入伙，是指在合伙企业存续期间，合伙人以外的第三人加入合伙，从而取得合伙人资格。

1. 入伙的条件和程序❶

《合伙企业法》规定，新合伙人入伙，除合伙协议另有约定外，应当经全体合伙人一致同意，并依法订立书面入伙协议。订立入伙协议时，原合伙人应当向新合伙人如实告知原合伙企业的经营状况和财务状况。

2. 新合伙人的权利和责任

一般来讲，入伙的新合伙人与原合伙人享有同等权利，承担同等责任。但是，如果原合伙人愿意以更优越的条件吸引新合伙人入伙，或者新合伙人愿意以较为不利的条件入伙，也可以在入伙协议中另行约定。关于新合伙人对入伙前合伙企业的债务承担问题，《合伙企业法》规定，新合伙人对入伙前的债务承担无限连带责任。

(二) 退伙

退伙，是指合伙人退出合伙企业，从而丧失合伙人资格。

1. 退伙形式

合伙人退伙，可以分为声明退伙和法定退伙两种情况。

(1) 声明退伙

声明退伙又称自愿退伙，是指基于合伙人的自愿而退伙。声明退伙包括协议退伙和通知退伙。

关于协议退伙，《合伙企业法》规定，合伙协议约定合伙企业的经营期限的，有下列情形之一时，合伙人可以退伙：①合伙协议约定的退伙事由出现；②经全体合伙人同意退伙；③发生合伙人难以继续参加合伙企业的事由；④其他合伙人严重违反合伙协议约定的义务。

关于通知退伙，《合伙企业法》规定，合伙协议未约定合伙企业经营期限的，合伙人可以退伙，但必须在不给合伙企业的事务执行造成不利影响的情

---

❶　杨国明. 经济法律法规 [M]. 北京：北京交通大学出版社，2009：197.

况下，并应当提前 30 天通知其他合伙人。合伙企业设立后应当保持相对稳定性，合伙人不得擅自退伙，否则应当赔偿由此给其他合伙人造成的损失。

（2）法定退伙

法定退伙是指并非基于合伙人的自愿，而是由于法律明确规定的事由而退伙。法定退伙分为当然退伙和除名退伙。

关于当然退伙，合伙人有下列情形之一的，可以退伙：①作为合伙人的自然人死亡或者被依法宣告死亡；②个人丧失偿债能力；③作为合伙人的法人或者其他组织被依法吊销营业执照、责令关闭、撤销或者被宣告破产；④法律规定或者合伙协议约定合伙人必须具有相关资格而丧失该资格；⑤合伙人在合伙企业中的全部财产份额被人民法院强制执行。当然退伙以退伙事由实际发生之日为退伙生效日。

关于除名退伙，合伙人有下列情形之一的，经其他合伙人一致同意，可以决议将其除名：①未履行出资义务；②因故意或重大过失给合伙企业造成损失；③执行合伙企业事务时有不正当行为；④合伙协议约定的其他事由。对合伙人的除名决议应当书面通知被除名人。被除名人自接到除名通知之日起除名生效，被除名人退伙。被除名人对除名决议有异议的，可以在接到除名通知之日起 30 日内，向人民法院起诉。

2. 退伙的法律效力

（1）财产继承

合伙人死亡或者被宣告死亡的，对该合伙人在合伙企业中的财产份额享有合法继承权的继承人，按照合伙协议的约定或者经全体合伙人一致同意，从继承开始之日起取得该合伙企业的合伙人资格。

有下列情形之一的，合伙企业应当向合伙人的继承人退还被继承合伙人的财产份额：①继承人不愿意成为合伙人；②法律规定或者合伙协议约定合伙人必须具备相关资格，而该继承人未取得该资格；③合伙协议约定不能成为合伙人的其他情形。

合伙人的继承人为无民事行为能力人或限制民事行为能力人的，经全体合伙人一致同意，可以依法成为有限合伙人，普通合伙企业依法转为有限合伙企业。全体合伙人未能一致同意的，合伙企业应当将被继承合伙人的财产份额退还该继承人。

（2）退伙结算

合伙人退伙，其他合伙人应当与该合伙人按照退伙时合伙企业的财产状况进行结算，退还退伙人的财产份额。退伙人对给合伙企业造成的损失负有赔偿责任的，相应扣减其应当赔偿的数额。退伙时有未了结的合伙企业事务的，待了结后进行结算。退还的具体办法由合伙人协议约定或者由全体合伙人决定，可以退还货币，也可以退还实物。

退伙人对基于其退伙前的原因发生的合伙企业债务承担无限连带责任。合伙人退伙时，合伙企业的财产少于合伙企业债务的，退伙人应当依法分担亏损。

七、特殊的普通合伙企业

（一）特殊的普通合伙企业的概念

特殊的普通合伙企业，是以专业知识和专门技能为客户提供有偿服务的专业服务机构。特殊的普通合伙企业名称中应当标明"特殊普通合伙"字样。

（二）特殊的普通合伙企业的责任形式

1. 责任承担

一个合伙人或者数个合伙人在执业活动中因故意或者重大过失造成合伙企业债务的，应当承担无限责任或者无限连带责任，其他合伙人以其在合伙企业中的财产份额为限承担责任。合伙人在执业活动中非因故意或者重大过失造成的合伙企业债务及合伙企业的其他债务，由全体合伙人承担无限连带责任。

2. 责任追偿

合伙人执业活动中因故意或者重大过失造成合伙企业债务，以合伙企业财产对外承担责任后，该合伙人应当按照合伙协议的约定对给合伙企业造成的损失承担赔偿责任。

八、有限合伙企业

（一）有限合伙企业的概念

有限合伙企业是指由有限合伙人和普通合伙人共同组成，普通合伙人对合伙企业债务承担无限连带责任，有限合伙人以其认缴的出资额为限对合伙企业债务承担责任的合伙组织。

（二）有限合伙企业的特征

有限合伙企业与普通合伙企业相比较，具有以下显著特征：①在经营管理上，有限合伙企业中有限合伙人不执行合伙企业事务，而由普通合伙人从事具体的经营管理。②在风险承担上，有限合伙企业中不同类型的合伙人所承担的责任存在差异，其中有限合伙人以其各自的出资额为限承担有限责任，普通合伙人之间承担无限连带责任。

（三）有限合伙企业的设立

1. 有限合伙企业的人数

有限合伙企业由 2 个以上 50 个以下合伙人设立，但是法律另有规定的除外。有限合伙企业至少应有 1 个普通合伙人。

2. 有限合伙企业协议

合伙协议除符合普通合伙企业合伙协议的规定外，还应当载明下列事项：①普通合伙人和有限合伙人的姓名或者名称、住所；②执行事务合伙人应具备的条件和选择程序；③执行事务合伙人权限与违约处理办法；④执行事务合伙人的除名条件和更换程序；⑤有限合伙人入伙、退伙的条件、程序及相关责任；⑥有限合伙人和普通合伙人相互转变程序。

3. 有限合伙企业合伙人的出资

有限合伙人可以用货币、实物、知识产权、土地使用权或者其他财产权利作价出资。有限合伙人不得以劳务出资。有限合伙人应当按照合伙协议的约定按期足额缴纳出资；未按期足额缴纳的，应当承担补缴义务，并对其他合伙人承担违约责任。

4. 有限合伙企业名称

有限合伙企业的名称中应当标明"有限合伙"字样，而不能标明"普通合伙""特殊普通合伙""有限公司""有限责任公司"等字样。

5. 有限合伙企业的设立登记

有限合伙企业登记事项中应当载明有限合伙人的姓名或者名称及认缴的出资数额。

【法条链接】

《合伙企业法》第六十一条至第六十六条

第六十一条　有限合伙企业由二个以上五十个以下合伙人设立；但是，法律另有规定的除外。

有限合伙企业至少应当有一个普通合伙人。

第六十二条　有限合伙企业名称中应当标明"有限合伙"字样。

第六十三条　合伙协议除符合本法第十八条的规定外，还应当载明下列事项：

（一）普通合伙人和有限合伙人的姓名或者名称、住所；

（二）执行事务合伙人应具备的条件和选择程序；

（三）执行事务合伙人权限与违约处理办法；

（四）执行事务合伙人的除名条件和更换程序；

（五）有限合伙人入伙、退伙的条件、程序以及相关责任；

（六）有限合伙人和普通合伙人相互转变程序。

第六十四条　有限合伙人可以用货币、实物、知识产权、土地使用权或者其他财产权利作价出资。

有限合伙人不得以劳务出资。

第六十五条　有限合伙人应当按照合伙协议的约定按期足额缴纳出资；未按期足额缴纳的，应当承担补缴义务，并对其他合伙人承担违约责任。

第六十六条　有限合伙企业登记事项中应当载明有限合伙人的姓名或者名称及认缴的出资数额。

（四）有限合伙企业的事务执行

1. 有限合伙企业事务执行

有限合伙企业由普通合伙人执行合伙企业事务，执行事务合伙人可以要求在合伙协议中确定执行事务的报酬及报酬提取方式。有限合伙人不执行合伙企业事务，不得对外代表有限合伙企业。有限合伙人的下列行为，不视为执行合伙企业事务：①参与决定普通合伙人入伙、退伙；②对企业的经营管理提出建议；③参与选择承办有限合伙企业审计业务的会计师事务所；④获取经审计的有限合伙企业财务会计报告；⑤涉及自身利益的情况时，查阅有限合伙企业财务会计账簿等财务资料；⑥在有限合伙企业中的利益受到侵害时，向有责任的合伙人主张权利或者提起诉讼；⑦执行事务合伙人怠于行使权力时，督促其行使权力或者为了本企业的利益以自己的名义提起诉讼；⑧依法为本企业提供担保。

【法条链接】

《合伙企业法》第六十七条至第六十八条

第六十七条　有限合伙企业由普通合伙人执行合伙企业事务。执行事务合伙人可以要求在合伙协议中确定执行事务的报酬及报酬提取方式。

第六十八条　有限合伙人不执行合伙企业事务，不得对外代表有限合伙企业。

有限合伙人的下列行为，不视为执行合伙企业事务：

（一）参与决定普通合伙人入伙、退伙；

（二）对企业的经营管理提出建议；

（三）参与选择承办有限合伙企业审计业务的会计师事务所；

（四）获取经审计的有限合伙企业财务会计报告；

（五）对涉及自身利益的情况，查阅有限合伙企业财务会计账簿等财务资料；

（六）在有限合伙企业中的利益受到侵害时，向有责任的合伙人主张权利或者提起诉讼；

（七）执行事务合伙人怠于行使权利时，督促其行使权利或者为了本企业的利益以自己的名义提起诉讼；

（八）依法为本企业提供担保。

2. 有限合伙人的权利

与普通合伙人不同，有限合伙人可以同本有限合伙企业进行交易，可以自营或者同他人合作经营与本有限合伙企业相竞争的业务。但是，合伙协议可以约定禁止有限合伙人的上述行为。

【法条链接】

《合伙企业法》第六十九条至第七十一条

第六十九条　有限合伙企业不得将全部利润分配给部分合伙人；但是，合伙协议另有约定的除外。

第七十条　有限合伙人可以同本有限合伙企业进行交易；但是，合伙协议另有约定的除外。

第七十一条　有限合伙人可以自营或者同他人合作经营与本有限合伙企业相竞争的业务；但是，合伙协议另有约定的除外。

（五）有限合伙企业的财产转让

有限合伙人可以按照合伙协议的约定向合伙人以外的人转让其在有限合伙企业中的财产份额，但应当提前 30 日通知其他合伙人。有限合伙人对外转让其在有限合伙企业的财产份额时，有限合伙企业的其他合伙人有优先购买权。

有限合伙人可以将其在有限合伙企业中的财产份额出质，但是合伙协议另有约定的除外。

在利润分配方面，有限合伙企业不得将全部利润分配给部分合伙人，但是合伙协议另有约定的除外。

【法条链接】
《合伙企业法》第七十二条至第七十四条

第七十二条　有限合伙人可以将其在有限合伙企业中的财产份额出质；但是，合伙协议另有约定的除外。

第七十三条　有限合伙人可以按照合伙协议的约定向合伙人以外的人转让其在有限合伙企业中的财产份额，但应当提前三十日通知其他合伙人。

第七十四条　有限合伙人的自有财产不足清偿其与合伙企业无关的债务的，该合伙人可以以其从有限合伙企业中分取的收益用于清偿；债权人也可以依法请求人民法院强制执行该合伙人在有限合伙企业中的财产份额用于清偿。

人民法院强制执行有限合伙人的财产份额时，应当通知全体合伙人。在同等条件下，其他合伙人有优先购买权。

（六）有限合伙企业的入伙与退伙

1．入伙

有限合伙企业成立后，合伙人以外的人可以作为有限合伙人加入合伙企业。新入伙的有限合伙人应当符合两个条件：一是征得全体合伙人的同意；

二是新入伙的有限合伙人与原合伙人订立书面合伙协议。

《合伙企业法》规定，新入伙的有限合伙人对入伙前有限合伙企业的债务，以其认缴的出资额为限承担责任。

2. 退伙

（1）有限合伙人的当然退伙

《合伙企业法》规定，有限合伙人出现下列情形时当然退伙：①作为合伙人的自然人死亡或者被依法宣告死亡；②作为合伙人的法人或者其他组织被依法吊销营业执照、责令关闭、撤销或者被宣告破产；③法律规定或者合伙协议约定合伙人必须具有相关资格而丧失该资格；④合伙人在合伙企业中的全部财产份额被人民法院强制执行。

（2）有限合伙人丧失民事行为能力的处理

作为有限合伙人的自然人在有限合伙企业存续期间丧失民事行为能力的，其他合伙人不得因此要求其退伙。

（3）有限合伙人继承人的权利

作为有限合伙人的自然人死亡、被依法宣告死亡或者作为有限合伙人的法人及其他组织终止时，其继承人或者权利承受人可以依法取得该有限合伙人在有限合伙企业中的资格。

（4）有限合伙人退伙后的责任承担

有限合伙人退伙后对基于其退伙前的原因发生的有限合伙企业债务，以其退伙时从有限合伙企业取回的财产承担责任。

【法条链接】

《合伙企业法》第七十五条至第八十一条

第七十五条 有限合伙企业仅剩有限合伙人的，应当解散；有限合伙企业仅剩普通合伙人的，转为普通合伙企业。

第七十六条 第三人有理由相信有限合伙人为普通合伙人并与其交易的，该有限合伙人对该笔交易承担与普通合伙人同样的责任。

有限合伙人未经授权以有限合伙企业名义与他人进行交易，给有限合伙企业或者其他合伙人造成损失的，该有限合伙人应当承担赔偿责任。

第七十七条 新入伙的有限合伙人对入伙前有限合伙企业的债务，以其认缴的出资额为限承担责任。

第七十八条 有限合伙人有本法第四十八条第一款第一项、第三项至第五项所列情形之一的，当然退伙。

第七十九条　作为有限合伙人的自然人在有限合伙企业存续期间丧失民事行为能力的，其他合伙人不得因此要求其退伙。

第八十条　作为有限合伙人的自然人死亡、被依法宣告死亡或者作为有限合伙人的法人及其他组织终止时，其继承人或者权利承受人可以依法取得该有限合伙人在有限合伙企业中的资格。

第八十一条　有限合伙人退伙后，对基于其退伙前的原因发生的有限合伙企业债务，以其退伙时从有限合伙企业中取回的财产承担责任。

（七）有限合伙人与普通合伙人的转变

《合伙企业法》规定，有限合伙人与普通合伙人的转变可以在下列情形中发生：①除合伙协议另有约定外，普通合伙人转变为有限合伙人，或者有限合伙人转变为普通合伙人，应当经全体合伙人一致同意；②有限合伙人转变为普通合伙人的，对其作为有限合伙人期间有限合伙企业发生的债务承担无限连带责任；③普通合伙人转变为有限合伙人的，对其作为普通合伙人期间有限合伙企业发生的债务承担无限连带责任。

【法条链接】

《合伙企业法》第八十二条至第八十四条

第八十二条　除合伙协议另有约定外，普通合伙人转变为有限合伙人，或者有限合伙人转变为普通合伙人，应当经全体合伙人一致同意。

第八十三条　有限合伙人转变为普通合伙人的，对其作为有限合伙人期间有限合伙企业发生的债务承担无限连带责任。

第八十四条　普通合伙人转变为有限合伙人的，对其作为普通合伙人期间合伙企业发生的债务承担无限连带责任。

九、合伙企业的解散与清算

（一）合伙企业的解散

合伙企业的解散是指合伙企业因某些法律事实的发生而使其民事主体资格归于消灭的行为。根据《合伙企业法》的规定，合伙企业有下列情形之一时，应当解散：①合伙期限届满，合伙人决定不再继续经营；②合伙协议约定的解散事由出现；③全体合伙人决定解散；④合伙人已不具备法定人数满30天；⑤合伙协议约定的合伙目的已经实现或者无法实现；⑥依法被吊销营业执照、责令关闭或者被撤销；⑦法律、行政法规规定的其他原因。

（二）合伙企业的清算

合伙企业的清算是指合伙企业宣告解散后，为了终结合伙企业现存的各种法律关系，依法清理合伙企业债权债务的行为。

1. 清算人的确定

清算人是在合伙企业解散过程中依法产生的专门负责清理合伙企业债权债务的人员。合伙企业解散应当由清算人进行清算。经全体合伙人过半数同意，可以自合伙企业解散事由出现后15日内指定一个或数个合伙人，或者委托第三人担任清算人；自合伙企业解散事由出现之日起15日内未确定清算人的，合伙人或者其他利害关系人可以申请人民法院指定清算人。

【知识拓展】

清算人的法律责任

清算人未依照《合伙企业法》规定向企业登记机关报送清算报告，或者报送清算报告隐瞒重要事实，或者有重大遗漏的，由企业登记机关责令改正。由此产生的费用和损失，由清算人承担和赔偿。

清算人执行清算事务，牟取非法收入或者侵占合伙企业财产的，应当将该收入和侵占的财产退还给合伙企业；给合伙企业或者其他合伙人造成损失的，依法承担赔偿责任。清算人违反《合伙企业法》规定，隐匿、转移合伙企业财产，对资产负债表或者财产清单做虚假记载，或者在未清偿债务前分配财产，损害债权人利益的，依法承担赔偿责任。

2. 通知和公告债权人

清算人自被确定之日起10日内，将合伙企业解散事项通知债权人，并于60日内在报纸上公告。债权人应当自接到通知书之日起30日内，未接到通知书的自公告之日起45日内，向清算人申报债权。债权人申报债权应当说明债权的有关事项，并提供证明材料，清算人应当对债权进行登记。

3. 清算人的职责

清算人在清算期间执行下列事务：清理合伙企业财产，分别编制资产负债表和财产清单；处理与清算合伙企业未了结的事务；清缴所欠税款；清理债权债务；处理合伙企业清偿债务后的剩余财产；代表合伙企业参与民事诉讼活动。

4. 财产清偿顺序

清算人在明确合伙企业财产后，应当清偿债务。合伙企业财产按下列顺序清偿债务：①支付清算费用。②所欠职工工资、社会保险费用、法定补偿金。③所欠税款。④合伙企业的债务。清偿债务后的剩余财产，按照《合伙企业法》关于利润分配和亏损分担的规定进行分配。

5. 合伙企业注销登记

清算结束，清算人应当编制清算报告，经全体合伙人签名、盖章后，在15日内向企业登记机关报送清算报告，办理合伙企业注销登记。

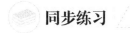 **同步练习**

一、单项选择题

1. "李老汉私房菜"是李甲投资开设的个人独资企业。关于该企业遇到的法律问题，下列哪一选项是正确的？（　　）

A. 如李甲在申请企业设立登记时，明确表示以其家庭共有财产作为出资，则该企业是以家庭成员为全体合伙人的普通合伙企业

B. 如李甲一直让其子李乙负责企业的事务管理，则应认定以家庭共有财产作为企业的出资

C. 如李甲决定解散企业，则在解散后，李甲对企业存续期间的债务，仍应承担偿还责任

D. 如李甲死后该企业由其子李乙与其女李丙共同继承，则该企业必须分离为两家个人独资企业

2. 甲、乙、丙、丁打算设立一家普通合伙企业。对此，下列哪一项表述是正确的？（　　）

A. 各合伙人不得以劳务出资

B. 如乙以劳务出资，其评估办法由全体合伙人协商确定，并在合伙协议中载明

C. 该合伙企业名称中不得以任何一个合伙人的名字作为商号或字号

D. 若甲因重大过失造成企业债务，则应由甲承担无限责任

3. 关于合伙企业的利润分配，如合伙协议未作约定且合伙人协商不成，下列哪一选项是正确的？（　）

A. 应当由全体合伙人平均分配

B. 应当由全体合伙人按实缴出资比例分配

C. 应当由全体合伙人按合伙协议约定的出资比例分配

D. 应当按合伙人的贡献决定如何分配

4. 2010 年 5 月，贾某以一套房屋作为投资，与几位朋友设立一家普通合伙企业，从事软件开发。6 月，贾某举家移民海外，故打算自合伙企业中退出。对此，下列哪一选项是正确的？（　）

A. 在合伙协议未约定合伙期限时，贾某向其他合伙人发出退伙通知后，即发生退伙效力

B. 因贾某的退伙，合伙企业须进行清算

C. 退伙后贾某可向合伙企业要求返还该房屋

D. 贾某对退伙前合伙企业的债务仍须承担无限连带责任

5. 甲是某有限合伙企业的有限合伙人，持有该企业 15% 的份额。在合伙协议无特别约定的情况下，甲在合伙期间未经其他合伙人同意实施了下列行为，其中哪一项违反《合伙企业法》的规定？（　）

A. 将自购的机器设备出租给合伙企业使用

B. 以合伙企业的名义购买汽车一辆归合伙企业使用

C. 以自己在合伙企业中的财产份额向银行提供质押担保

D. 提前 30 日通知其他合伙人将其部分合伙份额转让给合伙人以外的人

二、不定项选择题

1. 下列关于个人独资企业法律特征的表述中，正确的是（　）

A. 个人独资企业是相对独立的民事主体

B. 个人独资企业具有法人资格

C. 个人独资企业的投资人对企业债务承担有限责任

D. 个人独资企业的投资人可以是中国公民，也可以是外国公民

2. 根据《个人独资企业法》的规定，下列各项中属于个人独资企业应当解散的情形有（　）

A. 投资人死亡，继承人决定继承

B. 投资人决定解散

C. 投资人被宣告死亡，无继承人

D. 被依法吊销营业执照

3. 下列各项中，可以作为个人独资企业投资人出资的有（　　）

A. 投资人的劳务

B. 投资人的专利技术

C. 投资人的家庭共有房屋

D. 投资人的土地使用权

4. 林某以个人财产出资设立个人独资企业，聘请陈某管理该企业事务。林某病故后，因企业负债较多，林某的妻子作为唯一继承人明确表示不愿意继承该企业，该企业只能解散。根据《个人独资企业法》的规定，关于该企业清算人的表述，不正确的是（　　）

A. 由陈某进行清算

B. 由林某的妻子进行清算

C. 由债权人进行清算

D. 由债权人申请法院指定清算人进行清算

5. 个人独资企业解散后，按照《个人独资企业法》的规定，原投资人对企业存续期间的债务（　　）

A. 仍应承担责任

B. 不再承担责任

C. 仍应承担责任，但债权人在 5 年内未向债务人提出偿债请求的，该责任消灭

D. 仍应承担责任，但债权人在 2 年内未向债务人提出偿债请求的，该责任消灭

6. 甲、乙、丙三位合伙人设立合伙企业，企业经营一段时间后，丙合伙人决定将自己持有的合伙企业的财产份额转让给丁。经查，该转让行为在合伙协议中没有约定，根据《合伙企业法》的规定，则丙在（　　）

A. 转让财产份额后通知其他合伙人

B. 转让财产份额后通知合伙企业的事务执行人

C. 转让前须经全体合伙人一致同意

D. 转让前须经半数以上的合伙人同意

7. 甲、乙、丙、丁拟设立一普通合伙企业，4 人签订的合伙协议的下列

条款中，不符合合伙企业法律制度规定的是 （　　）

    A. 甲、乙、丙、丁的出资比例为4：3：2：1

    B. 合伙企业事务委托甲、乙两人执行

    C. 乙、丙只以其各自的出资额为限对企业债务承担责任

    D. 对合伙企业事项作出决议实行全体合伙人一致通过的表决办法

8. 有限合伙人的下列行为，不视为执行合伙企业事务的有 （　　）

    A. 参与决定普通合伙人入伙、退伙

    B. 对企业的经营管理提出建议

    C. 参与选择承办有限合伙企业审计业务的会计师事务所

    D. 获取经审计的有限合伙企业财务会计报告

9. 通源商务中心为一家普通合伙企业，合伙人为赵某、钱某、孙某、李某、周某。合伙协议约定由赵某、钱某负责合伙企业事务的执行。根据合伙企业法律制度的规定，下列表述中正确的有 （　　）

    A. 孙某仍有权以合伙企业的名义对外签订合同

    B. 对赵某、钱某的业务执行，李某享有监督权

    C. 对赵某、钱某的业务执行，周某享有异议权

    D. 赵某以合伙企业的名义对外签订合同时，钱某享有异议权

10. 王某、张某、田某、朱某共同出资180万元，于2022年8月成立绿园商贸中心（普通合伙）。其中王某、张某各出资40万元，田某、朱某各出资50万元；就合伙企业事务的执行，合伙协议未特别约定。2022年9月，鉴于王某、张某业务能力不足，经合伙人会议决定，王某不再享有对外签约权，而张某的对外签约权仅限于每笔交易额3万元以下。关于该合伙人决议，下列选项正确的是 （　　）

    A. 因违反合伙人平等原则，剥夺王某对外签约权的决议应为无效

    B. 王某可以此为由向其他合伙人主张赔偿其损失

    C. 张某此后对外签约的标的额超过3万元时，须事先征得王某、田某、朱某的同意

    D. 对张某的签约权限制，不得对抗善意相对人

三、简答题

1. 有限合伙人的特殊权利有哪些？

2. 个人独资企业与合伙企业的区别是什么？

3. 合伙企业与公司的区别是什么？

4. 有限合伙与普通合伙的区别有哪些？

四、案例分析

1. 某市税务局办公室主任李三与其在郊县务农的哥哥李大，以及儿时好友、现为个体户的张某经协商共同举办一家合伙企业，从事商品买卖。三方口头约定了有关合伙事项。张某在合伙前曾欠周某 5 万元未还，而周某又欠合伙企业债务 3 万元，于是周某提出以其对张的债权抵偿他对合伙企业的债务，所剩的 2 万元由他代位行使张某在合伙企业中的权利。一天，李大在进货途中因违章驾驶发生车祸，造成过路人王某受伤，花去医药费共 4500 元。李三与张某认为，这是李大的个人过错造成的损失，与合伙企业无关。一周后，张某提出退伙，并私自拿走了他作为出资的货架及其他物品。王某伤愈后找到张某要求其支付医药费被拒绝。

问：以上案例中有哪些违法之处？为什么？

2. 2019 年 4 月，张某投资 50 万元成立星光个人独资企业。2022 年 6 月，张某因经营管理不善，出现负债经营，张某决定解散星光企业。经清算，星光企业现有财产 20 万元，但欠职工工资 10 万元，欠社会保险费用 5 万元，欠国家税款 2 万元，还欠甲公司债务 3 万元，欠乙公司债务 2 万元。

问：对星光企业的财产应如何分配？对各债权人的债权应如何处理？

3. 2019 年 1 月 15 日，甲出资 30 万元设立 A 个人独资企业（本题下称"A 企业"）。甲聘请乙对外签订标的额超过 5 万元的合同，须经甲同意。2月 10 日，乙未经甲同意，以 A 企业的名义向善意第三人丙购买价值 10 万元的货物。2021 年 7 月 4 日，A 企业亏损，不能支付到期的丁的债务，甲决定解散该企业，并请求人民法院指定清算人。7 月 10 日，人民法院指定戊作为清算人对 A 企业进行清算。经查，A 企业和甲的资产及债权债务情况如下：

（1）A 企业欠缴税款 2 万元，欠乙工资 3 万元，欠社会保险费用 2 万元，欠丁 20 万元；

（2）A 企业的银行存款 5 万元，实物折价 15 万元；

（3）甲在 B 合伙企业出资 10 万元，占 50% 的出资额，B 合伙企业每年可向合伙人分配利润；

（4）甲个人其他可执行的财产价值 2 万元。

请回答以下问题：

（1）乙 2019 年 2 月 10 日的行为是否有效？说明理由。

（2）试述 A 企业的财产清偿顺序。

（3）如何满足丁的债权？

4. 2019 年 6 月，杨、李、王协议合伙开一饭店，杨为厨师，以技术入股；李与王出资金；租丁某的房屋。杨、李、王三人按 3 : 3 : 4 的比例分享利润和分担亏损。2000 年 6 月，丁某提出入伙，以房屋使用权投资。李与王同意丁入伙，并愿意将分配比例改为杨、李、王、丁为 3 : 2 : 3 : 2，但杨不同意丁入伙。同时另有饭馆以月薪 1 万元聘请杨某。杨于 6 月 4 日提出退伙，其他人不同意。杨则不管，于 6 月 6 日去另一饭馆上班。李、王起诉杨某，要求赔偿因其擅自离开造成饭店不能营业的损失，杨则反诉李、王让丁入伙违约。

问：（1）李、王让丁入伙是否有效？为什么？

（2）杨某退伙是否有效？杨是否应对李、王赔偿损失？为什么？

 课后思考

《民法典》背景下的合伙企业财产制度

《民法典》于 2021 年 1 月 1 日正式生效，其确立了包括合伙企业在内的非法人组织的独立民事主体地位。《民法典》合同编增设"合伙合同"，强化了契约型与组织型合伙财产性质的差异，但由于《合伙企业法》规定普通合伙人承担无限连带责任，有必要对合伙企业财产制度重新解释。普通合伙人对合伙企业承担的债务，既非有限责任，也非连带责任，而是无限责任。无限责任应该定性为法定担保责任。合伙企业对外承担责任的担保财产，第一序位是合伙企业的全部财产，第二序位是全体普通合伙人的财产总和，两者通过外观表现彼此区隔，为交易第三人和司法裁判机关识别。不同于契约型合伙财产共有，合伙企业的财产既非合伙人共有，也非相对独立，而是独立所有。现代合伙企业组织的独特价值，就在于强制性规范确立的独立财产制度与契约自由建立的治理机制之间的完美结合。

第三章 公司法律制度

引 例

2020 年，林某、张某与实业公司另两位股东吴某、李某签订代持协议，约定为简化注册手续，拟设立的投资公司中，林某、张某股份由李某代持。2022 年，林某、张某以李某把持公司、损害其利益为由，诉请确认其股东身份并办理相应工商变更登记手续。吴某出具不同意林某、张某成为投资公司股东的声明。

根据案例分析股权代持的性质及隐名股东显名化的法律规定。

第一节 公司与公司法概述

一、公司的概念和特征

（一）公司的概念

根据《中华人民共和国公司法》（以下简称《公司法》）和《民法典》的规定，公司是指股东承担有限责任的营利性法人。《公司法》第二条规定："本法所称公司，是指依照本法在中华人民共和国境内设立的有限责任公司和股份有限公司。"

（二）公司的特征

公司是在企业发展过程中，为了适应社会化大生产和市场经济的发展需要而形成的一种企业组织形式，是以资本的联合为基本设立条件。公司是企业法人，有独立的法人财产，享有法人财产权。公司具有以下法律特征。

1. 依法设立

依法设立，是指公司必须依法定条件、法定程序设立。一方面要求公司的章程、资本、组织机构、活动原则等必须合法；另一方面要求公司的设立必须经过法定程序，进行工商登记。公司通常依《公司法》设立，但还需依公司登记管理法定程序设立，特殊公司的设立还必须符合其他法律的规定。

2. 以营利为目的

以营利为目的，是指公司设立以经营并获取利润为目的，且股东出资设立公司的目的也是盈利，即从公司经营中取得利润。因此，营利目的不仅要求公司本身为营利而活动，而且要求公司有利润时应当分配给股东。如果其经营利润不进行分配，而是用于社会公益等其他目的，则不属于以营利为目的的公司性质。

3. 以股东投资行为为基础设立

根据《公司法》的规定，公司设立必须具备的法定条件之一是达到法定的注册资本，而注册资本来源于股东的投资，即由股东按法定和章程约定的出资方式及约定比例出资形成，因此没有股东的投资行为就不能设立公司。

4. 具有法人资格

公司是企业法人，有独立的法人财产，可独立承担民事责任。《公司法》规定的有限责任公司和股份有限公司都具有法人资格，股东以其认缴的出资额或者认购的股份为限对公司承担有限责任，公司要以全部财产对公司的经营活动包括法定代表人、工作人员和代理人代表公司进行的经营活动产生的债务承担责任。

二、公司的种类

按照不同的标准，从不同的角度可以对公司作不同的分类。

（一）有限责任公司、股份有限公司、无限公司、两合公司

这是以公司资本结构和股东对公司债务承担责任的方式为标准划分的。

有限责任公司是指股东以其认缴的出资额为限对公司承担责任，公司以其全部财产对公司的债务承担责任的公司。

股份有限公司是指将公司全部资本分为等额股份，股东以其认购的股份为限对公司承担责任，公司以其全部财产对公司的债务承担责任的公司。

无限公司是无限责任公司的简称，它是由两个以上的股东组成的、全体股东对公司的债务负连带无限责任的公司。

两合公司是指由无限责任股东与有限责任股东共同组成，无限责任股东对公司债务负连带无限责任，有限责任股东对公司债务仅以其出资额为限承担有限责任的公司。

我国《公司法》规定的公司形式仅为有限责任公司和股份有限公司。二者的主要区别在于：①在股东人数上，有限责任公司设立时股东不得超过50人，股份有限公司股东人数无上限。②在股权或股份流动性上，《公司法》规定有限责任公司股权对外转让受其他股东优先购买权制约，股份有限公司股份转让通常无此限制，转让相对便捷、自由。③股份有限公司可以依法公开发行股份募集资金，有限责任公司不可。

综合而言两种公司的区别集中体现在融资方式和股份流动性上。除此之外，二者在设立程序、出资要求、内部组织结构、分立、合并、解散、清算等方面区别不大。因此，企业选择有限责任公司抑或股份有限公司，多半是基于自身的融资需求而作出的选择。

（二）人合公司、资合公司与人合兼资合公司

这是以公司的信用基础为标准划分的。

人合公司是指以股东个人的财力、能力和信誉作为信用基础的公司，其典型的形式为无限公司。

资合公司是指以资本的结合作为信用基础的公司，其典型的形式为股份有限公司。

人合兼资合公司是指同时以公司资本和股东个人信用作为公司的信用基础的公司，其典型的形式为两合公司。

（三）母公司与子公司

这是以公司之间的控制与依附关系为标准划分的。

母公司是指拥有另一公司一定比例以上的股份，或通过协议方式能够对另一公司的经营实行实际控制的公司。母公司也称为控制公司。

子公司是指与母公司相对应，其一定比例以上的股份被另一公司所拥有或通过协议受到另一公司实际控制的公司。公司可以设立子公司，子公司具有法人资格，依法独立承担民事责任。

（四）总公司与分公司

这是以公司内部的管辖关系为标准划分的。

总公司又称"本公司"，是相对于其分支机构而言，有权管理公司的全部内部组织如各个分部门、分公司、科室、工厂、门市部等的总机构。

分公司实际上并不是法律意义上的公司，而只是公司的组成部分或业务活动机构，没有独立的法人资格，其民事责任由公司承担。

（五）本国公司与外国公司

这是以公司的国籍为标准划分的。

凡是依照中国法律在中国境内登记设立的公司，都是中国公司。凡是依照外国法律在中国境外登记成立的公司，则是外国公司。外国公司在我国从事经营活动，须向我国主管机关提出申请，通过设立分支机构，以该外国公司法人身份进行活动及承担民事责任。

三、公司法

公司法是规定公司法律地位，调整公司组织关系，规范公司在设立、变更与终止的法律规范的总称。公司法的概念有广义和狭义之分。狭义的公司法仅指《公司法》这一形式意义上的规范性文件；广义的公司法，则是调整公司组织关系、规范公司行为的法律规范的总称，其表现形式不仅包括《公司法》，还包括《中华人民共和国公司登记管理条例》（以下简称《公司登记管理条例》）等。

我国《公司法》由第八届全国人民代表大会常务委员会第五次会议于1993年12月29日通过，自1994年7月1日起施行。全国人民代表大会常务委员会于1999年、2004年对《公司法》进行了两次小的修改，2005年10月27日第十届全国人民代表大会常务委员会第十八次会议对《公司法》进行了较大规模的修订并自2006年1月1日起施行。2013年，第十二届全国人民代表大会常务委员会第六次会议对《公司法》作出修改，于2014年3月1日起正式施行。2018年10月26日，第十三届全国人民代表大会常务委员会第六次会议对《公司法》作出修改，并于2018年10月26日起正式施行。2022年12月30日，全国人民代表大会常务委员会发布《公司法（修订草案二次审议稿）征求意见》，2023年12月29日，第十四届全国人民代表大会常务委员会第七次会议表决通过了《公司法》，自 2024 年 7 月 1 日起施行。

【知识拓展】

2024 年 7 月 1 日起施行的《公司法》主要有以下变化：

一、立法目的。新增"完善中国特色现代企业制度，弘扬企业家精神"的内容。

二、国家出资公司。新法将"国家出资公司的特别规定"从第六章调整为第七章，并将章名改为"国家出资公司组织机构的特别规定"。

三、董事会的职权。新法要求落实董事会六项职权，即中长期发展战略规划、高级管理人员选聘、业绩考核、薪酬管理、工资总额备案制管理、重大财务事项管理。

四、董事会审计委员会。股份有限公司可以按照公司章程的规定在董事会中设置审计委员会，行使本法规定的监事会的职权，不设监事会或者监事。前款规定的审计委员会由三名以上董事组成，独立董事应当过半数，且至少有一名独立董事是会计专业人士。独立董事不得在公司担任除董事以外的其他职务，且不得与公司存在任何可能影响其独立客观判断的关系。公司可以按照公司章程的规定在董事会中设置其他委员会。

五、职工董事。董事会成员为三人以上。职工人数三百人以上的有限责任公司，除依法设监事会并有公司职工代表的外，其董事会成员中应当有公司职工代表；其他有限责任公司董事会成员中可以有公司职工代表。董事会中的职工代表由公司职工通过职工代表大会、职工大会或者其他形式民主选举产生。

六、监事会改革。规模较小的有限责任公司，可以不设监事会，设一至二名监事，行使本法规定的监事会的职权；经全体股东一致同意，也可以不设监事。

七、股东出资期限。有限责任公司全体股东认缴的出资额由股东按照公司章程的规定自公司成立之日起 5 年内缴足。法律、行政法规以及国务院决定对有限责任公司注册资本实缴、注册资本最低限额、股东出资期限另有规定的，从其规定。

八、类别股。股份有限公司的类别股可以包含优先股、劣后股、特殊表决权股、转让受限股等类别。发行类别股的公司，应当在公司章程中载明类别股分配利润或者剩余财产的顺序、类别股的表决权数、类别股的转让限制、保护中小股东权益的措施等事项。

九、完善公司治理相关制度。新法规定了公司可以发行无面额股，授权董事会决定发行股份，增加董事会职权，加强独立董事制度，完善公司分红制度等内容，以进一步完善公司治理结构。

这些修改体现了《公司法》在优化营商环境、完善公司治理、保护投资者权益等方面的重要变化，对于促进我国公司制度的完善和企业的健康发展具有重要意义。

第二节　公司基本理论

一、公司法人财产权

（一）公司法人财产

公司法人财产是指公司设立时，由股东投资及公司成立后在经营过程中形成的财产的总和。公司法人财产是独立的，即与公司股东的财产相区别。公司法人财产一般不得用于清偿股东的个人债务。这样，公司的财产就受到法律的保护，可以排除其股东债权人的清偿请求权，专门运用于公司的营业目的，公司也因此可以自身拥有的财产独立承担民事责任。为了保证公司财产的独立性和稳定性，《公司法》通常都禁止股东在出资后撤回出资，在要求股东出资真实性的同时，也限制公司资产流回股东手中。《公司法》除了允许公司依法向股东分配利润外，只允许通过减资、解散清算等方式减少或者分配公司资产，严格限制公司向股东回购股权或者提供各种形式的财务资助。

同时，法律也赋予公司股东有限责任保护，即股东除了出资以外，不对公司的债务承担责任。法人资格和有限责任制度的结合使公司和股东在主体资格和财产上相分离，公司的债务风险不会由股东承担，股东自身的债务风险也不会影响公司经营。这种分离使投资公司风险可控，在很大程度上降低了公司的融资成本。股东由此可以通过组合投资的方式投资多家公司，分散投资风险，不用担心其他股东的债务风险，也不用担心其投资的某一个公司的债务风险影响到投资的其他公司。

（二）公司法人财产权

《公司法》规定，公司享有法人财产权。公司以其全部财产对公司债务承担责任。公司是企业法人，具有独立的人格，享有对法人财产的支配权利，即依法对其财产行使占有、使用、收益、处分的权利。

在法人资格和有限责任制度下，公司股份具有不同程度的流动性。股份有限公司的股份通常是可以自由转让的，公众性股份有限公司的股份逐渐形成了一个活跃的股份交易市场，进而产生了现代资本市场。有限责任公司的股权在满足一定条件（主要是其他股东放弃优先购买权）后，也可以对外转让，从而使有限责任公司的股权也具有一定的流动性。

（三）公司法人财产权的限制

1. 对外投资的限制

《公司法》规定，公司可以向其他企业投资，这是一般规则。如果法律禁止特定类型的公司成为对所投资企业的债务承担连带责任的出资人，则从其规定。例如，《合伙企业法》规定，国有独资公司、国有企业、上市公司等不得投资于合伙企业成为普通合伙人。依照该规定，国有独资公司、国有企业、上市公司仅可以投资于合伙企业成为有限合伙人，因为有限合伙人无须对合伙企业债务承担连带责任。

此外，《公司法》还规定，公司向其他企业投资，按照公司章程的规定，由董事会或者股东会决议；公司章程对投资的总额及单项投资的数额有限额规定的，不得超过规定的限额。

2. 担保的限制

《公司法》规定，公司为他人提供担保，须依公司章程由董事会或股东会决议，且担保总额和单项担保金额不得超出章程规定限额。为股东或实际控制人提供担保，必须经股东会决议，且相关股东不得参与表决，该表决需由其他股东的过半数通过。

公司对外担保需经公司机关授权，法定代表人或其他负责人未经授权擅自提供担保，构成"越权代表"。如因担保合同效力发生纠纷，法院应依据《民法典》第五百零四条判断债权人是否善意。若债权人善意，代表行为有效；若非善意，行为无效。债权人善意指其不知或不应知法定代表人超越权限订立担保合同。《公司法》对关联担保和非关联担保的决议机关作了区别规定，相应地，善意判断标准也不同。一是关联担保，需股东会决议，未经决议构成越权。债权人主张合同有效需证明在订立合同时已审查股东会决议，且表决程序和签字人员符合《公司法》规定。二是非关联担保，根据《公司法》的规定，决议机关为董事会或股东会，债权人需证明已审查相关决议，且表决人数和签字人员符合章程规定。但若公司能证明债权人明知章程有明确规定的，则不构成善意。

债权人对公司决议内容的审查一般仅限于形式审查，只需尽到必要的注意义务。若公司主张决议伪造、程序违法等抗辩债权人非善意，法院通常不支持，除非公司有证据证明债权人明知决议系伪造或变造。

3. 借款的限制

一般情况下，除非公司章程有特别规定或经过股东会或股东大会的批准同意，公司董事、经理不得擅自将公司资金借贷给他人。

二、公司的登记管理

（一）登记管辖

公司登记是指法定的登记机关对公司特定法律事实予以记录。在我国，公司登记机关是县级以上地方人民政府市场监督管理部门。公司登记机关实行国家、省（自治区、直辖市）、市（县）三级管辖制度。

（二）登记事项

《公司登记管理条例》规定，公司的登记事项包括：名称、住所、法定代表人姓名、注册资本、实收资本、公司类型、经营范围、营业期限、有限责任公司股东或者股份有限公司发起人的姓名或者名称，以及认缴和实缴的出资额、出资时间、出资方式。

《公司法》规定，公司的法定代表人依照公司章程的规定，由代表公司执行公司事务的董事长或者经理担任。根据《公司登记管理条例》的规定，股东不得以劳务、信用、自然人姓名、商誉、特许经营权或者设定担保的财产等作价出资。

关于公司登记的法律效力，《公司法》第三十四条第二款规定："公司登记事项未经登记或者未经变更登记，不得对抗善意相对人。"可见，公司登记的效力并非设定权利，也不是单纯的公示效力，而是对公司"善意相对人"（即不知情的相对人）产生法律上的对抗效力。例如，公司内部虽然通过了变更其法定代表人的决议，但该事项并未依法做变更登记，此时该公司原法定代表人代表公司与某不知情的相对人订立合同。事后，该公司不得以原法定代表人已被撤职因而无代表权为由，针对该合同的善意相对人，主张不履行合同义务。公司登记事项应当依法公示。公司登记机关应当将上述登记事项通过国家企业信用信息公示系统向社会公示。

（三）登记程序

1. 公司名称预先核准

设立有限责任公司的，应当由全体股东指定的代表或者共同委托的代理人向公司登记机关申请名称预先核准；设立股份有限公司的，应当由全体发起人指定的代表或者共同委托的代理人向公司登记机关申请名称预先核准。预先核准的公司名称保留期为 6 个月。预先核准的公司名称在保留期内，不得用于从事经营活动，不得转让。

2. 公司设立登记

①申请设立公司应当向公司登记机关提交规定的文件。设立有限责任公司应当由全体股东指定的代表或者共同委托的代理人向公司登记机关申请设立登记，设立股份有限公司应当由董事会向公司登记机关申请设立登记。以募集方式设立股份有限公司的，应当于创立大会结束后 30 日内向公司登记机关申请设立登记。

②登记申请人应当对提交的材料的真实性、合法性和有效性负责。提交虚假材料或者采取其他欺诈手段隐瞒重要事实取得公司登记的，受虚假登记影响的自然人、法人和其他组织可以向登记机关提出撤销公司登记的申请。因虚假登记被撤销的公司，其直接责任人自登记被撤销之日起 3 年内不得再次申请公司登记，登记机关应当通过国家企业信用信息公示系统对此予以公示。

③公司设立分公司的，应当自决定作出之日起 30 日内向分公司所在地的公司登记机关申请登记。分公司的登记事项包括：名称、营业场所、负责人、经营范围。分公司的名称应当符合国家有关规定。分公司的经营范围不得超出公司的经营范围。

④公司营业执照签发日期为公司成立日期。

3. 公司设立时股东行为法律后果的承担

①当设立公司的股东为数人时，他们基于设立合同或者投资协议实施设立事务；设立公司时的股东为一人时，该股东就是设立事务的实施人。

②设立时的股东如果以设立中公司的名义，为设立公司实施各种民事活动，根据《公司法》的规定，此类民事活动的法律后果由公司承受。公司未成立的，法律后果由公司设立时的股东承受；设立时的股东为二人以上的，享有连带债权，承担连带债务。

③设立时的股东如果以自己名义为设立公司之目的而从事民事活动，根据《公司法》的规定，此类民事活动产生的民事责任第三人有选择权，可以请求公司承担，也可以请求公司设立时的股东承担。

④公司设立过程中，股东可能因实施设立行为而对他人造成侵权相关的侵权责任同样应当按照上述规则承担。在公司内部或者设立时的股东内部，有过错的股东应当对公司或无过错股东对外承担的民事责任负终局责任。《公司法》规定，设立时的股东因履行公司设立职责造成他人损害的，公司或者无过错的股东承担赔偿责任后，可以向有过错的股东追偿。

三、公司的名称和住所

（一）公司名称

公司名称是一个公司区别于其他公司的标记。公司名称是公司商誉的重要组成部分，是一种无形资产。

根据《公司法》和《企业名称登记管理规定》规定，公司名称应当依次包括下列四个部分：

①公司所属行政区划名称，即注册机关的行政管辖级别和行政管辖范围。公司名称前应冠以企业所在地省、市或县行政区划名称。

②字号，即公司的特有名称，一般由两个或两个以上的汉字或少数民族文字组成。这是公司名称的核心内容，也是公司名称中唯一可以由当事人自主选择的内容。

③公司的行业或营业部类，即公司的名称应显示公司的主要业务和行业性质。

④公司的形式，即公司的种类，如"股份有限公司"或"有限责任公司"。

（二）公司住所

公司以其主要办事机构所在地为住所。确定公司住所的法律意义是：①确定诉讼管辖；②确定诉讼文书收受的处所；③确定债务履行地；④确定公司登记管辖；⑤确定涉外诉讼的准据法。

四、公司章程

公司章程是记载公司组织、活动基本准则的公开性法律文件。设立有限责任公司必须由股东共同依法制定公司章程。股东应当在公司章程上签名、盖章，公司章程对公司、股东、董事、监事、高级管理人员具有约束力。

公司章程所记载的事项可以分为必备事项和任意事项。必备事项是法律规定的在公司章程中必须记载的事项，或称绝对必要事项，包括公司名称和住所地、经营范围、注册资本、公司组织机构、法定代表人等事项。任意事项是由公司自行决定是否记载的事项，包括公司有自主决定权的一些事项，如自然人股东资格继承等事项。

五、公司法人人格否认制度

公司法人人格否认制度又称"揭开公司面纱"，是指当公司股东滥用公司法人独立地位和有限责任逃避债务，严重损害债权人利益时，债权人可直接请求滥用公司人格的股东对公司债务承担连带责任。

有限责任是对投资者最大的吸引力。根据《公司法》的规定，有限责任公司的股东以其认缴的出资额为限对公司承担责任，股份有限公司的股东以其认购的股份为限对公司承担责任。这种制度隔离了股东的投资风险与其个人财产，有利于促进投资和资本市场发展。但有限责任也增加了债权人的风险，因为股东可能通过高风险业务谋取收益，而破产风险则由债权人承担。公司法人人格否认制度的产生，是为了在特定情况下修正和补充有限责任原则。

《公司法》第二十三条规定，当股东滥用公司法人独立地位和股东有限责任逃避债务，严重损害公司债权人利益时，应对公司债务承担连带责任。如果股东利用其控制的两个以上公司实施这种行为，各个公司应当对任一公司的债务承担连带责任。只有一个股东的公司，股东不能证明公司财产独立于股东自己的财产的，应当对公司债务承担连带责任。

人格混同是否认法人独立地位的主要依据，实务中表现为"纵向混同"和"横向混同"。"纵向混同"通常发生在母子公司之间，当股东与公司在财产、业务、人员等方面混同，难以区分时，法院可认定为纵向人格混同，如股东无偿使用公司财产、不作财务记载等情况。"横向混同"则指多个由同一母公司或实际控制人控制的公司在财产、业务、人员等方面混同，如"一套人马两块牌子"。根据《公司法》第二十三条第二款的规定，横向混同发生在同一股东控制的两个以上公司之间，但法院可能确认的公司不一定拥有同一股东，只要受同一主体实际控制即可。在一人公司中，若股东无法证明公司财产独立于其个人财产，则应对公司债务承担连带责任。

公司法人人格否认并不取消公司的法人资格，而是在特定法律关系中否认其独立人格，追究滥用法人人格的股东的责任，保护特定债权人利益。这些债权人仅指因股东滥用行为受到损害的特定债权人，而不涉及其他债权人。

六、公司股东出资

股东出资是公司资本形成和获取投资的核心机制。《公司法》规定，有限责任公司的注册资本是股东认缴的出资额，而股份有限公司的注册资本则是已发行股份的股本总额。股东出资制度经历了几次重要变革。1993 年《公司法》要求所有注册资本必须一次性实缴，规定了出资金额和比例的限制。2005 年修订后，引入了两年认缴制，允许股东在初次实缴后两年内缴足剩余出资。2013 年修订进一步放宽了要求，实施自由约定的认缴制，取消了注册资本最低限额、首次出资比例和实缴期限的限制，并废除了强制验资制度。2023 年修订则规定了有限责任公司 5 年的出资期限，并要求股东在特定情况下提前履行出资义务。

（一）出资的含义

在我国《公司法》中，"出资"既可作名词，也可作动词使用。作为名词时，出资指股东投入公司以换取股权的财产，即出资财产或出资额。作为动词时，出资有两种含义：一是认缴出资或认购股份，指出资人同意向公司投入财产以获得股东资格，公司或其他出资人对此表示同意；二是实缴出资，指出资人按照约定将出资财产转移给公司。因此，出资额或出资比例分为认缴和实缴两类。

（二）出资的法律效果

1. 认缴出资或认购股份的法律效果

有限责任公司出资人认缴出资的法律效果包括以下几点：①出资人承担按期足额缴纳认缴出资额的义务。如未按规定履行实缴出资义务，出资人可能需对公司债务承担补充清偿责任。在公司清算时，未缴出资部分应列入清算财产。未缴出资指已认缴但未实缴的部分，包括到期未缴和未到期的出资。②出资人认缴足额后，方可申请公司设立登记。③公司成立后，出资人应收到出资证明书并列入股东名册，正式成为股东。部分股东权利如盈余分配权和增资优先认缴权，通常按实缴出资比例行使，除非全体股东另有约定。

对于股份有限公司，发起人和认股人认购股份后应一次性缴足股款。发起人完成出资并验资后，应按时召开成立大会，制定公司章程并选举董事会和监事会，随后向登记机关申请设立登记。

2. 实缴出资的法律效果

实缴出资的法律效果是股东的货币或非货币财产在法律上转归公司所有，原财产权利归公司所有。

（三）出资方式

1. 出资方式

根据《公司法》的规定，股东可以以货币或非货币财产出资。非货币财产包括实物、知识产权、土地使用权、股权、债权等可以用货币估价并依法转让的财产，但法律、行政法规禁止作为出资的财产除外。《中华人民共和国市场主体登记管理条例》（以下简称《市场主体登记管理条例》）规定，劳务、信用、自然人姓名、商誉、特许经营权和设定担保的财产不得作为出资。

2. 非货币财产的评估作价

《公司法》要求，对非货币财产出资应进行评估作价，确保财产估值准确，避免高估或低估。法律、行政法规有相关规定的，应遵从其规定。在实践中，非货币财产出资未依法评估的情况时有发生。最高人民法院认为，应给予补正机会，而非一概否认出资效力。公司法司法解释规定，若非货币财产未依法评估，法院应委托合法评估机构对其作价。若评估价显著低于公司章程所定价额，法院应认定出资人未全面履行出资义务。但若出资后因市场变化或其他客观因素导致财产贬值，公司、其他股东或债权人无权要求出资人补足出资，除非另有约定。

（四）出资期限

1. 一般期限

出资期限是指从股东认缴出资到实缴出资的期间。《公司法》规定，有限责任公司股东需在公司成立后 5 年内缴足认缴的出资额。对于注册资本实缴、最低限额、股东出资期限等，若法律、法规或国务院另有规定，则按规定执行。2023 年修订的《公司法》规定，股份有限公司实行出资实缴制，因此其施行后成立的股份有限公司无出资期限问题。对于旧法下设定出资期限长于 5 年期限的公司，《公司法》要求逐步调整至新法规定的期限内。

2. 加速到期

出资期限为股东提供了缓冲期，但公司可能在期限届满前面临债务清偿困难。为保护债权人，《公司法》规定，若公司不能清偿到期债务，公司或债权人可要求股东提前缴纳出资。这种提前缴资并非因为股东违反义务，而是为了防止公司无法履行债务。提前缴资的条件是公司无法清偿到期债务，无须达到破产标准，也无须债权人先行采取强制执行措施。

（五）出资义务的履行

股东履行出资义务包括按期缴纳出资和确保实缴出资的财产形态、金额、价值与认缴时的承诺一致。货币出资应全额存入公司银行账户，非货币财产如动产、土地使用权、知识产权等，需依法转移至公司名下。出资人以房屋、土地使用权等需要办理权属登记的财产出资时，若未完成权属变更，公司或其他股东可要求其在合理期间内办理变更。若出资人已交付财产但未办理变更，可视为履行出资义务。为确保出资履行，非货币财产出资需进行评估作价，同时股东违反出资义务时需承担相应责任。

（六）违反出资义务的责任

股东违反出资义务，包括未按章程规定缴纳出资或实际出资价额不足等，还包括公司成立后发现出资财产实际价值低于章程规定，以及抽逃出资，主要责任如下：

①继续履行出资义务。股东未按期履行出资义务，公司或其他股东可请求其依法足额履行。若设立时的非货币出资明显低于认缴额，其他股东需在

不足部分内承担连带责任。

②催缴与失权。公司成立后，董事会应核查股东出资情况，发现不足应发出催缴书，宽限期至少60日。宽限期后未缴纳，公司可发出失权通知，丧失未缴部分股权，股权可转让或注销。若股东对失权有异议，可在30日内提起诉讼。

③股东权利限制与资格解除。股东未履行或抽逃出资，公司可根据章程或股东会决议限制其权利，甚至解除股东资格。未缴足出资前，公司债权人可追究相关责任。

④补充清偿责任。股东未履行出资义务且公司不能偿债，债权人可请求其在未出资本息范围内承担清偿责任。

⑤董事与高级管理人员责任。增资时如股东未履行出资义务，相关董事与管理人员可能需承担责任。

⑥股权转让后的责任。股东转让未缴足出资的股权，受让人需承担缴纳责任。若转让人知情但未告知，承担连带责任。

⑦名义股东与实际出资人不符。名义股东不得以此为由对抗债权人，但可向实际出资人追偿。冒用他人名义出资的责任由冒名者承担。

⑧抽逃出资的责任。股东抽逃出资的，应返还出资本息，协助者可能承担连带责任。债权人可请求抽逃出资的股东在抽逃出资本息范围内承担清偿责任。

⑨责任时效。股东违反出资义务的民事责任不适用诉讼时效抗辩，公司及债权人可随时追究。

七、公司股东资格

有限责任公司和股份有限公司都涉及股东资格的确认、证明及实际出资人与名义股东之间的关系。

（一）有限责任公司

有限责任公司股东在认缴出资后即成为公司股东，享有相应权利，公司应签发出资证明书并登记股东信息。如果公司未履行这些义务，股东有权诉求公司履行。

实际出资人与名义股东分离的情况常见于商事实践中，可能引发投资收益归属争议。若双方约定由名义股东行使权利但收益归实际出资人，该约定有效，实际出资人可依合同主张权益。《公司法》规定，显名股东可依股东名册主张权利，但这并不妨碍实际出资人主张投资权益。实际出资人若要求公司变更股东信息，需遵循有限责任公司股权转让的相关规定。

第三人基于对公司登记的信赖，可视显名或名义股东为真实股东，实际出资人不得主张其处分行为无效。但若第三人明知股东名义与实际不符，则不受《公司法》保护，公司可主张股权转让无效。

（二）股份有限公司

股份有限公司的股票必须为记名股票，是股东持股的凭证。传统纸质股票逐渐被电子簿记取代，上市公司和非上市公众公司的股份通过证券登记结算机构集中登记存管。非上市公司通常用股权证或协议等证明股东资格。根据中国证券监督管理委员会（简称"中国证监会"）的规定，股东应通过"股票账户卡"证明资格，证券登记记录是证券持有人的合法证明。

八、股东权利和义务

（一）股东权利

1. 股东权利的概念

股东权利是股东基于股东资格而对公司及其组织机构享有的权利。股东权利是一种成员权。成员权须于团体内部、依团体规则行使，脱离团体则失其权能。而且，每一成员的权利必须受制于其他成员的权利。这是股东权利的基本特征。"股（事物之分支）东（所有者）"一词准确表达了股东权利的成员权和所有权属性。当然，与上述典型情况不同的是，在一人股东的公司中，股东权利不具有成员权特点。

2. 股东权利的类型

股东权利可分为参与管理权和资产收益权。参与管理权是股东依法参加公司事务的决策和经营管理的权利，如股东会参加权、提案权、质询权，在股东会上的表决权、累积投票权，股东会召集请求权和自行召集权，了解公司事务、查阅公司账簿和其他文件的知情权，提起诉讼权等权利。资产收益权是股东依法从公司取得利益、财产或处分自己股权的权利，主要为股利分配请求权、剩余财产分配权、新股认购优先权、股份质押权和股份转让权等。

3. 股东权利的内容

《公司法》概括规定，公司股东依法享有资产收益、参与重大决策和选择管理者等权利。有关股东权利的内容散见于《公司法》的相关条文之中，归纳起来主要有以下几点。

（1）表决权

股东通过亲自或委托代理人出席股东会，有权对议决事项表示同意或不同意。普通股股东通常享有表决权，优先股股东一般无表决权或仅享有限表决权。表决权通常按一股一票或出资比例行使，除非章程另有规定。一般事项的决议按简单多数通过，特别事项则需绝对多数通过。股份有限公司与有限责任公司的具体规定略有不同，详见后文。

股东可通过协议提前协商表决权行使，如对特定事项一致表决，此类协议称为"表决权拘束协议"，在符合合同生效条件时，法院通常认可其效力。法律也对股东表决权有所限制。《公司法》规定，股份有限公司股东每股一票，公司持有的自身股份无表决权，上市公司控股子公司不得持有上市公司股份或行使表决权。公司为股东或实际控制人提供担保时，需经股东会决议，相关股东不得参与表决。

在司法实践中，当股东与议决事项有利益冲突且可能损害公司或其他股东利益时（如关联交易），该股东应回避表决。

（2）选举权和被选举权

股东有权通过股东会选举公司的董事或者监事，也有权在符合法定任职资格的条件下，被选举为公司的董事或者监事。为了保护中小股东的利益，《公司法》在股份有限公司中允许采用累积投票制。

（3）依法转让股权或股份的权利

法律禁止股东出资获得公司股权后从公司抽逃投入的资产，但允许股东为了转移投资风险或者收回投资并获得相应的利益而转让其股权或者股份。不过，有限责任公司和股份有限公司的股东转让其股权或者股份的自由度是不同的。一般来说，有限责任公司通常对股权对外转让设有一定限制（如其他股东享有优先购买权等），目的是维持股东间的信赖关系。股份有限公司通常以向公众筹资为目的，其股份以自由转让为原则，限制为例外。

（4）知情权

股东作为公司资本的提供者，有权知悉公司的人事、财务、经营、管理等方面的情况。有限责任公司和股份有限公司的股东均有权查阅、复制公司章程、股东名册、会议记录、董事会决议、监事会决议及财务会计报告。在有限责任公司，股东还可查阅会计账簿和会计凭证，但需书面请求并说明目的。若公司合理认为股东查阅有不正当目的，可能损害公司利益，可拒绝查阅，并应在 15 日内书面回复并说明理由。股东若被拒绝，可向法院提起诉讼。

在股份有限公司，单独或合计持有公司 3% 以上股份的股东，持股 180 天以上后，有权查阅公司会计账簿和凭证。查阅规则同样适用于公司全资子公司的资料。对上市公司股东的查阅权，还需遵守证券法等相关法律规定。

为了防止滥用知情权，《公司法》对股东查阅公司会计账簿设有限制。若公司证明股东存在以下情况，法院可认定其查阅请求具有"不正当目的"：①股东自营或为他人经营与公司业务存在实质性竞争关系；②股东查阅会计账簿是为向他人通报可能损害公司利益的信息；③股东曾在过去三年内通过查阅公司会计账簿，向他人通报有关信息损害公司合法利益。此外，人民法院还可以根据司法解释的指引认定其他情形构成不正当目的。为便利胜诉股东行使知情权，公司法司法解释要求人民法院对股东诉讼请求予以支持的，"应当在判决中明确查阅或者复制公司特定文件材料的时间、地点和特定文件材料的名录"。除了上述查阅、复制公司资料的知情权外，《公司法》还规定，股份有限公司应当定期向股东披露董事、监事、高级管理人员从公司获得报酬的情况。

（5）建议和质询权

根据《公司法》的有关规定，股份有限公司的股东有权对公司的经营提出建议和质询，股东会要求董事、监事、高级管理人员列席会议的，董事、监事、高级管理人员应当列席并接受股东质询。在有限责任公司，股东人数最多为 50 人，股东通常有较多机会参与公司经营管理的决策，甚至担任公司董事、监事或者高级管理人员。因此，法律未对有限责任公司股东的建议和质询权明确规定。

（6）出资优先权

出资优先权是指公司增资或发行新股时，原股东在同等条件下优先出资或认购新股的权利。《公司法》规定，有限责任公司股东享有法定的增资优先认缴权，比例依其实际出资比例决定，除非全体股东另有约定。而股份有限公司股东除非章程或股东会决议另有规定，一般不享有此权利。

出资优先权可保护原股东的利益，避免持股比例被稀释，但可能降低公司公开筹资的效率。为了平衡利弊，《公司法》对有限责任公司和股份有限公司采取了不同的立场，允许公司章程或股东决议作出不同安排。

关于增资优先认缴权，主要有以下几点：①增资优先认缴权成立于公司新增注册资本时，适用于外部增资和内部增资。在外部增资中，原股东可按实缴出资比例优先认缴。在内部增资中，股东按实缴出资比例优先认缴新增资本。②股东在增资决议过程中应明确表达行使优先认缴权的意愿，一经表达即生效。③原股东只能在同等条件下行使优先认缴权。因此，当公司拟以特定非现金资产增资或实施股权激励时，原股东通常因无法满足条件而无权优先增资。④优先认缴权限于股东的实缴出资比例，超过部分无此权利。全体股东可约定不按比例行使权利。⑤股东可放弃优先认缴权，但其份额不会自动转给其他股东。⑥优先认缴权可在原股东间自由转让，但不得转让给非股东。⑦如优先认缴权被侵犯，股东可诉请法院否定相关决议效力、责令恢复原状、继续履行增资协议或赔偿损失。

（7）股利分配请求权

股东对公司资产收益的主要权利是获得公司分配的股利。单个股东的股利分配请求需通过公司决议程序来行使。公司是否分配利润、以何种形式分配、分配多少，均由股东会决定。《公司法》规定，无论是有限责任公司还是股份有限公司，利润分配方案由董事会制定，经股东会普通多数决议通过后，由董事会实施。股利分配比例通常与持股比例挂钩，但允许另行约定。有限责任公司在弥补亏损和提取公积金后，按股东实缴出资比例分配利润，除非全体股东另有约定；股份有限公司按股东所持股份比例分配，公司章程另有规定的除外。股东会作出分配利润的决议后，董事会须在 6 个月内进行分配。

在实践中，因公司不分红引发的争议时有发生。公司法司法解释规定，股东请求公司分配利润的案件应列公司为被告。一审法庭辩论终结前，其他股东如有同样请求，可申请作为共同原告。法院一般不干预公司利润分配，除非存在明显不公平的情况。若公司股东会已作出具体分配方案的有效决议，但公司无正当理由拒不执行，法院应判决公司履行分配义务；若股东未提交决议，法院将驳回请求，除非不分配利润因部分股东滥用权利且损害了其他股东的利益。在此情况下，受损害的股东可请求法院判令公司分配利润。

（8）提议召开临时股东会和自行召集的权利

股东如认为必要，有权提议召开临时股东会。根据《公司法》的规定，有限责任公司拥有 1/10 以上表决权的股东可提议召开临时股东会，公司应当召开会议。股份有限公司单独或合计持有公司 10% 以上股份的股东可请求召开临时股东会，公司应在两个月内召开。董事会或监事会需在收到请求后 10

日内决定是否召开并书面答复股东。

如董事会未能履行或不履行召集职责，由监事会负责召集和主持。若监事会也未能履行，有限责任公司由拥有 1/10 以上表决权的股东自行召集和主持；股份有限公司则由连续 90 日以上单独或合计持有 10% 以上股份的股东自行召集和主持。

（9）临时提案权

股份有限公司单独或者合计持有公司 1% 以上股份的股东，可以在股东会召开 10 日前提出临时提案并书面提交董事会；临时提案应当有明确议题和具体决议事项。董事会应当在收到临时提案后 2 日内通知其他股东，并将该临时提案提交股东会审议；但临时提案违反法律、行政法规或者公司章程的规定，或者不属于股东会职权范围的除外。公司不得提高提出临时提案股东的持股比例。公开发行股份的公司，应当以公告方式作出上述通知。股东会不得对通知中未列明的事项作出决议。关于有限责任公司股东的临时提案权，《公司法》未作规定。

（10）异议股东股份回购请求权

当股东大会作出对股东权益产生重大影响的决议时，持异议的股东有权要求公司以公平价格回购其股份，退出公司。根据《公司法》的规定，有限责任公司和股份有限公司（公开发行股份的公司除外）在以下情况下，对决议投反对票的股东可以请求公司按合理价格回购其股权：①公司连续 5 年不分配利润，且该 5 年内公司持续盈利，并符合利润分配条件；②公司转让主要财产；③公司章程规定的营业期限届满或出现其他解散事由，股东大会决议修改章程使公司继续存续。

如在股东大会决议作出后 60 日内，股东与公司无法达成股份回购协议，股东可在决议作出后 90 日内向法院提起诉讼。此外，有限责任公司在公司合并或分立时，异议股东也可要求公司回购其股份，但股份有限公司在此情形下不一定按合理价格回购。若控股股东滥用股东权利，严重损害公司或其他股东利益，其他股东也可要求公司回购其股权。公司回购的股份应在 6 个月内依法转让或注销。

（11）申请法院解散公司的权利

根据《公司法》的有关规定，公司经营管理发生严重困难，继续存续会使股东利益受到重大损失，通过其他途径不能解决的，持有公司 10% 以上表决权的股东，可以请求人民法院解散公司。关于人民法院受理和审理公司解散之诉的规则和裁判标准，本章将在第七节详细说明。

（12）公司剩余财产分配请求权

公司终止后，向其全体债权人清偿债务之后尚有剩余财产的，股东有权请求分配。

4. 股东的诉讼权利

（1）股东代表诉讼

股东代表诉讼是指当公司董事、监事、高级管理人员或他人违反法律、行政法规或公司章程，给公司造成损失，公司拒绝或不愿起诉时，符合条件的股东可以代表公司提起诉讼，要求赔偿损失。此诉讼旨在保护公司和全体股东的共同利益，而非个别股东的利益。根据《公司法》的规定，股东代表诉讼包括以下程序。①对公司内部人员提起诉讼：公司董事、监事或高级管理人员因违法行为导致公司损失时，持有公司 1% 以上股份且连续持股 180 日以上的股东，可书面请求监事会或董事会起诉。若请求被拒绝、30 日内未起诉或情况紧急时，股东可直接以自己名义为公司利益提起诉讼。②对外部人员提起诉讼：若他人侵害公司权益，持有公司 1% 以上股份且连续持股 180 日以上的股东也可依据上述程序提起诉讼。③双重代表诉讼：全资子公司因董事、监事或高级管理人员的违法行为或他人的侵权行为受到损失时，母公司股东可以请求子公司的监事会、董事会提起诉讼，或直接为子公司利益提起诉讼。

（2）股东直接诉讼

股东直接诉讼是指股东针对董事或高级管理人员损害股东个人利益的行为提起的诉讼。根据《公司法》的规定，如果董事或高级管理人员违反法律、行政法规或公司章程，导致股东利益受损，股东有权依法向法院提起诉讼。

（二）股东义务

第一，出资义务。股东须按照法律和公司章程的规定，按时足额向公司缴纳出资。未履行出资义务可能导致股东权利受限、丧失股权，甚至失去股东资格。

第二，善意行使股权的义务。股东不得滥用权利。《公司法》规定，股东应遵守法律、行政法规和公司章程，依法行使权利，不得损害公司或其他股东的利益。若因滥用权利给公司或其他股东造成损失，股东须依法承担赔偿责任。

在实践中，控股股东常利用其与公司的关联关系损害公司利益（如进行不正当的关联交易）。因此，《公司法》特别规定：控股股东不得利用关联关系损害公司利益，违者须赔偿损失。该规则同样适用于实际控制人、董事、监事和高级管理人员。关联关系是指控股股东、实际控制人、董事、监事、高级管理人员与其控制的企业之间的关系，以及可能导致公司利益转移的其他关系，但国家控股企业之间仅因同受国家控股而不应被视为具有关联关系。

九、董事、监事、高级管理人员制度

（一）概述

在公司组织结构中，若股东不担任董事、监事或高级管理人员，通常不会直接参与公司经营管理。无论是股份有限公司还是有限责任公司，若股东通过选举董事组成董事会，由董事会聘任经理负责日常经营，监事会负责监督，股东会仅对重大事项有决策权，这就产生了"所有与控制分离"的问题，即股东拥有所有权但不直接控制公司，管理者有控制权但不拥有所有权。这种分离可能导致股东与管理者之间的利益冲突。为避免管理者为自身利益损害股东整体利益，《公司法》通过加强股东对管理者的监督和明确管理者的法律义务，确保管理者为公司和股东的整体利益工作。

（二）公司董事、监事、高级管理人员的任职资格

公司董事、监事和高级管理人员是公司事务的执行者，地位重要，必须具备相应资格。《公司法》规定以下情形的人员不得担任公司管理职务：①无民事行为能力或限制民事行为能力；②因贪污、贿赂、侵占财产等罪行被判刑，刑满未满5年，或缓刑期满未满2年；③担任破产清算公司的董事、经理，对破产负有个人责任的，破产清算完结未满3年；④担任因违法被吊销营业执照公司或企业的法定代表人，并负有个人责任的，自吊销营业执照之日起未满3年；⑤因未偿还巨额债务被法院列为失信被执行人。

公司若违反上述规定选举或聘任管理人员，该选举或聘任无效。管理人员在任职期间若出现上述情况，公司应解除其职务。

（三）公司董事、监事、高级管理人员的法定义务

根据《公司法》的规定，公司董事、监事、高级管理人员应遵守法律、法规和公司章程，对公司负有忠实义务和勤勉义务。即使控股股东或实际控

制人不担任公司管理职务，但实际参与公司事务的，也应承担这些义务。

1. 忠实义务

董事、监事、高级管理人员应避免与公司利益冲突，不得利用职权谋取不正当利益。《公司法》规定了他们的忠实义务，包括禁止以下行为：①侵占公司财产、挪用公司资金；②用个人名义存储公司资金；③受贿或获取其他非法收入；④擅自披露公司秘密；⑤其他违反忠实义务的行为。

此外，涉及利益冲突的交易和行为，如关联交易、利用公司商业机会、经营同类业务等，《公司法》没有完全禁止，但规定了相应的约束条件和审批程序。

①关联交易。董事、监事、高级管理人员与公司直接或间接订立合同或交易时，必须向公司披露相关利益冲突，并根据章程规定获得公司批准。

②利用公司商业机会。董事、监事、高级管理人员不得利用职务便利为自己或他人谋取公司商业机会。公司商业机会不仅指公司正在实施的业务，还包括公司应当获取但未掌握的机会。若公司明确放弃或无法利用某一机会，经股东会同意，管理人员可以利用该机会。

③经营同类业务。董事、监事、高级管理人员未经公司批准，不得自营或为他人经营与公司同类的业务。这包括直接参与其他公司管理，或通过投资间接获取收益。

在上述情况下，管理人员必须如实报告，并经公司章程规定的程序批准。关联董事在相关事项的决议中不得参与表决。违反忠实义务的管理人员所获收益，应归公司所有，公司有权要求其交还。

2. 勤勉义务

勤勉义务要求公司管理者在执行公司职务时尽最大努力为公司和股东的整体利益服务。具体而言，管理者应尽职尽责，在决策中采取合理注意。若管理者在没有利益冲突的前提下，根据当时掌握的信息和认知条件作出诚实、善意的决策，即使事后证明该决策失败，也不应追究其责任。这一原则被称为"商业判断规则"。

《公司法》规定，董事、监事、高级管理人员对公司负有勤勉义务，但并未详细列举违反勤勉义务的行为。不过，在公司法相关条款中规定了与勤勉义务相关的失职行为，这些行为包括以下几项。

①公司成立后，董事会应核查股东出资情况，若股东未按期足额缴纳出资，董事会应及时催缴，未履行催缴义务导致损失的董事应承担赔偿责任。

②股东抽逃出资造成公司损失的，相关董事、监事、高级管理人员应与该股东承担连带赔偿责任。

③为他人取得本公司或母公司股份提供财务资助，导致公司损失的，相关人员应承担赔偿责任。

④公司违反规定向股东分配利润或减少注册资本，导致公司损失的，负有责任的管理者应承担赔偿责任。

在司法实践中，法院还确认了其他违反勤勉义务的行为，如越权行为（如让公司从事经营范围外活动导致损失）、违法行为（如逃税或违反环保法规导致公司被处罚）及各种失职行为（如未能代表公司签订合同、未尽监督义务导致信息披露违规等）。

3. 损害赔偿责任

公司董事、监事、高级管理人员违反忠实义务或者勤勉义务应承担相应的法律责任。《公司法》规定，公司董事、监事、高级管理人员执行公司职务时违反法律、行政法规或者公司章程的规定，给公司造成损失的，应当承担赔偿责任。这里的"违反法律行政法规或者公司章程的规定"包括但不限于违反忠实义务或者勤勉义务的行为。

十、股东会和董事会决议制度

公司股东会、董事会、监事会通过召开会议和作出决议来行使职权。为适应通信技术的发展并降低会议成本，《公司法》允许公司股东会、董事会、监事会采用电子通信方式召开会议和表决，但公司章程另有规定的除外。以下主要讨论股东会和董事会的决议制度。

（一）决议的法律特征

决议是由决议机构成员按特定程序作出的意思表示。决议可以是全体成员一致同意的结果，也可以是依照特定表决规则（如多数决）形成的，即按照多数成员的意愿形成决议，少数成员必须服从。多数决是常见的表决规则。

决议在依照表决规则作出时即告成立，无须特定形式。尽管《公司法》要求股东会、董事会、监事会将决议事项记录在"会议记录"中，但会议记录只是证明决议存在的证据，而非决议的法定形式。当然，公司章程可以对决议的形式作出规定。

决议对参与决议的人具有约束力，包括赞同、弃权和反对的成员。例如，股东会会议通过的多数决议对投反对票的股东也具有约束力。此外，决议对决议机构的全体成员或全体股东具有约束力，即使是未出席会议的股东也受约束。最后，决议仅调整公司内部关系，而非公司与第三人之间的关系。若要调整公司与第三人之间的关系，需以公司名义与第三人成立法律行为。

（二）决议的成立

决议是公司机构通过法律程序作出的法律行为。判断决议是否有效，首先要确定其是否成立。《公司法》规定，以下情况决议不成立：①未召开股东会或董事会会议；②会议未对决议事项进行表决；③参加会议的人数或所持表决权未达到法律或章程要求；④同意决议事项的人数或表决权未达规定标准。前两种情况表示决议未实际作出，后两种则是程序不合格。公司股东、董事、监事等有权提起决议不成立之诉。

（三）决议无效与撤销

股东通过在股东会行使表决权或推选董事影响公司决议。然而，中小股东往往因持股比例较小而难以发挥实际影响力。为保护少数股东利益，《公司法》允许股东及其他利益相关方对违反法律、法规或公司章程的决议提起无效之诉或撤销之诉。

《公司法》规定，股东会或董事会的决议内容如违反法律或行政法规，决议无效。决议自作出之时起即无效力，但需法院宣告无效后方才在事实上失去法律约束力。公司股东、董事、监事等有权提起无效之诉，其他与决议有直接利害关系的人，如高级管理人员、员工或债权人，若能证明利害关系，也可提起诉讼。

对于违反会议程序或表决方式的决议，股东可在决议作出后60日内请求法院撤销，但若这些程序瑕疵未对决议产生实质影响，决议可不予撤销。法院通常不会干涉不违反法律、法规或章程的公司自治事项。

此外，《公司法》规定，决议一旦被宣告无效、撤销或确认不成立，公司应向登记机关申请撤销相关登记，但基于该决议与善意第三人形成的法律关系不受影响。案件中，原告应将公司列为被告，其他利害关系人可作为第三人或共同原告参与诉讼。

第三节 有限责任公司

一、有限责任公司的设立

（一）有限责任公司设立的条件

根据《公司法》的有关规定，设立有限责任公司，应当具备下列条件：①股东符合法定人数；②全体股东依法认缴出资；③制订公司章程，建立符合有限责任公司要求的组织机构等。

1. 股东条件

《公司法》规定，有限责任公司由 50 个以下股东出资设立，允许设立一人有限责任公司。同时，出资设立公司的股东还要符合相应的资格条件。

2. 财产条件

《公司法》经 2013 年修订取消了对有限责任公司最低注册资本的要求，2023 年修订规定缴纳出资的法定期限为 5 年。具体规定在第四十七条："有限责任公司的注册资本为在公司登记机关登记的全体股东认缴的出资额。全体股东认缴的出资额由股东按照公司章程的规定自公司成立之日起五年内缴足。法律、行政法规以及国务院决定对有限责任公司注册资本实缴、注册资本最低限额、股东出资期限另有规定的，从其规定。"

有限责任公司出资形式、缴纳方式和股东的出资义务与责任，参见本章第二节"六、公司股东出资"的相关内容。

3. 组织条件

设立有限责任公司须由股东共同制定公司章程。公司章程应当载明：①公司名称和住所；②公司经营范围；③公司注册资本；④股东的姓名或者名称；⑤股东的出资额、出资方式和出资日期；⑥公司的机构及其产生办法、职权、议事规则；⑦公司法定代表人的产生、变更办法；⑧股东会认为需要规定的其他事项。公司章程制定之后，股东应当在公司章程上签名或者盖章。公司章程的修改必须经股东会代表 2/3 以上表决权的股东通过。

4. 有公司名称，建立符合有限责任公司要求的组织机构

公司设立自己的名称时，必须符合法律、法规的规定，并应当经过公司

登记管理机关进行预先核准登记。公司应当设立符合有限责任公司要求的组织机构，即股东会、董事会或者执行董事、监事会或者监事等。

5. 有公司住所

公司以其主要办事机构所在地为住所，经公司登记机关登记的公司住所只能有一个。

（二）有限责任公司设立的程序

1. 订立公司章程

公司章程由全体股东共同制定，并将要设立的公司基本情况及各方面的权利义务加以明确规定。

2. 名称预先核准

《企业名称登记管理规定》规定，设立有限责任公司，应当由全体股东指定的代表或共同委托的代理人向公司登记机关申请名称预先核准。企业名称冠以"中国""中华""中央""全国""国家"等字词，应当按照有关规定从严审核，并报国务院批准。

3. 股东缴纳出资

股东应当按期足额缴纳公司章程中规定的各自所认缴的出资额。股东以货币出资的，应当将货币出资足额存入为设立有限责任公司而在银行开设的账户；以非货币财产出资的，应当依法办理其财产权的转移手续。股东不按照规定缴纳出资的，除应当向公司足额缴纳外，还应当向已按期足额缴纳出资的股东承担违约责任。

【典型案例】

甲、乙、丙三人共同组建一有限责任公司，公司成立后，甲将其20%股权中的5%转让给第三人丁，丁通过受让股权成为公司股东。甲、乙均按期足额缴纳出资，但发现由丙出资的机器设备的实际价值明显低于公司章程所确定的数额。此时，应由丙补缴差额，甲、乙对其承担连带责任，丁不是公司设立时的其他股东，不承担连带责任。

4. 申请设立登记

股东认足公司章程规定的出资后，由全体股东指定的代表或者共同委托的代理人向公司登记机关报送公司登记申请书、公司章程等文件，申请设立登记。公司经核准登记后领取公司营业执照，公司企业法人营业执照签发日期为公司成立日期。

二、有限责任公司的组织机构

有限责任公司的组织机构包括股东会、董事会、监事会及经理。

（一）股东会

1. 股东会的配权

有限责任公司股东会由全体股东组成，是公司的权力机构。根据《公司法》的规定，股东会行使下列职权：①选举和更换董事、监事，决定有关董事、监事的报酬事项；②审议批准董事会的报告；③审议批准监事会的报告；④审议批准公司的利润分配方案和弥补亏损方案；⑤对公司增加或者减少注册资本作出决议；⑥对发行公司债券作出决议；⑦对公司合并、分立、解散、清算或者变更公司形式作出决议；⑧修改公司章程；⑨公司章程规定的其他职权。股东会可以授权董事会对发行公司债券作出决议。

上述职权与股份有限公司的股东会职权一致，比较特殊的是，在有限责任公司，对上述事项股东以书面形式一致表示同意的可以不召开股东会会议，直接作出决定并由全体股东在决定文件上签名或者盖章。只有一个股东的有限责任公司不设股东会。股东作出上列事项的决定时，应当采用书面形式，并由股东签名或者盖章后置备于公司。

2. 股东会会议

股东会会议分为定期会议和临时会议。定期会议应当按照公司章程的规定按时召开，代表 1/10 以上表决权的股东、1/3 以上的董事或者监事提议召开临时会议的，公司应当召开临时股东会会议。

3. 股东会会议的召集

首次股东会会议由出资最多的股东召集和主持，依法行使职权。以后的股东会会议由董事会召集，董事长主持；董事长不能或者不履行职务的，由副董事长主持；副董事长不能或者不履行职务的，由过半数的董事共同推举一名董事主持；董事会不能或者不履行召集股东会会议职责的，由监事会召集和主持；监事会不召集也不主持的，代表 1/10 以上表决权的股东可以自行召集和主持。

召开股东会会议应当于会议召开 15 日以前通知全体股东，但公司章程另有规定或者全体股东另有约定的除外。股东会应当对所议事项的决定做会议记录，出席会议的股东应当在会议记录上签名或者盖章。

4. 股东会决议

《公司法》规定，股东会会议由股东按照出资比例行使表决权，但公司章程另有规定的除外，即股东会的议事方式和表决程序除《公司法》有规定的之外，由公司章程规定。有限责任公司股东的表决权基于其"出资比例"计算。但"出资比例"究竟是指实缴出资的比例，还是认缴出资的比例，法无明文规定。因此，需要公司章程确定或者股东在表决前商定。但无论以实缴出资还是认缴出资计算表决权，有限责任公司股东会决议的表决结果计算均应以全体股东的表决权为基数，除非公司章程另有规定。这与股份有限公司有所不同，股份有限公司股东会决议的表决是以出席股东会的股东所持表决权为基数。

有限责任公司股东会决议可分为特别决议和普通决议。《公司法》规定，股东会会议作出修改公司章程、增加或者减少注册资本，以及公司合并、分立、解散或者变更公司形式的决议，必须经代表 2/3 以上表决权的股东通过。这类决议就属于特别决议。除特别决议外，其他决议为普通决议。股东会普通决议应当经代表过半数表决权的股东通过。

（二）董事会

有限责任公司设董事会。规模较小或者股东人数较少的有限责任公司，可以不设董事会，设一名董事，行使《公司法》规定的董事会职权。该董事可以兼任公司经理。

1. 董事会的组成

有限责任公司董事会成员为 3 人以上，其成员中可以有公司职工代表。职工人数 300 人以上的有限责任公司，除依法设监事会并有公司职工代表的外，其董事会成员中应当有公司职工代表。董事会中的职工代表由公司职工通过职工代表大会、职工大会或者其他形式民主选举产生。董事会设董事长 1 人，可以设副董事长。董事长、副董事长的产生办法由公司章程规定。

2. 董事任期和董事会职权

董事任期由公司章程规定，但每届任期不得超过 3 年。董事任期届满，连选可以连任。董事任期届满未及时改选，或者董事在任期内辞职导致董事会成员低于法定人数的在改选出的董事就任前，原董事仍应依照法律、行政法规和公司章程的规定，履行董事职务。董事辞任的，应当以书面形式通知公司，公司收到通知之日辞任生效，但在改选出的董事就任前，原董事应当继续履行职务。

股东会是董事的产生机构，有权在董事任期届满前解除其职务。《公司法》规定，股东会可以决议解任董事，决议作出之日解任生效。无正当理由在任期届满前解任董事的，该董事可以要求公司予以赔偿。

董事会行使下列职权：①召集股东会会议，并向股东会报告工作；②执行股东会的决议；③决定公司的经营计划和投资方案；④制订公司的利润分配方案和弥补亏损方案；⑤制订公司增加或者减少注册资本及发行公司债券的方案；⑥制订公司合并、分立、解散或者变更公司形式的方案；⑦决定公司内部管理机构的设置；⑧决定聘任或者解聘公司经理及其报酬事项，并根据经理的提名决定聘任或者解聘公司副经理、财务负责人及其报酬事项；⑨制定公司的基本管理制度；⑩公司章程规定或者股东会授予的其他职权。公司章程对董事会职权的限制不得对抗善意相对人。

3. 董事会会议

董事会会议由董事长召集和主持；董事长不能或者不履行职务的，由副董事长召集和主持；副董事长不能或者不履行职务的，由过半数的董事共同推举1名董事召集和主持。

董事会的议事方式和表决程序，除法律另有规定的外，由公司章程规定。董事会会议应当有过半数的董事出席方可举行。董事会作出决议，应当经全体董事的过半数。通过董事会决议的表决，应当一人一票。董事会应当对所议事项的决定做成会议记录，出席会议的董事应当在会议记录上签名。

（三）监事会

有限责任公司设监事会。规模较小或者股东人数较少的有限责任公司，可以不设监事会，设1名监事，行使监事会职权；经全体股东一致同意，也可以不设监事。有限责任公司可以按照公司章程的规定在董事会中设置由董事组成的审计委员会，行使监事会职权，不设监事会或者监事。公司董事会成员中的职工代表可以成为审计委员会成员。

1. 监事会的组成

监事会成员为3人以上。监事会成员应当包括股东代表和适当比例的公司职工代表，其中职工代表的比例不得低于1/3，具体比例由公司章程规定。

监事会中的职工代表由公司职工通过职工代表大会、职工大会或者其他形式的民主选举产生。监事会设主席一人，由全体监事过半数选举产生。董事、高级管理人员不得兼任监事。

2. 监事的任期和监事会的职权

监事会行使下列职权：①检查公司财务；②对董事、高级管理人员执行职务的行为进行监督，对违反法律、行政法规、公司章程或者股东会决议的董事、高级管理人员提出解任的建议；③当董事、高级管理人员的行为损害公司的利益时，要求董事、高级管理人员予以纠正；④提议召开临时股东会会议，在董事会不履行本法规定的召集和主持股东会会议职责时召集和主持股东会会议；⑤向股东会会议提出提案；⑥依照公司法相关规定，对违反法律、行政法规或者公司章程的规定、损害公司利益的董事、高级管理人员提起诉讼；⑦公司章程规定的其他职权。

监事可以列席董事会会议，并对董事会决议事项提出质询或者建议。监事会可以要求董事、高级管理人员提交执行职务的报告。董事、高级管理人员应当如实向监事会提供有关情况和资料，不得妨碍监事会或者监事行使职权。监事会发现公司经营情况异常可以进行调查，必要时，可以聘请会计师事务所等协助其工作，费用由公司承担。监事会行使职权所必需的费用，由公司承担。

监事的任期每届为 3 年。监事任期届满，连选可以连任。监事任期届满未及时改选或者监事在任期内辞任导致监事会成员低于法定人数的，在改选出的监事就任前，原监事仍应当依照法律、行政法规和公司章程的规定，履行监事职务。

3. 监事会的召集和决议

监事会主席召集和主持监事会会议；监事会主席不能或者不履行职务的，由过半数的监事共同推举 1 名监事召集和主持监事会会议。监事会每年度至少召开 1 次会议，监事可以提议召开临时监事会会议。监事会的议事方式和表决程序，除法律有规定的外，由公司章程规定。监事会决议应当经全体监事的过半数通过。监事会决议的表决应当一人一票。监事会应当对所议事项的决定做成会议记录，出席会议的监事应当在会议记录上签名。监事会行使职权所必需的费用，由公司承担。

（四）经理

根据《公司法》的规定，经理并非有限责任公司的必设职位。有限责任公司如果设经理职位，则经理由董事会决定聘任或者解聘；经理对董事会负责，根据公司章程的规定或者董事会的授权行使职权。经理列席董事会会议。董事可以兼任经理。

三、有限责任公司的股权移转

（一）股权移转的概念和类型

股权移转，是指有限责任公司的股权基于一定的法律事实而发生权属变更。股权移转只是股东发生变化，公司的法人资格不发生变化，公司的财产不发生变化，公司以其财产对外承担的责任也不发生变化。

《公司法》对以下三种股权移转情形做了规定：基于股东法律行为的自愿转让、基于法院强制执行的强制移转及基于自然人股东死亡而发生的股权继承。

从受让人是否为该公司原有股东的角度看，股权移转又可以分为对内移转和对外移转。对内移转，是指股东之间转让全部或者部分股权。对外移转，是指股东将自己的全部或部分股权转让给公司现有股东以外的人。对外移转将使现有股东以外的人加入公司成为新的股东。

（二）股权转让规则

与股份有限公司有所不同，有限责任公司通常股东人数不多，股东间存在一定信赖关系，股东群体具有封闭性。因此，有限责任公司股权发生对外转让时，原有股东通常希望对股权流向有一定的控制力。为此，《公司法》对有限责任公司股东对外转让股权设置了一套限制规则，但同时又规定，"公司章程对股权转让另有规定的，从其规定"，为公司自主设置符合自身需求的股权转让规则预留了空间。对于股权的对内转让，《公司法》未设限制。

①有限责任公司的股东之间可以相互转让全部或者部分股权，《公司法》对此未设任何限制。

②股东对外转让股权时，应书面通知其他股东，包括转让的数量、价格、支付方式和期限等事项。其他股东在同等条件下享有优先购买权，若30日内未答复，则视为放弃。若多个股东主张优先购买权，应协商确定购买比例；

协商不成时，按各自出资比例分配。

（三）股权强制执行的规则

人民法院依照法律规定强制执行程序移转股东股权的，应当通知公司及全体股东，其他股东在同等条件下有优先购买权。其他股东自人民法院通知之日起满 20 日不行使优先购买权的，视为放弃优先购买权。

（四）股权继承规则

在公司章程没有另外规定的情况下，自然人股东死亡后，其合法继承人可以直接继承股东资格。《公司法》司法解释规定，有限责任公司的自然人股东因继承发生变化时，其他股东主张依据《公司法》规定行使优先购买权的，人民法院不予支持，但公司章程另有规定或者全体股东另有约定的除外。

（五）股权移转后的相关程序

股东转让股权的应当书面通知公司，请求变更股东名册；需要办理变更登记的，请求公司向公司登记机关办理变更登记。公司拒绝或者在合理期限内不予答复的，转让人、受让人可以依法向人民法院提起诉讼。股权转让的受让人自记载于股东名册时起可以向公司主张行使股东权利。

股东依法转让股权后，公司应当及时注销原股东的出资证明书，向新股东签发出资证明书，并相应修改公司章程和股东名册中有关股东及其出资额的记载。对公司章程的该项修改不需再由股东会表决。

四、有限责任公司与股份有限公司的组织形态变更

有限责任公司和股份有限公司之间可以相互转化形态。有限责任公司可以变更为股份有限公司，但应当符合《公司法》规定的股份有限公司的设立条件。股份有限公司也可以变更为有限责任公司，也应当符合《公司法》规定的有限责任公司的设立条件。

公司形态变更主要是注册登记信息和公司组织机构方面的变化。例如，公司名称要相应改变，如"有限责任公司"需要改为"股份有限公司"，但公司的法人地位并没有变化。除非变更伴随增资或者减资，公司的财产也不会变化。《公司法》规定，公司变更前的债权、债务由变更后的公司承继。

实践中，最常见的公司形态转化发生在有限责任公司变更为股份有限公

司。多数企业在创业初期采用有限责任公司形态，当公司发展壮大需要吸纳更多资本时，再变更为股份有限公司。中国证监会要求公开发行股票的股份有限公司必须设立并持续经营3年以上，且明确规定："有限责任公司按原账面净资产值折股整体变更为股份有限公司的，持续经营时间可以从有限责任公司成立之日起计算。"

对于有限责任公司变更为股份有限公司，《公司法》规定折合的股份有限公司实收股本总额不得高于原有限责任公司净资产额。对于变更程序则并无明确规定，一般认为应当适用股份有限公司设立程序。有限责任公司变更为股份有限公司的过程中，为增加注册资本公开发行股份时，应当依法办理。

【典型案例】

甲、乙、丙、丁四人拟共同出资设立一贸易有限责任公司，注册资本为100万元。其草拟的公司章程记载有以下事项：①公司由甲同时担任经理和法定代表人；②公司不设监事会，由乙担任监事；③甲、乙、丙、丁首次出资额各为5万元，其余部分出资自公司成立之日起3年内缴足。

问题：公司章程上述记载事项是否合法？

解析：合法。根据《公司法》规定，公司法定代表人依照公司章程的规定，由董事长、执行董事或者经理担任，并依法登记。公司规模较小或股东人数较少的可以不设监事会，设一到两名监事。

第四节　股份有限公司

一、股份有限公司的设立

（一）股份有限公司的设立方式

股份有限公司可以采取发起设立或募集设立的方式。发起设立，是指由发起人认购公司应发行的全部股份而设立公司。募集设立，是指由发起人认购公司应发行股份的一部分，其余股份向社会公开募集或者向特定对象募集而设立公司。

（二）股份有限公司的设立条件

根据《公司法》的规定，设立股份有限公司需满足以下条件：①发起人符合要求；②股份认购与缴纳符合法律规定；③股份发行与筹办事项符合法律规定；④制定公司章程，并建立符合要求的组织机构。

1. 发起人条件

发起人是指为设立公司而签署公司章程、认购股份并履行设立职责的人。股份有限公司的发起人应为 1~200 人，且半数以上应在中国境内有住所。发起人需签订发起人协议，明确各自在公司设立中的权利与义务。

2. 财产条件

发起人和认股人应依法认购股份并缴纳出资。股份有限公司的注册资本为登记的已发行股份的股本总额，必须为实缴资本。以发起设立的公司，发起人需认足公司设立时应发行的全部股份。以募集设立的公司，发起人认购股份不得少于应发行股份总数的 35%。发起人应在公司成立前全额缴纳认购的股份出资，且股份有限公司在出资缴足前不得向他人募集股份。出资可为货币或非货币财产。

3. 组织条件

公司需有名称、住所和章程，并建立相应的组织机构。名称中应标明"股份有限公司"字样。公司章程是设立股份有限公司的必备条件，具有法律效力，对公司、股东、董事、监事、高级管理人员具有约束力。公司章程应载明：①公司名称和住所；②经营范围；③设立方式；④注册资本、已发行股份数及面额；⑤每类股份的数量及权利义务；⑥发起人姓名或名称、认购股份数、出资方式和时间；⑦董事会组成、职权、任期及议事规则；⑧法定代表人产生和变更办法；⑨监事会组成、职权、任期及议事规则；⑩利润分配办法；解散事由与清算办法；通知和公告办法；股东会会议认为需要规定的其他事项。

修改章程需经出席股东会会议的代表 2/3 以上表决权的股东通过。

（三）股份有限公司的设立程序

根据股份有限公司设立方式的不同，程序有所不同，公开募集设立还需要经过向社会公开招募股份等相关程序，其他程序与发起设立方式相同。

①签订发起人协议。该协议包括各个发起人的基本情况、认缴股份数额、

认缴股份方式等发起设立股份有限公司过程中的相关权利义务。

②报经有关部门批准。依据法律、行政法规规定设立公司必须报经批准的，应当在公司登记前依法办理批准手续。这主要是前置审批方面的内容。除了法律、行政法规有特别规定的外，设立股份有限公司不需要经过特别批准，可以直接向公司登记机关申请注册设立。

③制定公司章程。公司章程是股份有限公司的"根本大法"，是公司设立和运营的基本准则，具有法定性和约束性。根据《公司法》的要求，章程需载明公司名称、住所、经营范围、注册资本、股份发行情况、发起人信息、组织机构及其职权、利润分配办法、解散与清算等事项。

④发起设立股份有限公司时，发起人必须认购公司章程规定的所有股份，并在公司成立前全额缴纳股款。募集设立股份有限公司的，无论公开还是非公开募集，均要求实缴出资。对公开募集，《公司法》规定发起人须公告招股说明书并制作认股书。认股人需在认股书中填写认购股份数、金额、住所，并签名或盖章，然后足额缴纳股款。股款缴足后，需经验资机构验资并出具证明。

如果股份未募足，或发起人未在30日内召开成立大会，认股人可要求退还股款并加算利息。发起人或认股人缴纳股款或交付非货币出资后，除未募足股份或成立大会决定不设立公司等特定情形外，不得抽回股本。

⑤召开成立大会。募集设立的股份有限公司发起人须在股份缴足后30日内召开成立大会，并在会前15日通知认股人或发布公告。成立大会需超过半数表决权的认股人出席，方可举行。大会主要职责包括：审议发起人关于筹办情况的报告；通过公司章程；选举董事、监事；审核公司设立费用；审核发起人非货币财产出资的作价；若遇不可抗力或重大变化，可决定不设立公司。上述事项的决议需出席认股人所持表决权过半数通过。发起设立方式下，成立大会的召开和表决程序应依照公司章程或发起人协议规定。

⑥制作股东名册并置备于公司。股份有限公司制作股东名册并置备于公司股东名册应当记载下列事项：股东的姓名或者名称及住所；各股东所认购的股份种类及股份数；发行纸面形式的股票的，股票的编号；各股东取得股份的日期。

⑦设立登记。董事会应当授权代表，于公司成立大会结束后30日内向公司登记机关申请设立登记。

（四）股份有限公司发起人的责任

根据《公司法》的规定，股份有限公司的发起人应当承担下列责任。

1. 公司成立后的资本补足责任

股份有限公司成立后，发起人未按照公司章程的规定缴足出资的，应当补缴，其他发起人承担连带责任。股份有限公司成立后，发现作为设立公司出资的非货币财产的实际价额显著低于公司章程所定价额的，应当由交付该出资的发起人补足其差额，其他发起人（不包括认股人）承担连带责任。

2. 公司成立后的损害赔偿责任

在公司设立过程中，由于发起人的过失致使公司利益受到损害的，应当对公司承担赔偿责任。

3. 公司不能成立的责任

公司不能成立时，发起人对设立行为所产生的债务和费用负连带责任，对认股人已缴纳的股款，负返还股款并加算银行同期存款利息的连带责任。

二、股份有限公司的组织机构

公司组织机构是代表公司活动、行使相应职权的内部机构。公司组织机构是公司法规定的，具有强制性，也是公司得以设立的必要条件。股份有限公司的组织机构包括股东会、董事会、监事会及经理。

（一）股东会

1. 职权

股份有限公司的股东会由全体股东组成，是公司的最高权力机构，依据《公司法》行使职权。股东会的主要职权包括：①选举和更换董事、监事，并决定其报酬；②审议批准董事会和监事会的报告；③审议批准利润分配和亏损弥补方案；④决定公司增减注册资本；⑤决议发行公司债券；⑥决议公司合并、分立、解散、清算或变更公司形式；⑦修改公司章程；⑧公司章程规定的其他职权。股东会可以授权董事会决议发行债券。

对于只有一个股东的股份有限公司，不设股东会。股东对上述事项的决定应采用书面形式，并由股东签名或盖章后存档。

根据《上市公司章程指引》第十二条的规定，上市公司股东会还包括以下职权：①决议聘用或解聘会计师事务所；②审议一年内购买或出售重大资产超过公司总资产 30% 的事项；③审议变更募集资金用途事项；④审议股权激励计划；⑤审议对外担保行为，包括：对外担保总额超过净资产 50% 后的任何担保、对外担保总额超过总资产 30% 后的任何担保、一年内担保金额超过总资产 30% 的担保、为资产负债率超 70% 的对象提供的担保、单笔担保额超净资产 10% 的担保、对股东、实际控制人及关联方提供的担保。

2. 年会与临时会议

股东会会议分为年会和临时会议。股东会年会应当每年召开一次。上市公司的年度股东会应当于上一会计年度结束后的 6 个月内举行。

有下列情形之一的，股份有限公司应当在 2 个月内召开临时股东会会议：①董事人数不足《公司法》规定人数或者公司章程所定人数的 2/3 时；②公司未弥补的亏损达股本总额 1/3 时；③单独或者合计持有公司 10% 以上股份的股东请求时；④董事会认为必要时；⑤监事会提议召开时；⑥公司章程规定的其他情形。

3. 会议召集

股东会会议由董事会召集并由董事长主持。如果董事长不能履行职务，则由副董事长主持；如副董事长也不能履行，则由过半数董事共同推举一名董事主持，如果董事会不能或不履行召集职责，监事会应及时召集和主持；若监事会不召集，连续 90 日以上单独或合计持有公司 10% 以上股份的股东可以自行召集和主持。

持有公司 10% 以上股份的股东请求召开临时股东会会议时，董事会或监事会应在收到请求后的 10 日内作出决定并书面答复股东。股东会会议应提前通知各股东（一般会议提前 20 日，临时会议提前 15 日）。持有公司 1% 以上股份的股东可在会议召开 10 日前提出临时提案，并书面提交董事会。提案应有明确议题和具体决议事项，董事会在收到后 2 日内通知其他股东并提交审议。但若提案违反法律、法规或公司章程，或超出股东会职权范围，则不予提交。公司不得提高临时提案股东的持股比例。

公开发行股份的公司应通过多种方式，特别是现代信息技术，扩大股东参与股东会的比例，确保会议合法有效。会议时间和地点的选择应方便更多股东参加。

4. 表决和决议

股东参加股东会会议时，每持有一股份享有一表决权，但类别股股东除外。公司持有的本公司股份无表决权。股东可以委托代理人出席会议，需明确代理事项、权限和期限。代理人应提交授权委托书，并在授权范围内行使表决权。

股东会决议分为普通事项和特别事项两类。普通事项需经出席会议股东所持表决权的过半数通过。特别事项如修改公司章程、增减注册资本、公司合并、分立、解散或变更公司形式，需经出席会议股东所持表决权的 2/3 以上通过。

《公司法》未规定股东会会议的最低出席人数和持股比例，因此，只要满足通知程序要求，即使只有一名股东出席，会议仍有效。上市公司董事会、独立董事和符合条件的股东可无偿征集股东会的投票权，并应充分披露相关信息。

5. 累积投票制

股东会选举董事、监事时，可以根据公司章程或股东会决议，采用累积投票制。累积投票制允许每股享有与应选董事或监事人数相同的表决权，股东可以集中使用其表决权。这种制度有助于中小股东推选代表进入公司管理层，参与董事会活动，保护其利益。

根据《上市公司治理准则》的相关规定，控股股东持股比例超过 30% 的上市公司应当采用累积投票制，并在公司章程中规定实施细则。累积投票制允许股东将其持有的每一股份的表决权数与应选董事人数相等，股东可以将所有表决权集中投给一个候选人，也可以分散投给多个候选人，从而增加中小股东在董事会选举中的影响力，防止大股东操纵董事会。

对于控股股东持股比例低于 30% 的公司，累积投票制的实施则需要在公司章程中进行约定，或者通过股东会决议来决定是否采用累积投票制。此外，其他股份有限公司也可以依据公司章程或股东会的决议选择实施累积投票制。

6. 会议记录

股东会应当对所议事项的决定做会议记录，主持人、出席会议的董事应当在会议记录上签名。会议记录应当与出席股东的签名册及代理出席的委托书一并保存。

上市公司召开股东会，还应当遵守中国证监会发布的相关规则。

（二）董事会

董事会由股东会选举产生的董事组成，代表公司并行使经营决策权。规模较小或者股东人数较少的股份有限公司，可以不设董事会，设一名董事，行使《公司法》规定的董事会的职权。该董事可以兼任公司经理。

1. 董事会的组成

股份有限公司董事会成员为 3 人以上，其成员中可以有公司职工代表。职工人数 300 人以上的股份有限公司，除依法设监事会并有公司职工代表的外，其董事会成员中应当有公司职工代表。董事会中的职工代表由公司职工通过职工代表大会、职工大会或者其他形式民主选举产生。上市公司应在其公司章程中规定规范、透明的董事选聘程序，保证董事选聘公开、公平、公正、独立。上市公司应和董事签订聘任合同，明确公司和董事之间的权利义务、董事的任期、董事违反法律法规和公司章程的责任及公司因故提前解除合同的补偿等内容。

2. 董事会的任期与职权

股份有限公司董事会的任期与职权和有限责任公司的规定基本相同。

3. 董事会内部设置

董事会设有董事长一人，可以设副董事长。董事长和副董事长由董事会全体董事的过半数选举产生。董事长负责召集和主持董事会会议，并检查董事会决议的实施情况。副董事长协助董事长工作，在董事长不能履职时由副董事长代行职责；副董事长不能履职时，由过半数董事推举一名董事履职。

股份有限公司可以在董事会中设立审计委员会，代行《公司法》规定的监事会职权。审计委员会成员不少于 3 人，其中过半数成员不得在公司担任除董事以外的职务，并应保持独立性。公司董事会中的职工代表可以成为审计委员会成员。审计委员会的决议需经过半数成员通过，决议表决采用一人一票制。审计委员会的议事方式和表决程序，除《公司法》有规定外，由公司章程规定。公司还可以根据公司章程在董事会中设立其他委员会。

4. 董事会会议的召开

董事会每年度至少召开两次会议，每次会议应当于会议召开 10 日前通知全体董事和监事。代表 1/10 以上表决权的股东、1/3 以上董事或者监事会，可以提议召开临时董事会会议。董事长应当自接到提议后 10 日内，召集和主持董事会会议。董事会召开临时会议，可以另定召集董事会的通知方式和通知时限。

5. 会议记录及董事责任

董事会应当对会议所议事项的决定做成会议记录，出席会议的董事应当在会议记录上签名。董事应当对董事会的决议承担责任。董事会的决议违反法律、行政法规或者公司章程、股东会决议，给公司造成严重损失的，参与决议的董事对公司负赔偿责任。但经证明在表决时曾表明异议并记载于会议记录的，该董事可以免除责任。

（三）经理

经理是指由董事会聘任的，负责公司日常经营管理活动的执行机关，由公司的经理组成。

《公司法》规定，股份有限公司设经理，由董事会决定聘任或者解聘。经理对董事会负责，根据公司章程的规定或者董事会的授权行使职权。经理列席董事会会议。公司董事会可以决定由董事会成员兼任经理。根据《公司法》的规定，公司的经理、副经理、财务负责人、上市公司董事会秘书和公司章程规定的其他人员，均属高级管理人员。高级管理人员对公司负有与董事、监事一样的忠实义务和勤勉义务（参见本章第一节中的相关说明）。

为保证上市公司与控股股东在人员、资产、财务上严格分开，上市公司的总经理必须专职，总经理在集团等控股股东单位不得担任除董事以外的其他职务。

（四）监事会

监事会由监事组成，代表全体股东对公司经营管理进行监督，行使监督职能，是公司的监督机构。按照《公司法》的规定，股份有限公司通常应当设监事会，例外情形有两种：①规模较小或者股东人数较少的股份有限公司可以不设监事会，设一名监事行使本法规定的监事会的职权；②股份有限公司按照公司章程的规定在董事会中设置由董事组成的审计委员会，行使《公司法》规定的监事会的职权，可以不设监事会或者监事。

1. 监事会的性质和组成

监事会成员为3人以上。监事会成员应当包括股东代表和适当比例的职工代表，其中职工代表的比例不得低于1/3，具体比例由公司章程规定。监事会中的职工代表由公司职工通过职工代表大会、职工大会或者其他形式民主选举产生。

监事会设主席1人，可以设副主席。监事会主席和副主席由全体监事过半数选举产生。监事会主席召集和主持监事会会议；监事会主席不能或者不履行职务的，由监事会副主席召集和主持监事会会议；监事会副主席不能或者不履行职务的，由过半数的监事共同推举 1 名监事召集和主持监事会会议。董事、高级管理人员不得兼任监事。

2. 监事会的任期与职权

股份有限公司监事会的任期与职权和有限责任公司的规定基本相同。

3. 监事会会议的召开

股份有限公司监事会每 6 个月至少召开一次会议。监事可以提议召开临时监事会会议。监事会的议事方式和表决程序，除法律有规定的外，由公司章程规定。监事会决议应当经全体监事的过半数通过。监事会决议的表决，应当一人一票。监事会应当对所议事项的决定做会议记录，出席会议的监事应当在会议记录上签名。

三、上市公司组织机构的特别规定

当股份有限公司公开发行股票，并且其股系在证券交易所上市交易时，这种公司即被称为上市公司。上市公司因为股份由社会公众持有，《公司法》对其组织机构有特别规定。根据《公司法》及相关规定，上市公司组织机构与活动原则的特别规定主要有以下内容。

①增加股东会特别决议事项。上市公司在一年内购买、出售重大资产或者担保金额超过公司资产总额 30% 的，应当由股东会作出决议，并经出席会议的股东所持表决权的 2/3 以上通过。

②上市公司设立独立董事。具体制度在下一部分介绍。

③上市公司在董事会中设置审计委员会的，董事会对下列事项作出决议前应当经审计委员会全体成员过半数通过：聘用、解聘承办公司审计业务的会计师事务所；聘任、解聘财务负责人；披露财务会计报告；国务院证券监督管理机构规定的其他事项。

④上市公司设立董事会秘书，负责公司股东会和董事会会议的筹备、文件保管及公司股东资料的管理，办理信息披露事务等事宜。董事会秘书是上市公司高级管理人员。

⑤增设关联关系董事的表决权排除制度。上市公司董事与董事会会议决议事项所涉及的企业或者个人有关联关系的，该董事应当及时向董事会书面报告。有关联关系的董事不得对该项决议行使表决权，也不得代理其他董事行使表决权。该董事会会议由过半数的无关联关系董事出席即可举行，董事

会会议所作决议须经无关联关系董事过半数通过。出席董事会会议的无关联关系董事人数不足三人的，应当将该事项提交上市公司股东会审议。

⑥上市公司应当依法披露股东、实际控制人的信息，相关信息应当真实、准确、完整。禁止违反法律、行政法规的规定代持上市公司股票。

⑦上市公司控股子公司不得取得该上市公司的股份。上市公司控股子公司因公司合并、质权行使等原因持有上市公司股份的，不得行使所持股份对应的表决权，并应当及时处分相关上市公司股份。

四、上市公司独立董事制度

《公司法》要求上市公司设立独立董事。为规范上市公司行为，充分发挥独立董事在上市公司治理中的作用，促进上市公司独立董事尽责履职，中国证监会 2022 年发布了《上市公司独立董事规则》。

（一）独立董事的概念和独立性要求

根据《上市公司独立董事规则》的规定，独立董事是指不在上市公司担任除董事外的其他职务，且与上市公司及其主要股东不存在可能影响其独立判断的董事。独立董事对上市公司及全体股东负有诚信和勤勉义务，应专注于维护公司整体利益，特别是中小股东的合法权益。上市公司董事会中应至少包括 1/3 的独立董事。若董事会设有薪酬与考核、审计、提名等专门委员会，独立董事应在审计委员会、提名委员会、薪酬与考核委员会中占多数，并担任召集人。

独立性是独立董事的核心要求。独立董事应独立履职，不受主要股东、实际控制人或其他有利害关系的单位或个人影响。下列人员不得担任独立董事：①在上市公司或其附属企业任职的人员及其直系亲属、主要社会关系；②直接或间接持有上市公司已发行股份1%以上的股东或前十名股东中的自然人股东及其直系亲属；③在持有上市公司已发行股份5%以上的股东单位或前五名股东单位任职的人员及其直系亲属；④最近一年内曾具有上述情形的人员；⑤为上市公司或其附属企业提供财务、法律、咨询等服务的人员；⑥法律、行政法规、部门规章规定的其他人员；⑦公司章程规定的其他人员；⑧中国证监会认定的其他人员。

独立董事原则上最多可以在 5 家上市公司兼任，并应确保有足够时间和精力履行职责。

（二）独立董事的任职条件

独立董事应当具备与其行使职权相适应的任职条件，包括：①根据法律、行政法规及其他有关规定，具备担任上市公司董事的资格；②具有《上市公司独立董事规则》所要求的独立性；③具备上市公司运作的基本知识，熟悉相关法律、行政法规、规章及规则；④具有5年以上法律、经济或者其他履行独立董事职责所必需的工作经验；⑤法律法规、公司章程规定的其他条件。

上市公司应当在公司章程中明确，聘任适当人员担任独立董事，其中至少包括一名会计专业人士。

（三）独立董事的提名和任免

上市公司董事会、监事会，以及单独或合并持有上市公司已发行股份1%以上的股东，可以提名独立董事候选人，由股东会选举决定。提名人需征得被提名人的同意，并了解其职业、学历、职称、工作经历及兼职情况，发表其资格和独立性意见。被提名人需公开声明与上市公司之间不存在任何影响其独立判断的关系。

在股东会选举独立董事前，上市公司董事会需公布提名相关信息，并将被提名人材料报送证券交易所。如董事会对被提名人有异议，应同时报送书面意见。

独立董事的任期与其他董事相同，可连任，但连任时间不得超过6年。若独立董事连续三次未亲自出席董事会会议，董事会应提请股东会予以更换。独立董事在任期届满前可以辞职，需提交书面辞职报告，说明辞职原因及对公司可能影响的事项。辞职报告在填补缺额后生效。如独立董事辞职导致董事会中独立董事比例低于规定，上市公司需按规定补足独立董事人数。若独立董事不符合独立性条件，公司需补充符合条件的独立董事。

（四）独立董事的特别职权与职责

为了充分发挥独立董事的作用，上市公司应赋予独立董事以下特别职权。①重大关联交易认可：独立董事需事前认可总额高于300万元或超过上市公司最近经审计净资产值5%的重大关联交易。他们可以聘请中介机构出具独立财务顾问报告作为判断依据。②会计师事务所的聘用或解聘提议：独立董事有权向董事会提议聘用或解聘会计师事务所。③提请召开股东会或董事会：

独立董事可以向董事会提请召开临时股东会。④提议召开董事会。⑤征集投票权：在股东会召开前，独立董事可以公开向股东征集投票权。⑥独立审计与咨询：独立董事可以独立聘请外部审计和咨询机构对公司事项进行审计和咨询。

根据中国证监会的规定，上述第①至⑤项职权的行使需获得全体独立董事的过半数同意，第⑥项职权需全体独立董事同意。这些事项应由独立董事同意后，才能提交董事会讨论。如果提议未被采纳或职权不能正常行使，公司需进行披露。

独立董事应按时出席董事会会议，了解公司运营情况，主动调查、获取决策所需资料。独立董事需对以下事项向董事会或股东会发表独立意见：①董事提名与任免。②高级管理人员的聘任或解聘。③董事和高级管理人员薪酬。④关联企业对公司借款或资金往来的审查，包括新发生的借款或其他资金往来，总额高于 300 万元或超出净资产值 5%。⑤可能损害中小股东权益的事项。⑥法律、法规及公司章程规定的其他事项。⑦独立董事的意见分为同意、保留意见（附理由）、反对意见（附理由）或无法发表意见（附障碍）。有关事项属于需要披露的事项的，公司将独立董事的意见予以公告。如独立董事出现分歧且无法达成一致时，公司应分别披露各独立董事的意见。

独立董事还需向股东会提交年度述职报告，说明履行职责的情况。

（五）独立董事的履职保障

为了确保独立董事有效履行职责，上市公司应提供必要的工作条件。董事会秘书需协助独立董事，包括提供公司运营情况的介绍、资料及安排实地考察。独立董事的独立意见、提案及书面说明需要公告时，公司应及时处理。

上市公司必须保证独立董事与其他董事享有相同的知情权。公司应在法定时间内提前通知独立董事并提供足够的资料。如果资料不足，独立董事可以要求补充。若两名或更多独立董事认为资料不充分，他们可以联名要求延期董事会会议或审议事项，董事会应予以采纳。公司及独立董事应保存提供的资料至少 5 年。

公司相关人员应积极配合独立董事行使职权，不得阻碍或隐瞒。独立董事聘请中介机构的费用及其他相关费用由公司承担。

上市公司应为独立董事提供适当津贴，津贴标准由董事会拟定并由股东会审议通过，在公司年报中披露。独立董事除津贴外，不得从公司或其相关方获取未披露的额外利益。公司还可以设立独立董事责任保险，以降低履职风险。

【典型案例】

现有以下人员：①上市公司的分公司的经理。②上市公司董事会秘书配偶的弟弟。③持有上市公司已发行股份 2% 的股东郑某的岳父。④持有上市公司已发行股份 10% 的甲公司的某董事的配偶。

问题：上述人员中不得担任上市公司独立董事的有哪些？

解析：下列人员不得担任独立董事：①②④。

五、股份有限公司的股份及其发行、转让和回购

（一）股份及其类型

股份有限公司通过发行不同类型的股份筹集股本（注册资本）、其他权益资本及生产经营所需的资金。公司的所有者权益通过股份实现了单位化和标准化的划分。不同类别的股份意味着不同的股东权益，而拥有某类股份的数量又表示股东权益的大小。股份一方面便于公司和股东识别、计算每一股东的权益，从而降低公司治理的成本；另一方面，也方便了公司资本的定价、计算和交易。因此，股份这一工具降低了公司融资和公众投资的成本。

1. 面额股与无面额股

《公司法》规定，股份有限公司的股份可以设定为面额股或无面额股，具体由公司章程决定。面额股是指每股具有固定金额，这一概念源自纸质股票时代，即每股的票面金额。即使现在不发行纸质股票，只要股份有每股金额，就称为"面额股"。面额股每股金额相等，用于计算公司股本。公司股本总额等于每股金额与总股份数的乘积。

无面额股则没有固定面额，不受"股票发行价不得低于面额"的限制，提供了更大的筹资灵活性。对于无面额股，公司需决定将多少股款计入注册资本，多少计入资本公积。《公司法》要求，发行无面额股所得股款中至少12% 计入注册资本。

公司章程可以规定股份为面额股或无面额股，也可以将面额股转换为无面额股，或将无面额股转换为面额股。

2. 普通股与类别股

公司基本的股份类型是普通股，代表公司所有权的基本份额。普通股股

东享有公司事务的管理权和资产收益权。然而，有些投资者不希望或不具备参与公司管理的能力，因此出现了优先股。优先股在利润分配和剩余资产分配上优先于普通股，但通常对公司管理的表决权有限。除了优先股，市场还出现了各种特殊股份，如不同类别的优先股和普通股，统称为类别股或特别股。

（1）优先股和劣后股

①优先股：在利润和剩余财产分配上优先于普通股，但需在公司有利润或剩余财产的前提下分配。优先股可分为利润分配优先股或清算分配优先股，或兼具两种优先权。优先股可以附有转换权或回购权。优先股股东通常不参加股东会，但在公司未支付股息的情况下，其表决权会恢复。

②劣后股：分配利润或剩余财产的顺序在普通股之后。劣后股通常用于公司面临财务困境时引入新的投资者，让其提供财务帮助。

（2）特殊表决权股

特殊表决权股在表决权上与普通股有所不同。公司可能设定 A 类和 B 类股，其中 A 类股具有更多表决权，用于赋予创始人或管理层更多决策权。这类股份不影响每股的收益权，但在表决权上有所区分。为了避免完全失去监督权，特殊表决权股在选举监事或审计委员会成员时，其表决权与普通股相同。公开发行股份的公司通常不得发行特殊表决权股，除非在公开发行前已经存在。

（3）转让受限股

虽然股份原则上是自由转让的，但公司可以在章程中规定对特定股份的转让限制，如需公司同意才能转让。此类限制通常适用于股东较少的公司，目的是维护股东间的信任关系。公开发行股份的公司不得发行转让受限股，除非在公开发行前已经存在。

（4）其他类别股

除上述类别外，国务院还可以规定其他种类的类别股。

《公司法》要求，发行类别股的公司应在公司章程中明确以下事项：类别股的分配顺序、表决权数、转让限制、保护中小股东权益的措施，以及股东会认为需要规定的其他事项。

发行类别股的公司，股东会作出修改公司章程、增加或者减少注册资本的决议，以及公司合并、分立、解散或者变更公司形式的决议等可能影响类别股股东权利的，除应当依法经过出席股东会会议股东所持表决权的 2/3 以上通过外，还应当经出席类别股股东会议的股东所持表决权的 2/3 以上通过。公司章程可以对需经类别股股东会决议的其他事项作出规定。

（二）股份形式

《公司法》规定，公司的股份采取股票的形式。股票是公司签发的证明股东所持股份的凭证。公司发行的股票应当为记名股票。股票采用纸面形式或者国务院证券监督管理机构规定的其他形式。股票采用纸面形式的，应当载明下列主要事项：①公司名称；②公司成立日期或者股票发行的时间；③股票种类、票面金额及代表的股份数，发行无面额股的，还需标注股票代表的股份数。股票采用纸面形式的，还应当载明股票的编号，由法定代表人签名，公司盖章。股份有限公司成立后即向股东正式交付股票，公司成立前不得向股东交付股票。

在我国，纸面形式目前已不再是股票的主要形式。我国上市公司和非上市公众公司的股份，基本采取电子簿记形式，集中登记、存管于专门的证券登记结算机构。其他不同时期成立的非上市、非公众股份有限公司也几乎没有发行纸面股票的。其中，有些公司将股份以电子簿记形式登记、存管于区域性的股权交易所、产权交易所等类似机构，有些公司自行造册、记录。

（三）股份发行

股份有限公司的股份发行分为设立发行和新股发行。设立发行是公司设立时的股份发行，新股发行则是公司后续的增资发行。

股份发行应遵循公平、公正的原则，确保所有投资者享有平等的投资机会和交易机会。所有同类别股份应具备相同权利，发行条件和价格应一致。任何投资者若遭遇欺诈或不法行为，有权依法请求救济。

公司发行新股时，股东会需对以下事项作出决议：①新股的种类及数量；②新股的发行价格；③新股的发行起止日期；④向原股东发行新股的种类及数量；⑤若发行无面额股，新股发行所得股款计入注册资本的金额。

董事会可在股东会授权下决定发行新股。公司章程或股东会可授权董事会在 3 年内决定发行不超过已发行股份 50% 的新股。若以非货币财产作价出资，则需股东会决议。董事会决议应由全体董事 2/3 以上通过。若公司发行新股导致注册资本或已发行股份数变化，则相关章程修改无须股东会再次表决。这里的"已发行股份"包括普通股和类别股，不包括回购或注销的股份。

非货币财产作价出资需股东会决议，董事会无权决定。

股份公开发行需经国务院证券监督管理机构注册，并公告招股说明书。招股说明书应包括：①发行股份总数；②面额股的票面金额及发行价格或无面额股的发行价格；③募集资金的用途；④认股人的权利与义务；⑤股份种类及其权利与义务；⑥募股的起止日期及逾期未募足时认股人可撤回股份的说明。设立发行还需载明发起人认购的股份数。

（四）股份转让

股份有限公司的股份通常以自由转让为原则，但公司章程可以对股份转让设定限制。股东可以将其股份转让给其他股东或非股东。转让应在依法设立的证券交易场所或按照国务院规定的其他方式进行。

1. 转让方式

根据《公司法》的规定，股份应在证券交易所或其他合法交易场所交易。中国主要的证券交易所包括上海、深圳、北京三家证券交易所，其他交易场所如全国中小企业股份转让系统（新三板）和区域性股权市场也适用。

2. 转让流程

①纸面股票：转让时需通过背书的形式，即在股票上记载受让人的姓名或名称。

②电子簿记股票：转让需依照证券登记结算机构的规则在计算机系统上变更记录。

③公司需在股东名册中记载受让人的姓名、名称及住所，并在股东会召开前 20 日内或公司决定分配股利的基准日前 5 日内不得变更股东名册。若法律、法规或国务院证券监督管理机构有特殊规定，则从其规定。

④股东转让股份的程序包括确保变更记录的准确性和及时性，以维护合法权益。

3. 转让限制

公司公开发行股份前已发行的股份，自股票在证券交易所上市交易之日起 1 年内不得转让。法律、行政法规或国务院证券监督管理机构对上市公司股东及实际控制人的股份转让有特别规定的，按其规定执行。

董事、监事和高级管理人员必须向公司申报所持股份及其变动情况。在任期间，每年转让的股份不得超过其所持股份总数的 25%；自公司股票上市交易之日起 1 年内不得转让其所持股份；离职后半年内不得转让其股份。公司章程可以对这些人员的股份转让规定更严格的限制。董事、监事和高管披露持股情况及限制股份转让，主要是为了监督和防止利益冲突。

上市公司董事、监事和高级管理人员在以下期间不得买卖公司股份：①年度报告、半年度报告公告前 30 日内；②季度报告业绩预告或业绩快报公告前 10 日内；③重大事件发生日或决策过程中，至依法披露之日内；④证券交易所规定的其他禁期。

在法律、行政法规规定的限制转让期限内，股份若出质，质权人在此期限内不得行使质权。

（五）股份回购

股份有限公司在发行股份募集资金后，某些情况下可能需要从股东手中回购自己的股份。股份回购的原因有自愿和非自愿之分。自愿回购的原因包括向股东支付现金、实施股权激励计划、提升股价、调整资本结构等；非自愿回购则可能由于异议股东行使回购请求权或应对敌意收购等。回购的依据可能是法律规定、公司章程，或双方协议如"对赌协议"。

股份回购对股东和债权人均有重大影响。对股东来说，回购可能带来溢价收益，但也可能引发股东间的利益争议。对债权人而言，回购导致资产回流股东，可能影响公司的偿债能力。因此，多数国家的公司法对股份回购设有与利润分配类似的限制性规定。上市公司回购股份通常被市场解读为积极信号，可能提升股价，但也可能是操纵股价的手段。

我国《公司法》原则上禁止公司回购股份，仅在特定情况下允许回购。不同于传统的资本维持立法，《公司法》未对股份回购设置与利润分配一致的财务规则。

根据《公司法》的规定，下列情况下允许公司回购股份：①减少注册资本：公司可通过减资决议直接注销股份或先回购再注销。②与持股公司合并：合并后公司持有自己的股份属于股份回购。③员工持股或股权激励：公司可回购股份用于员工持股计划或股权激励。④异议股东回购：异议股东可要求公司回购其股份，但法律不要求合理价格。⑤转换可转债：公司可回购股份用于转换上市公司发行的可转债。⑥维护公司价值及股东权益：上市公司回购股份时，通常是向市场传递对公司前景乐观的信号。

由于股份回购涉及多方利益，《公司法》对决策主体做了规定。减少注册资本或与其他公司合并需经股东会决议；员工持股、股权激励、转换债券或维护公司价值的回购可由董事会决议；异议股东回购则无须股东会或董事会决议。

公司回购的股份应依法处理，部分回购有数量限制。减少注册资本的股份需在 10 日内注销；合并或异议股东回购的股份需在 6 个月内转让或注销；用于员工持股、股权激励等的股份不得超过公司已发行股份总数的 10%，并需在 3 年内转让或注销。

上市公司回购股份应履行信息披露义务，并通过公开交易进行。为防止变相回购，《公司法》规定公司不得接受本公司股份作为质押物。

第五节　国家出资公司组织机构的特别规定

《公司法》在国有独资公司专节的基础上，设"国家出资公司的特别规定"专章。主要修订内容有三个方面：第一，将适用范围由国有独资有限责任公司扩大到国有独资、国有控股的有限责任公司、股份有限公司。第二，明确国家出资公司由国有资产监督管理机构等根据授权代表本级政府履行出资人职责；履行出资人职责的机构就重要的国家出资公司的重大事项作出有关决定前，应当报本级政府批准；国家出资公司应当依法建立健全内部监督管理和风险控制制度。第三，落实党中央有关部署，加强国有独资公司董事会建设，要求国有独资公司董事会成员中外部董事应当超过半数，并在董事会中设置审计委员会等专门委员会，同时不再设监事会。

一、国家出资公司的范围

《公司法》所称国家出资公司，是指国家出资的国有独资公司、国有资本控股公司，包括国家出资的有限责任公司、股份有限公司。本节所述内容是规范国家出资公司组织机构的特别规定，除此之外，适用《公司法》其他规定。

二、国家出资公司履行出资人职责的机构

国家出资公司由国务院或者地方人民政府分别代表国家依法履行出资人职责，享有出资人权益。国务院或者地方人民政府可以授权国有资产监督管理机构或者其他部门机构代表本级人民政府对国家出资公司履行出资人职责。代表本级人民政府履行出资人职责的机构、部门，以下统称为履行出资人职责的机构。

三、党在国家出资公司中的领导作用

国家出资公司中中国共产党的组织，按照中国共产党章程的规定发挥领导作用，研究讨论公司重大经营管理事项，支持公司的组织机构依法行使职权。

四、国有独资公司的章程制定和组织机构

（一）公司章程

国有独资公司章程由履行出资人职责的机构制定。

（二）关于股东会

国有独资公司不设股东会，由履行出资人职责的机构行使股东会职权。履行出资人职责的机构可以授权公司董事会行使股东会的部分职权，但公司章程的制定和修改，公司的合并、分立、解散、申请破产，增加或者减少注册资本，分配利润，应当由履行出资人职责的机构决定。

（三）关于董事会和经理

国有独资公司的董事会依照《公司法》的规定行使职权。国有独资公司的董事会成员中，应当过半数为外部董事，并应当有公司职工代表。履行出资人职责的机构负责委派董事会成员，但是，董事会成员中的职工代表由公司职工代表大会选举产生。董事会设董事长1人，可以设副董事长。董事长、副董事长由履行出资人职责的机构从董事会成员中指定。

国有独资公司的经理由董事会聘任或者解聘。经履行出资人职责的机构同意，董事会成员可以兼任经理。国有独资公司的董事、高级管理人员，未经履行出资人职责的机构同意，不得在其他有限责任公司、股份有限公司或者其他经济组织中兼职。

（四）关于监事会

国有独资公司在董事会中设置由董事组成的审计委员会行使本法规定的监事会职权的，不设监事会或者监事。

五、国家出资公司的内部监管、风险控制、合规管理

国家出资公司应当依法建立健全内部监督管理和风险控制制度，加强内

部合规管理。

第六节　公司的财务、会计制度

一、公司财务会计概述

公司财务会计是指以财务会计法规、会计准则为主要依据，以货币为主要表现形式，对公司的整个财务状况和经营活动进行确认、计量、核算和报告，为公司管理者和其他利害关系人定期提供公司财务信息的活动。

公司财务会计反映的财务信息包括公司的财务状况和经营活动，如资产负债表、利润表、现金流量表等。公司财务会计服务的对象是公司管理者和其他利害关系人。其他利害关系人是指公司股东、债权人、潜在投资者、潜在的交易方、政府财税机关等。公司财务会计需向外部公开财务信息，这与公司的管理会计或者考核指标数据等不同。

二、公司财务会计报告

（一）公司财务会计报告的内容

《公司法》规定，公司应在每个会计年度结束时编制财务会计报告，并经会计师事务所审计。报告应依照法律和相关规定制作，主要包括以下内容：①资产负债表。反映公司的资产、负债及权益结构，展示短期偿债能力，并通过对比前后期资产负债表反映财务状况变化。②利润表。展示公司在一定经营期间的经营成果及其分配情况，反映公司的长期偿债能力，也是税收缴纳的依据。③现金流量表。反映公司在一定期间内的现金流入和流出，有助于判断公司现金流量和资金周转情况。④附注。对会计报表内容的进一步说明，提供更全面的财务信息。

（二）公司财务会计报告的编制、验证和公示

财务会计报告应由董事会负责编制，并对其真实性、完整性和准确性负责。公司不得设立另立账簿或以个人名义开立账户存储公司资产。

公司应依法聘用会计师事务所对财务会计报告进行审计，以提高财务报表的可信赖程度。《公司法》规定，聘用或解聘会计师事务所应由股东会、董

事会或监事会决定，并允许会计师事务所陈述意见。公司必须向会计师事务所提供真实、完整的财务资料，不得隐瞒或虚报。

财务会计报告是股东和投资者评估公司经营情况和管理层表现的重要依据。有限责任公司应按章程规定将财务会计报告送交各股东，股份有限公司应在股东会年会前 20 天内置备报告供股东查阅，公开发行股份的公司还应将其财务会计报告予以公告。

三、利润分配与公积金规则

（一）利润分配的财务规则

我国《公司法》遵循资本维持原则，限制公司仅能分配"税后利润"，并在分配前需先提取法定公积金和弥补亏损，以保护公司资本。

具体规则如下：①公司只能向股东分配"税后利润"。②在分配"当年税后利润"前，需提取 10% 作为法定公积金，直至累计额达到公司注册资本的50%。③若公司法定公积金不足以弥补前年度亏损，应先用当年利润弥补亏损，再提取法定公积金。④公司可自愿从税后利润中提取"任意公积金"，需经股东会决议。⑤剩余税后利润按股东持股比例分配，有限责任公司按实缴出资比例，股份有限公司按持股比例，除非公司章程另有规定。⑥股东会通过的利润分配决议形成公司与合资格股东之间的债权债务关系，股东有权要求公司支付股利。若公司无正当理由拒绝或拖延履行，股东可依法请求法院强制执行，并要求赔偿损失。《公司法》要求董事会在股东会决议作出后 6 个月内完成利润分配。

（二）违法利润分配的表现和法律责任

1. 违法利润分配的表现

实践中，常见的违法利润分配有以下表现：①公司无利润而实施"分配"。公司在没有可供分配利润（甚至存在亏损）的情况下，以分配股利的名义向股东支付资金（或者虽有利润，但支付给股东的金额多于可供分配的利润）；②公司有利润，未作分配决议就将公司收入以分红名义直接支付给股东；③公司有利润，履行了利润分配的决议程序（如股东会通过了分配利润的决议），但未提取法定公积金就实施分配；④公司与股东之间订立不以"税后利润"为分配基础的定额股息或定额回报协议，公司履行该类协议的行为也可能被法院认定为违法分配。

2. 违法利润分配的法律责任

根据《公司法》的规定，违法分配利润将导致两种法律责任：①财产返还责任。该项责任属于无过错责任。无论股东对违法分配是否知情，股东都应当将违反规定分配给自己的利润退还公司。公司分配利润通常支付的是现金，也有可能采用分配实物股利或者股份股利的方式。无论利润采取什么形式分配，只要属于违法分配，股东均应将受领的财产利益返还给公司。②损害赔偿责任。如果违法分配给公司造成损失，"股东及负有责任的董事、监事、高级管理人员应当承担赔偿责任"。

（三）公积金规则

1. 公积金的概念

《公司法》规定了三种公积金：法定公积金、任意公积金和资本公积金。前两者来源于公司的利润，准确地称为"法定盈余公积金"和"任意盈余公积金"。资本公积金则是由资本原因形成的储备，来源于股票发行超过面值的溢价款及其他按规定应计入资本公积金的项目。

2. 公积金的用途

公积金主要用于以下三种情况：①弥补亏损。当公司出现亏损时，可以优先使用任意公积金和法定公积金弥补不足。如果仍不足以弥补，则可使用资本公积金。这一安排的目的是确保公司先用利润弥补亏损，维护公司的资本基础。②扩大生产经营。公积金可用于公司生产经营的扩大，因其属于所有者权益的一部分。公司资产在生产经营过程中循环利用，因此"扩大生产经营"主要是一种宣示，而非实际的会计操作。③增加注册资本。三种公积金均可用于增加注册资本。若使用法定公积金转增资本，转增后的公积金余额不得少于转增前注册资本的25%。

【典型案例】❶

全国首例公司债券纠纷普通代表人诉讼案——五洋债案

五洋建设集团股份有限公司（以下简称"五洋建设"）作为一家非上市股份有限公司，于2015年8月14日和2015年9月11日分两期面向合格投资

---

❶ 陈玉静. 全国首例！"五洋债"欺诈发行案判了，专家这样说［EB/OL］.（2020-01-05）［2024-10-12］. https://m.thepaper.cn/baijiahao_10673639.

者公开发行了 3 年期"15 五洋债"（122423. SH）和 5 年期"15 五洋 02"（122454. SH），两者皆为无抵押信用债。前者规模为 8.0 亿元，票面利率为 7.48%；后者规模为 5.6 亿元，票面利率为 7.80%。此次发行的主承销商为德邦证券股份有限公司，大信会计事务所和上海市锦天城律师事务所分别提供审计和法律服务，信用评级机构为大公国际资信评估有限公司。五洋建设和上述债项都获得了 AA 的信用评级。

2017 年 8 月 14 日，五洋建设和德邦证券股份有限公司分别发布《关于"15 五洋债"无法按时兑付本息的公告》和《关于"15 五洋 02"违约的临时受托管理事务报告》，宣告发行人违约。投资者随后将五洋建设等责任人诉至杭州市中级人民法院，请求后者承担赔偿责任。

2021 年 9 月，五洋债案二审判决被告承担 487 名原告投资者合计 7.4 亿元的赔偿责任。

第七节　公司重大变更

公司的重大变更包括以下情形：公司合并、分立、增加和减少注册资本。

一、公司合并

（一）公司合并的概念与方式

公司合并是指两个以上的公司通过法定程序合并为一个公司，不需要经过清算程序。与公司并购不同，公司并购是一个更广泛的概念，涵盖控制权转移、资产收购、股权收购等企业整合行为。

公司合并有两种方式：①吸收合并，即一个公司吸收其他公司，被吸收的公司解散；②新设合并，即两个或以上公司合并成立一个新公司，合并各方解散。

根据《公司法》的规定，合并前的公司中至少有一个在合并后会消失。通常，公司解散需要清算程序，但《公司法》规定，合并程序中解散的公司可免于清算，直接实现合并效果。

除了合并，资产收购和股权收购等方式也能实现企业横向或纵向整合效果。具体表现为：

①现金购买资产并购：并购方公司用现金购买被并购方公司的全部资产

（包括债权债务），被并购方公司解散，股东通过清算程序分配现金。

②股权购买资产并购：并购方公司以股权换取被并购方公司的全部资产，被并购方公司解散，其股东通过清算程序分配并购方公司的股权，成为其股东。

③现金购买股权并购：并购方公司用现金购买被并购方公司股东持有的全部股权，并成为其唯一股东，随后解散该公司，承接其全部资产与债务。

④股权购买股权并购：并购方公司用股权换取被并购方公司股东的全部股权，成为其唯一股东，并解散该公司，承接其资产与债务。

在这四种并购方式中，前两种为资产收购，后两种为股权收购。资产收购需得到被并购方公司债权人同意，并且公司解散需要清算程序。股权收购则要求所有股东同意转让股权，被并购公司在清算过程中，债权人可要求直接清偿债务。

（二）公司合并的程序

《公司法》为法定合并提供了三大便利：债务可直接由合并后的公司承继，无须债权人同意；被合并公司的人格可在合并后直接消灭，无须清算；股权变动无须每个股东同意，股东会通过即可。然而，这些便利可能损害债权人和股东利益，因此《公司法》规定了严格的合并程序，只有遵循这些程序，才能享受这些便利。具体程序如下。

①签订合并协议：合并各方需签订合并协议，内容包括公司名称、住所，债权债务处理，资产状况及处理方式，合并后公司发行股份情况，以及其他必要事项。

②编制资产负债表及财产清单：合并各方需编制资产负债表和财产清单，并据此处置相关资产、负债和股东权益。

③作出合并决议：合并决议由股东会通过特别多数决作出。若公司与其持股90%以上的子公司合并，被合并公司可不经股东会决议，但需通知其他股东，他们有权要求公司按合理价格收购其股权。支付价款不超净资产10%的合并，可由董事会决议通过，但公司章程另有规定的除外。

④通知债权人：公司应在作出合并决议10日内通知债权人，并于30日内公告。债权人可在接到通知30日内（或未接到通知45日内）要求清偿债务或提供担保。

⑤依法进行公司登记：合并完成后，公司需依法办理变更、注销或设立

登记。

(三) 公司合并各方债权、债务的承继

公司合并首先导致公司法人资格的变化。吸收合并时，主并方存续，被并方解散且法人资格注销；新设合并时，参与合并的各方均解散并注销法人资格，新公司成立并取得法人资格。在上述过程中，解散、注销的公司并未依法实施清算。因此，参与合并的各公司的债权、债务须由存续公司承继。

(四) 公司合并中的股东权保护

公司合并是参与合并各方公司的公司行为，由各方公司通过股东会作出合并决议，参与合并公司的股东只能通过在本公司股东会决议时投票表达自己的意见，法定合并不需要获得每一个股东的同意。因此。《公司法》规定了合并和分立中的股东保护制度。

1. 特别多数决制度

公司合并或分立均构成公司重大变更事项，必须经过股东会的特别多数决，即有限责任公司必须经代表 2/3 以上表决权的股东通过；股份有限公司必须经出席会议的股东所持表决权的 2/3 以上通过。

2. 异议股东股份收买请求权

在有限责任公司中，股东如果在股东会对合并或者分立决议时投反对票，可以请求公司按照合理的价格收购其股权。自股东会会议决议通过之日起 60 日内，股东与公司不能达成股权收购协议的，股东可以自股东会会议决议通过之日起 90 日内向人民法院提起诉讼。

在股份有限公司中，股东因对股东会作出的公司合并或者分立决议持异议，可以要求公司收购其股份，公司在收购其股份后，应当在 6 个月内转让或者注销。

二、公司分立

(一) 公司分立的方式与效果

公司分立是指一个公司依法分为两个以上公司。分立方式有两种：①派生分立，即公司以部分财产设立一个或多个新公司，原公司继续存续。②新设分立，即公司以全部财产设立两个以上新公司，原公司解散。

分立与转投资、营业转让的区别在于，分立后，原公司股东取得分出资产所换取的股权。一般认为，公司分立是公司合并的反向程序。新设分立不需要经过解散清算程序。公司分立与合并的不同之处在于，派生分立导致原公司资本减少时，减资不需要法定程序。无论公司分立是否导致原公司债务转移，都必须经过全体债权人的同意，未经债权人同意，分立不对其发生效力，债权人可以要求分立后的公司共同承担连带责任。

（二）公司分立程序

公司分立程序与公司合并程序类似，包括签订分立协议、编制资产负债表和财产清单、作出分立决议、通知债权人、办理工商变更登记等。需要注意的是，分立程序中债权人通知略有不同。公司分立时，债权人虽被通知，但无权要求清偿债务或提供担保。

（三）公司分立中的债权人保护

虽然分立程序中设有债权人通知和公告程序，但债权人无权要求清偿或提供担保，保护力度较弱。但《公司法》规定，分立前的债务由分立后公司承担连带责任，除非分立前与债权人有其他约定。

公司分立中的股东权保护与公司合并相同，参见上文相关说明。

三、公司增资

公司增资即公司增加注册资本。新增资本无论由原股东还是原股东以外的人投入都属于出资，适用公司设立时股东出资或认股的规定。公司增资通常包含以下步骤：

①公司董事会制订和提出增资方案。

②公司就增资形成股东会决议，有限责任公司股东会的该项决议须经代表 2/3 以上表决权的股东通过，股份有限公司股东会的该项决议须经出席会议的股东所持表决权的 2/3 以上通过。决议应依章程规定，对原有股东是否享有及如何行使增资优先认缴权或者新股优先认购权作出相应安排（参见本章第一节的"股东权利与义务"部分）。

③公司通常与增资入股者订立"增资协议""新股认购协议"或类似协议。

④履行可能的批准程序。例如，涉及国有股权时，须经国有资产管理部

门批准。

⑤修订公司章程，包括修订注册资本、股东名单、股东出资额等条款，该项修改章程的股东会决议，通常与第二步中的增资决议合并或同时作出。

⑥增资入股者依约缴纳其认缴的出资或认购的股份。

⑦办理相应的公司登记变更手续，包括变更注册资本、变更股东登记事项、提交修订后的公司章程或公司章程修正案。

四、公司减资

（一）减资的概念与方式

公司减资即公司减少注册资本，是指公司根据需要，依照法定条件和程序，减少公司的注册资本额。公司为避免资本闲置向股东返还出资或者减免股东认而未缴的出资，可依法定程序减少注册资本。公司依照法律规定、公司章程（如公司章程规定特定条件下应回购职工股）、合同约定（如"对赌协议"中的股份回购条款）或者调解协议（如公司为避免法院强制解散而回购异议股东股份）回购股东的股份后如果将之注销，则公司必须减资。当公司出现严重亏损时，也可以通过减资弥补亏损。

基于上述目的，公司可采取以下方式实施减资：①返还出资或股款，即将股东已缴付的出资财产或股款部分或全部返还股东。②减免出资或购股义务，即部分或全部免除股东已认缴或认购但未实缴的出资金额。③缩减股权或股份。公司为弥补亏损而减资时，不向股东返还出资或股款，而是注销股东的一部分股权或股份。公司按照一定比例将已发行股份合并（如二股合为一股），也可达到缩减股份的目的。

减资过程涵盖减资决议、减资程序和减资行为（包括财产处分、会计处理、公司登记变更等），三者之间存在密切的相关性。①减资决议的作出只要符合法律和公司章程规定即为有效决议。有效减资决议是公司启动减资程序的正当基础。②减资程序的主要内容是与债权人保护相关的各项措施和程序。③未履行债权人保护程序时，公司不得实施减资行为。公司实施减资行为的前提条件应当是：依法通知、公告，除补亏减资外，无人申报债权，或者已申报债权的债权人在规定时间未提出清偿债务或提供担保的请求，或其偿债或担保请求已得到满足。如不满足减资行为的前提条件，公司不得以减资为由向股东转移资产，不得减免股东出资义务，也不得根据减资方案弥补亏损。

（二）普通减资程序与债权人保护机制

1. 作出减资决议

公司减资需由董事会制定减资方案并提交股东会表决。减资方案应包括减少的注册资本数额、各股东的减资额及方式、减资日期、债权人通知及清偿安排，以及变更登记安排等。

2. 编制资产负债表及财产清单

减资时需编制资产负债表和财产清单，这些文件用于反映公司减资前后的财务状况。如果减资方式为减免股东认缴出资额，资产负债表和财产清单不变。

3. 履行债权人保护程序

减资可能减少公司的责任财产或减免股东出资义务，从而影响债权人利益。公司应在股东会作出减资决议后10日内通知债权人，并在30日内公告。债权人可在接到通知后30日内（或公告后45日内）要求公司清偿债务或提供担保，但其无法中止减资程序。

4. 变更公司登记

公司减资后需依照市场监管机构的规定申请变更登记，并提交减资公告的证明。许多地方要求公司股东声明公司已清偿债务或提供担保，这些声明在诉讼中通常被视为股东对债务的承诺。

公司可以选择同比减资或不同比减资。同比减资是所有股东按相同比例减少出资额或股份数，保持比例不变。不同比减资则由部分股东参与，常见于履行对赌协议或特定条款。《公司法》规定，除非法律、股东协议或公司章程另有规定，减资一般应采取同比减资方式。

（三）补亏减资

1. 补亏减资的顺序

根据《公司法》的规定，公司弥补亏损的顺序如下：首先通过当年利润弥补；其次使用公积金弥补，包括法定公积金和任意公积金；再次用资本公积金补亏；最后，若前三种方式仍无法弥补亏损，公司可以选择减资。减资作为补亏手段，是为了维护股本稳定，因此在选择减资前，公司应优先考虑利润和公积金。

2. 减资补亏的限制

公司以减资方式弥补亏损时，有两个主要限制：①不得分配利润。在减资后，公司必须确保法定公积金和任意公积金累计额达到注册资本的 50% 之前，不得分配利润。这是为了避免股东通过减资后进行分红，影响公司资本稳定。②不得免除股东出资义务。公司在减资时不得同时免除股东缴纳出资或股款的义务，以保障股本稳定。

尽管减资补亏不涉及公司资产向股东转移，也不导致公司资产减少，而对公司债权人基本没有影响，但公司仍需在报纸或国家企业信用信息公示系统上将减资事项予以公告，以保障信息公开。

（四）违法减资的法律后果

1. 内部法律责任

违法减资可能导致以下内部法律责任：①返还财物。如果减资被认定为违法，已取回出资的股东需向公司返还所收到的财物。②恢复原状。若减资方式涉及减免出资义务，违法减资后，公司需通过修改公司章程和变更登记恢复原状。③损害赔偿。如违法减资造成公司损失，股东及负有责任的董事、监事、高级管理人员需承担赔偿责任，包括直接损失和间接损失。

2. 外部法律责任

公司违法减资时可能损害债权人利益，常见情形包括故意不通知债权人，从而逃避债务。对于此类情况，法院通常认定减资对提起诉讼的债权人无效或不能对抗。法院可能判令减资公司股东在减资金额范围内对债权人承担补充赔偿责任。这一责任类似于股东未履行出资义务或抽逃出资的情形。

第八节　公司解散和清算

一、公司解散

（一）公司解散的概念和特征

公司解散，是指公司发生公司章程规定或法定的除破产以外的事由而停止业务活动，并进入清算程序的过程。其法律特征包括：①公司解散的目的是终止其法人资格；②公司解散事由发生后，公司并未终止，仍然具有法人资格，可以自己的名义开展与清算相关的活动，直到清算完毕并注销后才消灭其主体资格；③公司解散必须经过法定清算程序，但是有一例外，即公司因合并或分立而解散，不必进行清算。

（二）公司解散事由

1. 解散事由及其公示

根据《公司法》的规定，公司解散的原因有以下五种：①公司章程规定的营业期限届满或者公司章程规定的其他解散事由出现；②股东会决议解散；③因公司合并或者分立需要解散；④依法被吊销营业执照、责令关闭或者被撤销；⑤人民法院依法判决予以解散公司出现上述解散事由的，应当在 10 日内将解散事由通过国家企业信用信息公示系统予以公示。

2. 解散事由的消除

公司有上述第①项、第②项情形，且尚未向股东分配财产的，可以通过修改公司章程或者经股东会决议而存续。修改公司章程或者经股东会决议，有限责任公司须经持有 2/3 以上表决权的股东通过，股份有限公司须经出席股东会会议的股东所持表决权的 2/3 以上通过。上述前三项解散事由都属于公司自愿解散，必须经过公司股东会决议；后两项则是公司外部原因，也可称之为强制解散。

（三）强制解散

公司被吊销营业执照、责令关闭或者撤销，多是因为公司行为违反了法律或者行政法规，是一种行政处罚措施，必须符合相关法律或者行政处罚法的规定。

人民法院依法强制解散公司，是一种解决公司僵局的措施。《公司法》规定，公司经营管理发生严重困难，继续存续会使股东利益受到重大损失，通过其他途径不能解决的，持有公司 10% 以上表决权的股东可以请求人民法院解散公司。

当公司中分歧股东的持股势均力敌，没有任何一方拥有优势表决权，没有任何一方可以单独推动公司作出重要决策，这时就形成了公司僵局。陷入僵局的公司，经营管理困难，股东投资的期待也无法实现。当股东之间无法通过谈判达成和解或有其他解决手段时，《公司法》赋予人民法院应股东请求强制解散公司的权力，以打破僵局。

1. 强制解散公司的条件

根据《公司法》司法解释的规定，有下列事由之一，人民法院应予受理强制解散公司之诉：①公司持续 2 年以上无法召开股东会，公司经营管理发生严重困难的；②股东表决时无法达到法定或者公司章程规定的比例，持续 2 年以上不能作出有效的股东会决议，公司经营管理发生严重困难的；③公司董事长期冲突，且无法通过股东会解决，公司经营管理发生严重困难的；④经营管理发生其他严重困难，公司继续存续会使股东利益受到重大损失的情形。

2. 强制解散之诉

股东提起解散公司之诉应当以公司为被告、以其他股东为第三人。原告提起解散公司之诉应当告知其他股东，或者由人民法院通知其参加诉讼。其他股东或者有关利害关系人申请以共同原告或者第三人身份参加诉讼的，人民法院应予准许。

股东不得以知情权、利润分配请求权等权益受到损害或者公司亏损、财产不足以偿还全部债务，以及公司被吊销企业法人营业执照未进行清算等为由，提起解散公司诉讼。股东提起解散公司之诉，同时又申请人民法院对公司进行清算的，人民法院对其提出的清算申请不予受理。人民法院可以告知原告在人民法院判决解散公司后依法自行组织清算或者另行申请人民法院对公司进行清算。

人民法院审理解散公司诉讼案件时应当注重调解。根据《公司法》司法解释的规定，当事人协商一致以下列方式解决分歧，且不违反法律、行政法规的强制性规定的，人民法院应予支持：①公司回购部分股东股份；②其他股东受让部分股东股份；③他人受让部分股东股份；④公司减资；⑤公司分立；⑥其他能够解决分歧，恢复公司正常经营，避免公司解散的方式。当事人不能协商一致使公司存续的，人民法院应当及时判决。

经人民法院调解公司收购原告股份的，公司应当自调解书生效之日起 6 个月内将股份转让或者注销。股份转让或者注销之前，原告不得以公司收购其股份为由对抗公司债权人。人民法院关于解散公司诉讼作出的判决对公司全体股东具有法律约束力。

二、公司清算

（一）公司清算概述

公司清算，是指公司解散或被依法宣告破产后，依照一定的程序结束公司事务，收回债权，偿还债务，清理资产并分配剩余财产，终止消灭公司的过程。公司被依法宣告破产的，依照有关企业破产的法律实施破产清算。

公司解散后进入清算程序是为了公平地分配公司财产，保护股东和债权人利益的同时也是为了保护职工利益。因此，公司出现解散事由时应当依法启动清算。如果公司不自行清算，则由人民法院指定清算组，强制启动清算。

（二）清算义务人及其责任

清算义务人，是指有义务组织公司清算的人。《公司法》规定，董事是公司的清算义务人。当公司出现解散事由时（因公司合并或者分立需要解散的除外），清算义务人应当在解散事由出现之日起 15 日内成立清算组。清算义务人未及时履行清算义务，给公司或者债权人造成损失的，应当承担赔偿责任。

（三）强制启动清算

公司依照上述规定应当启动清算，逾期不成立清算组进行清算或者成立清算组后不清算的，利害关系人可以申请人民法院指定有关人员组成清算组进行清算。人民法院应当受理该申请，并及时组织清算组进行清算。根据《公司法》司法解释的规定，这里的"利害关系人"可以是公司的股东、债权人等。

公司因依法被吊销营业执照、责令关闭或者被撤销而解散的，作出吊销营业执照责令关闭或者撤销决定的部门或者公司登记机关，可以申请人民法院指定有关人员组成清算组进行清算。

（四）公司在清算期间的行为限制

公司进入清算程序后，其行为受到以下限制：在清算期间，①公司不再从事新的经营活动，仅局限于清理公司已经发生但尚未了结的事务，包括清偿债务、实现债权及处理公司内部事务等。②公司的代表机构成为清算组，负责处理未了事务，代表公司对外进行诉讼。在公司依法清算结束并办理注销登记前，有关公司的民事诉讼仍应当以公司的名义进行。在清算组未成立前，由原公司法定代表人代表公司进行诉讼；成立清算组后，由清算组负责人代表公司参加诉讼。③公司财产在未按照法定程序清偿前，不得分配给股东。

（五）清算组及其组成

《公司法》规定，清算组由公司清算义务人即董事组成，但是公司章程另有规定或者股东会决议另选他人的除外。人民法院组织清算组进行清算时，通常从下列人员或者机构中选择：①公司股东、董事、监事、高级管理人员；②依法设立的律师事务所、会计师事务所、破产清算事务所等社会中介机构；③依法设立的律师事务所、会计师事务所、破产清算事务所等社会中介机构中具备相关专业知识并取得执业资格的人员。人民法院指定的清算组成员有下列情形之一的，人民法院可以根据债权人、股东的申请，或者依职权更换清算组成员：①有违反法律或者行政法规的行为；②丧失执业能力或者民事行为能力；③有严重损害公司或者债权人利益的行为。

（六）清算组的职权和义务

根据《公司法》的规定，清算组在清算期间行使下列职权：①清理公司财产，分别编制资产负债表和财产清单；②通知、公告债权人；③处理与清算有关的公司未了结的业务；④清缴所欠税款及清算过程中产生的税款；⑤清理债权、债务；⑥分配公司清偿债务后的剩余财产；⑦代表公司参与民事诉讼活动。

清算组在公司清算期间代表公司进行一系列民事活动，全权处理公司经济事务和民事诉讼活动。根据《公司法》的规定，清算组成员履行清算职责，负有忠实义务和勤勉义务。清算组成员怠于履行清算职责，给公司造成损失的，应当承担赔偿责任；因故意或者重大过失给债权人造成损失的，应当承担赔偿责任。

（七）清算程序

1. 通知债权人并公告

清算组应当自成立之日起10日内通知债权人，并于60日内在报纸上或者国家企业信用信息公示系统公告。《市场主体登记管理条例》规定，清算组应当自成立之日起 10 日内将清算组成员、清算组负责人名单通过国家企业信用信息公示系统公告。清算组可以通过国家企业信用信息公示系统发布债权人公告。

2. 债权申报和登记

债权人应当自接到通知之日起 30 日内（未接到通知的自公告之日起 45 日内）向清算组申报其债权。债权人申报债权应当说明债权的有关事项，并提供证明材料。清算组应当对债权进行登记。在申报债权期间，清算组不得对债权人进行清偿。

3. 清理公司财产，制订清算方案

清算组在清理公司财产、编制资产负债表和财产清单后，应当制订清算方案，并报股东会或者人民法院确认。

4. 清偿债务，分配剩余财产

公司财产在分别支付清算费用、职工的工资、社会保险费用和法定补偿金，缴纳所欠税款，清偿公司债务后的剩余财产，有限责任公司按照股东的出资比例分配，股份有限公司按照股东持有的股份比例分配。公司财产在未依照上述规定清偿前，不得分配给股东。清算期间，公司存续，但不得开展与清算无关的经营活动。

5. 财产不足偿债，申请破产清算

清算组在清理公司财产、编制资产负债表和财产清单后，发现公司财产不足清偿债务的，应当依法向人民法院申请破产清算。人民法院受理破产申请后，清算组应当将清算事务移交给人民法院指定的破产管理人。

6. 确认清算报告，申请注销登记

公司清算结束后，清算组应当制作清算报告报股东会或者人民法院确认，并报送公司登记机关，申请注销公司登记。清算组应当自清算结束之日起 30 日内向登记机关申请注销登记。公司申请注销登记前，应当依法办理分支机构注销登记。

三、注销登记

根据《市场主体登记管理条例》的规定，公司因解散、被宣告破产或者其他法定事由需要终止的，应当依法向登记机关申请注销登记。经登记机关注销登记，公司终止。公司注销依法须经批准的，应当经批准后向登记机关申请注销登记。人民法院裁定强制清算或者裁定宣告破产的，有关清算组、破产管理人可以持人民法院终结强制清算程序的裁定或者终结破产程序的裁定，直接向登记机关申请办理注销登记。

《公司法》规定了两种特别注销程序，分别是简易注销程序和强制注销程序。

（一）简易注销程序

公司在存续期间未产生债务，或者已清偿全部债务的，经全体股东承诺，可以按照规定通过简易程序注销公司登记。通过简易程序注销公司登记，应当通过国家企业信用信息公示系统予以公告，公告期限不少于 20 日。公告期限届满后，未有异议的，公司可以在 20 日内向公司登记机关申请注销公司登记。公司通过简易程序注销公司登记，股东对上述公司债务情况承诺不实的，应当对注销登记前的债务承担连带责任。

公司注销依法须经批准的，或者公司被吊销营业执照、责令关闭、撤销，或者被列入经营异常名录的，不适用简易注销程序。

（二）强制注销程序

强制注销程序是指公司被吊销营业执照、责令关闭或者被撤销后，满 3 年未向公司登记机关申请注销公司登记的，公司登记机关可以对其强制注销。公司登记机关可以通过国家企业信用信息公示系统予以公告，公告期限不少于 60 日。公告期限届满后，未有异议的，公司登记机关可以注销公司登记。依照上述规定注销公司登记的，原公司股东、清算义务人的责任不受影响。

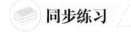 **同步练习**

一、不定项选择

1. 有限责任公司的股东不可以用下列哪种方式出资？（ ）

A. 货币　　　　　　　　　　B. 实物

C. 劳务　　　　　　　　　　D. 知识产权

2. （安康市中级会计师职称考试资料网）根据《公司法》的规定，下列关于股份有限公司股份转让的表述中，不正确的是（ ）

A. 公司可以接受本公司的股票作为质押权的标的

B. 无记名股票的转让，由股东在依法设立的证券交易场所将股票交付给受让人后即发生转让效力

C. 发起人持有的本公司股份，自公司成立之日起 1 年内不得转让

D. 公司董事在任职期间每年转让的本公司股份不得超过其所持有本公司股份总数的 25%

3. （中级会计师职称考试题）根据公司法律制度的规定，公司为股东、实际控制人以外的人提供担保，公司章程可以规定由谁作出决议？（ ）

A. 股东大会   B. 董事会

C. 监事会   D. 总经理

4. （上海市中级会计师职称考试题）根据《公司法》的规定，有限责任公司的监事会或者监事的职权包括（ ）

A. 检查公司财务

B. 提请聘任或者解聘公司财务负责人

C. 对董事、经理执行公司职务时违反法律、法规或者公司章程的行为进行监督

D. 提议召开临时股东会

5. （中级会计师考试资料网）股份有限公司发生的下列情形中，依法应当在两个月内召开临时股东大会的有（ ）

A. 董事人数不足公司章程所定人数的 2/3 时

B. 公司未弥补亏损达到实收股本总额的 1/3 时

C. 持有公司股份 5% 的股东请求时

D. 监事会提议召开时

二、简答题

1. 如何理解公司的概念与特征？

2. 试述有限责任公司股东会的职权与议事规则。

3. 公司股东的权利有哪些？

4. 简述我国《公司法》有关股份转让的法律规定。

三、案例分析

（上海市中级会计师职称考试题）被告乙公司设立过程中，发起人以设立中公司名义与原告甲公司签订《房屋租赁合同》，约定原告甲公司将其拥有合

法使用权的房屋出租给乙公司，租赁期限自 2022 年 7 月 1 日起至 2024 年 12 月 31 日止。《房屋租赁合同》签订后，乙公司于 2022 年 7 月 24 日成立。租赁期间，乙公司未按照约定缴纳租金，故甲公司诉至法院请求法院判决乙公司返还占有房屋，并支付欠缴租金及违约金。

根据案例分析：以设立中公司名义签订的合同，如果公司设立不成功的，合同责任由谁来承担？

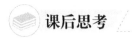 **课后思考**

公司法人人格否认适用的限度

【基本案情】

2017 年，开发公司与投资公司签订资产转让合同，约定前者以 7 亿元受让后者烂尾酒店，前者诚意金 3.2 亿元以委托贷款方式支付后者。开发公司据此向投资公司转账 3.2 亿元，次日投资公司向股东张某转账 2900 万余元。2018 年，因投资公司未依约办理酒店产权手续，开发公司依约诉请解约并返还诚意金，同时以张某与投资公司人格混同为由诉请张某承担连带责任。张某提供了借款与还款协议等证据，但未提供其出借款给投资公司的转账凭证。

【裁判结果】

张某对投资公司前述债务不能清偿部分在 2900 万余元及利息范围内承担补充赔偿责任。

【理由】

2018 年《公司法》第三条规定："公司是企业法人，有独立的法人财产，享有法人财产权。公司以其全部财产对公司的债务承担责任。有限责任公司的股东以其认缴的出资额为限对公司承担责任；股份有限公司的股东以其认购的股份为限对公司承担责任。"第二十条第三款规定："公司股东滥用公司法人独立地位和股东有限责任，逃避债务，严重损害公司债权人利益的，应当对公司债务承担连带责任。"公司人格独立和股东有限责任系《公司法》基本原则。否认公司独立人格，由滥用公司法人独立地位和股东有限责任的股东对公司债务承担连带责任，系股东有限责任例外情形。否认公司法人人格须具备股东实施滥用公司法人独立地位和股东有限责任行为，以及该行为严重损害公司债权人利益的法定要件。

本案中，投资公司向张某转账，张某提交了借款协议、还款协议及投资公司向法院转账凭证，但未提交其向投资公司支付借款协议约定借款的银行转账凭证，未能形成证据链证明张某与投资公司之间存在真实有效的借款关系。但认定公司与股东人格混同需综合多方面因素判断公司是否具有独立意思、公司与股东财产是否混同且无法区分、是否存在其他混同情形等。本案中，投资公司该单笔转账行为尚不足以证明投资公司和张某构成人格混同，且投资公司以资产转让合同目标地块为案涉债务设立了抵押，开发公司亦未能举证证明投资公司该笔转账行为严重损害了其作为债权人的利益，故投资公司向张某转账 2900 万余元的行为尚未达到否认投资公司独立人格的程度。

第四章 合同法律制度

○○○ **引 例**

许某通过微信向常某某寻求"暗刷的流量资源",双方协商后确认常某某为许某提供网络暗刷服务,许某共向常某某支付三次服务费共计一万余元。常某某认为,根据许某指定的第三方 CNZZ(由国际著名风险投资商 IDG 投资的网络技术服务公司)后台数据统计,许某还应向常某某支付流量服务费 30 743 元。许某以流量掺假、常某某提供的网络暗刷服务本身违反法律禁止性规定为由,主张常某某无权要求支付对价,不同意支付上述款项。常某某将许某诉至北京互联网法院,请求判令许某支付服务费 30 743 元及利息。

试分析该案中服务合同的效力。

第一节 合同与合同法律概述

一、合同概述

（一）合同的概念和特征

合同是民事主体之间设立、变更、终止民事法律关系的协议。合同具有以下法律特征：①合同是平等主体之间的民事法律行为；②合同是双方或多方当事人意思表示一致的民事法律行为；③合同以设立、变更或终止民事权利义务关系为目的；④合同具有"三性"，即合法性、确定性、可履行性。

（二）合同的分类

1. 典型合同与非典型合同

依据《民法典》合同编或者其他法律是否对合同规定有确定的名称与调

整规则，将合同分为典型合同与非典型合同。

典型合同，又称有名合同，是指立法中规定了确定名称及规则的合同，如《民法典》合同编在分则中规定的买卖合同、租赁合同、借款合同赠与合同等。非典型合同，又称无名合同，是指立法中尚未规定确定的名称及规则的合同。

此种分类的法律意义在于两者的法律适用不同。典型合同可直接适用《民法典》合同编分则中关于该种合同的具体规定；而非典型合同只能在适用《民法典》合同编总则中一般规则的同时，参照适用该法分则或者其他法律中最相类似的规定。

【知识拓展】

《民法典》合同编规定了 19 种典型合同，即买卖合同，供用电、水、气、热力合同，借款合同，赠与合同，租赁合同，融资租赁合同，保证合同，保理合同，承揽合同，建设工程合同，运输合同，技术合同，仓储合同，保管合同，委托合同，物业服务合同，行纪合同，合伙合同与中介合同。

2. 诺成合同与实践合同

依据合同成立除当事人的意思表示以外，是否还要其他现实给付，将合同分为诺成合同与实践合同。

诺成合同是指当事人意思表示一致即可认定合同成立的合同。实践合同是指除当事人意思表示一致以外，尚须有实际交付标的物或者有其他现实给付行为才能成立的合同。

此种分类的法律意义在于：除了两种合同的成立要件不同以外，实践合同中作为合同成立要件的给付义务的违反不产生违约责任，而只是一种缔约过失责任。

3. 要式合同与不要式合同

依据法律、法规是否要求具备特定形式，将合同分为要式合同与不要式合同。

要式合同是指法律、法规要求合同具备一定的形式才成立的合同。不要式合同是指法律未特别要求必须具备一定的形式就成立的合同。大部分合同为不要式合同。

4. 单务合同与双务合同

依据合同当事人是否相互负有对价义务，将合同分为单务合同与双务合同。对价义务要求双方的给付具有相互依存、相互牵连的关系。

单务合同是指仅有一方当事人承担义务的合同，如赠与合同、借用合同、无偿的保管合同等。双务合同是指双方当事人互负对价义务的合同，如买卖合同、租赁合同、承揽合同等。

5. 有偿合同与无偿合同

依据当事人权利的获得是否支付代价为标准，将合同分为有偿合同与无偿合同。

有偿合同是指当事人取得权利需向对方支付相应代价的合同，如租赁合同、买卖合同。无偿合同是指当事人取得权利不需向对方支付相应代价的合同，如赠与合同。

二、《民法典》合同编的适用范围

根据《民法典》第四百六十四条第二款的规定，《民法典》合同编的内容是我国调整民事合同关系的基本法律规范，包括所有的民事主体之间有关民事权利义务关系设立、变更、终止的协议。但是，涉及婚姻、收养、监护等有关身份关系的协议，一般不适用该编调整。在涉外合同中，能否适用合同编的规定要根据具体情况分析。原则上，涉外合同的当事人可以选择处理合同争议所适用的法律，但法律另有规定的除外。涉外合同的当事人对此没有选择的，适用与合同有最密切联系的国家的法律。

三、合同法的基本原则

（一）平等原则

合同法的平等原则是指合同当事人的法律地位一律平等，合同中的权利义务对等。在合同法律关系中，当事人之间在合同的订立、履行和承担违约责任等方面都处于平等的法律地位，彼此的权利和义务对等。

（二）自愿原则

合同当事人通过协商，自愿决定相互权利义务关系，依法享有决定是否订立合同、与谁订立合同、订什么样的合同、选择合同形式的权利，任何单位和个人不得非法干预。

（三）公平原则

当事人之间的权利义务应对等，保障公正交易，双方在对待给付、责任和风险分担上应当合理分配。

（四）诚实信用原则

当事人在行使权利、履行义务时，应当遵循诚实信用原则，不能滥用权利、规避义务。同理，当事人在合同的全过程中，即从合同的订立、合同的履行直到合同终止后，都要遵循诚实信用原则。

（五）公序良俗原则

当事人在订立、履行合同时，应当遵守法律、行政法规，尊重社会公德，不得扰乱社会经济秩序，也不得损害社会公共利益。

（六）绿色原则

合同当事人履行合同时应当遵循绿色原则，避免浪费资源、污染环境和破坏生态；在合同终止以后也要承担诚实信用原则所产生的旧物回收义务，以符合有利于节约资源、保护生态环境的绿色原则。

四、合同的相对性

与物权法律关系中物权的绝对性不同，合同法律关系是特定当事人之间的法律关系，它具有相对性。合同的相对性是指合同主要在特定的合同当事人之间产生约束力，当事人只能基于合同向另一方当事人提出请求或提起诉讼，不能向合同关系以外的第三人提出合同上的请求，也不能擅自为第三人设定合同上的义务。合同的相对性也可以拓展为"债的相对性"。

（一）合同相对性的特征

①主体的相对性。合同关系只能发生在特定的主体之间，只有合同当事人一方能够向合同的另一方当事人基于合同提出请求或提起诉讼。

②内容的相对性。除法律、合同另有规定以外，只有合同当事人才能享有某个合同所规定的权利，并承担该合同规定的义务，任何第三人不能主张

合同上的权利。

③责任的相对性。合同责任只能在特定的当事人之间即合同关系的当事人之间发生，合同关系以外的人不负违约责任。

（二）合同相对性的例外

虽然合同具有相对性，但可能因为"物权化"或者保障债权实现，这种相对性在一定条件下也会被打破。从《民法典》合同编的规定来看，下列情形属于合同相对性原则的例外。

①合同保全的法律规定。突破了合同的相对性，使得债权人可以向合同关系以外的第三人提起诉讼，主张权利。

②"买卖不破租赁"的规定，使得租赁合同的承租人可以以自己的租赁权对抗新的所有权人，突破了合同关系的相对性。《民法典》第七百二十五条规定："租赁物在承租人按照租赁合同占有期限内发生所有权变动的，不影响租赁合同的效力。"

③关于分包人与承包人共同对发包人承担连带责任、单式联运合同中某一区段的承运人与总的承运人共同向托运人承担连带责任的规定，也都突破了合同的相对性。

第二节　合同的订立

一、合同订立的一般程序

（一）要约

1. 要约的概念与构成要件

要约是指希望与他人订立合同的意思表示。具体来说是一方当事人（要约人）以订立合同为目的，向对方当事人（受要约人）提出合同条件，希望对方当事人接受的意思表示。要约可以向特定人发出，也可以向不特定人发出。

要约的构成要件如下：①内容具体确定。"内容具体确定"要求该意思表示必须具备未来订立合同的必要内容，但并不强制要求必须具备《民法典》第四百七十条规定的全部内容。②表明经受要约人承诺，要约人即受该意思表示约束。

2. 要约邀请

要约邀请是希望他人向自己发出要约的意思表示。要约邀请的目的不是订立合同，是邀请相对人向自己发出要约，然后由自己决定是否作出承诺的意思表示。《民法典》第四百七十三条规定："要约邀请是希望他人向自己发出要约的表示。拍卖公告、招标公告、招股说明书、债券募集办法、基金招募说明书、商业广告和宣传、寄送的价目表等为要约邀请。商业广告和宣传的内容符合要约条件的，构成要约。"

要约与要约邀请的区别主要如下：①当事人的目的不同。要约的目的是订立合同；要约邀请的目的是邀请相对人向自己发出要约，然后由自己决定是否作出承诺。②法律效力不同。要约具有法律效力，而要约邀请则不具有法律效力。因为要约邀请不具有订立合同的目的，其目的是邀请相对人向自己发出要约，所以要约邀请不是订立合同必备的行为，可以视为订立合同前的预备行为，因此没有法律约束力。

3. 要约的生效

《民法典》第一百三十七条规定："以对话方式作出的意思表示，相对人知道其内容时生效。以非对话方式作出的意思表示，到达相对人时生效。以非对话方式作出的采用数据电文形式的意思表示，相对人指定特定系统接收数据电文的，该数据电文进入该特定系统时生效；未指定特定系统的，相对人知道或者应当知道该数据电文进入其系统时生效。当事人对采用数据电文形式的意思表示的生效时间另有约定的，按照其约定。"

【法条链接】

《民法典》第四百七十四条　要约生效的时间适用本法第一百三十七条的规定。

4. 要约的撤回与撤销

（1）要约的撤回

《民法典》第四百七十五条规定："要约可以撤回。"由《民法典》第一百四十一条的规定可知，要约撤回的通知应该在要约到达受要约人之前或者与要约同时到达受要约人（要约生效之前）。如果要约生效，那么就是要约的撤销了。

（2）要约的撤销

《民法典》第四百七十六条规定："要约可以撤销，但是有下列情形之一的除外：（一）要约人以确定承诺期限或者其他形式明示要约不可撤销；（二）受要约人有理由认为要约是不可撤销的，并已经为履行合同做了合理准备工作。"

5. 要约的失效

有下列情形之一的，要约失效：①要约被拒绝；②要约被依法撤销；③承诺期限届满，受要约人未作出承诺；④受要约人对要约的内容作出实质性变更。

（二）承诺

承诺是受要约人同意要约的意思表示。

1. 承诺的期限

承诺应当在要约确定的期限内到达要约人。要约以信件或者电报作出的，承诺期限自信件载明的日期或者电报交发之日开始计算。信件未载明日期的，自投寄该信件的邮戳日期开始计算。要约以电话、传真等快速通信方式作出的，承诺期限自要约到达受要约人时开始计算。

要约没有确定承诺期限的，承诺应当依照下列规定到达：①要约以对话方式作出的，应当即时作出承诺，但当事人另有约定的除外；②要约以非对话方式作出的，承诺应当在合理期限内到达。

［法条链接］

《民法典》第四百八十一条　承诺应当在要约确定的期限内到达要约人。要约没有确定承诺期限的，承诺应当依照下列规定到达：

（一）要约以对话方式作出的，应当即时作出承诺；

（二）要约以非对话方式作出的，承诺应当在合理期限内到达。

《民法典》第四百八十二条　要约以信件或者电报作出的，承诺期限自信件载明的日期或者电报交发之日开始计算。信件未载明日期的，自投寄该信件的邮戳日期开始计算。要约以电话、传真、电子邮件等快速通讯方式作出的，承诺期限自要约到达受要约人时开始计算。

2. 承诺的生效时间

承诺自通知到达要约人时生效。承诺不需要通知的，根据交易习惯或者要约的要求作出承诺的行为时生效。采用数据电文形式订立合同的，收件人指定特定系统接收数据电文的，该数据电文进入该特定系统的时间，视为承诺到达的时间；未指定特定系统的，该数据电文进入收件人的任何系统的首次时间，视为承诺到达的时间。承诺生效时合同成立。

《民法典》第四百八十三条规定："承诺生效时合同成立，但是法律另有规定或者当事人另有约定的除外。"第四百八十四条规定："以通知方式作出的承诺，生效的时间适用本法第一百三十七条的规定。承诺不需要通知的，根据交易习惯或者要约的要求作出承诺的行为时生效。"

3. 承诺的撤回

承诺可以撤回。承诺的撤回需要通知，撤回承诺的通知应当在承诺通知到达要约人之前或者与承诺通知同时到达要约人，即承诺生效前到达要约人。在此需要注意的是，承诺不像要约可以撤销，因为承诺一旦生效，合同即成立，承诺没有撤销一说。

4. 承诺的迟延与迟到

（1）承诺的迟延

《民法典》第四百八十六条规定："受要约人超过承诺期限发出承诺，或者在承诺期限内发出承诺，按照通常情形不能及时到达要约人的，为新要约；但是，要约人及时通知受要约人该承诺有效的除外。"

（2）承诺的迟到

《民法典》第四百八十七条规定："受要约人在承诺期限内发出承诺，按照通常情形能够及时到达要约人，但是因其他原因致使承诺到达要约人时超过承诺期限的，除要约人及时通知受要约人因承诺超过期限不接受该承诺外，该承诺有效。"

【典型案例】

甲公司向乙公司发出要约，要约明确指出乙公司如欲接受应在 2024 年 6 月 1 日前回复。乙公司于 5 月 20 日通过丙快递公司发出承诺，但由于丙公司快递员投递失误，承诺于 6 月 10 日方送达甲公司。此时，甲公司已将要约所述货物全部出售给丁公司，无货可供应乙公司，但甲公司未采取任何措施。乙公司久等无货，于 7 月 15 日派人催货，甲公司以乙公司的承诺迟到为由予以拒绝，乙公司不服。该案即是承诺迟到的情形，合同已经生效，甲公司应向乙公司承担违约责任。

5. 承诺的内容

《民法典》第四百八十八条规定："承诺的内容应当与要约的内容一致。受要约人对要约的内容作出实质性变更的，为新要约。有关合同标的、数量、质量、价款或者报酬、履行期限、履行地点和方式、违约责任和解决争议方法等的变更，是对要约内容的实质性变更。"第四百八十九条规定："承诺对要约的内容作出非实质性变更的，除要约人及时表示反对或者要约表明承诺不得对要约的内容作出任何变更外，该承诺有效，合同的内容以承诺的内容为准。"

有关合同标的、数量、质量、价款或者报酬、履行期限、履行地点和方式、违约责任和解决争议方法等的变更，是对要约内容的实质性变更。承诺对要约的内容作出非实质性变更的，除要约人及时表示反对或者要约表明承诺不得对要约的内容作出任何变更的以外，该承诺有效，合同的内容以承诺的内容为准。

二、格式条款

（一）格式条款的概念

《民法典》第四百九十六条规定："格式条款是当事人为了重复使用而预先拟定，并在订立合同时未与对方协商的条款。"注意，根据《最高人民法院关于适用〈中华人民共和国合同编通则若干问题的解释〉》（以下简称《合同编通则司法解释》）第九条的规定，下列两种情形仍视为格式合同：①当事人仅以合同系依据合同示范文本制作或双方已经明确约定合同条款不属于格式条款。②从事经营活动的当事人一方仅以未实际重复使用为由主张其预先拟定且未与对方协商的合同条款不是格式条款的，但是，有证据证明该条款不是为了重复使用而预先拟定的除外。

【法条链接】

《合同编通则司法解释》第九条　合同条款符合民法典第四百九十六条第一款规定的情形，当事人仅以合同系依据合同示范文本制作或者双方已经明确约定合同条款不属于格式条款为由主张该条款不是格式条款的，人民法院不予支持。从事经营活动的当事人一方仅以未实际重复使用为由主张其预先拟定且未与对方协商的合同条款不是格式条款的，人民法院不予支持。但是，有证据证明该条款不是为了重复使用而预先拟定的除外。

（二）格式条款的法律规定

①提供格式条款的一方应当遵循公平原则确定当事人之间的权利和义务，并采取合理的方式提请对方注意免除或限制其责任的条款，按照对方的要求，对该条款予以说明。提供格式条款的一方对已尽合理提示及说明义务承担举证责任。

根据《合同编通则司法解释》第十条第一、第二款的规定，属于提示说明的情形有两种：一是在合同订立时采用通常足以引起对方注意的文字、符号、字体等明显标识，提示对方注意免除或减轻其责任、排除或限制对方权利等与对方有重大利害关系的异常条款的；二是按照对方的要求，就与对方有重大利害关系的异常条款的概念、内容及其法律后果以书面或口头形式向对方作出通常能够理解的解释说明的。不属于提示说明的情形是：通过互联网等信息网络订立的电子合同，提供格式条款的一方仅以采取了设置勾选、弹窗等方式为由主张其已经履行提示义务或说明义务的，但是，其举证符合前两种情形规定的除外。

②格式条款具有合同无效（违反法律的强制性规定、违背公序良俗、恶意串通）和免责条款无效的情形（造成对方人身伤害的、因故意或者重大过失造成对方财产损失的）时，该条款无效。

③提供格式条款的一方免除其责任、加重对方责任、排除对方主要权利的，该格式条款无效。

④对格式条款有两种以上解释的，应当作出不利于提供格式条款一方的解释；格式条款与非格式条款不一致的，应当采用"非格式条款"。

【典型案例】

2020年10月，付某在某保险公司投保某款医疗保险，附加住院医疗保险。在保险期间内，付某因为眼睛突发模糊症状，在长春市某医院住院治疗7天，花费医疗费1.7万余元，经城乡居民大病保险核销后剩余医疗费为7000余元。付某到该保险公司理赔，结果按照保险合同规定只理赔400余元。付某对理赔金额不满意，起诉至法院，要求保险公司赔付剩余医疗费用7000.50元。

法院经审理，认为保险公司据以理赔的条款系格式条款，且对赔付比例部分使用加黑字体，对赔付范围则使用正常字号。虽保险公司辩称该保险利益条款已送达至付某，付某签字予以确认，但并未提供证据证明对该格式条款尽到了提示或说明义务，故上述条款对付某不产生效力，承办法官依法判决该保险公司给付付某保险金 7000.50 元。

三、免责条款

基于合同自由原则，对于双方当事人自愿订立的免责条款，尤其是事后订立的免责条款，法律原则上不加干涉。但是，如果事先约定的免责条款明显违反诚实信用原则及社会公共利益的，则法律规定其为无效。

《民法典》第五百零六条规定："合同中的下列免责条款无效：（一）造成对方人身伤害的；（二）因故意或者重大过失造成对方财产损失的。"

四、缔约过失责任

缔约过失责任是指在订立合同过程中，一方或双方当事人违反诚实信用原则而负有的先合同义务，导致合同不成立，或合同虽然成立，但因不符合法定的生效条件而被确认无效或被撤销，给对方当事人造成信赖利益的损失时所应当承担的民事赔偿责任。根据《民法典》第五百条的规定，缔约过失责任的情形主要包括：①假借订立合同，恶意进行磋商；②故意隐瞒与订立合同有关的重要事实或者提供虚假情况；③有其他违背诚信原则的行为。

五、合同的主要内容

根据《民法典》第四百七十条的规定，合同的主要条款包括：①当事人的姓名或者名称和住所；②标的；③数量；④质量；⑤价款或者报酬；⑥履行期限、地点和方式；⑦违约责任；⑧解决争议的方法。

第三节　合同的效力

合同根据其效力层次可以分为有效合同、效力待定合同、可撤销合同、无效合同和成立但未生效的合同。由于无效合同和可撤销合同已经在第一章法律行为部分做过详细分析，在此不再赘述，本部分主要讲述有效合同和效力待定合同。

一、合同生效

（一）合同生效的要件

①行为人有相应的行为能力。

②意思表示真实。意思表示真实是指缔约合同的行为表示应真实地反映其内心的效果意图，其效果意思要与表示行为相一致。

③不违反法律、行政法规的强制性规定，不违背公序良俗。当事人订立、履行合同，应当遵守法律、行政法规，尊重社会公德，不得扰乱社会经济秩序、损害社会公共利益。

（二）合同生效的时间

《民法典》第五百零二条、第一百五十八条、第一百六十条分别规定了不同类型合同生效的时间，具体情形如下。

①依法成立的合同，自成立时生效。

②法律、行政法规规定应当办理批准、登记等手续生效的，依照其规定办理批准、登记等手续后生效。依照法律、行政法规的规定经批准或登记才能生效的合同成立后，义务人未办理申请批准或者未申请登记的，法院可以根据案件的具体情况和相对人的请求，判决相对人自己办理有关手续；对方当事人对由此产生的费用和对相对人造成的实际损失，应当承担损害赔偿责任。

③法律、行政法规规定合同应当办理登记手续，但未规定登记后生效的，当事人未办理登记手续不影响合同的效力，但合同标的所有权及其他物权不能转移。

④当事人对合同的效力可以约定附条件。附生效条件的合同，自条件成就时生效。附解除条件的合同，自条件成就时失效。当事人为自己的利益不正当地阻止条件成就的，视为条件已成就；不正当地促成条件成就的，视为条件不成就。

⑤当事人对合同的效力可以约定附期限。附生效期限的合同，自期限届至时生效。附终止期限的合同，自期限届满时失效。

【法条链接】

《民法典》第五百零二条　依法成立的合同，自成立时生效，但是法律另有规定或者当事人另有约定的除外。

依照法律、行政法规的规定，合同应当办理批准等手续的，依照其规定。未办理批准等手续影响合同生效的，不影响合同中履行报批等义务条款以及相关条款的效力。应当办理申请批准等手续的当事人未履行义务的，对方可以请求其承担违反该义务的责任。

依照法律、行政法规的规定，合同的变更、转让、解除等情形应当办理批准等手续的，适用前款规定。

二、效力待定的合同

效力待定的合同是指在合同订立后生效前，必须经过权利人追认才能生效的合同，追认的意思表示自到达相对人时生效。根据《民法典》第一百四十五条、第一百七十一条，效力待定的合同主要包括以下两类。

（一）限制民事行为能力人独立订立的与其年龄、智力、精神健康状况不相适应的合同

限制民事行为能力人独立订立的与其年龄、智力、精神健康状况不相适应的合同，为效力待定的合同，须经其法定代理人同意或者追认后有效。相对人可以催告法定代理人自收到通知之日起三十日内予以追认。法定代理人未作表示的，视为拒绝追认。合同被追认前，善意相对人有撤销的权利。撤销应当以通知的方式作出。

【典型案例】❶

原告经医学鉴定为间歇精神病患者，常年在广济医院治疗。2022年8月，原告家人收到数条原告信用卡大额还款通知。在家人的追问下，原告才说出其从2022年6月起，连续接到被告向其推销剑桥新能源专业翻译培训课程的销售电话，原告陆续向被告支付培训费50 000元。后原告家人多次与被告沟通，要求被告返还相应款项，均未果。原告起诉至法院，要求被告返还培训费50 000元。

---

❶ 张白帆. 读案学法：限制民事行为能力人签订合同，合同效力如何认定？[EB/OL]. （2021-02-04）［2024-09-10］. https://www.thepaper.cn/newsDetail_forward_11188771.

(二) 无权代理人订立的合同

无权代理人订立的合同是指行为人没有代理权、超越代理权或者代理权终止后，以被代理人名义订立的合同。无权代理人订立的合同未经被代理人追认，对被代理人不发生效力，由行为人承担责任。相对人可以催告被代理人在三十日内予以追认。被代理人未作表示的，视为拒绝追认。被代理人已经开始履行合同义务的，视为对合同已经追认。合同被追认之前，善意相对人有撤销的权利。撤销应当以通知的方式作出。

《民法典》第一百七十一条规定："行为人没有代理权、超越代理权或者代理权终止后，仍然实施代理行为，未经被代理人追认的，对被代理人不发生效力。相对人可以催告被代理人自收到通知之日起三十日内予以追认。被代理人未作表示的，视为拒绝追认。行为人实施的行为被追认前，善意相对人有撤销的权利。撤销应当以通知的方式作出。行为人实施的行为未被追认的，善意相对人有权请求行为人履行债务或者就其受到的损害请求行为人赔偿。但是，赔偿的范围不得超过被代理人追认时相对人所能获得的利益。相对人知道或者应当知道行为人无权代理的，相对人和行为人按照各自的过错承担责任。"

【典型案例】❶

2022 年 8 月，王先生通过某中介公司看中了郑女士位于珠海市金湾区的房产，但在签订合同当天由于郑女士身处外地，无法到场签订合同。中介公司告知王先生，上述房产的出售事宜一直是由郑女士的哥哥郑先生负责处理，而郑先生才是房产的实际产权人，郑先生是为了规避限购政策而使用了其妹妹的名义购买该房产，所以郑先生有权处分房产。王先生在郑先生未提供授权的情况下与其签订了《二手房买卖合同》。签订合同后，郑先生告知中介和王先生不想继续出售房产，也不愿承担任何违约责任。经协商无果后，王先生委托律师将郑先生诉至珠海市金湾区人民法院，要求郑先生按照《二手房买卖合同》约定承担违约责任。

法院认为：涉案房屋产权登记人为郑女士，《二手房买卖合同》上亦注明房屋出卖人为郑女士，郑女士并未在合同上签名，仅由郑先生作为卖方代理人在合同上签名确认，郑先生也并未取得郑女士的授权，郑女士在事后亦未

---

❶ 广东省珠海市金湾区人民法院（2024）粤 0404 民初 3846 号民事判决书。

对《二手房买卖合同》进行追认，因此郑先生对涉案房屋无处分权。但是鉴于本案系因产权人拒绝追认涉案合同而导致合同无法继续履行，王先生及郑先生均有过错。法院结合案件实际情况，酌定王先生与郑先生的过错比例为3:7，最终判决郑先生应当按照《二手房买卖合同》约定违约金标准的70%向王先生支付违约金。

第四节　合同的履行

一、合同的履行的概念

合同的履行是指合同成立并生效后，债务人全面适当地完成其合同义务，债权人的合同权利得到满足，双方当事人的合同目的得以实现的行为。合同的履行是合同义务的执行过程。

二、合同的履行原则

合同的履行原则是指当事人在履行合同债务时所应当遵循的基本准则。

（一）全面履行原则

全面履行原则又称适当履行原则，是指当事人双方必须严格按照合同约定的主体、标的、数量、质量、价款或者报酬、履行期限、履行地点、履行方式等所有条款全面完整地完成各自承担的合同义务的原则。

（二）协作履行原则

协作履行原则是指合同双方当事人不仅应履行自己的义务，而且应按照诚实信用原则协助对方履行义务。在合同履行过程中，当事人不仅应当按照合同约定全面履行自己的义务，而且应当遵循诚实信用的原则，根据合同的性质、目的和交易习惯履行通知、协助、保密、防止损失扩大等义务。

（三）经济合理原则

经济合理原则是指当事人在履行合同时，应当追求经济效益，取得最佳履行效果，维护对方的利益。

三、合同的履行规则

（一）约定不明时合同内容的确定规则

《民法典》第五百一十条的规定："合同生效后，当事人就质量、价款或者报酬、履行地点等内容没有约定或者约定不明确的，可以协议补充；不能达成补充协议的，按照合同相关条款或者交易习惯确定。"第五百一十一条规定："当事人就有关合同内容约定不明确，依据前条规定仍不能确定的，适用下列规定：（一）质量要求不明确的，按照强制性国家标准履行；没有强制性国家标准的，按照推荐性国家标准履行；没有推荐性国家标准的，按照行业标准履行；没有国家标准、行业标准的，按照通常标准或者符合合同目的的特定标准履行。（二）价款或者报酬不明确的，按照订立合同时履行地的市场价格履行；依法应当执行政府定价或者政府指导价的，依照规定履行。（三）履行地点不明确，给付货币的，在接受货币一方所在地履行；交付不动产的，在不动产所在地履行；其他标的，在履行义务一方所在地履行。（四）履行期限不明确的，债务人可以随时履行，债权人也可以随时请求履行，但是应当给对方必要的准备时间。（五）履行方式不明确的，按照有利于实现合同目的的方式履行。（六）履行费用的负担不明确的，由履行义务一方负担；因债权人原因增加的履行费用，由债权人负担。"

【法条链接】

《合同编通则司法解释》第二条　下列情形，不违反法律、行政法规的强制性规定且不违背公序良俗的，人民法院可以认定为民法典所称的"交易习惯"：

（一）当事人之间在交易活动中的惯常做法；

（二）在交易行为当地或者某一领域、某一行业通常采用并为交易对方订立合同时所知道或者应当知道的做法。

对于交易习惯，由提出主张的当事人一方承担举证责任。

（二）向第三人履行和由第三人履行

合同虽然是特定主体间的法律行为，具有相对性，但是合同作为一种交易习惯，往往会涉及第三人，如当事人约定向第三人履行和由第三人履行债务。当合同履行涉及第三人时，为保障各方利益，《民法典》第五百二十二条、第五百二十三条、第五百二十四条规定了向第三人履行和由第三人履行的情况。

①当事人约定由债务人向第三人履行债务，债务人未向第三人履行债务或者履行债务不符合约定的，应当向债权人承担违约责任。法律规定或者当事人约定第三人可以直接请求债务人向其履行债务，第三人未在合理期限内明确拒绝，债务人未向第三人履行债务或者履行债务不符合约定的，第三人可以请求债务人承担违约责任；债务人对债权人的抗辩，可以向第三人主张。

②当事人约定由第三人向债权人履行债务，第三人不履行债务或者履行债务不符合约定的，债务人应当向债权人承担违约责任。债务人不履行债务，第三人对履行该债务具有合法利益的，第三人有权向债权人代为履行；但是，根据债务性质、按照当事人约定或者依照法律规定只能由债务人履行的除外。债权人接受第三人履行后，其对债务人的债权转让给第三人，但是债务人和第三人另有约定的除外。

四、中止履行、提前履行与部分履行

（一）中止履行

当事人中止履行的，应当及时通知对方。对方提供适当担保时，应当恢复履行。中止履行后，对方在合理期限内未恢复履行能力并且未提供适当担保的，中止履行的一方可以解除合同。债权人分立、合并或者变更住所没有通知债务人，致使履行债务发生困难的，债务人可以中止履行或者将标的物提存。《民法典》第五百二十八条规定："当事人依据前条规定中止履行的，应当及时通知对方。对方提供适当担保的，应当恢复履行。中止履行后，对方在合理期限内未恢复履行能力且未提供适当担保的，视为以自己的行为表明不履行主要债务，中止履行的一方可以解除合同并可以请求对方承担违约责任。"《民法典》第五百二十九条规定："债权人分立，合并或者变更住所没有通知债务人，致使履行债务发生困难的，债务人可以中止履行或者将标的物提存。"

（二）提前履行

债权人可以拒绝债务人提前履行债务，但提前履行不损害债权人利益的除外。债务人提前履行债务给债权人增加的费用，由债务人负担。《民法典》第五百三十条规定："债权人可以拒绝债务人提前履行债务，但是提前履行不

损害债权人利益的除外。债务人提前履行债务给债权人增加的费用，由债务人负担。"

（三）部分履行

债权人可以拒绝债务人部分履行债务，但部分履行不损害债权人利益的除外。债务人部分履行债务给债权人增加的费用，由债务人负担。《民法典》第五百三十一条规定："债权人可以拒绝债务人部分履行债务，但是部分履行不损害债权人利益的除外。债务人部分履行债务给债权人增加的费用，由债务人负担。"

五、双务合同履行中的抗辩权

双务合同中双方当事人互负债务，互为债权人和债务人，为了体现双方权利义务的对等及保护交易安全，《民法典》规定了双务合同中同时履行抗辩权、先履行抗辩权和不安抗辩权这三种履行抗辩权，从而保护债务人的合法权益。

（一）同时履行抗辩权

同时履行抗辩权是指双务合同的当事人应同时履行义务，一方在对方未履行义务前，有权拒绝对方的履行请求。《民法典》第五百二十五条规定："当事人互负债务，没有先后履行顺序的，应当同时履行。一方在对方履行之前有权拒绝其履行请求。一方在对方履行债务不符合约定时，有权拒绝其相应的履行请求。"

（二）先履行抗辩权

先履行抗辩权是指在双务合同中一方当事人应当先履行合同，若应当先履行合同的一方当事人没有先履行，对方当事人有拒绝其履行请求的权利。《民法典》第五百二十六条规定："当事人互负债务，有先后履行顺序，应当先履行债务一方未履行的，后履行一方有权拒绝其履行请求。先履行一方履行债务不符合约定的，后履行一方有权拒绝其相应的履行请求。"

（三）不安抗辩权

不安抗辩权是指双务合同中应先履行义务的一方当事人，有确切证据证明对方当事人财产明显减少或缺少信用，不能保证给付时，有暂时终止履行合同的权利。《民法典》第五百二十七条规定："应当先履行债务的当事人，有确切证据证明对方有下列情形之一的，可以中止履行：（一）经营状况严重恶化；（二）转移财产、抽逃资金，以逃避债务；（三）丧失商业信誉；（四）有丧失或者可能丧失履行债务能力的其他情形。当事人没有确切证据中止履行的，应当承担违约责任。"

【典型案例】❶

甲为一著名相声表演艺术家，乙为一家演出公司。甲、乙之间签订了一份演出合同，约定甲在乙主办的一场演出中出演一个节目，由乙预先支付给甲演出劳务费五万元。后来，在合同约定支付劳务费的期限到来之前，甲因一场车祸而受伤住院。乙通过向医生询问甲的伤情得知，在演出日之前，甲的身体有康复的可能，但也不排除甲的伤情会恶化，以至于不能参加原定的演出。基于上述情况，乙向甲发出通知，主张暂不予支付合同中所约定的五万元劳务费。

该案中，乙方的行为属于行使不安抗辩权的行为。

第五节　合同的保全

合同的保全是指为了保护债权人不因债务人的财产不当减少而受有损害，允许债权人干预债务人处分自己债权行为的法律制度。代位权与撤销权共同构成合同的保全制度。其中，代位权是针对债务人的消极不作为（消极不行使自己的债权），撤销权是针对债务人积极作为侵害债权人债权实现的行为。

一、代位权

（一）代位权的概念

代位权是指因债务人怠于行使其到期债权对债权人造成损害的，债权人可以向人民法院请求以自己的名义代位行使债务人的债权，但该债权专属于

---

❶ 相声演员不能如期表演的不安抗辩［EB/OL］.（2020-01-07）［2024-09-10］. https://www.lawtime.cn/.

债务人自身的除外。代位权的行使范围以债权人的债权为限，债权人行使代位权的必要费用由债务人负担。相对人对债务人的抗辩，可以向债权人主张。债权人的债权到期前，债务人的债权或者与该债权有关的从权利存在诉讼时效期间即将届满或者未及时申报破产债权等情形，影响债权人的债权实现的，债权人可以代位向债务人的相对人请求其向债务人履行、向破产管理人申报或者作出其他必要的行为。

（二）代位权行使的条件

债权人提起代位权诉讼，应当符合下列条件：①债权人对债务人的债权合法且到期；②债务人怠于行使其到期债权，对债权人造成损害；③债务人对次债务人的债权合法且到期；④债务人的债权不是专属于债务人自身的债权。

《民法典》第五百三十五条规定："因债务人怠于行使其债权或者与该债权有关的从权利，影响债权人的到期债权实现的，债权人可以向人民法院请求以自己的名义代位行使债务人对相对人的权利，但是该权利专属于债务人自身的除外。代位权的行使范围以债权人的到期债权为限。债权人行使代位权的必要费用，由债务人负担。相对人对债务人的抗辩，可以向债权人主张。"

（三）代位权诉讼中的管辖及主体

债权人提起代位权诉讼的，由被告住所地人民法院管辖。债权人向人民法院起诉债务人以后，又向同一人民法院对次债务人提起代位权诉讼，符合条件的，应当立案受理。受理代位权诉讼的人民法院在债权人起诉债务人的诉讼裁决发生法律效力以前，应当依照《民事诉讼法》第一百五十三条第一款第（五）项的规定中止代位权诉讼。

在代位权诉讼中，债权人是原告，次债务人是被告，债务人为第三人。在代位权诉讼中，债权人胜诉的，诉讼费由次债务人负担，从实现的债权中优先支付。

【法条链接】

《合同编通则司法解释》第三十七条第一款　债权人以债务人的相对人为被告向人民法院提起代位权诉讼，未将债务人列为第三人的，人民法院应当追加债务人为第三人。

（四）代位权的中止诉讼与合并审理

1. 中止诉讼

代位权诉讼不受债务人与相对人管辖或仲裁协议约束。但债务人或相对人在首次开庭前就申请仲裁的，法院可以中止代位权诉讼。

【法条链接】

《合同编通则司法解释》第三十六条　债权人提起代位权诉讼后，债务人或者相对人以双方之间的债权债务关系订有仲裁协议为由对法院主管提出异议的，人民法院不予支持。但是，债务人或者相对人在首次开庭前就债务人与相对人之间的债权债务关系申请仲裁的，人民法院可以依法中止代位权诉讼。

债权人起诉债务人以后，又向同一法院对债务人的相对人提起代位权诉讼，符合《民事诉讼法》第一百二十二条规定的，应当立案受理。如该法院没有管辖权，应当告知债权人向有管辖权的法院另行起诉。受理代位权诉讼的法院在债权人起诉债务人的诉讼终结前，应当依法中止代位权诉讼。

【法条链接】

《合同编通则司法解释》第三十八条　债权人向人民法院起诉债务人后，又向同一人民法院对债务人的相对人提起代位权诉讼，属于该人民法院管辖的，可以合并审理。不属于该人民法院管辖的，应当告知其向有管辖权的人民法院另行起诉；在起诉债务人的诉讼终结前，代位权诉讼应当中止。

《合同编通则司法解释》第三十九条　在代位权诉讼中，债务人对超过债权人代位请求数额的债权部分起诉相对人，属于同一人民法院管辖的，可以合并审理。不属于同一人民法院管辖的，应当告知其向有管辖权的人民法院另行起诉；在代位权诉讼终结前，债务人对相对人的诉讼应当中止。

2. 合并审理

合并审理的情形有以下三种：

①两个以上债权人以债务人的同一相对人为被告提起代位权诉讼的；债务人对相对人享有的债权不足以清偿其对两个或两个以上债权人负担的债务

的，应当按照债权人享有的债权比例确定相对人的履行份额。

【法条链接】
《合同编通则司法解释》第三十七条第一款　两个以上债权人以债务人的同一相对人为被告提起代位权诉讼的，人民法院可以合并审理。债务人对相对人享有的债权不足以清偿其对两个以上债权人负担的债务的，人民法院应当按照债权人享有的债权比例确定相对人的履行份额，但是法律另有规定的除外。

②债权人向法院起诉债务人后，又向同一法院对债务人的相对人提起代位权诉讼，属于该法院管辖的。

③在代位权诉讼中，债务人对超过债权人代位请求数额的债权部分起诉相对人，属于同一法院管辖的。

（五）代位权行使的法律效果

债权人向次债务人提起的代位权诉讼经人民法院审理后认定代位权成立的，由次债务人向债权人履行清偿义务，债权人与债务人、债务人与次债务人之间相应的债权债务关系消灭。《民法典》第五百三十七条规定："人民法院认定代位权成立的，由债务人的相对人向债权人履行义务，债权人接受履行后，债权人与债务人、债务人与相对人之间相应的权利义务终止。债务人对相对人的债权或者与该债权有关的从权利被采取保全、执行措施，或者债务人破产的，依照相关法律的规定处理。"

【典型案例】
2018年2月，小赵为经营需要向小李借款20万元，约定借期6个月，月息为2分，到期本息一起付清，小赵为小李出具了欠条。后小赵因经营不善出现亏损，至还款期限届满已无支付能力。经小李多次催要，小赵一直未能清偿。小李通过其他途径了解到，小赵数年前曾借给小张15万元作为经营资金，现本息已达20多万元。小赵认为如果收回该笔债权，必然要向小李偿还借款，不如将该笔欠款作为入股资金，与小张共同经营，还能分得利润，故迟迟未向小张主张权利。小李提起诉讼请求判决小张偿还债务。在以上案例中，小赵怠于行使对小张享有的债权损害了小李的债权，小李作为债权人可以行使代位权，其诉讼请求应当予以支持。

二、撤销权

（一）撤销权的概念

撤销权是指债权人对于债务人实施减少财产、危害债权的行为，可请求法院予以撤销的权利。撤销权具有请求权和形成权的特点。撤销权的行使必须依照法定程序，债权人行使撤销权，可以请求受益人返还财产，恢复债务人责任财产的原状。

（二）撤销权的成立要件

撤销权的成立要件包括以下四个方面：①债权人必须以自己的名义实施；②债权人对债务人存在有效的债权。债权人对债务人的债权可以已到期，也可以未到期；③债务人实施了以财产为标的的危害债权的行为；④债务人的处分行为有害于债权人债权的实现。

撤销权的行使范围以债权人的债权为限。债权人行使撤销权的必要费用，由债务人负担。

根据《民法典》第五百三十八条、第五百三十九条及《合同编通则司法解释》第四十二条第二款可知，债务人负担债务之后，实施的财产处分行为损害债权人的有：①放弃其未到期的债权；②放弃到期债权；③放弃债权担保；④恶意延长到期债权的履行期；⑤无偿转让财产；⑥以明显不合理的低价（指转让价格达不到交易时交易地的指导价或市场交易价的70%的）转让财产，且受让人知道；⑦以明显不合理的高价（指转让价格高于交易时交易地的指导价或市场交易价的30%的）收购他人财产。

【法条链接】

《合同编通则司法解释》第四十二条第三款 债务人与相对人存在亲属关系、关联关系的，不受前款规定的百分之七十、百分之三十的限制。

（三）撤销权行使的主体与管辖

1. 撤销权行使的主体

撤销权的行使必须经过法定程序。在诉讼中，债权人为原告，两个或两个以上债权人就债务人的同一行为提起撤销权诉讼的，可以合并审理。债务人和第三人为共同被告。可以追加受益人或受让人为第三人。

2. 撤销权的管辖

债务人或第三人的住所地法院为管辖法院，专属管辖除外。

【法条链接】

《合同编通则司法解释》第四十四条 债权人依据民法典第五百三十八条、五百三十九条的规定提起撤销权诉讼的，应当以债务人和债务人的相对人为共同被告，由债务人或者相对人的住所地人民法院管辖，但是依法应当适用专属管辖规定的除外。

两个以上债权人就债务人的同一行为提起撤销权诉讼的，人民法院可以合并审理。

（四）撤销权行使的范围

《合同编通则司法解释》第四十五条规定："在债权人撤销权诉讼中，被撤销行为的标的可分，当事人主张在受影响的债权范围内撤销债务人的行为的，人民法院应予支持；被撤销行为的标的不可分，债权人主张将债务人的行为全部撤销的，人民法院应予支持。债权人行使撤销权所支付的合理的律师代理费、差旅费等费用，可以认定为民法典第五百四十条规定的'必要费用'。"

（五）撤销权行使的期限

撤销权自债权人知道或者应当知道撤销事由之日起一年内行使。自债务人的行为发生之日起五年内没有行使撤销权的，该撤销权消灭。此处的"五年"期间为除斥期间，不适用诉讼时效中止、中断或者延长的规定。

《民法典》第五百四十一条规定："撤销权自债权人知道或者应当知道撤销事由之日起一年内行使。自债务人的行为发生之日起五年内没有行使撤销权的，该撤销权消灭。"

（六）撤销权行使的法律效果

债务人影响债权人的债权实现的行为被撤销的，自始没有法律约束力。债权人在撤销权诉讼中，可以同时请求债务人的相对人向债务人承担撤销后的法律后果，即返还原物、折价补偿、履行到期债务等。如受让人不履行义务，债权人还可以代位请求采取强制措施。

【法条链接】

《合同编通则司法解释》第四十六条　债权人在撤销权诉讼中同时请求债务人的相对人向债务人承担返还财产、折价补偿、履行到期债务等法律后果的，人民法院依法予以支持。

债权人请求受理撤销权诉讼的人民法院一并审理其与债务人之间的债权债务关系，属于该人民法院管辖的，可以合并审理。不属于该人民法院管辖的，应当告知其向有管辖权的人民法院另行起诉。

债权人依据其与债务人的诉讼、撤销权诉讼产生的生效法律文书申请强制执行的，人民法院可以就债务人对相对人享有的权利采取强制执行措施以实现债权人的债权。债权人在撤销权诉讼中，申请对相对人的财产采取保全措施的，人民法院依法予以准许。

【典型案例】❶

2020年6月、7月，杨某分别向王某、李某借款48万元、50万元，借款期限均为一个月。事后，杨某并没有如约偿还借款本金及利息。2020年12月，王某向法院起诉杨某、第三人周某，要求偿还借款本金及利息。2021年1月，李某也诉至法院，要求杨某偿还借款本金及利息。2021年2月，法院判决杨某于判决生效后十日内分别归还王某、李某借款48万元、50万元及利息。判决生效后，杨某并没有履行其还款义务。在申请法院执行过程中，李某得知，杨某与第三人周某原系夫妻关系，双方于2020年11月协议离婚，在离婚协议书中对子女抚养、财产分割和债务负担作了如下约定：儿子已成家，双方共有的一套价值约80万元的房产归周某所有，各自债务各自偿还。2021年3月，李某向法院申请撤销该部分内容。法院经审理判决撤销杨某与第三人周某于2020年11月签订的《离婚协议书》中关于房产杨某份额归第三人周某所有的内容，并由杨某承担诉讼费、律师费。

---

❶【以案释法】债务人恶意转移财产，债权人可以撤销吗？［EB/OL］.（2021-08-12）［2024-09-10］. https://www.jsxishan.gov.cn/doc/2021/08/12/3397364.shtml.

第六节 合同的变更、转让与终止

一、合同的变更

(一) 合同变更的概念

合同的变更有广义和狭义之分。广义的合同变更包括合同内容和主体的变更，狭义的合同变更是指合同内容的变更。本章采用狭义合同变更，即合同内容的变更，包含合同标的物数量、质量，价款或者报酬，履行期限、地点和方式，担保，违约责任，解决争议的方法等内容的变更。

(二) 合同变更的条件

合同变更的条件有：①要有合法有效的合同存在；②合同的内容发生变化；③法律、行政法规规定变更合同应当办理批准、登记等手续的，依照其规定。

(三) 合同变更的效力

完成合同变更后，要按照变更后的合同确定当事人之间的权利义务。

二、合同的转让

(一) 合同转让的概念

合同的转让即合同主体的变更，合同当事人将合同的权利义务全部或部分转让给第三人。按照转让内容划分，合同转让可划分为债权转让、债务承担、债权债务概括转移。

(二) 债权转让

债权转让是指债权人把合同的权利全部或部分转让给第三人的法律制度。其中，债权人是转让人，第三人是受让人，债权人与第三人之间存在一个转让合同。

1. 发生条件

①合法有效的债权。②债权具有可转让性。债权人可以将债权的全部或者部分转让给第三人，但是有下列情形之一的除外：根据债权性质不得转让；按照当事人约定不得转让；依照法律规定不得转让。《民法典》第五百四十五条第二款规定："当事人约定非金钱债权不得转让的，不得对抗善意第三人。当事人约定金钱债权不得转让的，不得对抗第三人。"③转让人与受让人达成合意。转让债权需要当事人协商一致。由于涉及债务人，因此也要考虑债务人的权利。《民法典》第五百四十六条规定："债权人转让债权，未通知债务人的，该转让对债务人不发生效力。"

2. 效力

（1）对内效力

对内效力即对债权人和受让人的效力。就债权人而言，如果是全部转让，则债权人脱离债权债务关系，受让人取代其地位。如果是部分转让，则债权人丧失部分债权。就受让人而言，受让人取得债权人转让的债权，并获得其从权利，如抵押权，但从权利专属于债权人自身的除外。

（2）对外效力

对外效力即对债务人的效力。首先，债务人接到债权人的债权转让通知后，债权转让即对债务人发生效力，债务人向受让人履行全部或部分债务。其次，债务人接到债权转让通知后，债务人对让与人的抗辩，可以向受让人主张。《合同编通则司法解释》第四十七条第三款规定："当事人一方将合同权利义务一并转让后，对方就合同权利义务向受让人主张抗辩或者受让人就合同权利义务向对方主张抗辩的，人民法院可以追加让与人为第三人。"最后，有下列情形之一的，债务人可以向受让人主张抵销：债务人接到债权转让通知时，债务人对让与人享有债权，且债务人的债权先于转让的债权到期或者同时到期；债务人的债权与转让的债权是基于同一合同产生的。

3. 债权多重转让

当让与人将同一债权转让给两个以上受让人时，首先，债务人要向最先通知的新债权人履行。最先通知的新债权人，是指最先到达债务人的转让通知中载明的人。其次，如果债务人履行有问题，没向最先通知的新债权人履行，最先通知的新债权人可以请求债务人再次履行或请求让与人承担违约责任，但原则不能请求接受履行的受让人返还，除非该受让人恶意。法院应当根据事实认定，而非以债务人认可作为标准。最后，当事人采用邮寄、通信电子系统等方式发出通知的，法院应当以邮戳时间或通信电子系统记载的时间等作为认定通知到达时间的依据。

【法条链接】

《合同编通则司法解释》第五十条　让与人将同一债权转让给两个以上受让人，债务人以已经向最先通知的受让人履行为由主张其不再履行债务的，人民法院应予支持。债务人明知接受履行的受让人不是最先通知的受让人，最先通知的受让人请求债务人继续履行债务或者依据债权转让协议请求让与人承担违约责任的，人民法院应予支持；最先通知的受让人请求接受履行的受让人返还其接受的财产的，人民法院不予支持，但是接受履行的受让人明知该债权在其受让前已经转让给其他受让人的除外。

前款所称最先通知的受让人，是指最先到达债务人的转让通知中载明的受让人。当事人之间对通知到达时间有争议的，人民法院应当结合通知的方式等因素综合判断，而不能仅根据债务人认可的通知时间或者通知记载的时间予以认定。当事人采用邮寄、通讯电子系统等方式发出通知的，人民法院应当以邮戳时间或者通讯电子系统记载的时间等作为认定通知到达时间的依据。

（三）债务承担

债务人将债务的全部或者部分转移给第三人的，应当经债权人同意。债务人或者第三人可以催告债权人在合理期限内予以同意，债权人未作表示的，视为不同意。债务的承担方式主要有两种：一种是免除式的债务承担，又称"债务转移"；另外一种是并存式的债务承担，即"债务加入"。

1. 免除式的债务承担

在债务转移的情况下，经债权人同意，债务人将部分或全部债务转移给第三人后，债务人将退出债权债务关系，不再作为履行债务的主体，而是由接受债务转移的第三人作为履行债务的主体承担偿还债务的责任，原债务人得到免责。

2. 并存式的债务承担

债务的并存是指在原有的债务承担者中再加入一个或者几个新的债务人来保障债权的实现。债务的加入，一般情况下并不需要征得债权人的同意，但为了表示对债权人的尊重，应该通知债权人。在债务的加入中，新加入的债务人在其承诺的范围内与债务人一起对债权人承担连带责任，超出其承诺范围部分的债务，新加入的债务人是不需要承担任何责任的。债务人对债权人的抗辩可以向新债务人主张。

（四）债权债务概括转移

债权债务概括转移是指合同一方当事人将自己在合同中的权利义务一并转让的法律制度。根据《民法典》第五百五十五条的规定，当事人一方经对方同意，可以将自己在合同中的权利和义务一并转让给第三人。

1. 意定概括转移

意定概括转移即合同一方当事人将其合同上的权利义务全部转移给第三人，由第三人享受原合同权利、承担原合同义务。

2. 法定概括转移

法定概括转移是依据法律规定，由于某些事实的发生而产生的权利义务概括转移，如企业合并。在吸收合并中，因合并而解散的公司的财产、债权债务，由合并后存续的公司承担；在新设合并中，由新设的公司承担解散的公司的债权债务。

当事人订立合同后合并的，由合并后的法人或者其他组织行使合同权利，履行合同义务。当事人订立合同后分立的，除债权人和债务人另有约定的以外，由分立的法人或者其他组织对合同的权利和义务享有连带债权，承担连带债务。

3. 成立条件及法律效果

《民法典》第五百五十六条规定："合同的权利和义务一并转让的，适用债权转让、债务转移的有关规定。"

三、合同权利义务的终止

《民法典》第五百五十七条规定："有下列情形之一的，债权债务终止：（一）债务已经履行；（二）债务相互抵销；（三）债务人依法将标的物提存；（四）债权人免除债务；（五）债权债务同归于一人；（六）法律规定或者当事人约定终止的其他情形。合同解除的，该合同的权利义务关系终止。"《民法典》第五百五十八条规定："债权债务终止后，当事人应当遵循诚信等原则，根据交易习惯履行通知、协助、保密、旧物回收等义务。"

（一）债务已经履行

债务履行又称清偿，是指为实现合同目的与债权，合同债务人按照合同约定完成合同义务的行为和终局状态。它是债权债务消灭的最主要和最常见原因。

债务人直接向债权人清偿债务，当然引起合同权利义务的终止。债务人向下列人员清偿的，合同的权利义务也归于消灭：①债权人的代理人。根据《民法典》第一百六十一条的规定，民事主体可以通过代理人实施民事法律行为。②破产企业的管理人。根据《中华人民共和国企业破产法》（以下简称《企业破产法》）第二十五条的规定，管理人具有接管债务人的财产、印章和账簿、文书等资料的职能，以及管理和处分债务人的财产职能。法律并没有直接规定破产企业的债务人向管理人清偿，但从上述规定可推断，管理人是破产企业的清偿受领人。③收据持有人。收据是债权的象征，收据持有人自然有权受领清偿。④债权人与债务人约定的第三人。根据《民法典》第五百二十二条的规定，债权人与债务人可在合同中约定债务人向第三人履行义务。

（二）抵销

抵销是双方当事人互负到期债务，债务的标的物种类、品质相同的，任何一方可以将自己的债务与对方的债务相抵，使得双方的债务在对等额度内消灭；当事人互负债务，标的物种类、品质不相同的，经双方协商一致，也可以抵销。

1. 法定抵销

当事人互负债务，该债务的标的物种类、品质相同的，任何一方可以将自己的债务与对方的到期债务抵销；但是，根据债务性质、按照当事人约定或者依照法律规定不得抵销的除外。当事人主张抵销的，应当通知对方。通知自到达对方时生效。抵销不得附条件或者附期限。

法定抵销行使条件有以下几种：①双方互负债务，互享债权。②债务的标的物种类、品质相同。③债务均届清偿期。原则上，若两债务一前一后到期，其中一个债务已届清偿期，另一债务未届清偿期，则未届清偿期的可以提出抵销。④债务可抵销。不可抵销的债务包括法律规定不得抵销的债务、因合同性质不能抵销的债务、当事人约定不得抵销的债务。

现，守约方请求解除合同的，人民法院不予支持；反之，则依法予以支持。

（2）法定解除权

《民法典》第五百六十三条规定："有下列情形之一的，当事人可以解除合同：（一）因不可抗力致使不能实现合同目的；（二）在履行期限届满前，当事人一方明确表示或者以自己的行为表明不履行主要债务；（三）当事人一方迟延履行主要债务，经催告后在合理期限内仍未履行；（四）当事人一方迟延履行债务或者有其他违约行为致使不能实现合同目的；（五）法律规定的其他情形。以持续履行的债务为内容的不定期合同，当事人可以随时解除合同，但是应当在合理期限之前通知对方。"该条款列举了以下五项具体解除权的情形。

第一，不可抗力。不可抗力是指不能预见、不能避免并不能克服的客观情况。因不可抗力致使不能实现合同目的，双方当事人均可因为这一原因主张解除合同。因不可抗力不能履行合同的，根据不可抗力的影响，部分或者全部免除责任，但法律另有规定的除外。当事人迟延履行后发生不可抗力的，不能免除责任。当事人一方因不可抗力不能履行合同的，应当及时通知对方，以减轻可能给对方造成的损失，并应当在合理期限内提供证明。

第二，预期违约。在履行期限届满之前，当事人一方明确表示或者以自己的行为表明不履行主要债务。当事人一方明确表示或者以自己的行为表明不履行合同义务的，对方可以在履行期限届满之前要求其承担违约责任。

[典型案例]❶

2000年11月，某百货商场与某电器公司订立空调购销合同，约定由电器公司于2001年5月底交付立式空调500台给百货商场，每台价格4000元，百货商场向电器公司交付20万元定金。2001年3月，气象部门预测当年夏天将持续高温，某电器公司的立式空调被商家订购一空，且价格上涨至每台4800元。2001年3月底，电器公司给百货商场发了信函，声称因供货能力有限，无法履约，要求解除合同。百货商场多次与其协商未果，遂于2001年4月10日诉至法院，要求解除合同，由电器公司双倍返还定金，并赔偿其利润损失。某电器公司辩称，合同未到履行期，拒绝承担违约责任。

---

❶ 预期违约责任案例点评［EB/OL］.（2020-03-03）［2024-09-11］. https://www.66law.cn/topic2010/yqwyzr/74435.shtml.

第三，迟延履行。迟延履行是指当事人一方迟延履行主要债务，经催告后在合理期限内仍未履行。

第四，根本违约。当事人一方迟延履行债务或者有其他违约行为致使合同目的不能实现。物的履行延误、履行不能等违约行为能否成为解除合同的原因，根据《民法典》第六百三十一条的规定："因标的物的主物不符合约定而解除合同的，解除合同的效力及于从物。因标的物的从物不符合约定被解除的，解除的效力不及于主物。"即出卖人没有履行或者不当履行从给付义务，致使买受人不能实现合同目的，买受人可主张解除合同。如果不履行或不适当履行从给付义务达到根本违约的程度，则非违约方可解除合同。

第五，其他情形。比如不安抗辩权中的合同解除权。

（3）解除权的行使期限

法律规定或者当事人约定解除权行使期限，期限届满当事人不行使的，该权利消灭。法律没有规定或者当事人没有约定解除权行使期限，自解除权人知道或者应当知道解除事由之日起一年内不行使，或者经对方催告后在合理期限内不行使的，该权利消灭。

（4）解除权的行使方式及解除时间的确定

《民法典》第五百六十五条规定："当事人一方依法主张解除合同的，应当通知对方。合同自通知到达对方时解除；通知载明债务人在一定期限内不履行债务则合同自动解除，债务人在该期限内未履行债务的，合同自通知载明的期限届满时解除。对方对解除合同有异议的，任何一方当事人均可以请求人民法院或者仲裁机构确认解除行为的效力。当事人一方未通知对方，直接以提起诉讼或者申请仲裁的方式依法主张解除合同，人民法院或者仲裁机构确认该主张的，合同自起诉状副本或者仲裁申请书副本送达对方时解除。"

解除权属于形成权。形成权的行使行为属于有相对人的意思表示（需受领的意思表示），只能针对相对人作出。因此，解除权人行使解除权，需通知对方。通知到达对方时，意思表示生效，合同解除。未通知对方，而是直接以起诉或者申请仲裁主张解除合同，若主张得到法院确认，解除合同的时间为起诉状副本、仲裁申请书副本送达对方时。

根据《民法典》第五百六十五条第二款的规定，以起诉方式主张解除合同，必须是法院对解除合同的主张确认，送达起诉状副本才产生合同解除的法律效果。因此，如果起诉后又撤诉，由于解除合同的主张未得到法院确认，送达起诉状副本不会产生合同解除的法律后果。《合同编通则解释》第五十四条规定："第一次起诉后撤诉，又第二次起诉，解除合同的主张得到法院支持的，解除合同的时间以第二次起诉的起诉状副本送达对方时间为准。如果当事人有诉外通知行为的，则以诉外通知到达对方的时间为准。"

【法条链接】

《合同编通则司法解释》第五十四条　当事人一方未通知对方，直接以提起诉讼的方式主张解除合同，撤诉后再次起诉主张解除合同，人民法院经审理支持该主张的，合同自再次起诉的起诉状副本送达对方时解除。但是，当事人一方撤诉后又通知对方解除合同且该通知已经到达对方的除外。

（5）相对人的异议和确认合同解除之诉

《民法典》第五百六十五条第一款中规定的"对方对解除合同有异议的，任何一方当事人均可以请求人民法院或者仲裁机构确认解除行为的效力"，这是关于确认合同解除之诉的规定。

虽然赋予相对方异议权主要为防止解除权人滥用解除权，但若向对方怠于提起确认之诉，将使合同效力长期处于不确定状态，损害解除权人的合法权益。因此无论是相对人还是解除权人，均有权提起确认合同解除之诉。

《合同编通则司法解释》第五十三条规定："当事人一方以通知方式解除合同，并以对方未在约定的异议期限或者其他合理期限内提出异议为由主张合同已经解除的，人民法院应当对其是否享有法律规定或者合同约定的解除权进行审查。经审查，享有解除权的，合同自通知到达对方时解除；不享有解除权的，不发生合同解除的效力。"

（6）解除的法律后果

《民法典》第五百六十六条规定："合同解除后，尚未履行的，终止履行；已经履行的，根据履行情况和合同性质，当事人可以请求恢复原状或者采取其他补救措施，并有权请求赔偿损失。合同因违约解除的，解除权人可以请求违约方承担违约责任，但是当事人另有约定的除外。主合同解除后，担保人对债务人应当承担的民事责任仍应当承担担保责任，但是担保合同另有约定的除外。"

2. 协商解除

《民法典》第五百六十二条第一款规定："当事人协商一致，可以解除合同。"这是关于协商解除的规定。协商解除，也称协议解除、合意解除，是指合同产生法律约束力以后，当事人通过协商一致，订立一个以解除合同为目的的协议来解除原合同。根据意思自治原则，当事人在解除协议中，可以对合同解除的时间、解除的后果等自由约定。

只要当事人都同意解除合同，即便未就违约责任、结算清理事项达成一致，也可以构成协商解除。当事人对于合同解除的法律后果有约定，按照约定，如无约定，适用法律规定，即《民法典》第五百六十六条、五百六十七条关于合同解除法律后果的相关条款。

3. 单方解除与协商解除的衔接适用

《合同编通则司法解释》第五十二条第二款明确规定了两种情形下的协商解除。从该条延展可知，对于在诉讼中，单方解除与协商解除大致可以分为以下四种情形：

①当当事人一方主张单方解除，经法院审查符合解除权行使条件时，不论对方是否同意解除，都要适用单方解除的规定，不能直接适用协商解除规定。合同解除时间，要按照单方解除的规则来确定。

②当当事人一方主张单方解除，经法院审查不符合解除权行使条件时，若对方不同意解除，则合同不能解除。但若对方同意解除，则可适用协商解除的规定。合同解除时间，按照协商解除规则，为双方达成解除合意之时。

③当当事人双方均主张解除合同，经法院审查双方均符合或者有一方符合解除权行使条件时，应适用单方解除规则，不能直接适用协商解除规定。合同解除时间按照单方解除规则确定。如果双方均符合解除权行使条件，合同解除时间应当以最先到达对方的解除合同通知的到达时间为准。

④当当事人双方均主张解除合同，经法院审查均不符合解除权行使条件时，可以认为双方已经就解除合同达成一致，适用协商解除的规定。

【法条链接】

《合同编通则司法解释》第五十二条　当事人就解除合同协商一致时未对合同解除后的违约责任、结算和清理等问题作出处理，一方主张合同已经解除的，人民法院应予支持。但是，当事人另有约定的除外。

有下列情形之一的，除当事人一方另有意思表示外，人民法院可以认定合同解除：

（一）当事人一方主张行使法律规定或者合同约定的解除权，经审理认为不符合解除权行使条件但是对方同意解除；

（二）双方当事人均不符合解除权行使的条件但是均主张解除合同。

前两款情形下的违约责任、结算和清理等问题，人民法院应当依据民法典第五百六十六条、第五百六十七条和有关违约责任的规定处理。

第七节　违约责任

一、违约责任概述

违约责任，是指当事人一方或双方不履行合同义务或者履行合同义务不符合合同约定时，依照法律规定或者合同约定应承担的法律责任。违约责任是违反有效合同约定义务的法律后果，是违约方对另一方承担的民事责任，其本质是一种财产责任。

《民法典》第五百九十三条规定："当事人一方因第三人的原因造成违约的，应当向对方承担违约责任。当事人一方和第三人之间的纠纷，依照法律规定或者按照约定解决。"

二、违约责任的构成要件

根据《民法典》合同编的规定，违约责任的构成条件体现在两方面。

（一）有违约行为

违约行为分为预期违约和实际违约两种。①预期违约。预期违约是指在履行期限届满之前，当事人一方明确表示或者以自己的行为表明不履行合同。②实际违约。实际违约，是指当事人一方不履行合同义务或者履行合同义务不符合约定。不履行合同，包括拒绝履行和履行不能；履行不符合约定，包括迟延履行及标的物质量、数量、方式等不符合要求的瑕疵履行。

（二）无免责事由

当事人有违约行为，但有免责事由，不承担违约责任。有无免责事由，应由违约人负责举证。

①法定的免责事由，是指法律明确规定的当事人可以援用的免责事由，主要包括不可抗力和合同履行抗辩权。

所谓不可抗力，是指不能预见、不能避免并不能克服的客观情况。因不可抗力不能履行合同的，根据不可抗力的影响，部分或者全部免除责任，但法律另有规定的除外。当事人迟延履行后发生不可抗力的，不能免除责任。当事人一方因不可抗力不能履行合同的，应当及时通知对方，以减轻可能给对方造成的损失，并应当在合理期限内提供证明。

②约定的免责事由，即免责条款。当事人可以在合同中预先约定免除其违约责任的事由，但下列免责条款无效：造成对方人身伤害的；因故意或者重大过失造成对方财产损失的。

③被违约人有过错。如债务人违约后，债权人应当采取适当措施防止损失的扩大，没有采取适当措施致使损失扩大的，不得就扩大的损失要求赔偿，债权人因防止损失扩大而支出的合理费用，由违约方承担。又如，承运人应当对运输过程中旅客的伤亡承担损害赔偿责任，但伤亡是旅客自身健康原因造成的或者承运人证明伤亡是旅客故意、重大过失造成的除外。

三、违约责任的承担方式

(一) 继续履行

继续履行，是指当事人一方存在违约行为时，债权人为实现订约目的，要求违约方继续按照合同的约定履行义务的一种承担违约责任的方式。继续履行主要适用于债权人想要实现原合同的履行利益，依法或者事实能够继续履行的合同。

当事人一方未支付价款或者报酬的，对方可以请求其支付价款或者报酬。当事人一方不履行非金钱债务或者履行非金钱债务不符合约定的，对方可以请求履行，但有下列情形之一的除外：法律上或者事实上不能履行；债务的标的不适于强制履行或者履行费用过高；债权人在合理期限内未要求履行。

有前款规定的除外情形之一，致使不能实现合同目的的，人民法院或者仲裁机构可以根据当事人的请求终止合同的权利义务关系，但不影响违约责任的承担。

当事人一方不履行债务或者履行债务不符合约定，根据债务的性质不得强制履行的，对方可以请求其负担由第三人替代履行的费用。

(二) 采取补救措施

采取补救措施是指修理、更换、重做、退货、减少价款和报酬。《民法典》规定，质量不符合约定的，应当按照当事人的约定承担违约责任；对违约责任没有约定或者约定不明确，依照合同内容约定不明确时的履行规则仍不能确定的，受损害方根据标的的性质及损失的大小，可以合理选择要求对方承担修理、重作、更换、退货、减少价款或者报酬等违约责任。

（三）赔偿损失

赔偿损失，是指一方不履行或不按合同履行义务时，以金钱、实物弥补对方损失的违约责任形式。当事人一方不履行合同义务或者履行合同义务不符合约定的，在履行义务或者采取补救措施后，对方还有其他损失的，应当赔偿损失。损失赔偿额应当相当于因违约所造成的损失，包括合同履行后可以获得的利益，但不得超过违约一方订立合同时预见到或者应当预见到的因违约可能造成的损失。当事人一方违约后，对方应当采取适当措施防止损失的扩大；没有采取适当措施致使损失扩大的，不得就扩大的损失要求赔偿，当事人因防止损失扩大而支出的合理费用，由违约方承担。

（四）支付违约金

当事人可以约定一方违约时应当根据违约情况向对方支付一定数额的违约金，也可以约定因违约产生的损失赔偿额的计算方法。违约金是带有惩罚性质的经济补偿手段，无论违约方是否已经给对方造成损失，都应支付。

1. 违约金调整与举证

当事人主张约定的违约金过分高于违约造成的损失，请求予以适当减少的，人民法院应当以《民法典》第五百八十四条规定的损失为基础，兼顾合同主体、交易类型、合同的履行情况、当事人的过错程度、履约背景等因素，遵循公平原则和诚信原则进行衡量，并作出裁判。约定的违约金超过造成损失的百分之三十的，人民法院一般可以认定为过分高于造成的损失。恶意违约的当事人一方请求减少违约金的，人民法院一般不予支持。

违约方主张约定的违约金过分高于违约造成的损失，请求予以适当减少的，应当承担举证责任。非违约方主张约定的违约金合理的，也应当提供相应的证据，但是举证责任在主张调整违约金一方。当事人就迟延履行约定违约金的，违约方支付违约金后，还应当履行债务。

2. 法院的释明义务

《合同编通则司法解释》在第六十六条规定了违约金调整的法院释明与改判规则，具体如下。

①当事人一方请求对方支付违约金，对方以合同不成立、无效、被撤销、确定不发生效力、不构成违约或非违约方不存在损失等为由抗辩，未主张调整过高的违约金的，法院应当就若不支持该抗辩，当事人是否请求调整违约金进行释明。一审法院认为抗辩成立且未予释明，二审法院认为应当判决支付违约金的，可以直接释明，并根据当事人的请求，在当事人就是否应当调整违约金充分举证、质证、辩论后，依法判决适当减少违约金。

②被告因客观原因在一审程序中未到庭参加诉讼，但是在二审程序中到庭参加诉讼并请求减少违约金的，二审法院可以在当事人就是否应当调整违约金充分举证、质证、辩论后，依法判决适当减少违约金。

（五）定金罚则

合同的当事人可以约定一方向另一方给付定金作为债权的担保。定金合同自实际交付定金时成立。定金的数额由合同当事人约定，但不能超过合同标的额的百分之二十，超过部分不产生定金的效力。实际交付的定金数额多于或者少于约定数额的，视为变更约定的定金数额。

债务人履行债务的，定金应当抵作价款或者收回。给付定金的一方不履行债务或者履行债务不符合约定，致使不能实现合同目的的，无权请求返还定金；收受定金的一方不履行债务或者履行债务不符合约定，致使不能实现合同目的的，应当双倍返还定金。当事人既约定违约金，又约定定金的，一方违约时，对方可以选择适用违约金或者定金条款。定金不足以弥补一方违约造成的损失的，对方可以请求赔偿超过定金数额的损失。

 **同步练习**

一、不定项选择

1. 2024 年 4 月 30 日，甲以手机短信形式向乙发出购买一台笔记本电脑的要约，乙于当日回短信同意要约。但由于"五一"期间短信系统繁忙，甲于 5 月 3 日才收到乙的短信，并因个人原因于 5 月 8 日才阅读乙的短信，后于 9 日回复乙"短信收到"。根据合同法律制度的规定，甲乙之间买卖合同的成立时间是（　）

A. 2024 年 4 月 30 日　　　　B. 2024 年 5 月 3 日

C. 2024 年 5 月 8 日　　　　D. 2024 年 5 月 9 日

2. 甲公司于 4 月 1 日向乙公司发出订购一批实木沙发的要约,要求乙公司于 4 月 8 日前答复。4 月 2 日,乙公司收到该要约。4 月 3 日,甲公司欲改向丙公司订购实木沙发,遂向乙公司发出撤销要约的信件,该信件于 4 月 4 日到达乙公司。4 月 5 日,甲公司收到乙公司的回复,乙公司表示暂无实木沙发,问甲公司是否愿意选购布艺沙发。根据合同法律制度的规定,甲公司要约失效的时间是 ( )

A. 4 月 3 日   B. 4 月 4 日

C. 4 月 5 日   D. 4 月 8 日

3. 甲公司向乙公司发出要约,要约明确指出乙公司如欲接受应在 2024 年 8 月 1 日前回复;乙公司于 2024 年 7 月 20 日通过丙快递公司发出承诺,但由于丙公司快递员投递失误,承诺于 2024 年 8 月 10 日方送达甲公司;此时,甲公司已将要约所述货物全部出售给丁公司,无货可供应乙公司,但甲公司未采取任何措施;乙公司久等无货,于 2024 年 9 月 15 日派人催货,甲公司以乙公司的承诺迟到为由予以拒绝,乙公司不服。根据合同法律制度的规定,下列表述中,正确的是 ( )

A. 合同已经生效,甲公司应向乙公司承担违约责任

B. 合同已经生效,但甲公司无须向乙公司承担违约责任

C. 合同尚未生效,甲公司无须向乙公司承担任何责任

D. 合同尚未生效,但甲公司应赔偿乙公司所受损失

4. 根据《民法典》的规定,下列各项中属于可撤销合同的是 ( )

A. 一方以欺诈的手段订立合同

B. 限制民事行为能力人与他人订立的纯获利益的合同

C. 违反法律强制性规定的合同

D. 因重大误解订立的合同

5. 甲是乙公司采购员,已离职。丙公司是乙公司的客户,已被告知甲离职的事实,但当甲持乙公司盖章的空白合同书,以乙公司名义与丙公司洽购 100 吨白糖时,丙公司仍与其签订了买卖合同。根据合同法律制度的规定,下列表述中,正确的是 ( )

A. 甲的行为构成无权代理,合同效力待定

B. 甲的行为构成无权代理,合同无效

C. 丙公司有权在乙公司追认合同之前,行使撤销权

D. 丙公司可以催告乙公司在 30 日内追认,乙公司未作表示,合同有效

6. 甲、乙双方签订一份煤炭买卖合同，约定甲向乙购买煤炭 1000 吨，甲于 4 月 1 日向乙支付全部煤款，乙于收到煤款半个月后装车发煤。3 月 31 日，甲调查发现，乙的煤炭经营许可证将于 4 月 15 日到期，目前煤炭库存仅剩 700 余吨，且正加紧将库存煤炭发往别处。甲遂决定暂不向乙付款，并于 4 月 1 日将暂不付款的决定及理由通知了乙。根据合同法律制度的规定，下列表述中，正确的是（　　）

A. 甲无权暂不付款，因为在乙的履行期届至之前，无法确知乙将来是否会违约

B. 甲无权暂不付款，因为甲若怀疑乙届时不能履行合同义务，应先通知乙提供担保，只有在乙不能提供担保时，甲方可中止履行己方义务

C. 甲有权暂不付款，因为甲享有先履行抗辩权

D. 甲有权暂不付款，因为甲享有不安抗辩权

7. 甲对乙享有 50 000 元债权，已到清偿期限，但乙一直宣称无能力清偿欠款。甲经调查发现，乙对丁享有 3 个月后到期的 7000 元债权，戊因赌博欠乙 8000 元；另外，乙在半年前发生交通事故，因事故中的人身伤害对丙享有 10 000 元债权，因事故中的财产损失对丙享有 5000 元债权。乙无其他可供执行的财产，乙对其享有的债权都怠于行使。根据《民法典》合同编的规定，下列各项中，甲不可以代位行使的债权有（　　）

A. 乙对丁的 7000 元债权　　　　B. 乙对戊的 8000 元债权

C. 乙对丙的 10 000 元债权　　　D. 乙对丙的 5000 元债权

8. 甲商场与生产月饼的乙公司在中秋节前签订了月饼销售合同。合同约定乙公司在中秋节之前应当向甲商场交付 100 箱月饼，甲商场货到付款。由于市场对月饼的需求量极大，乙公司生产的月饼一直供不应求，所以未对甲商场供货。中秋节过后两天，乙公司向甲商场运送了 100 箱月饼，并要求甲商场按照合同约定立即付款。甲商场当场表示解除合同，并拒绝签收货物与付款。下列说法正确的是（　　）

A. 甲商场的行为不合法，因为乙公司只是迟延履行罢了

B. 甲商场的行为合法，因为其行使的是同时履行抗辩权

C. 甲商场的行为合法，因为乙公司履行迟延致使合同目的不能实现

D. 甲商场的行为不合法，因为乙公司虽然迟延履行，但甲商场并未依法进行催告

9. 甲、乙签订一份买卖合同，约定乙将一台设备卖给甲，双方约定了交

货时间和地点。当乙依约交货时，发现甲下落不明，于是乙将该设备提存，提存后发生洪水，该设备毁损严重。之后，甲出现，要求乙履行交货义务。根据合同法律制度的规定，下列表述中，不正确的是（　　）

A. 提存费用由甲负担

B. 设备毁损的风险由甲承担

C. 甲无权再要求乙履行交货义务

D. 甲领取提存物的权利，自提存之日起 5 年内不行使而消灭

10. 甲公司向乙公司订购一台生产设备，乙公司委托其控股的丙公司生产该设备并交付给甲公司。甲公司在使用该设备时发现存在严重的质量问题。根据合同法律制度的规定，下列关于甲公司权利的表述中，正确的是（　　）

A. 甲公司有权请求乙公司承担违约责任

B. 甲公司有权请求丙公司承担违约责任

C. 甲公司有权请求乙、丙公司连带承担违约责任

D. 甲公司有权请求乙、丙公司按照责任大小按份承担违约责任

二、简答题

1. 简述合同的订立程序。
2. 试述合同的主要内容。
3. 如何理解格式条款的法律规定？
4. 简述无效合同的具体类型。
5. 简述合同解除规则的适用。
6. 试述承担违约责任的具体方式。

三、案例分析

原告张某某的女儿张小某，出生于 2011 年，为小学五年级学生。张小某于 2022 年 4 月 19 日晚上在原告不知情的情况下使用原告的手机通过某直播平台，在主播诱导下通过原告支付宝账户支付给被告某数码科技有限公司经营的"某点卡专营店"5949.87 元，用于购买游戏充值点卡，共计 4 笔。该 4 笔交易记录发生在 2022 年 4 月 19 日 21 时 07 分 53 秒至 2022 年 4 月 19 日 21 时 30 分 00 秒。原告认为，张小某作为限制民事行为能力人使用原告手机在半个小时左右的时间从被告处购买游戏充值点卡达到 5949.87 元，并且在当天相近时间段内向其他游戏点卡网络经营者充值及进行网络直播打赏等消费 10 余

万元，显然已经超出与其年龄、智力相适宜的范围，被告应当予以返还，遂诉至法院请求被告返还充值款 5949.87 元。❶

根据案例分析未成年人超出其年龄智力程度购买游戏点卡行为的法律效力。

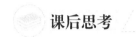 **课后思考**

格式条款与免责条款

格式条款和免责条款都是我们生活中十分常见且重要的条款。格式条款又称为标准条款，是指当事人为了重复使用而预先拟定并在订立合同时未与对方协商的条款。保险合同、拍卖成交确认书等，都包含格式条款。格式条款有两个突出的特点：第一，格式条款总是一方（即提供商品或服务的企业）预先拟定的；第二，不与（或未与）合同对方当事人进行磋商。

免责条款是指当事人约定的用以免除或限制其未来合同责任的条款。免责条款常被合同一方当事人写入合同或格式合同之中，作为明确或隐含的意思表示，以获得另一方当事人的承诺，使其发生法律效力。就其本意讲是指合同中双方当事人在订立合同或格式合同提供者提供格式合同时，为免除或限制一方或者双方当事人责任而设立的条款。因此，免责条款以限制或免除当事人未来责任为目的，属于民事法律行为。免责条款具有如下特点。

第一，免责条款是一种合同条款，它是合同的组成部分。因此，许多国家的法律规定，任何企图援引免责条款免责的当事人必须首先证明该条款已经构成合同的一部分，否则其无权援引该免责条款。

第二，免责条款是事先约定的。当事人约定免责条款是为了减轻或免除其未来发生的责任，因此只有在责任发生以前由当事人约定且生效的免责条款，才能使当事人的责任减轻或免除。若在责任产生以后，当事人之间通过和解协议减轻责任，则与达成免责条款是有本质区别的。

第三，免责条款旨在免除或限制当事人未来所应负的责任。基于不同的目的，免责条款可以分为两类。一是限制责任条款，即将当事人的法律责任限制在某种范围内的条款。例如，在合同中规定，卖方的赔偿责任不超过货

❶ 最高人民法院 2022 年网络消费典型案例，https://www.court.gov.cn/zixun-xiangqing-393481.html。

款的总额。二是免除责任条款，如某些商店在其柜台上标明"货物出门，恕不退换"就属于免除责任条款。严格地说，限制和免除责任的条款还是有区别的。在一般情况下，法律对免除责任条款的有效条件比对限制责任条款的有效条件要求更为严格。但是，由于免除责任条款和限制责任条款都是为了排除当事人未来的责任，因此，对这两种条款在理论上并没有作严格区别，一般将其统称为"免责条款"。

第五章　反不正当竞争与反垄断法律制度

引例

腾讯科技（成都）有限公司（以下简称"腾讯成都公司"）是《王者荣耀》游戏著作权人，并授权深圳市腾讯计算机系统有限公司（以下简称"深圳腾讯公司"）独家运营该游戏。该游戏向用户提供免费下载，用户协议要求实名制登记，并不得将账号提供给他人做代练代打等商业性使用。游戏配有"防沉迷"措施，未成年人仅能在国家新闻出版署规定的时间段内登录游戏。佛山市南海区北笙网络科技有限责任公司（以下简称"北笙公司"）运营的"代练帮APP"以"发单返现金"、设立专区的形式引诱包括未成年人在内的用户通过其平台进行商业化的游戏代练交易并从中获得收益。接单者可以非真实身份登录涉案游戏，未成年人亦可接单获得他人的游戏账号绕开"防沉迷"机制进入游戏并赚取费用。"代练帮APP"通过"安全保证金"等方式保障交易，从中抽取一定比例作为平台收益。

试分析：北笙公司的行为是否构成不正当竞争行为？

第一节　反不正当竞争法

一、不正当竞争行为的概念和特征

（一）不正当竞争行为的概念

不正当竞争行为是指经营者在生产经营活动中违反法律规定，扰乱市场竞争秩序，损害其他经营者或者消费者的合法权益的行为。其中，经营者是指从事商品生产、经营或者提供服务的自然人、法人和非法人组织。

（二）不正当竞争行为的特征

1. 主体的特定性

不正当竞争行为的主体是经营者。非经营者不是竞争行为的主体，所以也不能成为不正当竞争行为的主体。

2. 行为的违法性

不正当竞争行为违背了自愿、平等、公平、诚信的原则，违反了法律和商业道德。

3. 后果的危害性

不正当竞争行为的危害性后果主要表现为侵犯了其他经营者的合法权益、消费者的利益，破坏了公平的市场竞争秩序。

二、反不正当竞争法的概念和调整对象

反不正当竞争法，是指调整在维护公平竞争、制止不正当竞争行为中发生的社会关系的法律规范的总称。

为保障社会主义市场经济的健康发展，鼓励和保护公平竞争，保护经营者的合法权益，我国于 1993 年 9 月通过了《中华人民共和国反不正当竞争法》（以下简称《反不正当竞争法》），并于同年 12 月 1 日正式施行，分别于 2017 年 11 月及 2019 年 4 月进行了两次修订。2023 年 12 月 21 日，《反不正当竞争法》修订草案提请十四届全国人大常委会第十三次会议审议。

【知识拓展】

反不正当竞争法与反垄断法的关系

联系：同属竞争法范畴，二者相互配合、相互补充，共同规范经营者的竞争行为，维护市场秩序。

区别：反不正当竞争法重在制止和纠正"竞争过度行为"，以恢复公平的市场竞争状态；反垄断法重在防止和打破市场垄断行为，为"竞争不足"注入竞争活力。

三、不正当竞争行为的具体表现形式

（一）商业混淆行为

1. 商业混淆行为的概念

混淆行为是指经营者使用与他人相同或相似的商业标识，致使自己的商品或服务与他人的商品或服务产生混淆、造成购买者误认误购、减损他人商业标识的市场价值的行为。

2. 商业混淆行为的特征

①商业混淆行为的目的是开展竞争。商业混淆行为是经营者不正当地变他人竞争优势为自己竞争优势的一种手段。不具有竞争目的或与市场竞争无关的混淆行为，不属于反不正当竞争法所规制的范围。

②商业混淆行为的表现形式是冒用或仿用他人的商业标识。具体来看，商业混淆行为包括两类：一是冒用行为，未经权利人许可，擅自使用他人的商业标识；二是仿用行为，模仿或比照他人的商业标识。

③商业混淆行为的后果是产生市场混淆或淡化他人商业标识。商业混淆行为一般会产生三个方面的危害后果：一是可能导致他人将此商品误认为彼商品引起商品来源的混淆；二是可能导致大众误以为商品的生产经营者及服务的提供者与他人存在关联关系；三是搭了他人的便车或淡化了他人商业标识的区别性。

④商业混淆行为在本质上具有欺骗性。商业混淆行为采用冒用或者仿用他人商业标识的方式，混淆自己的产品或服务与特定竞争对手或其他经营者的产品或服务的界线，冒充他人产品或服务，搭名牌产品的便车，盗用他人商业信誉和商品商誉，导致消费者误认误购、上当受骗。

3. 商业混淆行为的表现形式

①擅自使用与他人有一定影响的商品名称、包装、装潢等相同或者近似的标识。这类行为要求被仿冒的商品必须是有一定影响的商品名称、包装、装潢等相同或者近似的标识；被仿冒或假冒的商品名称、包装、装潢为有影响商品所特有；经营者的手段必须是擅自做相同或者近似的使用。擅自使用，是指未经所有权人的许可而自行使用其商品的名称、包装、装潢。

②擅自使用他人有一定影响的企业名称（包括简称、字号等），社会组织名称（包括简称等），姓名（包括笔名、艺名、译名等）。

③擅自使用他人有一定影响的域名主体部分、网站名称、网页等。经营者擅自使用有一定影响的域名主体部分、网站名称、网页等行为，也会引人误认为是他人商品，从而给消费者和其他经营者利益造成损害，构成不正当竞争行为。

④其他足以引人误认为是他人商品或者与他人存在特定联系的混淆行为。经营者实施的其他所有容易引人误认为是他人商品或者与他人存在特定联系的混淆行为。

4. 商业混淆行为的法律责任

①行政责任。经营者违反《反不正当竞争法》第六条规定实施混淆行为的，由监督检查部门责令停止违法行为，没收违法商品。违法经营额五万元以上的，可以并处违法经营额五倍以下的罚款；没有违法经营额或者违法经营额不足五万元的，可以并处二十五万元以下的罚款；情节严重的，吊销营业执照。

②民事责任。经营者违反《反不正当竞争法》规定，给他人造成损害的，应当依法承担民事责任。经营者的合法权益受到不正当竞争行为损害的，可以向人民法院提起诉讼。因不正当竞争行为受到损害的经营者的赔偿数额，按照其因被侵权所受到的实际损失确定；实际损失难以计算的，按照侵权人因侵权所获得的利益确定。经营者恶意实施侵犯商业秘密行为，情节严重的，可以在按照上述方法确定数额的一倍以上五倍以下确定赔偿数额。赔偿数额还应当包括经营者为制止侵权行为所支付的合理开支。

【典型案例】❶

2018年1月18日，四川省内江市工商行政管理局在接到黄老五食品股份有限公司举报后，对资中县某食品公司进行检查时发现，该公司生产的"王老五"原味和椒盐味花生酥与黄老五食品股份有限公司生产的"黄老五"原味和椒盐味花生酥外包装、装潢近似。随即，执法人员对现场涉嫌不正当竞争的80箱"王老五"花生酥进行了查封。后经调查，涉案食品公司于2017年开始自行设计"王老五"原味和椒盐味花生酥外包装纸，并委托成都某食品包装公司进行生产。截至2018年1月18日，该公司使用两种外包装纸生产花生酥323箱，除被查封的80箱外，其余243箱销往成都。此外，该公司还

❶ 四川首例！王老五模仿黄老五，涉不正当竞争被罚10.4万 [EB/OL].（2018-03-21）[2024-09-09]. https://baijiahao.baidu.com/s?id=1595547606762069869&wfr=spider&for=pc.

在网店销售混淆包装的花生酥 52 袋，违法经营额共 5.19 万元。据调查，和"黄老五"外包装相比，"王老五"的外包装也是枕式包装，布局基本相同，除代言人不同、红色字体和底色修改为蓝色外，商标凸显位置、代言人位置布局、产品口味等特征一致，相似度很高。"黄老五"花生酥是四川名牌产品，"黄老五"也是四川省著名商标，其在川渝地区为公众熟知，在全国也有较高的知名度。"王老五"花生酥主要销售地区在成都。

问题："王老五"的行为构成商业混淆行为吗？

解析：构成。"王老五"原味和椒盐味花生酥与黄老五食品股份有限公司生产的"黄老五"原味和椒盐味花生酥外包装、装潢近似，"王老五"产品与该区域销售的"黄老五"产品极易产生混淆，构成不正当竞争中的商业混淆行为。

（二）商业贿赂行为

1. 商业贿赂行为的概念

商业贿赂行为是指经营者在市场交易过程中，通过给付财物或者提供其他利益等手段，收买、利诱对交易有决定权或决定性影响的人，以获取交易机会或竞争优势的行为。

2. 商业贿赂行为的特征

①商业贿赂的主体包括行贿人和受贿人。商业贿赂包括商业行贿和商业受贿两种形式。因此，商业贿赂的主体既包括行贿人，也包括受贿人。

②商业贿赂的目的是获取交易机会和竞争优势。经营者进行商业贿赂是为了销售或购买商品，或者获得有利的交易条件，从而扩大市场份额、增加利润、获取竞争优势。商业贿赂这一特定的商业目的使其与其他贿赂区别开来。

③商业贿赂的行为方式是给付财物或提供其他利益。给付财物是商业贿赂最主要的方式。这里的财物，指现金和实物，通常表现为现金回扣、酬金、金银首饰、各类艺术品等，还包括经营者为销售或购买商品，假借促销费、宣传费、赞助费、科研费、劳务费、咨询费、佣金等名义，或者以报销各种费用等方式，给付对方单位、个人及相关人员的金钱或实物。提供的其他利益泛指现金和实物以外的各种利益，如提供免费旅游、昂贵宴席等。

④商业贿赂行为具有一定的隐蔽性。在商业贿赂中，贿赂双方当事人实际上是在进行一种不正当的利益交易，他们总是以秘密的方法进行暗中交易。

其付款手段一般相当隐蔽，常利用银行的秘密账户或假公司户头，编制假账目，秘密支付贿金。即使其他利益的提供，也多以各种合法的外部形式做掩护，从而使商业贿赂行为在查处上具有一定的难度。

【知识拓展】

折扣、佣金、回扣的区别

折扣是指购销商品时价款总额按一定比例地扣除，即俗称的"打折"，在支付价款时立即扣除或者是先支付价款总额再退回一部分。佣金是指具有独立地位的中间商，如经纪人等为他人提供商业服务，撮合交易而得到的报酬。折扣和佣金在商品购销中是允许的，但给予和接受折扣或佣金的交易双方必须采用明示和入账的方式。回扣是在商品交易中，一方在收取的货款中扣出一部分送给对方或其委托代理人（指经办人）的钱财。回扣在形式上通常由卖方支付，用以酬谢买方或其委托代理人。但某些情况下也可能由买方支付给卖方或其代理人，如购买紧俏产品时，常出现这种情况，表现形式主要是"账外暗中"，这种回扣往往以各种名目出现，诸如手续费、好处费、劳务费、辛苦费、茶水费、咨询费、顾问费等。综上所述，折扣和佣金在合规的情况下是合法的商业行为，而回扣则因其往往具有隐蔽性和不正当性，多被视为商业贿赂行为。正确区分折扣、佣金与回扣，有效制裁商业贿赂行为，有利于维护经济秩序，保障社会经济健康发展。

3. 商业贿赂行为的表现形式

经营者不得采用财物或者其他手段贿赂下列单位或者个人，以谋取交易机会或者竞争优势：①交易相对方的工作人员；②受交易相对方委托办理相关事务的单位或者个人；③利用职权或者影响力影响交易的单位或者个人。

4. 商业贿赂行为的法律责任

经营者违反《反不正当竞争法》第七条规定贿赂他人的，由监督检查部门没收违法所得，处十万元以上三百万元以下的罚款。情节严重的，吊销营业执照。

（三）虚假或引人误解的商业宣传行为

1. 虚假或引人误解的商业宣传行为的概念

虚假宣传行为是指经营者对商品的性能、功能、质量、销售状况、用户评价、曾获荣誉等作虚假或者引人误解的商业宣传，欺骗、误导消费者的行为。经营者不得通过组织虚假交易等方式，帮助其他经营者进行虚假或者引人误解的商业宣传。

2. 虚假或引人误解的商业宣传行为的特征

①虚假或引人误解的商业宣传行为发生在商业活动中，与市场竞争密切相关。

②虚假或引人误解的商业宣传行为的主体是进行商品或服务宣传的经营者，可以是广告经营者，还可以是以广告以外的其他方法进行虚假或引人误解的商业宣传行为的其他经营者。

③虚假或引人误解的商业宣传行为的内容主要针对商品或服务的基本要素，涉及商品的质量、功能、制作成分、性能、用途、生产者、有效期限、销售状况、用户评价、产地、荣誉、价格，以及经营者所提供服务的质量、形式、特征等。

④虚假或引人误解的商业宣传行为会产生引人误解的后果，这种后果可能是已经发生的致人误认误购的现实情况，也可能是足以引起消费者或用户误认误购的可能性。

【典型案例】❶

上海汉涛信息咨询有限公司（以下简称"汉涛公司"）运营的"大众点评网"是一个为用户提供商户信息、消费点评及消费优惠等信息服务的本地生活信息及交易平台，平台点评规则要求用户发布信息时，应确保信息的真实性、客观性、合法性。伍某经营的食味先（深圳）餐饮管理有限公司（以下简称"食味先公司"）系一家代运营公司，其通过刷虚假交易、虚假好评等方式帮助大众点评平台内经营者快速提高评分、星级，以获取平台流量。汉涛公司以食味先公司的前述行为构成商标侵权及不正当竞争为由提起本案诉讼。

问题：根据《反不正当竞争法》的规定，该行为是否构成不正当竞争行为？

解析：构成。食味先公司采用虚假交易、"刷好评炒信"等方式帮助大众点评平台内经营者进行虚假商业宣传，快速提高经营者在大众点评平台的排

---

❶ 最高人民法院. 最高法发布 2023 年人民法院反垄断和反不正当竞争典型案例［EB/OL］. （2023-09-14）［2024-09-09］. https://baijiahao.baidu.com/s?id=1776977242526265492&wfr=spider&for=pc.

名及星级，违反平台评价规则，影响平台信用体系，对平台商业模式的正常发展产生不利影响，该行为构成虚假宣传的不正当竞争行为。

3. 虚假或者引人误解的商业宣传行为的法律责任

经营者违反《反不正当竞争法》第八条规定对其商品作虚假或者引人误解的商业宣传，或者通过组织虚假交易等方式帮助其他经营者进行虚假或者引人误解的商业宣传的，由监督检查部门责令停止违法行为，处二十万元以上一百万元以下的罚款；情节严重的，处一百万元以上二百万元以下的罚款，可以吊销营业执照。

（四）侵犯商业秘密行为

1. 商业秘密的概念

商业秘密是指不为公众知悉，具有商业价值并经权利人采取相应保密措施的技术信息和经营信息。商业秘密是一类特殊的知识产权客体，它既不同于专利、商标等知识产权的一般客体，又区别于政治秘密、个人隐私等一般秘密。

2. 商业秘密的构成要件

①不为公众所知悉，未进入公知领域，不能从公开渠道直接获取。具有下列情形之一的，可以认定有关信息不构成不为公众所知悉：该信息为其所属技术或者经济领域的人的一般常识；该信息仅涉及产品的尺寸、材料、部件的简单组合等内容；进入市场后相关公众通过观察产品即可直接获得；该信息已经在公开出版物或者其他媒体上公开披露；该信息已通过公开的报告会、展览等方式公开；该信息从其他公开渠道可以获得；该信息无须付出一定的代价而容易获得。

②具有商业价值，因使用为其带来现实或潜在的经济利益或竞争优势。

③权利人采取了合理的保密措施。具有下列情形之一，在正常情况下足以防止涉密信息泄露的，应当认定权利人采取了保密措施：限定涉密信息的知悉范围，只对必须知悉的相关人员告知其内容；对于涉密信息载体采取加锁等防范措施；在涉密信息的载体上标有保密标志；对于涉密信息采用密码或者代码等；签订保密协议；对涉密的机器、厂房、车间等场所限制来访者或者提出保密要求；确保信息秘密的其他合理措施。

3. 侵犯商业秘密行为的表现形式

①以盗窃、贿赂、欺诈、胁迫、电子侵入或者其他不正当手段获取权利人的商业秘密。

②披露、使用或者允许他人使用以前项手段获取的权利人的商业秘密。

③违反保密义务或者违反权利人有关保守商业秘密的要求，披露、使用或者允许他人使用其所掌握的商业秘密。

④教唆、引诱、帮助他人违反保密义务或者违反权利人有关保守商业秘密的要求，获取、披露、使用或者允许他人使用权利人的商业秘密。经营者以外的其他自然人、法人和非法人组织实施所列违法行为的，视为侵犯商业秘密。

⑤第三人明知或者应知商业秘密权利人的员工、前员工、其他单位或者个人实施第①项所列违法行为，仍获取、披露、使用或者允许他人使用该商业秘密的，视为侵犯商业秘密。

4. 侵犯商业秘密行为的法律责任

经营者及其他自然人、法人和非法人组织违反《反不正当竞争法》第九条规定侵犯商业秘密的，由监督检查部门责令停止违法行为，没收违法所得，处十万元以上一百万元以下的罚款；情节严重的，处五十万元以上五百万元以下的罚款。

【知识拓展】

商业秘密与知识产权的异同点

1. 商业秘密的前提是不为公众所知悉，而其他知识产权都是公开的，对专利权甚至有公开到相当程度的要求。

2. 商业秘密是一项相对的权利。商业秘密的专有性不是绝对的，不具有排他性。如果其他人以合法方式取得了同一内容的商业秘密，他们就和第一个人有着同样的地位。商业秘密的拥有者既不能阻止在他之前已经开发掌握该信息的人使用、转让该信息，也不能阻止在他之后开发掌握该信息的人使用、转让该信息。

3. 商业秘密的保护期不是法定的，取决于权利人的保密措施和其他人对此项秘密的公开。一项技术秘密可能由于权利人保密措施得力和技术本身的

应用价值而延续很长时间，远远超过专利技术受保护的期限。❶

【典型案例】❷

科美博阳诊断技术（上海）有限公司（以下简称"博阳公司"）系"光激化学发光分析系统通用液"技术秘密权益人。博阳公司前员工程某离职后进入成都爱兴生物科技有限公司（以下简称"爱兴公司"），并向爱兴公司披露前述技术秘密。爱兴公司使用前述技术秘密生产体外诊断试剂盒并予销售。博阳公司以程某、爱兴公司前述行为构成对其技术秘密权益的侵害为由提起本案诉讼。问题：根据《反不正当竞争法》的规定，该行为是否构成不正当竞争行为？

解析：构成。权利人从其不为公众所知的工艺规程、质量控制标准等技术文件中合理提炼出的技术方案，只要不为社会公众普遍知悉和容易获得，即可作为技术秘密予以保护。博阳公司主张以八个完整的技术方案作为技术秘密予以保护。经审查，其中的微粒变异（CV）值、粒径等技术信息在相关技术文件中均有对应记载，博阳公司结合本领域的现有技术、公知常识，能够合理总结与提炼出上述技术方案，可以作为技术秘密予以保护。因此，程某、爱兴公司的行为构成侵犯商业秘密的不正当竞争行为。

（五）不正当有奖销售行为

1. 不正当有奖销售行为的概念

不正当有奖销售行为指经营者在销售商品或提供服务时，以欺骗或者其他不正当手段，附带提供给用户和消费者金钱、实物或其他好处，作为对交易的奖励。

2. 不正当有奖销售行为的表现形式

①所设奖的种类、兑奖条件、奖金金额或者奖品等有奖销售信息不明确，影响兑奖。

②采用谎称有奖或者故意让内定人员中奖的欺骗方式进行有奖销售。

③抽奖式的有奖销售最高奖金额超过五万元（以非现金的物品或者其他经济利益作为奖励的，按照同期市场同类商品或者服务的正常价格折算其金

---

❶ 发明专利权的期限为二十年，实用新型专利权和外观设计专利权的期限为十年，均自申请日起计算。

❷ 杨国明. 经济法律法规［M］. 北京：北京交通大学出版社，2009：197.

额）的行为。

3. 不正当有奖销售行为的法律责任

经营者违反《反不正当竞争法》第十条规定进行有奖销售的，由监督检查部门责令停止违法行为，处五万元以上五十万元以下的罚款。

（六）商业诋毁行为

1. 商业诋毁行为的概念

商业诋毁行为是指经营者捏造、散布虚假事实，损害竞争对手的商誉，从而削弱其竞争力，为自己取得竞争优势的行为。

2. 商业诋毁行为的构成要件

①行为的主体是市场经营活动中的经营者。

②经营者采用了编造、散布虚假事实的手段实施了诋毁商誉的行为。

③诋毁行为是针对一个或多个特定竞争对手的商业信誉和商品声誉。

④经营者对其他竞争者进行诋毁，其目的是损害对方的商誉，主观心态是故意的。

3. 商业诋毁行为的法律责任

经营者违反《反不正当竞争法》第十一条规定损害竞争对手商业信誉、商品声誉的，由监督检查部门责令停止违法行为、消除影响，处十万元以上五十万元以下的罚款；情节严重的，处五十万元以上三百万元以下的罚款。

【典型案例】❶

2012年广州医药集团有限公司（以下简称"广药集团"）收回"王老吉"商标后，加多宝（中国）饮料食品有限公司（以下简称"加多宝公司"）、王某邦第五代玄孙王某仪先后发表声明、播放"传人篇"广告，称"加多宝凉茶传承王某仪独家配方""从未传授王老吉秘方给广药集团""王某邦后人将配方独家传授给加多宝"，多次误导消费者对"王老吉"的正宗性产生误解，使消费者认为广药集团没有"王老吉"正宗配方，"王老吉"凉茶使用的不是"王老吉"正宗配方。

问题：根据《反不正当竞争法》的规定，该行为构成不正当竞争行为吗？

---

❶ 唐贵江. 王老吉加多宝凉茶配方案终审判决：王老吉胜诉［EB/OL］. （2016-07-20）［2024-09-09］. https://www.chinacourt.org/article/detail/2016/07/id/2024548.shtml.

解析：构成，是诋毁商誉行为，2015 年 12 月 23 日，广州市中级人民法院对王老吉加多宝"配方案"作出一审判决，加多宝公司立即停止虚假宣传及商业诋毁的侵权行为，并赔偿王老吉大健康有限公司经济损失及合理维权费用 500 万元。同时，还需在《广州日报》及加多宝集团官网首页刊登声明并道歉。

（七）网络不正当竞争行为

1. 网络不正当竞争行为的概念

网络不正当竞争行为是指经营者利用网络从事生产经营活动，不得利用技术手段，通过影响用户选择或者其他方式，实施妨碍、破坏其他经营者合法提供的网络产品或者服务正常运行的行为。

2. 网络领域不正当竞争行为的分类

网络领域的传统不正当竞争行为是指经营者利用网络但未使用网络专业技术手段实施的不正当竞争行为。这类不正当竞争行为是传统不正当竞争行为在网络领域的延伸。例如，利用网络实施混淆、虚假宣传、商业诋毁等不正当竞争行为。

网络领域特有的不正当竞争行为是指经营者利用网络专业技术手段，通过影响用户选择或者其他方式实施的妨碍、破坏其他经营者合法提供的网络产品或者服务正常运行的行为。具体包括以下四种。

①未经其他经营者同意，在其合法提供的网络产品或者服务中，插入链接，强制进行目标跳转。

②误导、欺骗、强迫用户修改、关闭、卸载其他经营者合法提供的网络产品或者服务。

③恶意对其他经营者合法提供的网络产品或者服务实施不兼容。

④其他妨碍、破坏其他经营者合法提供的网络产品或者服务正常运行的行为。

3. 网络不正当竞争行为的法律责任

经营者违反《反不正当竞争法》第十二条规定，妨碍、破坏其他经营者合法提供的网络产品或者服务正常运行的，由监督检查部门责令停止违法行为，处十万元以上五十万元以下的罚款；情节严重的，处五十万元以上三百万元以下的罚款。

第二节　反垄断法

一、垄断与反垄断法

（一）垄断的概念

1. 经济学意义上的垄断

经济学著述中所称的垄断有三层含义：一是最狭义的垄断，即独占；二是狭义的垄断，是指除完全竞争之外所有的市场结构，包括垄断竞争、寡占和独占；三是广义的垄断，既指垄断结构，也指垄断行为。

2. 法律意义上的垄断

法律意义上的垄断具有如下特征：一是仅指垄断行为，不包括垄断结构。二是指行为的主体是经营者或其利益的代表者，经营者是以营利为目的提供商品或服务的组织或个人，是垄断案件中最常见的主体；行业协会、行政机关或根据法律法规授权享有公共管理权力的其他组织，也会成为垄断行为的主体。三是行为目的或后果是排除或限制竞争、牟取超额利益，排除竞争或限制竞争是垄断的核心特征。四是行为应当具有违法性。如果依法不构成垄断或者具备适用除外的条件，则不是法律意义上的垄断。

简言之，垄断是指经营者或其利益的代表者排除或限制竞争的违法行为。

（二）反垄断法的概念

反垄断法是调整在国家规制垄断过程中所发生的社会关系的法律规范的总称。反垄断法有实质意义和形式意义之分。实质意义的反垄断法，是由反垄断法律规范所构成的，是部门法意义上的反垄断法；形式意义的反垄断法，是指一国规制垄断行为的基本法律。我国形式意义的反垄断法是指 2007 年 8 月制定并于 2008 年 8 月 1 日执行的《反垄断法》，后于 2022 年 6 月 24 日进行了修正。2024 年 6 月 24 日，最高人民法院发布新的反垄断民事诉讼司法解释。

二、反垄断法的作用及规制对象

（一）反垄断法的作用

1. 反垄断法主要规制垄断行为

与反不正当竞争行为侧重维护公正、公平与正当，维持竞争秩序与竞争道德不同，反垄断法更强调自由，旨在使竞争恢复到正常状态。反垄断法的目的重在维护竞争活力，以规制垄断行为和限制竞争的行为为内容。

2. 反垄断法保障企业自由和消费者利益

反垄断法通过规制妨碍自由权利行使的行为并予以打击来保证企业自由地进入或退出某一产业，不受非法排斥。企业间协议固定产品价格或限制产品数量、划分市场等限制竞争行为都会使消费者利益受损，反垄断法对此加以禁止，实际上起到保护消费者利益的作用。

3. 反垄断法提高经济效率

反垄断即促进竞争，充分竞争能够更好地实现资源优化配置，在一定程度上提高经济效率。

（二）反垄断法的规制对象

反垄断法的规制对象包括垄断协议、滥用市场支配地位、经营者集中和行政性垄断。

此外，根据《反垄断法》第九条的规定，经营者不得利用数据和算法、技术、资本优势及平台规则等从事本法禁止的垄断行为。

（三）反垄断法的适用例外制度

①自然垄断行业，铁路、邮电、电力、煤气、自来水等；②农业生产者及农村经济组织在农产品生产、加工、销售、运输、储存等经营活动中实施的联合或者协同行为，不适用反垄断法；③知识产权的行使；④银行业、保险业（避免过度竞争）；⑤对外经济贸易领域，为了保护本国的经济利益，采用一致对外的原则。

三、垄断行为的具体表现形式

（一）垄断协议

1. 垄断协议的概念

垄断协议是指排除、限制竞争的协议、决定或其他协同行为。这里的协议是指两个或者两个以上的经营者通过书面协议或者口头协议的形式，就排除、限制竞争的行为达成一致意见；决定是指企业集团或者其他形式的企业联合体以决定的性质，要求其成员企业共同实施的排除、限制竞争的行为；其他协同行为是指经营者之间虽未明确订立协议或者决定，但实质上存在协调一致的行为。

2. 垄断协议特征

①垄断协议的实施主体是两个以上的独立经营者；②垄断协议的表现形式除书面协议或口头协议、决定外，还包括协同一致的行为；③垄断协议具有限制竞争的目的或产生限制竞争的效果。

3. 垄断协议的分类

（1）横向垄断协议

横向垄断协议是指在生产或者销售过程中处于同一阶段的经营者之间（如生产商之间、批发商之间、零售商之间）达成的协议。《反垄断法》规定，禁止具有竞争关系的经营者达成下列横向垄断协议：固定或者变更商品价格；限制商品的生产数量或者销售数量；分割销售市场或者原材料采购市场；限制购买新技术、新设备或者限制开发新技术、新产品；联合抵制交易；国务院反垄断执法机构认定的其他垄断协议。

［典型案例］❶

在 1962 年美国电力设备固定价格密谋案中，美国电力设备工业领域有 29 家电力设备制造公司就所经营的 20 多种不同产品的价格进行密谋，实施固定价格、操纵报价等行为，因而遭到指控。这些公司进行固定价格密谋的产品范围很广泛，既有诸如绝缘体和套管等小型器件，又有包括电力开关齿轮装配件、电力变压器和汽轮发电机等在内的大型设备，这些产品是用于电力发

---

❶ 吕明瑜. 竞争法教程［M］. 2 版. 北京：中国人民大学出版社，2015.

电、变压和输电的主要设备。这是一起典型的横向垄断协议案。

该案是美国反托拉斯史上的一个重要转折点，这主要是因为，与以往对固定价格的处理相比，这一次在许多地方是空前的。例如，对个人和公司的罚款总计达到 192.45 万美元，在这以前还从来没有判处过这么高的罚款；有 7 人被判处 30 天监禁，另有 24 人被判处缓刑，而从前也很少有公司的高级职员会因为违反反托拉斯法被判处监禁并服刑；买主们由于固定价格付出了过多的价格费用而寻求补偿，他们共在 35 个不同的联邦法院提起了 1880 起三倍损害赔偿诉讼，诉讼数量之多、索赔金额之高都是从来没有过的。据统计，威斯汀豪斯电气公司所付出的三倍损害赔偿费用可能已达 1.1 亿美元，电力总公司所支付的三倍损害赔偿费用已达 1.98 亿美元，这还不包括该公司因被提起诉讼而负担的各种法律事务上的开支和费用。

（2）纵向垄断协议

纵向垄断协议是指在生产或销售过程中处于不同阶段的经营者之间（如生产商和批发商之间、批发商与零售商之间）达成的协议。《反垄断法》规定，禁止经营者与交易相对人达成下列纵向垄断协议：固定向第三人转售商品的价格；限定向第三人转售商品的最低价格；国务院反垄断执法机构认定的其他垄断协议。

【典型案例】❶

2012 年以来，受塑化剂风波和禁酒令的影响，中国高端白酒在本应旺销的季节却遭遇销售的巨大困难，引发经销商竞相降价出货的态势。2012 年 12 月 18 日，茅台经销商大会在山东济南召开，为了稳定价格、维护品牌形象，贵州茅台酒股份有限公司（以下简称"茅台公司"）在会上强调经销商必须维持此前公司要求的销售价格，即"53 度飞天"零售价不能低于 1519 元，团购价不能低于 1400 元，任何经销商不得擅自降价。但很快就有经销商突破这一规定，降低价格进行销售。2013 年 1 月初，茅台公司对 3 家低价和跨区域经销的经销商予以处罚，并扣减 20% 的保证金，以及提出黄牌警告。

经调查，类似的情况同样在五粮液有限责任公司（以下简称"五粮液公司"）发生。2012 年 12 月，五粮液公司在对全国市场进行例行抽查时，发

---

❶ 此案例根据 2012 年 12 月至 2013 年 4 月人民网、中国经济网、新华社经济参考网等媒体的相关报道及贵州省物价局于 2013 年 2 月 22 日发布的公告内容编制而成。

现成都市场出现经销商违反此前限价与区域划分等规定，进行低价和跨区域销售五粮液。于是，根据相关合同约定，五粮液公司对违规经销商进行了一次大范围的通报处理。北京市糖业烟酒集团有限公司因出售到成都某酒类直供连锁超市的 29 箱 52 度新品五粮液而被全国通报批评一次，限该公司派专人 5 日内按照 838 元/瓶现场回购，对该公司扣除违约金 28 014 元；浙江商源共好贸易有限公司等 12 家经销商也被要求回购已售出的产品，并扣除保证金等。

针对茅台公司、五粮液公司对经销商的限价行为，国家发展和改革委员会于 2013 年 1 月启动反垄断调查，并于 2013 年 2 月 22 日分别对两家公司作出处罚决定。其中，对茅台公司处罚决定的主要内容为：茅台公司对全国经销商向第三人销售茅台酒的最低价格进行限定，违反了《反垄断法》第十四条的规定，为此处以罚款 2.47 亿元；对五粮液公司处罚决定的主要内容为：五粮液公司通过合同约定、价格管控、考核奖惩等方式，对经销商向第三人销售五粮液白酒的最低价格进行限定，对市场秩序产生了不利影响，对消费者的合法权益造成了损害，违反了《反垄断法》第十四条的规定，为此处以罚款 2.02 亿元。这是一起典型的纵向垄断协议案。

4. 垄断协议的法律责任

（1）行政责任

经营者违反《反垄断法》规定，达成并实施垄断协议的，由反垄断执法机构责令停止违法行为，没收违法所得，并处上一年度销售额百分之一以上百分之十以下的罚款；上一年度没有销售额的，处五百万元以下的罚款；尚未实施所达成的垄断协议的，可以处三百万元以下的罚款。经营者的法定代表人、主要负责人和直接责任人员对达成垄断协议负有个人责任的，可以处一百万元以下的罚款。

（2）组织或者帮助者的法律责任

经营者组织其他经营者达成垄断协议或者为其他经营者达成垄断协议提供实质性帮助的，适用行政责任的有关规定。

（3）宽恕制度

经营者主动向反垄断执法机构报告达成垄断协议的有关情况并提供重要证据的，反垄断执法机构可以酌情减轻或者免除对该经营者的处罚。

（4）行业协会的法律责任

行业协会违反《反垄断法》规定，组织本行业的经营者达成垄断协议的，由反垄断执法机构责令改正，可以处三百万元以下的罚款；情节严重的，社会团体登记管理机关可以依法撤销登记。

（5）民事责任

经营者实施垄断行为，给他人造成损失的，依法承担赔偿责任。

（6）信用惩戒责任

经营者因违反《反垄断法》规定受到行政处罚的，按照国家有关规定记入信用记录，并向社会公示。

（7）刑事责任

违反《反垄断法》规定，构成犯罪的，依法追究刑事责任。

以上民事责任、刑事责任、信用惩戒责任适用于所有的垄断行为，以下不再赘述。

（二）滥用市场支配地位

1. 市场支配地位的概念及考虑因素

（1）概念

市场支配地位，是指经营者在相关市场内具有能够控制商品价格、数量或者其他交易条件，或者能够阻碍、影响其他经营者进入相关市场能力的市场地位。相关市场，是指经营者在一定时期内就特定商品或者服务进行竞争的商品范围和地域范围。

（2）认定市场支配地位应当考虑的因素

认定经营者具有市场支配地位，应当依据下列因素：①该经营者在相关市场的市场份额，以及相关市场的竞争状况；②该经营者控制销售市场或者原材料采购市场的能力；③该经营者的财力和技术条件；④其他经营者对该经营者在交易上的依赖程度；⑤其他经营者进入相关市场的难易程度；⑥与认定该经营者市场支配地位有关的其他因素。

（3）可以推定具有市场支配地位的情形

可以推定具有市场支配地位的情形有三种：一个经营者在相关市场的市场份额达到二分之一的；两个经营者在相关市场的市场份额合计达到三分之二的；三个经营者在相关市场的市场份额合计达到四分之三的。有第二种、第三种规定的情形，其中有的经营者市场份额不足十分之一的，不应当推定该经营者具有市场支配地位；被推定具有市场支配地位的经营者，有证据证明不具有市场支配地位的，不应当认定其具有市场支配地位。

2. 滥用市场支配地位的行为的含义和基本特征

（1）概念

滥用市场支配地位的行为是指具有市场支配地位的经营者利用其市场支配地位所实施的妨碍竞争的行为。

（2）特征

滥用市场支配地位的主体是具有市场支配地位的经营者，行为的目的是维持或提高市场地位，后果是对市场竞争造成实质性损害或损害可能。

3. 滥用市场支配地位的具体表现形式

禁止具有市场支配地位的经营者从事下列滥用市场支配地位的行为：①以不公平的高价销售商品或者以不公平的低价购买商品；②没有正当理由，以低于成本的价格销售商品；③没有正当理由，拒绝与交易相对人进行交易；④没有正当理由，限定交易相对人只能与其进行交易或者只能与其指定的经营者进交易；⑤没有正当理由搭售商品，或者在交易时附加其他不合理的交易条件；⑥没有正当理由，对条件相同的交易相对人在交易价格等交易条件上实行差别待遇；⑦具有市场支配地位的经营者不得利用数据和算法、技术及平台规则等从事前款规定的滥用市场支配行为；⑧国务院反垄断执法机构认定的其他滥用市场支配地位的行为。

4. 滥用市场支配地位行为的法律责任

经营者违反《反垄断法》的规定，滥用市场支配地位的，由反垄断执法机构责令停止违法行为，没收违法所得，并处上一年度销售额百分之一以上百分之十以下的罚款。

（三）经营者集中

1. 经营者集中的概念

经营者集中，是指经营者通过合并、资产购买、股份购买、合同约定（联营、合营）、人事安排、技术控制等方式取得对其他经营者的控制权或者能够对其他经营者施加决定性影响的情形。其中，合并是最重要和最常见的一种经营者集中形式。

2. 经营者集中的类型

①经营者合并；②经营者控制。

3. 经营者集中的具体表现形式

①经营者合并；②经营者通过取得股权或者资产的方式取得对其他经营者的控制权；③经营者通过合同等方式取得对其他经营者的控制权；④经营者通过合同等方式取得对其他经营者的控制权施加决定性影响。其中，第一种表现为经营者合并，后三种表现为对经营者的控制。

4. 经营者集中的申报许可制度

（1）经营者集中的申报

经营者集中达到国务院规定的申报标准的，经营者应当事先向国务院反垄断执法机构申报，未申报的不得实施集中；经营者集中未达到国务院规定的申报标准，但有证据证明该经营者集中具有或者可能具有排除、限制竞争效果的，国务院反垄断执法机构可以要求经营者申报；经营者未依照前两款规定进行申报的，国务院反垄断执法机构应当依法进行调查。

（2）经营者集中的申报豁免

经营者集中有下列情形之一的，可以不向国务院反垄断执法机构申报：参与集中的一个经营者拥有其他每个经营者百分之五十以上有表决权的股份或者资产的；参与集中的每个经营者百分之五十以上有表决权的股份或者资产被同一个未参与集中的经营者拥有的。

（3）经营者集中申报需提交的材料

经营者向国务院反垄断执法机构申报集中，应当提交下列文件、资料：申报书；集中对相关市场竞争状况影响的说明；集中协议；参与集中的经营者经会计师事务所审计的上一会计年度财务会计报告；国务院反垄断执法机构规定的其他文件、资料。申报书应当载明参与集中的经营者的名称、住所、经营范围，约定实施集中的日期和国务院反垄断执法机构规定的其他事项。

（4）经营者集中申报资料补正

经营者提交的文件、资料不完备的，应当在国务院反垄断执法机构规定的期限内补交文件、资料。经营者逾期未补交文件、资料的，视为未申报。

5. 经营者集中的审查制度

审查经营者集中应当考虑的因素如下：参与集中的经营者在相关市场的市场份额及其对市场的控制力；相关市场的市场集中度；经营者集中对市场进入、技术进步的影响；经营者集中对消费者和其他有关经营者的影响；经营者集中对国民经济发展的影响；国务院反垄断执法机构认为应当考虑的影响市场竞争的其他因素。

（1）初步审查

国务院反垄断执法机构应当自收到经营者提交的符合《反垄断法》第二十三条规定的文件、资料之日起三十日内，对申报的经营者集中进行初步审查，作出是否实施进一步审查的决定，并书面通知经营者。国务院反垄断执法机构作出决定前，经营者不得实施集中。国务院反垄断执法机构作出不实施进一步审查的决定或者逾期未作出决定的，经营者可以实施集中。

（2）再审

国务院反垄断执法机构决定实施进一步审查的，应当自决定之日起九十日内审查完毕，作出是否禁止经营者集中的决定，并书面通知经营者。

（3）延期审查

国务院反垄断执法机构经书面通知经营者，可以延长初步审查和再审的审查期限，但最长不得超过六十日。

6. 经营者集中审查的结果

（1）禁止及其豁免

经营者集中具有或者可能具有排除、限制竞争效果的，国务院反垄断执法机构应当作出禁止经营者集中的决定。但是，经营者能够证明该集中对竞争产生的有利影响明显大于不利影响，或者符合社会公共利益的，国务院反垄断执法机构可以作出对经营者集中不予禁止的决定。

（2）附加限制性条件

对不予禁止的经营者集中，国务院反垄断执法机构可以决定附加减少集中对竞争产生不利影响的限制性条件。

（3）决定与公告

国务院反垄断执法机构应当将禁止经营者集中的决定或者对经营者集中附加限制性条件的决定，及时向社会公布。

7. 经营者集中的法律责任

经营者违反《反垄断法》的规定实施集中，且具有或者可能具有排除、限制竞争效果的，由国务院反垄断执法机构责令停止实施集中、限期处分股份或者资产、限期转让营业及采取其他必要措施恢复到集中前的状态，处上一年度销售额百分之十以下的罚款；不具有排除、限制竞争效果的，处五百万元以下的罚款。

【典型案例】❶

2008 年 9 月，在可口可乐公司向北京汇源饮料食品集团有限公司（以下简称"汇源公司"）发出收购要约后，商务部于 2008 年 9 月 18 日收到了可口可乐公司收购汇源公司的反垄断申报材料。此后，可口可乐公司又补交了四次材料。由于可口可乐公司与汇源公司在中国境内的营业额均超过了《反垄断法》中经营者集中的所有申报标准，因而，商务部根据我国《反垄断法》的相关规定，于 2008 年 11 月 20 日对该经营者集中进行了反垄断立案调查。商务部的具体审查内容主要涉及 6 个方面：（1）可口可乐公司和汇源公司在相关市场上的市场份额及其对市场的控制力；（2）该相关市场的集中度；（3）该经营者集中对市场进入、技术进步的影响；（4）该项集中对消费者及其他经营者的影响；（5）该项集中对我国国民经济的影响；（6）该项集中对我国果汁饮料市场竞争的影响及对汇源品牌的影响。商务部在进行反垄断审查的过程中，还通过书面征求意见、实地进行调查、召开座谈会、听证会、论证会、约谈当事人、委托调查等方式，向该项交易双方、果汁饮料企业、上游供货商、下游销售商、行业协会及相关政府机关等多方面征求意见。

商务部综合各方面信息进行全面评估后认为该项集中将对竞争产生如下不利影响：一是该项集中完成后，可口可乐公司将有能力将其在碳酸软饮料市场的市场支配地位传导到果汁饮料市场，产生排除限制竞争效果，并会损害消费者的合法权益；二是该项集中完成后，可口可乐公司将有能力控制自己原有的"美汁源"与新获得的"汇源"两个知名品牌，利用自己已有的市场支配地位及其传导效应，增强其对市场的控制力，提高果汁饮料市场的进入壁垒，损害该市场的竞争；三是该项集中完成后，将会挤压我国中小果汁企业的生存空间，抑制果汁饮料市场的竞争与自主创新能力，损害我国果汁饮料行业的发展。商务部就反垄断审查中所发现的前述危害竞争的问题，要求可口可乐公司提出可行性解决方案。

可口可乐公司先后提出了初步解决方案及其修改方案，但商务部经综合评估后认为，这些方案尚不能有效减少此项收购对竞争的不利影响，因此，决定禁止此项经营者集中。这是我国《反垄断法》2008 年 8 月 1 日实施后首个被商务部禁止的经营者集中申报案例。

----

❶ 中华人民共和国商务部公告 2009 年第 22 号。

（四）行政垄断

1. 概念

行政机关和法律、法规授权的具有管理公共事务职能的组织不得滥用行政权力，违反法律法规实施限制市场竞争的行为。

2. 行政垄断的行为方式

行政性垄断行为依其作用对象的不同可分为具体行政垄断行为和抽象行政垄断行为；依具体行为人的不同可分为直接行政垄断行为和间接行政垄断行为（即行政强制经营者限制竞争行为）。

行政性垄断行为主要有：

①行政性强制交易，即行政机关滥用行政权力，违反法律规定，限定或者变相限定经营者、消费者经营、购买、使用其指定的经营者提供的商品。比如，某县政府要求所有机关、事业单位购买某啤酒厂质次价高、没有竞争力的啤酒，并且下达具体购买任务。

②行政性限制市场准入，即行政机关滥用行政权力，违反法律规定，妨碍商品和服务在地区之间的自由流通，排除或限制市场竞争的行为。

③行政性强制经营者限制竞争，即行政机关滥用行政权力，违反法律规定，强制经营者从事反垄断法所禁止的排除或者限制市场竞争的行为。比如，强制本地区、本部门的企业合并，或者通过经营者控制组建企业集团；强制经营者通过协议等方式固定价格、划分市场、联合抵制等。

3. 行政垄断的法律责任

行政机关和法律、法规授权的具有管理公共事务职能的组织滥用行政权力，实施排除、限制竞争行为的，由上级机关责令改正；对直接负责的主管人员和其他直接责任人员依法给予处分。反垄断执法机构可以向有关上级机关提出依法处理的建议。行政机关和法律、法规授权的具有管理公共事务职能的组织应当将有关改正情况书面报告上级机关和反垄断执法机构。法律、行政法规对行政机关和法律、法规授权的具有管理公共事务职能的组织滥用行政权力实施排除、限制竞争行为的处理另有规定的，依照其规定。

 **同步练习**

一、不定项选择

1. 我国制定《反不正当竞争法》最直接的目的是（　　）

A. 鼓励和保护公平竞争

B. 制止不正当竞争行为

C. 反对经济垄断

D. 保护经营者和消费者的合法权益

2. 甲欲买"全聚德"牌的快餐包装烤鸭，临上火车前误购了商标不同而外包装十分近似的显著标明名称为"仝聚德"的烤鸭，遂向"全聚德"公司投诉。"全聚德"公司发现，"仝聚德"烤鸭的价格仅为"全聚德"的1/3。如果"全聚德"起诉"仝聚德"，其纠纷的性质应当是下列哪一种？（　　）

A. 诋毁商誉的侵权纠纷

B. 低价倾销的不正当竞争纠纷

C. 混淆行为

D. 企业名称侵权纠纷

3. 甲市某酒厂酿造的"蓝星"系列白酒深受当地人喜爱。甲市政府办公室发文指定该酒为"接待用酒"，要求各机关、企事业单位、社会团体在业务用餐时，饮酒应以"蓝星"系列为主。同时，酒厂公开承诺：用餐者凭市内各酒楼出具的证明，可以取得消费100元返还10元的奖励。下列关于此事的说法哪一项是不正确的？（　　）

A. 甲市政府办公室的行为属于限制竞争行为

B. 酒厂的做法尚未构成商业贿赂行为

C. 上级机关可以责令甲市政府改正错误

D. 监督检查部门可以没收酒厂的违法所得，并处以罚款

4. 根据《反垄断法》的规定，下列哪个选项构成垄断协议？（　　）

A. 某行业协会组织本行业的企业就防止进口原料时的恶性竞争达成保护性协议

B. 三家大型房地产公司的代表聚会，就商品房价格达成共识，随后一致采取涨价行动

C. 某品牌的奶粉含有毒物质的事实被公布后，数家大型零售公司联合声

明拒绝销售该产品

D.　数家大型煤炭企业就采用一种新型矿山安全生产技术达成一致意见

二、简答题

1. 简述我国《反垄断法》如何规制垄断协议。
2. 简述经营者集中对竞争的影响。
3. 简述商业混淆行为的特征。
4. 简述商业秘密的构成要件。
5. 简述折扣、佣金和商业贿赂的关系。

三、案例分析

国内排名前十的土豆生产企业集聚浙江某地召开行业高峰论坛，经共同协商达成一致意向，决定将土豆销售价格稳定在每公斤 1.5 元。由于参加者众多，企业间并未签订书面协议。

根据《反垄断法》的规定，请回答以下问题：

1. 由于各企业间并没有签署书面协议，它们的行为可以认定为垄断协议吗？
2. 假设已签订书面协议，该协议属于垄断协议中的哪一种？
3. 假设已签订书面协议，且该协议主要是确定外销美国的土豆价格，能保障我国的正当外贸利益，可以构成《反垄断法》的除外情形吗？
4. 如果各企业以土豆协会的名义，通过该稳定价格的协议并进行通告，有没有违反《反垄断法》的规定？
5. 如果土豆生产企业主动向反垄断执法机构报告达成垄断协议的有关情况并提供重要证据，可以免除相关处罚吗？

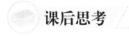 **课后思考**

阿里巴巴滥用市场支配地位被罚 182.28 亿元

2020 年 12 月，市场监管总局依据《反垄断法》对阿里巴巴集团控股有限公司（以下简称"阿里巴巴集团"）在中国境内网络零售平台服务市场滥用市场支配地位行为立案调查。经查，阿里巴巴集团在中国境内网络零售平台服务市场具有支配地位。自 2015 年以来，阿里巴巴集团滥用该市场支配地位，对平台内商家提出"二选一"要求，禁止平台内商家在其他竞争性平台开店或参加促销活动，并借助市场力量、平台规则和数据、算法等技术手段，采取多种奖惩措施保障"二选一"要求执行，维持、增强自身市场力量，获取不正当竞争优势，构成《反垄断法》第十七条第一款第（四）项禁止"没有正当理由，限定交易相对人只能与其进行交易"的滥用市场支配地位行为。根据《反垄断法》第四十七条、第四十九条的规定，综合考虑阿里巴巴集团违法行为的性质、程度和持续时间等因素，2021 年 4 月 10 日市场监管总局依法作出行政处罚决定，责令阿里巴巴集团停止违法行为，并处以其 2019 年中国境内销售额 4557.12 亿元 4%的罚款，计 182.28 亿元。

第六章　知识产权法律制度

引例

2022 年 8 月 20 日至 2022 年 10 月 27 日，张三在《A 市晚报》上刊登其创作的《浪漫七夕凤求凰》电影剧本文学作品。2022 年 10 月 13 日，甲公司作为《浪漫七夕之疯狂搅局》电影的出品单位办理了《电影片（数字）技术合格证》；同年 10 月 18 日，办理了《浪漫七夕之疯狂搅局》的《公映许可证》；该电影中标明的编剧为李四。经比对，《浪漫七夕之疯狂搅局》使用了《浪漫七夕凤求凰》剧本。

1. 甲公司是否构成侵权？
2. 张三应该如何维权？

第一节　知识产权法概述

一、知识产权的概念与特征

（一）知识产权的概念

知识产权是人们依法对自己特定智力成果、商誉和其他特定相关客体等享有的权利。传统知识产权包括著作权、专利权、商标权，著作权自成一体，专利权和商标权被称为工业产权。随着科学技术的发展和社会的进步，新型知识产权应运而生，包括集成电路布图设计权、植物新品种权、地理标志权和商业秘密权等。

（二）知识产权的特征

1. 客体具有非物质性

智力成果和工商业信誉与作为有形财产对象的动产、不动产不同，它不占据空间，而且无论以何种形式表现出来，其本身都是无形的。知识产权的客体往往依附于物质载体，但并不意味着知识产权的客体是物质载体本身，而是物质载体所承载或体现的非物质成果。知识产权客体的非物质性是知识产权的本质属性，这是知识产权与其他有体财产所有权最根本的区别。

2. 专有性

专有性即排他性。知识产权是一种专有权利，他同所有权一样，具有排他性和绝对性的特点。知识产权为权利人所占有，权利人垄断这种专有权利并得到严格的保护，没有法律规定或未经权利人许可，任何人不得使用权利人的知识产品。

3. 地域性

除非有国际条约、双边或多边协定的特定规定，否则知识产权的效力只限于本国境内。一国的知识产权在他国不能自动获得保护。目前，著作权地域性有淡化趋势，但专利权和商标权地域性特征仍非常突出，因为各国专利法和商标法对于授权或注册标准各不相同。

4. 时间性

知识产权仅在法律规定的期限内受到保护，一旦超过法律规定的有效期限，这一权利就自行消灭。这是知识产权与有形财产权主要区别之一。

二、知识产权法的概念

知识产权法是指调整在确认、利用、保护、管理创造性智力成果和工商业标记过程中所产生的各种权利义务关系的法律规范的总称。

目前，我国根据知识产权的不同类型制定了不同的单项法律、法规及规章，主要包括《中华人民共和国著作权法》（以下简称《著作权法》）、《中华人民共和国商标法》、（以下简称《商标法》）、《中华人民共和国专利法》（以下简称《专利法》）、《反不正当竞争法》及国家有关立法部门根据上述法律分别制定并修改的实施细则，并颁布了相关配套的条例，如《中华人民共和国计算机软件保护条例》（以下简称《计算机软件保护条例》）等。同时，在《民法典》中也有数条知识产权的相关规定。

此外，我国还加入了一系列有关保护知识产权方面的国际公约，如《建立世界知识产权组织公约》、《保护工业产权巴黎公约》（以下简称《巴黎公约》）、《保护文学艺术作品伯尔尼公约》（以下简称《伯尔尼公约》）、《商标国际注册马德里协定》《保护录音制品制作者防止未经许可复制其录音制品公约》《专利合作公约》《世界版权公约》等，我国遵守上述公约、协定的规定。同时，我国已加入世界贸易组织（WTO），也遵守 WTO 有关知识产权保护的协议。

本章主要介绍著作权法、商标法和专利法的有关内容。

第二节　著作权法律制度

一、著作权法概述

（一）著作权的概念和特征

著作权，又称版权，是指基于文学、艺术和科学作品而依法享有的权利。著作权包括人身权和财产权两个方面的内容。

著作权属于民事权利，是知识产权的重要组成部分。著作权除了具有知识产权所共有的特征即客体的无体性、专有性、地域性、时间性等特征外，与其他知识产权相比，著作权具有以下特征：①著作权因作品的创作完成而自动产生。《伯尔尼公约》规定："作者自作品创作完成之时就自动取得著作权，而无须履行加注版权标记和登记手续，也不论其是否已经发表。"②著作权突出对人身权的保护。著作权与作品的创作者密切相关，因此，在著作权中，保护作者对作品的人身权利是其重要内容。

（二）著作权法的概念

著作权法是指调整因文学、艺术和科学作品的创作与使用而产生的人身关系和财产关系的法律规范的总称。

著作权法有广义和狭义之分。狭义的著作权法仅指全国人民代表大会常务委员会通过的《著作权法》。广义的著作权法除《著作权法》外，还包括国家的有关行政法规和规章中关于著作权的法律规范，如《中华人民共和国

经济法律基础与实务

著作权法实施条例》《著作权行政处罚实施办法》《计算机软件保护条例》等。我国也加入了有关著作权保护相关的国际条约如《伯尔尼公约》《世界版权公约》等，这些条约也在我国国内具有相应的法律效力。我国有义务按照条约规定履行相关义务，同时也使我国著作权法与国际著作权保护规则相衔接。

二、著作权的客体

著作权的客体，即著作权保护的对象，亦即作品。

（一）作品的概念

著作权法所称的作品，是指文学、艺术和科学领域内具有独创性并能以一定形式表现的智力成果。

（二）作品的构成要件

①作品必须是人类的智力成果。
②作品必须是能够被他人客观感知的外在表达，而非思想。
③作品是文学、艺术和科学领域的智力成果。
④作品必须具有独创性。"独创性"中的"独"是指"独立创作、源于本人"，即独立完成而非抄袭，劳动成果源自劳动者本人。"独创性"中的"创"要求的是智力创作，即源于作者的表达能够反映作者独特的智力判断与选择，展示作者的个性并达到最基本的创造性要求。

（三）作品的分类

根据我国《著作权法》的规定，作品主要分为：文字作品；口述作品；音乐、戏剧、曲艺、舞蹈、杂技艺术作品；美术、建筑作品；摄影作品；视听作品；图形作品和模型作品；计算机软件；符合作品特征的其他智力成果。

【典型案例】

罗某浩新东方授课案❶

罗某浩曾是北京新东方学校教师，在该校讲授英语课程，具有较高知名

---

❶ 北京市海淀区人民法院（2006）海民初第 9749 号民事判决书。

度。某网站上传了载有罗某浩讲课内容的 MP3 格式录音文件，登载时注明"新东方老罗语录"等字样，并对文件进行了介绍："罗某浩，北京新东方的英语教师，以讲课生动活泼且令人爆笑不止闻名，很多经典段子都是课堂上同学们自己录下来的。"罗某浩起诉该网站侵权。

问：该网站是否侵权？

解析：教师讲课内容是口述作品的一种，依法受我国著作权法的保护。罗某浩向学生讲授的课程虽是以相关的大纲、教材为基础，但具体的授课内容系罗某浩独立构思并口头创作而成，故其授课内容具有独创性，符合著作权法规定的作品要件，全部内容均可构成口述作品。网站未经许可将罗某浩享有著作权的口述作品上传，供用户浏览或者下载，侵犯了罗某浩对其口述作品享有的信息网络传播权，依法应当承担赔偿损失等民事责任。

三、著作权的内容

著作权的内容是指著作权人享有的权利和承担的义务。根据我国《著作权法》的规定，著作权包括两个方面的内容，即著作人身权和著作财产权。

（一）著作人身权

著作人身权又称精神权利，是指作者基于作品的创作而依法享有的以精神利益为内容的权利。根据我国《著作权法》的规定，著作人身权包括以下内容。

①发表权，即作者依法决定是否将其作品公之于众的权利。"公之于众"是指将作品向不特定的人公开，但不以公众知晓为要件。

②署名权，即标明作者身份，在作品上署名的权利，具体包括作者决定是否署名及如何署名（署真名、别名、笔名）等。

③修改权，即作者本人或授权他人修改其作品的权利。

④保护作品完整权，即保护作品不受歪曲、篡改的权利。如果对作品的修改实质性地改变了作者在作品中原本要表达的思想情感，导致作者声誉受到损害，即为对保护作品完整权的侵犯。

[典型案例]❶

在由张艺谋担任编剧和导演的电影《千里走单骑》中，出现了安顺地区

---

❶　王迁. 知识产权法 [M]. 8 版. 北京：中国人民大学出版社，2024：165.

8 位演员表演的"安顺地戏"剧目剪辑。但该电影并没有将之正确地称为"安顺地戏",而是张冠李戴地以画外音的形式称为"云南面具戏"。安顺市文化广电旅游局认为,电影将特殊地域性、表现唯一性的"安顺地戏"误导为"云南面具戏",构成对其"署名权"的侵犯,因此提起著作权侵权之诉。

问题:案件中是否涉及侵犯署名权?

解析:没有侵犯署名权。原告混淆了两个不同的概念,即著作权意义的署名和戏种的起源地标志。署名只能针对特定的作品,"安顺地戏"本身不是作品,只是戏种的名称,安顺为地名,指示了这一戏种的起源地。按照"安顺地戏"的特征创作的每一部剧本都是戏剧作品,作者对作品享有署名权。但"安顺地戏"只是具体作品的上位概念,没有任何人对这一戏剧种类享有署名权。电影《千里走单骑》将相关剧目称为"云南面具戏",并非为作品署名,因此不构成对署名权的侵犯。

(二) 著作财产权

著作财产权,是指著作权人通过各种方式利用其作品及基于利用作品而依法享有的以获得财产利益为内容的权利。

根据我国《著作权法》的规定,著作财产权包括以下内容。

①复制权,即以通过印刷、复印、拓印、录音、翻录、翻拍、数字化等方式将作品复制一份或多份的权利。

②发行权,是指著作权人享有的以出售或赠与的方式向公众提供一定数量的作品原件或复制件的权利。

③出租权,即有偿许可他人临时使用视听作品和计算机软件的权利,但计算机软件不是出租的主要标的的除外。

④展览权,即公开陈列美术作品、摄影作品原件或复制件的权利。作品原件所有权的转移,不改变作品著作权的归属,但美术、摄影作品原件的展览权由原件所有人享有。

⑤表演权,即公开表演作品和用各种手段公开播送作品的权利。表演权控制两种行为:现场表演和机械表演。现场表演指由人对文字作品、戏剧作品、音乐作品和舞蹈作品所进行的公开现场表演,即人对作品向现场公众进行的表演;机械表演指将对作品的表演向现场公众以各种手段进行播放,既包括直接由机器设备表演作品,也包括由机器设备播放人对作品的表演。

⑥放映权,即通过放映机、幻灯机等各种技术设备,公开再现美术、摄

影、视听作品等的权利。

⑦广播权，指以有线或者无线方式公开传播或者转播作品，以及通过扩音器或者其他传送符号、声音、图像的类似工具向公众传播广播的作品的权利。

⑧信息网络传播权，指以有线或者无线方式向公众提供，使公众可以在其选定的时间和地点获得作品的权利。

⑨演绎权。演绎权并非一项权利，而是一类专有权利的总称。演绎权控制以下行为：在保留原作品的基本表达的基础上，创作出新作品并进行后续利用的行为。演绎行为包括摄制视听作品、翻译、改编和汇编行为，而由此形成的作品为演绎作品。

摄制权，指以摄制视听作品的方式将作品固定在有关载体上的权利。

改编权，即指改编作品的权利，创作出具有独创性新作品的权利，新作品必须保留原作品的基本表达。翻译权，即将作品从一种语言文字转换成另一种语言文字的权利。

汇编权，即将作品或者作品的片段通过选择或者编排汇集成新作品的权利。

⑩应当由著作权人享有的其他权利。

四、著作权的主体与归属

（一）著作权的主体

著作权的主体又称著作权人，是指依法对作品享有著作权的人。根据我国《著作权法》的规定，著作权人包括作者和其他依法享有著作权的公民、法人或者其他组织。

作者是指文学、艺术和科学作品的创作人。作者以外其他依法享有著作权的公民、法人或者其他组织，简称其他著作权人。其他著作权人取得著作权主要有以下两种情况：①因合同而取得著作权；②因法律规定而取得著作权。

（二）著作权的归属

我国《著作权法》规定，著作权属于作者，法律另有规定的除外。

1. 合作作品

合作作品是指两个以上的作者共同创作完成的作品。合作作品是指两个以上的作者共同创作完成的作品。《著作权法》规定，对于可分割使用的合作作品，作者对各自创作的部分单独享有著作权，但行使著作权时不得侵犯合作作品整体的著作权。而对于不可分割使用的合作作品，要求通过协商一致行使著作权，如不能协商一致，又无正当理由的，任何一方不得阻止他方行使除转让、许可他人专有使用、出质以外的其他权利，但是所得收益应当合理分配给所有合作作者。

合作作者之一死亡后，其对合作作品享有的财产权利无人继承又无人受遗赠的，由其他合作作者享有。

2. 委托作品

委托作品著作权的归属，由委托人和受托人通过合同约定解决，没有订立合同或合同没有明确约定的，为保护作者权益，著作权属于受托人，即作者本人。

3. 视听作品

电影、电视剧作品的著作权由制作者享有，但编剧、导演、摄影、作词作曲等作者享有署名权和依合同获得报酬的权利。其他视听作品著作权归属由当事人约定，没有约定或者约定不明确的，由制作者享有，但作者享有署名权和获得报酬的权利。

"可单独使用的作品"著作权归属与行使：视听作品中的剧本、音乐等可以单独使用的作品的作者有权单独行使其著作权。

4. 职务作品

职务作品是指自然人为完成单位的工作任务所创作的作品。

第一类是特殊职务作品：主要是利用单位的物质技术条件创作，并由单位承担责任的工程设计图、产品设计图、地图、计算机软件等职务作品，除署名权外其著作权由单位享有；报社、期刊社、通讯社、广播电台、电视台工作人员创作的职务作品，除署名权外的著作权由单位享有；以及法律、行政法规规定著作权由单位享有的职务作品；此外，《著作权法》还允许单位与作者通过合同将职务作品约定为特殊职务作品，从而使单位享有除署名权之外的著作权，其中该约定有效的前提是相关作品本身为职务作品。

第二类是一般职务作品：职务作品的著作权由作者享有，但法人或其他组织在其业务范围内有优先使用权。一般职务作品完成两年内，未经单位同意，作者不得许可第三人以与单位使用相同的方式使用该作品。

【典型案例】

小学教案案❶

1990年1月，原告高某娅调入被告四公里小学从事小学语文教学工作。根据被告四公里小学的管理规定，从事教学工作的教师必须在课前备课、编写教案，并在每学期期末向学校上交教案备学校检查。1990—2002年，原告高某娅每学期均按被告四公里小学安排编写和上交教案，先后交给被告四公里小学教案本48册。在原告高某娅提出要求返还教案本后，被告四公里小学曾返还给原告高某娅教案本4册，其余44册记载原告高某娅教案的孤本已经被被告四公里小学以销毁或者变卖等方式处理，现下落不明。

问题：该教案是否属于职务作品？该教案著作权归属于谁？

解析：涉案的教案作品是原告高某娅为完成被告重庆市南岸区四公里小学校的教学工作任务而编写的，应当属于职务作品。

教案著作权归属则需要从以下几点分析：一方面，涉案的教案不属于法律、行政法规规定或者合同约定著作权由被告享有的职务作品；另一方面，虽然原告创作涉案的教案职务作品利用了被告一定的物质技术条件（如空白教案本等），但并不是主要地利用了被告的物质技术条件，而且涉案的教案职务作品也不是由被告承担著作权法律责任。因此，涉案的教案作品应当属于一般职务作品，著作权由原告高某娅享有，但被告四公里小学有权在其业务范围内优先使用。

5. 汇编作品

汇编作品主要包含两类，第一类是对作品进行汇编而形成的汇编作品；第二类是对事实、数据等原本不构成作品的信息进行汇编而形成的汇编作品。汇编作品的著作权由汇编人享有，在行使权利时，不得侵犯原作品的著作权。同时，他人在利用第一类汇编作品时，应当经过汇编作品著作权人和在保护期内的被汇编作品著作权人的许可，并支付相应报酬。

6. 作者身份不明的作品

作者身份不明的作品指的是世人无法确定作者身份的作品。而那些未署名或未署真名，但能够通过其他途径确定作者身份的作品并非作者身份不明

---

❶ 重庆市第一中级人民法院（2005）渝一中民初第603号民事判决书。

的作品。对于作者身份不明的作品，著作权由作品原件所有人行使，署名权除外。

五、著作权的保护期和限制

（一）著作权的保护期限

我国《著作权法》对著作权的保护期限的具体规定如下。

①作者的署名权、修改权、保护作品完整权的保护期不受限制。

②公民的作品，其发表权、著作权中的财产权的保护期为作者终生及其死亡后 50 年，截至作者死亡后第 50 年的 12 月 31 日；如果是合作作品，截至最后死亡的作者死亡后第 50 年的 12 月 31 日。

③法人作品或特殊职务作品，发表权的保护期为 50 年，截至作品创作完成后第 50 年的 12 月 31 日，著作财产权的保护期为 50 年，截至作品首次发表后第 50 年的 12 月 31 日，但作品自创作完成后 50 年内未发表的，著作权法不再保护。

④视听作品发表权及各项著作财产权的保护期为 50 年，截至作品首次发表后第 50 年的 12 月 31 日，但作品自创作完成后 50 年内未发表的，著作权法不再保护。

（二）著作权的限制

著作权限制的主要是著作权人所享有的财产权利的限制，即对著作权人依法享有的使用作品及许可他人使用其作品并因此获得报酬的权利的限制。著作权人依法享有的人身权利不受任何限制。

根据我国《著作权法》的规定，著作权的限制主要体现在以下两个方面：①合理使用。著作权的合理使用是指针对他人已经发表的作品，根据法律的规定，在不必征得著作权人同意的情况下而无偿使用其作品的行为，但应指明作者姓名、作品名称，并且不得影响该作品的正常使用，也不得不合理地损害著作权人的合法权益。②法定许可使用。这是指在法律规定的范围内使用他人的作品，可以不经著作权人的许可，但须向其支付报酬。

六、侵权及法律责任

（一）侵权类型

1. 直接侵权

每一项专有权利都控制着一类特定行为，如复制权控制复制行为、发行权控制发行行为、表演权控制表演行为等。他人在未经著作权人许可，又缺乏"合理使用""法定许可"等抗辩理由情况下而实施受著作权专有权利控制的行为，即构成"直接侵权"。一项特定行为是否构成直接侵犯著作权的行为，关键在于这项行为是否受到专有权利的规制，以及是否存在特定的法定抗辩事由。至于行为人的心理状态如何、是否具有主观过错，只影响损害赔偿数额或救济方法，并不影响对行为构成"直接侵权"的认定。如果直接侵权者确无主观过错，其承担法律责任的方式与有过错的侵权者有所不同，无须承担损害赔偿责任。

2. 间接侵权

间接侵权是相对于直接侵权而言的，即使行为人并未直接实施受专有权利控制的行为，如果其行为与他人的直接侵权行为之间存在特定关系，且行为人具有特定的主观过错，该行为也可基于公共政策原因而被法律定性为侵权行为。这类行为构成侵权的原因，并非其直接侵犯了著作权人的专有权利，因此被称为间接侵权。

（二）侵权的法律责任

1. 民事责任

民事责任是指侵权行为人因实施侵权行为而应承担的民事法律后果。适用民事责任的侵犯著作权行为的具体表现如下：①未经著作权人许可，发表其作品的；②未经合作作者许可，将与他人合作创作的作品当作自己单独创作的作品发表的；③没有参加创作，为谋取个人名利，在他人作品上署名的；④歪曲、篡改他人作品的；⑤剽窃他人作品的；⑥未经著作权人许可，以展览、摄制视听作品的方法使用作品，或者以改编、翻译、注释等方式使用作品的，《著作权法》另有规定的除外；⑦使用他人作品，应当支付报酬而未支付的；⑧未经视听作品、计算机软件、录音录像制品的著作权人、表演者或者录音录像制作者许可，出租其作品或者录音录像制品的原件或者复制件的，本法另有规定的除外；⑨未经出版者许可，使用其出版的图书、期刊的版式设计的；⑩未经表演者许可，从现场直播或者公开传送其现场表演，或者录制其表演的；其他侵犯著作权及与著作权有关的权利的行为。

2. 刑事责任

刑事责任是犯罪人因其实施犯罪行为所承担的刑事法律后果，分为侵犯著作权罪、销售侵权复制品罪。

【法条链接】

《刑法》第二百一十七条至第二百一十八条

第二百一十七条【侵犯著作权罪】 以营利为目的，有下列侵犯著作权或者与著作权有关的权利的情形之一，违法所得数额较大或者有其他严重情节的，处三年以下有期徒刑，并处或者单处罚金；违法所得数额巨大或者有其他特别严重情节的，处三年以上十年以下有期徒刑，并处罚金：

（一）未经著作权人许可，复制发行、通过信息网络向公众传播其文字作品、音乐、美术、视听作品、计算机软件及法律、行政法规规定的其他作品的；

（二）出版他人享有专有出版权的图书的；

（三）未经录音录像制作者许可，复制发行、通过信息网络向公众传播其制作的录音录像的；

（四）未经表演者许可，复制发行录有其表演的录音录像制品，或者通过信息网络向公众传播其表演的；

（五）制作、出售假冒他人署名的美术作品的；

（六）未经著作权人或者与著作权有关的权利人许可，故意避开或者破坏权利人为其作品、录音录像制品等采取的保护著作权或者与著作权有关的权利的技术措施的。

第二百一十八条【销售侵权复制品罪】 以营利为目的，销售明知是本法第二百一十七条规定的侵权复制品，违法所得数额巨大或者有其他严重情节的，处五年以下有期徒刑，并处或者单处罚金。

3. 行政责任

侵犯著作权行为所承担的行政责任是行政处罚。行政处罚是行政机关对违反行政法律及其他法律中的行政处罚条款但尚不构成犯罪的公民、法人或其他组织实施的制裁，包括剽窃、抄袭他人作品；未经著作权人许可，以营利为目的，复制发行其作品；出版他人享有专有出版权的图书；未经表演者许可，对其表演制作录音录像出版；制作、出售假冒他人署名的美术作品。

七、邻接权

邻接权，也称为与著作权有关的权利，是指作品的传播者所享有的权利。根据我国《著作权法》的规定，邻接权主要包括：出版者对其出版的图书和报刊享有的权利；表演者对其表演享有的权利；录音录像制作者对其制作的录音录像制品享有的权利；广播电台、电视台对其制作的广播、电视节目享有的权利。

第三节　专利权法律制度

一、专利法概述

（一）专利的概念

广义的专利一词，通常有三种含义：一是指由国家专利机关授予的专利权；二是指受专利法保护的发明创造，一般包括发明、实用新型和外观设计三种形式；三是指专利文献，主要是记载发明创造内容的专利说明书。狭义的专利仅指专利权。

（二）专利权的概念

专利权是国家根据发明人或设计人的申请，以向社会公开发明创造或设计的内容，以及发明创造或设计对社会具有符合法律规定的利益为前提，根据法定程序在一定期限内授予发明创造人或设计人的一种排他性权利。

（三）专利法的概念

专利法是指调整因发明创造的开发、实施及其保护等发生的各种社会关系的法律规范的总称。

专利法有广义和狭义之分。狭义的专利法仅指全国人民代表大会常务委员会通过的专利法。广义的专利法除专利法外，还包括国家有关行政法规和规章中关于专利的法律规范，如专利法实施细则、专利代理条例、专利行政执法办法等。我国参加缔结的有关专利权国际保护方面的条约、协定，具有国内法效力的，也属于广义的专利法的范畴。

【知识拓展】

《巴黎公约》关于专利权的内容

《巴黎公约》于1883年3月20日在巴黎签订。《巴黎公约》关于专利权的规定有以下内容：

1. 国民待遇原则

其成员的国民在保护工业产权方面享受与本国国民同样的待遇。如果非缔约国国民在一个缔约国领土内有永久性住所或真实有效的工商营业所，也享受与成员国国民同样的待遇。

2. 优先权原则

成员国的国民向一个缔约国提出专利申请或注册商标申请后，在一定期限内（发明、实用新型规定为12个月，外观设计、商标为6个月）享有优先权。即当向其他缔约国又提出同样的申请，则后来的申请视作是在第一申请提出的日期提出的。

3. 独立性原则

各成员国授予的专利权和商标专用权是彼此独立的，各缔约国只保护本国授予的专利权和商标专用权。

4. 强制许可专利原则

《巴黎公约》规定，某一项专利自申请日起的4年期间，或者自批准专利日起3年期内（两者以期限较长者为准），专利权人未予实施或未充分实施，有关成员国有权采取立法措施，核准强制许可证，允许第三者实施此项专利。如在第一次核准强制许可特许满2年后，仍不能防止赋予专利权而产生的流弊，可以提出撤销专利的程序。《巴黎公约》还规定强制许可，不得专有，不得转让；但如果连同使用这种许可的那部分企业或牌号一起转让，则是允许的。

5. 在法律限制销售的情况下取得专利的条件

《巴黎公约》规定，成员国不得以一种专利产品或一种专利方法取得的产品出售受到本国法律的管制或者限制为由，而拒绝授予专利权或宣告该项专利权无效。

6. 不视为侵犯专利权的例外

《巴黎公约》规定，公约一成员国的船舶或车辆暂时进入另一成员国时，在船舶的船身、机器、船具、设备及其他附件上，或在飞机或车辆的构造或附件上，使用了后一国家批准的专利发明，不视为专利侵权，只要使用这些发明是专为运输工具所需要。

二、专利权的客体

专利权的客体，也称专利法保护的对象，是指可以获得专利法保护的发明创造。我国《专利法》规定的发明创造是指发明、实用新型和外观设计，具体如下。

①发明，是指对产品、方法或者其改进所提出的新的技术方案一般分为产品发明和方法发明。发明具有如下特征：发明是正确利用自然规律而进行的创造；发明是具体的技术方案；发明能够被较为稳定地重复实施。

②实用新型，是指对产品的形状、构造或其结合所提出的适于实用的新的技术方案。实用新型具有如下特征：是具有一定的形状或构造的产品；实用新型仅限于产品，不包括方法；该形状、构造或组合能够解决技术问题。

③外观设计，是指对产品的形状、图案或者其结合及色彩与形状、图案的结合所作出的富有美感并适用于工业上应用的新设计。外观设计具有如下特征：外观设计必须与产品相结合；外观设计必须能在产业上应用；外观设计必须富有美感，这一点与实用新型相区别。

三、授予专利权的条件

（一）授予专利权的发明和实用新型应当符合的条件

《专利法》规定，授予专利权的发明和实用新型，应当具备新颖性、创造性和实用性。

新颖性，是指在申请日以前没有同样的发明或者实用新型在国内外出版物上公开发表过、在国内公开使用过或者以其他方式为公众所知，也没有同样的发明或者实用新型由他人向国务院专利行政部门提出过申请并且记载在申请日以后公布的专利申请文件中。《专利法》规定，申请专利的发明创造在申请日以前6个月内，有下列情形之一的不丧失新颖性：①在国家出现紧急状态或非常情况时，为公共利益目的首次公开；②在中国政府主办或者承认的国际展览会上首次展出的；③在规定的学术会议或者技术会议上首次发表的；④他人未经申请人同意而泄露其内容的。

创造性，是指同申请日以前已有的技术相比，该发明有突出的实质性特点和显著的进步，该实用新型有实质性特点和进步。

实用性，是指该发明或者实用新型能够制造或者使用，并且能够产生积极效果。

（二）授予专利权的外观设计应当符合的条件

《专利法》规定，授予专利权的外观设计，应当同申请日以前在国内外出版物上公开发表过或者国内公开使用过的外观设计不相同和不相近似，并不得与他人在先取得的合法权利相冲突。

（三）不授予专利权的项目

①违反法律、社会公德或者妨害公共利益的发明创造。根据我国的国情并参照各国有关法律规定，《专利法》对专利权客体的范围作了某些限制性的规定。对缺乏有益性的发明创造，如违反国家法律、社会公德或者妨害公共利益的发明创造，不能授予专利权。

②依赖以违法方式获取或利用的遗传资源完成的发明创造。对违反法律、行政法规的规定获取或者利用遗传资源，并依赖该遗传资源完成的发明创造，不授予专利权。

③向外国申请专利前，未依法报请保密审查的在中国完成的发明或实用新型。

④专利法特别予以排除的对象：科学发现；智力活动的规则和方法；疾病的诊断和治疗方法；动物和植物品种；原子核变换方法和用原子核变换方法获得的物质等，不授予专利权，但对上述动物和植物品种的生产方法，可以依《专利法》授予专利权。

四、专利的申请

（一）专利申请的原则

1. 先申请原则

先申请原则是指在两个以上的申请人分别就同样的发明创造申请专利的情况下，对先提出申请的申请人授予专利权。先申请的判断标准是专利申请日。如果两个以上的申请人在同一日分别就同样的发明创造申请专利，应当在收到专利行政管理部门的通知后自行协商确定申请人。

2. 单一性原则

单一性原则是指一份专利申请文件只能就一项发明创造提出专利申请，即"一申请一发明"原则。

3. 优先权原则

优先权原则是指将专利申请人首次提出专利申请的日期视为后来一定期限内专利申请人就相同主题在他国或本国提出专利申请的日期。专利申请人依法享有的这种权利称为优先权，享有优先权的首次申请日称为优先权日。优先权包括外国优先权和本国优先权。外国优先权是指申请人自发明或者实用新型在外国第一次提出专利申请之日起 12 个月内，或者自外观设计在外国第一次提出专利申请之日起 6 个月内，又在中国就相同主题提出专利申请的，依照该外国同中国签订的协议或者共同参加的国际条约，或者依照相互承认优先权的原则，可以享有优先权。享有外国优先权则意味着在外国的首次申请日，即优先权日被视为在中国的申请日。本国优先权，是指专利申请人就相同主题的发明或者实用新型在中国第一次提出专利申请之日起 12 个月内，或者自外观设计在中国第一次提出专利申请之日起 6 个月内，又向我国国家知识产权局专利局提出专利申请的，可以享有优先权，并将在先申请的申请日作为在后申请的优先权日（视为申请日）。

（二）专利申请的文件

1. 申请发明或者实用新型专利应提交的文件

可向国务院专利行政部门递交以下文件：①请求书，用以表明请求授予专利权的愿望；②说明书，用以说明专利的实质内容；③摘要，用以概括专利的技术内容，便于审查和了解；④权利要求书，用以限定专利的保护范围。

2. 申请外观设计专利应提交的文件

可向国务院专利行政部门递交请求书及外观设计的图片或照片，一般包括主视图、俯视图、仰视图、左视图、右视图、后视图，从不同角度、不同侧面清楚地显示请求保护的对象，同时写明使用该外观设计的产品及其所属类别。

（三）专利申请的提出、修改和撤回

1. 专利申请的提出

专利权不能自动取得，申请人必须履行专利法规定的专利申请手续，向国务院专利行政部门提交必要的申请文件。国务院专利行政部门收到专利申请文件之日为申请日。如果申请文件是邮寄的，以寄出的邮戳日为申请日。

2. 专利申请的修改

专利申请可以由申请人自己主动提出修改，也可以根据国务院专利行政部门的要求进行修改。

3. 专利申请的撤回

申请人可以在被授予专利权之前随时撤回其专利申请。专利申请被撤回后，该申请视为自始即不存在。

五、专利的审查批准

（一）发明专利申请的审查批准

发明专利申请的审查批准一般要经过如下程序。

①初步审查，也称形式审查，主要审查申请手续是否齐全、格式是否符合要求、证件是否齐备、申请人身份是否符合法律规定、是否属于授予专利的范围等形式要件。

②早期公开，是指国务院专利行政部门经初步审查认为符合专利法要求的，自申请日起满18个月，即行公布其申请。早期公开的内容包括申请人的姓名、地址、申请日期、说明书、权利要求书、摘要等，并刊登在国务院专利行政部门的专利公报中。

③实质审查，主要是从技术角度对申请专利的发明创造是否具有新颖性、创造性和实用性进行审查。实质审查主要是应申请人的要求而进行的。申请人从申请日起3年内，可以随时请求实质审查；申请人无正当理由逾期不请求实质审查的，该申请即被视为撤回。在3年期限内，国务院专利行政部门认为必要时，可以自行对专利申请进行实质审查。国务院专利行政部门经实质审查后，认为不符合规定的，通知申请人在指定期限内陈述意见或修改申请，无正当理由逾期不答复则视为申请撤回。如经申请人陈述意见或进行修改后仍不符合规定，国务院专利行政部门则对该申请予以驳回。

④授予发明专利权，发明专利申请经实质审查没有发现驳回理由的，由国务院专利行政部门作出授予发明专利权的决定，发给发明专利证书，同时予以登记和公告。发明专利权自公告之日起生效。

（二）实用新型和外观设计申请的审批

实用新型和外观设计专利申请经初步审查没有发现驳回理由的，由国务院专利行政部门作出授予实用新型专利权或者外观设计专利权的决定，发给相应的专利证书，同时予以登记和公告。实用新型专利权和外观设计专利权自公告之日起生效。

（三）专利权的复审

国务院专利行政部门设立专利局复审和无效审理部。专利申请人对驳回申请的决定不服的，可以自收到通知之日起 3 个月内，向专利局复审和无效审理部请求复审。专利局复审和无效审理部复审后作出决定，并通知专利申请人。专利申请人对专利局复审和无效审理部的复审决定不服的，可以自收到通知之日起 3 个月内向人民法院起诉。

六、专利权的内容

（一）产品专利的权利内容

1. 制造权

以生产经营为目的的制造是一个受到专利权控制的独立行为。只要专利产品是未经许可为生产经营目的而制造的，即使产品未销售，制造行为也构成直接侵权。

2. 使用权

未经许可以生产经营目的使用专利产品构成专利侵权。如果有人擅自制造专利产品或销售该专利产品，购买者即使并不知道该专利产品是未经许可制造的，也不能以生产经营目的使用专利产品，否则构成直接侵权。

3. 许诺销售权

许诺销售是指通过在商店内陈列或在展销会上演示、列入销售征订单、列入推销广告或者以任何口头、书面或其他方式向特定或非特定的人明确表示对其出售某种产品意愿的行为。

4. 销售权

未经许可以经营目的销售专利产品构成专利侵权。专利产品是未经许可而制造的，首次销售该专利产品者为侵权者，购买者无论是否知道该专利产品是未经许可而制造的，再行转售的行为都构成专利侵权。

5. 进口权

未经许可以生产经营目的进口专利产品构成专利侵权，无论其在进口后是否有销售或许诺销售行为。

（二）方法专利的权利内容

1. 使用权

未经许可以生产经营目的使用专利方法构成侵权。

2. 对方法专利的延伸保护

方法专利权人不但享有使用专利方法的专有权利，对于由该专利方法直接获得的产品，还享有使用权、销售权、许诺销售权和进口权。

（三）外观设计专利的权利内容

外观设计专利的权利内容包括制造权、许诺销售权、销售权和进口权。此四项权利与产品专利类似，但不包括使用权，这意味着以生产经营为目的，使用未经许可制造、销售或进口的外观设计专利产品不构成侵权。

七、专利权的期限、终止和无效

（一）专利权的期限

专利权的期限，即专利权受法律保护的期限，超过这段期限就失去了法律效力。《专利法》规定，发明专利权的期限为20年，实用新型专利期限为10年，外观设计专利期限为15年，均自申请日起计算。

（二）专利权的终止

专利权的终止也称专利权的消灭，是指专利权人丧失对其所拥有的专利的独占权。专利权终止一般有如下原因：①专利期限届满；②没有按照规定缴纳年费；③专利权人以书面声明放弃其专利权；④专利权人死亡而又无继承人；⑤专利权被专利局复审和无效审理部宣告无效；⑥专利权终止后，由国务院专利行政部门登记并公告。

(三) 专利权的无效

1. 专利权无效的概念和情形

专利权无效是指已经取得的专利权因不符合专利法的规定，根据有关单位或个人的请求，经专利局复审和无效审理部审核后被宣告无效。宣告专利权无效的情形具体包括：①授予专利权的发明创造不符合专利法规定的授予专利权的实质性条件；②授予专利权的发明创造不符合专利法规定的关于专利申请文件的撰写要求或专利申请文件修改范围的规定；③授予专利权的发明创造不属于专利法规定的发明、实用新型和外观设计；④授予专利权的发明创造不符合先申请原则和单一性原则；⑤授予专利权的发明创造属于专利法规定的不授予专利权的项目，或者属于依照专利法关于申请在先取得专利权的规定而不能取得专利权的项目等。

2. 专利权宣告无效的程序

请求宣告专利权无效的单位或个人，应当向专利局复审和无效审理部提出请求书，并说明理由。专利局复审和无效审理部收到请求宣告专利权无效的请求书后，应当及时审查和作出决定，并通知请求人和专利权人。宣告专利权无效的决定，由国务院专利行政部门登记和公告。对专利局复审和无效审理部宣告专利权无效或者维持专利权的决定不服的，可以自收到通知之日起3个月内向人民法院起诉。人民法院应当通知无效宣告请求程序的对方当事人作为第三人参加诉讼。

3. 专利权宣告无效的法律效力

根据《专利法》的规定，专利权宣告无效的法律效力具体体现为：①宣告无效的专利权视为自始即不存在。②宣告专利权无效的决定，对在宣告专利权无效前人民法院作出并已执行的专利侵权的判决、裁定，已经履行或者强制执行的专利侵权纠纷处理决定，以及已经履行的专利实施许可合同和专利权转让合同，不具有追溯力。但是，因专利权人的恶意给他人造成的损失，应当给予赔偿。③如果依照上述规定，专利权人或者专利权转让人不向被许可实施专利人，或者专利权受让人返还专利使用费或者专利权转让费，明显违反公平原则，专利权人或者专利权转让人应当向被许可实施专利人或者专利权受让人返还全部或者部分专利使用费或者专利权转让费。

八、专利实施的强制许可

（一）专利实施强制许可的概念

专利实施强制许可是指一国的专利主管部门，不经专利权人同意，依法直接允许其他单位或个人实施其发明创造的一种许可方式，又称非自愿许可。

（二）专利实施强制许可的类型

①在两种情形下，国务院专利行政部门根据具备实施条件的单位或者个人的申请，可以给予实施发明专利或者实用新型专利的强制许可：一是，专利权人自专利权被授予之日起满三年，且自提出专利申请之日起满四年，无正当理由未实施或者未充分实施其专利的；二是，专利权人行使专利权的行为被依法认定为垄断行为，为消除或者减少该行为对竞争产生的不利影响的。

②在国家出现紧急状态或者非常情况时，或者为了公共利益的目的，国务院专利行政部门可以给予实施发明专利或者实用新型专利的强制许可。

③为了公共健康目的，对取得专利权的药品，国务院专利行政部门可以给予制造并将其出口到符合中华人民共和国参加的有关国际条约规定的国家或者地区的强制许可。

④一项取得专利权的发明或者实用新型此前已经取得专利权的发明或者实用新型具有显著经济意义的重大技术进步，其实施又有赖于前一发明或者实用新型的实施的，国务院专利行政部门根据后一专利权人的申请，可以给予实施前一发明或者实用新型的强制许可。

（三）专利实施强制许可的程序

申请专利实施强制许可的，首先，应当向国家知识产权局提交强制许可请求书，说明理由并附具有关证明文件。其次，国家知识产权局在收到强制许可请求书后，应当审查请求书和相关证明文件，并且应当通知专利权人在指定期限内进行陈述意见，期限未答复的，国家知识产权局可直接作出决定。再次，国家知识产权局在收到陈述意见后，会作出驳回强制许可请求书的决定，或者给予强制许可的决定，不过国家知识产权局在作出相应决定前，应当通知请求人和专利权人拟作出的决定及理由。最后，国家知识产权局还需对强制许可的决定予以登记和公告。

九、专利权的保护

(一) 侵害专利权的行为

1. 侵害专利权的主要行为

①未经专利权人许可实施其专利的行为。包括未经专利权人许可，为生产经营目的制造、使用、许诺销售、销售、进口其专利产品，或者使用其专利方法及使用、许诺销售、销售、进口依照该专利方法直接获得的产品；未经专利权人许可，为生产经营目的制造、销售、进口其外观设计专利产品等。

②假冒他人专利的行为。包括未经许可，在其制造或者销售的产品、产品的包装上标注他人的专利号；未经许可，在广告或者其他宣传材料中使用他人的专利号，使人将所涉及的技术误认为是他人的专利技术；未经许可，在合同中使用他人的专利号，使人将合同涉及的技术误认为是他人的专利技术；伪造或者变造他人的专利证书、专利文件或者专利申请文件等。

③以非专利产品冒充专利产品、以非专利方法冒充专利方法的行为。包括制造或者销售标有专利标志的非专利产品；专利权被宣告无效后，继续在制造或者销售的产品上标注专利标记；在广告或者其他宣传材料中将非专利技术称为专利技术；在合同中将非专利技术称为专利技术；伪造或者变造专利证书、专利文件或者专利申请文件；等等。

④侵夺发明人或者设计人的非职务发明创造专利申请权及其他权益的行为。

2. 不视为侵犯专利权的行为

根据专利法的规定，有下列情形之一的不视为侵犯专利权：

①专利权人制造、进口或者经专利权人许可而制造、进口的专利产品或者依照专利方法直接获得的产品售出后，使用、许诺销售或者销售该产品的；

②在专利申请日前已经制造相同产品、使用相同方法或者已经作好制造、使用的必要准备，并且仅在原有范围内继续制造、使用的；

③临时通过中国领陆、领水、领空的外国运输工具，依照其所属国同中国签订的协议或者共同参加的国际条约，或者依照互惠原则，为运输工具自身需要而在其装置和设备中使用有关专利的；

④专为科学研究和实验而使用有关专利的;

⑤为提供行政审批所需的信息,制造、使用、进口专利药品或者专利医疗器械的,以及专门为其制造、进口专利药品或者专利医疗器械的。

(二)侵害专利权行为的法律责任

侵害专利权行为的法律责任包括民事责任、行政责任和刑事责任。民事责任主要包括停止侵犯、赔偿损失、消除影响、恢复名誉等。行政责任主要包括责令停止侵权行为、责令改正、没收违法所得、罚款、行政处分等。刑事责任主要包括罚金、拘役、有期徒刑。

【法条链接】

《刑法》第二百一十六条 【假冒专利罪】假冒他人专利,情节严重的,处三年以下有期徒刑或者拘役,并处或者单处罚金。

第四节 商标权法律制度

一、商标、商标权与商标法概述

(一)商标概述

1. 商标的概念和特征

商标是指由文字、图形、字母、数字、三维标志和颜色组合,以及上述要素的组合,使用于商品或者服务项目,用以区别于同类商品的生产经营者或同类服务业经营者的显著标记。作为商品或者服务的标志,商标能代表一定商品或者服务的质量和信誉。商标知名度越高,其商品的市场竞争力就越强。

商标具有如下特征:①商标主要是由文字、图形或文字与图形结合而组成的标记;②商标是使用于商品或者服务上的显著标记;③商标是代表特定商品生产者、经销者或者服务提供者的专用符号;④商标是附于商品表面或包装或标于与所提供的服务相关的物品上的具有显著特征的简洁符号。

2. 商标的分类

按照不同的标准,可将商标分为不同的种类。

①商品商标和服务商标。商品商标是指使用在商品上，用于识别商品来源的商标。服务商标则是指经营者为将自己提供的服务与他人的服务区分开来使用的商标。

②集体商标、证明商标和普通商标。集体商标是指以团体、协会或者其他组织的名义注册，供本组织成员在商事活动中使用，用以表明使用者在该组织中的成员资格的商标。证明商标是指用以证明使用该商标的商品或服务的原产地、原材料、制作方法、质量或其他特定品质的商标。与集体商标和证明商标相比，由法人、自然人和其他组织申请注册供自己使用的商标则为普通商标。

③联合商标和防御商标。联合商标是指同一民事主体在同一种或类似商品上注册的一组近似商标，在这些近似商标中，首先或主要使用的商标是主商标，其他商标是联合商标。防御商标则是指同一民事主体在不同类别的若干商品上注册的相同商标。原先注册的商标是主商标，其他商标是防御商标。

④视觉商标和非视觉商标。视觉商标是指商标标识由可视性标志（文字、图形、颜色、三维标志等）组成的商标。非视觉商标主要有声音商标、味觉商标和触觉商标，但我国目前仍未准许味觉商标、触觉商标和动态商标注册。

⑤注册商标和未注册商标。注册商标是依法经核准注册的商标。未注册商标是经营者在经营活动中使用，但未经核准注册的商标。

（二）商标权概述

1. 商标权的概念

商标权，是指按商标法的规定，由国家商标管理部门授予商标注册申请人在法定期限内对其注册商标享有的专用权。任何单位和个人未经商标权人许可，不得在相同商品或者类似商品上使用与其注册商标相同或近似的商标。

2. 商标权的主体

商标权的主体，是指通过法定程序在自己生产、制造、加工、拣选、经销的商品或者提供的服务上享有商标专用权的人。根据《商标法》的规定，商标权的主体范围包括自然人、法人或者其他组织。

两个以上的自然人、法人或者其他组织可以共同向商标局申请注册同一商标，共同享有和行使该商标专用权。

3. 商标权的客体

商标权的客体，是指经商标局核准注册的商标，即注册商标。

申请注册的商标应当具备以下条件：①商标应当具备显著性。《商标法》规定，申请注册的商标应当有显著特征，便于识别，并不得与他人在先取得的合法权利相冲突。②商标应当符合可视性要求。《商标法》规定，任何能够将自然人、法人或者其他组织的商品与他人的商品区别开的标志，包括文字、图形、字母、数字、三维标志、颜色组合和声音等，以及上述要素的组合，均可以作为商标申请注册。我国允许声音注册为商标，气味仍不允许注册为商标。

根据《商标法》的规定，下列标志不得作为商标使用：①同中华人民共和国的国家名称、国旗、国徽、国歌、军旗、军徽、军歌、勋章等相同或者近似的，以及同中央国家机关的名称、标志、所在地特定地点的名称或者标志性建筑物的名称、图形相同的。②同外国的国家名称、国旗、国徽、军旗等相同或者近似的，但经该国政府同意的除外。③同政府间国际组织的名称、旗帜、徽记等相同或者近似的，但经该组织同意或者不易误导公众的除外。④与表明实施控制、予以保证的官方标志、检验印记相同或者近似的，但经授权的除外。⑤同"红十字""红新月"的名称、标志相同或者近似的。⑥带有民族歧视性的。⑦带有欺骗性，容易使公众对商品的质量等特点或者产地产生误认的。⑧有害于社会主义道德风尚或者有其他不良影响的。⑨县级以上行政区划的地名或者公众知晓的外国地名，不得作为商标。但是，地名具有其他含义或者作为集体商标、证明商标组成部分的除外；已经注册的使用地名的商标继续有效。

下列标志不得作为商标注册：①仅有本商品的通用名称、图形、型号的；②仅直接表示商品的质量、主要原料、功能、用途、重量、数量及其他特点的；③缺乏显著特征的。

此外，根据《商标法》的规定，以三维标志申请注册商标的，仅由商品自身的性质产生的形状、为获得技术效果而需有的商品形状或者使商品具有实质性价值的形状，不得注册。就相同或者类似商品申请注册的商标是复制、摹仿或者翻译他人未在中国注册的驰名商标，容易导致混淆的，不予注册并禁止使用。就不相同或者不相类似商品申请注册的商标是复制、摹仿或者翻译他人已经在中国注册的驰名商标，误导公众，致使该驰名商标注册人的利益可能受到损害的，不予注册并禁止使用。未经授权，代理人或者代表人以自己的名义将被代理人或者被代表人的商标进行注册，被代理人或者被代表人提出异议的，不予注册并禁止使用。

【典型案例】

席梦思商标注册案❶

美国人扎尔蒙·吉尔伯特·西蒙斯于 1876 年与工匠合作制造出世界第一张弹簧床垫，随后创立了美梦有限公司，并以自己的名字 SIMMONS 作为公司生产的弹簧床品牌，该品牌在中国被译为读音近似且代表质量和寓意的"席梦思"。2013 年，美梦公司在我国申请在床垫、床、弹簧床垫和软垫等商品上注册含"SIMMONS"和"席梦思"的图文商标。

问题："席梦思"能被注册为床垫的商标吗？

解析：不能。因为"席梦思"属于通用标志。通用标志与它所指代的商品或服务之间联系最为密切，显著性最差，因此不能被注册为商标。

（三）商标法概述

1. 商标法的概念

商标法是指调整商标的组成、注册、使用、管理和商标专用权的保护等的法律规范的总称。

商标法有广义和狭义之分。狭义的商标法仅指全国人民代表大会常务委员会通过的《商标法》。广义的商标法除《商标法》外，还包括国家有关行政法规和规章中关于商标的法律规范，如《中华人民共和国商标法实施条例》《商标代理管理办法》《商标印制管理办法》等。我国参加缔结的有关商标权国际保护方面的条约、协定，具有国内法效力的，也属于广义的商标法的范畴。

2. 商标法的基本原则

①保护商标专用权与维护消费者利益相结合的原则。保护商标专用权是商标法的核心和基础，同时商标法也体现了对消费者利益的保护。

②注册取得商标专用权原则。《商标法》规定，经商标局核准注册的商标为注册商标，商标注册人享有商标专用权，受法律保护。

③自愿注册原则。《商标法》规定，自然人、法人或者其他组织对其生产、制造、加工、拣选、经销的商品，或者对其提供的服务项目，需要取得商标专用权的，应当向商标局申请商标注册。因此，是否取得商标专用权由

---

❶　王迁. 知识产权法［M］. 8 版. 北京：中国人民大学出版社，2024：543.

商标使用人自己决定，自愿注册。

二、商标注册

（一）商标注册的原则

1. 自愿注册原则

《商标法》规定，从事生产、制造、加工、拣选或者经销商品及提供服务者，需要取得商标专用权的，都可以向商标局提出商标注册。在注册办法上，采用自愿注册原则。

2. 申请在先原则

《商标法》规定，两个或者两个以上的商标注册申请人，在同一种商品或者类似商品上，以相同或者近似的商标申请注册的，初步审定并公告申请在先的商标；同一天申请的，初步审定并公告使用在先的商标，驳回其他人的申请，不予公告。这即是先申请原则的体现。

3. 不得恶意注册原则

《商标法》对恶意商标注册及恶意侵犯商标专用权的行为作出了具体规定。

①具体明确了"不以使用为目的的恶意商标注册申请"的后果：在申请阶段将予以驳回；在初步审定公告阶段，在先权利人、利害关系人有权据此提出异议；即使已经注册成功，也将面临宣告无效。

②提高了"恶意侵犯商标专用权"的赔偿限额：在确定数额以后，按照一至五倍确定赔偿数额。

③提高了"恶意侵犯商标专用权"无法确定数额时的赔偿限额：在无法确定数额的情况下，由人民法院根据侵权行为的情节判决给予五百万元以下的赔偿。

④增加"销毁"条款：应权利人请求，根据具体情况，法院责令侵权产品和用于制造侵权产品的材料、工具的销毁、禁入商业渠道；此外，假冒注册商标的商品不得在仅去除假冒注册商标后进入商业渠道。

⑤进一步对商标代理机构的违法行为加上枷锁。恶意申请商标注册将得到行政处罚；恶意商标诉讼，人民法院依法对其予以处罚；商标代理机构除对其代理服务申请商标注册外，不得申请注册其他商标。商标代理机构知道或者应当知道委托人未经授权申请以委托人自己名义将他人商标进行注册，

或者委托人申请商标注册损害他人现有的在先权利的，商标代理机构不得接受委托代为办理相关业务。否则，在初步审定公告阶段，在先权利人、利害关系人有权据此提出异议。此外，即使注册成功，也将面临宣告无效。

（二）商标注册的程序

1. 商标注册的申请

申请商标注册应当向商标局提出商标注册申请。商标注册申请人应当按规定的商品分类表填报使用商标的商品类别和商品名称，提出注册申请。商标注册申请人可以通过一份申请就多个类别的商品申请注册同一商标。商标注册申请等有关文件，可以以书面方式或者数据电文方式提交。

外国人或者外国企业在中国申请商标注册和办理其他商标事宜的，应当委托国家认可的具有商标代理资格的组织代理。

申请商标注册不得损害他人现有的在先权利，也不得以不正当手段抢先注册他人已经使用并有一定影响的商标。

按照《巴黎公约》的规定，申请商标注册的优先权为 6 个月。

2. 商标注册的审批

商标注册的审批包括以下几个程序。

①初步审定。包括申请人是否具备合法资格；申请的文件是否齐全，内容是否合格，手续是否齐备；申请注册的商标是否符合法定条件；申请注册的商标是否同已申请在先或者已注册的商标相同或近似等。

②核准注册。经过初步审定公告的商标，如在 3 个月内无人提出异议，或异议不成立，即予以核准注册并注录在《商标注册簿》上，发给商标注册申请人商标注册证并予以公告。至此，申请人便取得注册商标专用权。

【知识拓展】

商标权的优先使用

商标注册申请人自其商标在外国第一次提出商标注册申请之日起 6 个月内，又在中国就相同商品以同一商标提出商标注册申请的，依照该外国同中国签订的协议或者共同参加的国际条约，或者按照相互承认优先权的原则，可以享有优先权。要求行使优先权的，应当在提出商标注册申请的时候提出书面声明，并且在 3 个月内提交第一次提出的商标注册申请文件的副本；未提出书面声明或者逾期未提交商标注册申请文件副本的，视为未要求优先权。

根据《商标法》的规定，商标在中国政府主办的或者承认的国际展览会展出的商品上首次使用的，自该商品展出之日起 6 个月内，该商标的注册申请人可以享有优先权。要求优先权的，应当在提出商标注册申请的时候提出书面声明，并且在 3 个月内提交展出其商品的展览会名称、在展出商品上使用该商标的证据、展出日期等证明文件；未提出书面声明或者逾期未提交证明文件的，视为未要求优先权。申请人提交的证明文件应当经国务院工商行政管理部门规定的机构认证，展出其商品的国际展览会是在中国境内举办的除外。

三、注册商标的续展、转让

（一）注册商标的期限

注册商标专用权具有时间性。《商标法》规定，注册商标有效期为 10 年，从商标核准之日起计算。

（二）注册商标的续展

注册商标的续展是指注册商标所有人在商标注册有效期届满前后的一定时间内依法办理一定手续延长其注册商标有效期的制度。

根据我国《商标法》的规定，注册商标有效期满需要继续使用的，商标注册人应当在期满前 12 个月内按照规定办理续展手续；在此期间未能办理的，可以给予 6 个月的宽展期；宽展期仍未办理的，注销其注册商标。每次续展注册的有效期为 10 年，自该商标上一届有效期满次日起计算。

（三）注册商标的转让

注册商标的转让，是指注册商标所有人依法将因注册商标产生的商标权转让给他人的行为。注册商标转让后，原注册商标所有人不再享有该注册商标的专用权，受让人成为该注册商标的所有人，享有商标专用权。

根据我国《商标法》的规定，转让注册商标的，转让人和受让人应当签订转让协议，并共同向商标局提出申请。受让人应当保证使用该注册商标的商品质量。转让注册商标经商标局核准后，发给受让人相应的证明，并予以公告。受让人自公告之日起享有商标专用权。

四、商标使用的管理

商标使用的管理，是指商标局对注册商标、未注册商标的使用进行监督管理，并对违反商标法规定的侵权行为予以制裁的活动。

（一）对注册商标使用的管理

经商标局核准注册的商标为注册商标，商标注册人依法享有商标专用权，受法律保护。根据《商标法》的规定，商标行政管理部门对注册商标的使用依法实行管理，具体管理工作包括以下内容。

1. 对使用注册商标的管理

使用注册商标，有下列行为之一的，由商标局责令限期改正或者撤销其注册商标：①自行改变注册商标的；②自行改变注册商标的注册人名义、地址或者其他注册事项的；③自行转让注册商标的；④连续 3 年停止使用的。

2. 监督使用注册商标的商品质量

使用注册商标，其商品粗制滥造、以次充好、欺骗消费者的，由各级工商行政管理部门按不同情况，责令限期改正，并可以予以通报或者处以罚款，或者由商标局撤销其注册商标。

3. 对被撤销或者注销的商标的管理

注册商标被撤销的或者期满不再续展的，自撤销或者注销之日起 1 年内，商标局对与该商标相同或者近似的商标注册申请，不予核准。

4. 对必须使用注册商标的商品的管理

对按照国家规定必须使用注册商标的商品，未申请注册而在市场上销售的，由地方工商行政管理部门责令限期申请注册，可以并处罚款。

（二）对未注册商标使用的管理

未注册的商标不享有商标专用权，但由于我国对商标注册采取自愿原则，除国家规定必须使用注册商标的商品外，允许商品生产者、经营者或者服务提供者合法使用未注册商标。未注册商标的使用同样涉及商标专用权的保护、商品或者服务质量的保证和消费者利益的保障，因而商标管理工作也包括对未注册商标使用的管理。

根据《商标法》的规定，使用未注册商标，有下列行为之一的，由地方工商行政管理部门予以制止，限期改正，并可予以通报或者处以罚款：①冒充注册商标的；②违反《商标法》中不得作为商标使用的标志的规定的；③粗制滥造，以次充好，欺骗消费者的。

五、注册商标专用权的保护

（一）注册商标专用权的保护范围

根据《商标法》的规定，注册商标的专用权以核准注册的商标和核定使用的商品为限。根据这一规定，注册商标专用权的保护范围主要限定在三个方面。

1. 核准注册的商标

商标因注册而取得专用权、从而得到法律保护。未注册的商标一般情况下是不受法律保护的。虽然《商标法》也规定，申请商标注册不得损害他人现有的在先权利，也不得以不正当手段抢先注册他人已经使用并有一定影响的商标，但这一规定并不意味着注册商标与未注册商标在法律地位上的一致。因为，未注册商标的使用人不享有该商标的专用权，无权依照《商标法》的规定禁止他人使用，而只有有限的不受他人不正当干扰的使用权。

2. 核定使用的商品或者服务

在核定使用的商品或者服务上使用注册商标是法律保护的基本条件，他人未经许可不得在相同或类似商品或服务上使用相同或近似的商标。

3. 注册商标在有效期限内

注册商标的有效期限为 10 年，可无限续展。注册商标超过有效期限没有续展的，不再受法律的保护。

（二）侵犯注册商标专用权的行为及其法律责任

1. 侵犯注册商标专用权的行为

根据《商标法》的规定，有下列行为之一的，均属侵犯注册商标专用权：①未经商标注册人的许可，在同一种商品或者类似商品上与其注册商标相同或者近似商标的；②销售侵犯注册商标专用权的商品的；③伪造、擅自制造他人注册商标标识或者销售伪造、擅自制造的注册商标标识的；④未经商标注册人同意，更换其注册商标并将该更换商标的商品又投入市场的；⑤给他人的注册商标专用权造成其他损害的。

2. 侵犯注册商标专用权的法律责任

商标侵权行为同时会使消费者受骗上当，损害公共利益，因此，侵权人除向商标权人承担民事责任之外，还应承担行政责任和刑事责任。

（1）民事责任

根据《商标法》的规定，销售不知道是侵犯注册商标专用权的商品，能证明该商品是自己合法取得并说明提供者的，不承担赔偿责任。该规定明确销售者如缺乏主观过错，则无须承担赔偿责任，但应当承担停止侵害行为的法律责任。

如果行为人存在主观过错，知道或应当知道从事的是侵害他人商标权行为，还应承担赔偿责任。《商标法》规定，侵犯商标专用权的赔偿数额，按照权利人因被侵权所受到的实际损失确定；实际损失难以确定的，可以按照侵权人因侵权所获得的利益确定；权利人的损失或者侵权人获得的利益难以确定的，参照该商标许可使用费的倍数合理确定。对恶意侵犯商标专用权，情节严重的，可以在按照上述方法确定数额的 1 倍以上 5 倍以下确定赔偿数额。赔偿数额应当包括权利人为制止侵权行为所支付的合理开支。人民法院为确定赔偿数额，在权利人已经尽力举证，而与侵权行为相关的账簿、资料主要由侵权人掌握的情况下，可以责令侵权人提供与侵权行为相关的账簿、资料；侵权人不提供或者提供虚假的账簿、资料的，人民法院可以参考权利人的主张和提供的证据判定赔偿数额。权利人因被侵权所受到的实际损失、侵权人因侵权所获得的利益、注册商标许可使用费难以确定的，由人民法院根据侵权行为的情节判决给予 500 万元以下的赔偿。人民法院审理商标纠纷案件，应权利人请求对属于假冒注册商标的商品，除特妹情况外，责令销毁；对主要用于制造假冒注册商标的商品的材料、工具，责令销毁，且不予补偿；或者在特殊情况下，责令禁止前述材料、工具进入商业渠道，且不予补偿。假冒注册商标的商品不得在仅去除假冒注册商标后进入商业渠道。

（2）行政责任

对于侵犯注册商标专用权的行为，商标权人或者利害关系人可以请求市场监督管理部门处理。市场监督管理部门处理时，认定侵权行为成立的，责令立即停止侵权行为，没收、销毁侵权商品和主要用于制造侵权商品、伪造注册商标标识的工具。违法经营额五万元以上的，可以处违法经营额五倍以下的罚款；没有违法经营额或者违法经营额不足五万元的，可以处二十五万元以下的罚款。对五年内实施两次以上商标侵权行为或者有其他严重情节的，应当从重处罚。销售不知道是侵犯注册商标专用权的商品，能证明该商品是自己合法取得并说明提供者的，由工商行政管理部门责令停止销售。

（3）刑事责任

侵犯注册商标专用权的刑事责任主要包括以下三种。

①《刑法》第二百一十三条："【假冒注册商标罪】未经注册商标所有人许可，在同一种商品、服务上使用与其注册商标相同的商标，情节严重的，处三年以下有期徒刑，并处或者单处罚金；情节特别严重的，处三年以上十年以下有期徒刑，并处罚金。"

②《刑法》第二百一十四条："【销售假冒注册商标的商品罪】销售明知是假冒注册商标的商品，违法所得数额较大或者有其他严重情节的，处三年以下有期徒刑，并处或者单处罚金；违法所得数额巨大或者有其他特别严重情节的，处三年以上十年以下有期徒刑，并处罚金。"

③《刑法》第二百一十五条："【非法制造、销售非法制造的注册商标标识罪】伪造、擅自制造他人注册商标标识或者销售伪造、擅自制造的注册商标标识，情节严重的，处三年以下有期徒刑，并处或者单处罚金；情节特别严重的，处三年以上十年以下有期徒刑，并处罚金。"

（三）侵犯注册商标专用权案件的处理

根据《商标法》的规定，对侵犯注册商标专用权的案件，先由当事人协商解决，当事人不愿协商或者协商不成的，可以有两种处理方式：一是由商标注册人或者利害关系人请求工商行政管理部门处理；二是由商标注册人或者利害关系人向人民法院起诉。

1. 工商行政管理部门对侵犯注册商标专用权案件的处理

根据《商标法》的规定，商标注册人或者利害关系人对有侵犯注册商标专用权的行为可以请求工商行政管理部门处理。县级以上工商行政管理部门对涉嫌侵犯他人注册商标专用权的行为进行查处时，可以行使下列职权：①询问有关当事人，调查与侵犯他人注册商标专用权有关的情况；②查阅、复制当事人与侵权活动有关的合同、发票、账簿及其他有关资料；③对当事人涉嫌从事侵犯他人注册商标专用权活动的场所实施现场检查；④检查与侵犯活动有关的物品，对有证据证明是侵犯他人注册商标专用权的物品可以查封或者扣押。

工商行政管理部门在处理侵犯注册商标专用权案件时，认定侵权行为成立的，责令立即停止侵权行为，没收、销毁侵权商品和专门用于制造侵权商品、伪造注册商标标识的工具，并可处以罚款。当事人对处理决定不服的，可以自收到处理通知之日起 15 日内向人民法院起诉。侵权人期满不起诉又不履行的，工商行政管理部门可以申请人民法院强制执行。

2. 人民法院对侵犯注册商标专用权案件的处理

根据《商标法》的规定，商标注册人或者利害关系人对有侵犯注册商标专用权的行为可以向人民法院起诉。

商标注册人或者利害关系人有证据证明他人正在实施或者即将实施侵犯其注册商标专用权的行为，如不及时制止将会使其合法权益受到难以弥补的损害的，可以在起诉前向人民法院申请采取责令停止有关行为和财产保全的措施。

为制止侵权行为，在证据可能灭失或者以后难以取得的情况下，商标注册人或者利害关系人可以在起诉前向人民法院申请保全证据。人民法院接受申请后，必须在 48 小时内作出裁定。裁定采取保全措施的，应当立即开始执行。人民法院可以责令申请人提供担保，申请人不提供担保的，驳回申请。申请人在人民法院采取保全措施后 15 日内不起诉的，人民法院应当解除保全措施。

（四）驰名商标的法律保护

驰名商标，是指在市场上享有较高声誉并为相关公众所熟知的商标。驰名商标能给国家和企业带来巨大的经济效益，驰名商标的多少在一定程度上体现了一个国家的经济实力和水平。保护驰名商标有利于维护社会经济秩序、保护驰名商标权人的合法权益、保护消费者的利益。

驰名商标由国家知识产权局商标局和人民法院认定，除此以外的任何组织和个人不得认定或者采取其他变相方式认定驰名商标。认定驰名商标应当考虑下列因素：①相关公众对该商标的知晓程度；②该商标使用的持续时间；③该商标的任何宣传工作的持续时间、程度和地理范围；④该商标作为驰名商标受保护的记录；⑤该商标驰名的其他因素。

国家知识产权局商标局和人民法院认定驰名商标后，应当将认定结果通知有关部门及申请人，并予以公告。

为了保护驰名商标所有人的合法权益，我国对驰名商标制定了有别于一般商标的特殊保护规定，具体表现在以下五方面。

①在相同或是类似的商品上申请注册的商标如果是复制或是翻译他人在我国注册的驰名商标的，不能注册并且禁止使用。

②在不相同或是不相类似的商品申请注册的商标如果是复制或是翻译他人已经在我国注册的驰名商标，是不能注册和使用的。

③已经注册的商标如果违反商标法的规定，在商标注册当日起 5 年内，在先权利人或利害关系人可以请求商标评审委员会宣告该商标无效；如果是恶意注册的，驰名商标所有人不受 5 年时间的限制。

④如果把驰名商标作为企业名称来登记，可能会引起公众误解，驰名商标所有人可以向该企业的登记机关申请撤销该公司名称登记。

⑤如果认为他人使用的商标违反商标法的规定，当事人可以请求保护驰名商标，并且向案件发生地市以上工商部门提出书面请求，要求禁止使用，当然当事人要提交商标驰名的证明材料。

 同步练习

一、不定项选择

1.（知识产权法学核心知识点精解同步练习）下列哪项未经许可实施的行为构成对相关作品信息网络传播权的侵权？（ ）

A. 网红主播在网络直播中演唱歌曲

B. 网络电视台按照预定的节目时间表通过网络传播电影

C. 将作品上传至大学校园网中的网络论坛上，只有本校师生才能登录欣赏

D. 地铁经营者通过地铁车厢屏幕播放短视频

2.（知识产权法学核心知识点精解同步练习）甲创作了一部小说，一直没有发表，而且甲明确表示不愿发表。2008 年 4 月 1 日甲去世，其继承人为乙。下列说法中正确的是（ ）

A. 无论何时任何人都无权发表这部小说

B. 乙可以在 2008 年 4 月 2 日发表这部小说

C. 乙可以在 2058 年 4 月 2 日发表这部小说

D. 乙可以在 2059 年 1 月 1 日发表这部小说

3.（知识产权法学核心知识点精解同步练习）甲和乙均从某专门提供盗版的网站下载了同一首流行歌曲。甲在家庭聚会上播放，乙将其用微信分享

给好友丙和丁，丙在其 30 人的班级联欢会上播放了该歌曲，丁又将该歌曲上传至另一视频网站。下列何人实施了侵权行为？（　　）

　　A. 甲　　　　　B. 乙　　　　　C. 丙　　　　　D. 丁

4.（2014 年专利代理师考试专利法第 24 题）某公司拥有一项 3D 打印机的专利权。下列哪个行为侵犯了该公司的专利权？（　　）

　　A. 为了改进该打印机的性能，甲自行制造了一台该种 3D 打印机用于实验

　　B. 乙未获得该公司的许可而在报纸上发布出售该种 3D 打印机的信息

　　C. 丙从该公司购买了一台 3D 打印机，未经该公司同意，公开出售由该 3D 打印机打印出的产品

　　D. 丁从该公司批发了一批 3D 打印机，并以高价出口到该公司未获得专利权的国家

5.（知识产权法学核心知识点精解同步练习）某中式快餐店根据自己的服务项目和特色设计了一个徽记，该徽记是一种（　　）

　　A. 证明商标　　　B. 销售商标　　　C. 服务商标　　　D. 集体商标

6.（考试资料网）甲公司通过商标使用许可合同，许可乙厂使用其"小铃铛"注册商标。对于乙厂生产销售"小铃铛"饮料的质量事宜，甲公司的做法中正确的是（　　）

　　A. 甲公司不必过问，由乙厂自行负责

　　B. 甲公司有义务进行监督

　　C. 甲公司有权派人进行抽样检查

　　D. 如果不合格，甲公司有权禁止乙厂继续使用该商标

7.（知识产权法学核心知识点精解同步练习）甲将自己创作的小说置于个人网站上传播。某出版社主编乙看到这篇小说后，未经许可即将小说收入《当代网络小说精选》出版。对此，下列哪些选项是正确的？（　　）

　　A. 乙侵害了甲的发表权　　　　　B. 乙侵害了甲的汇编权

　　C. 乙侵害了甲的复制权　　　　　D. 乙侵害了甲的发行权

8.（知识产权法学核心知识点精解同步练习）下列新完成的发明创造中，受《专利法》保护的对象是（　　）

　　A. 一种高血压病的治疗方法　　　　　B. 一种速算方法

　　C. 一种通过基因拼接培育新型水稻的方法　　　　　D. 一种可视电话

二、简答题

1. 简述产品专利的权利内容。
2. 简述专利申请的外国优先权。
3. 简述驰名商标淡化理论。

三、案例分析

（自考真题）W 公司未经许可擅自使用 H 公司专利技术生产并销售了变频家用空调器 5000 台。G 家电销售公司在明知 W 公司侵犯 H 公司专利权的情况下，从 W 公司进货 2000 台，并已实际售出 1600 台。M 宾馆在不知 W 公司侵犯 H 公司专利权的情况下也从 W 公司购入 200 台并已安装使用。H 公司发现 W 公司、G 公司和 M 宾馆的上述生产销售和使用行为后，向法院起诉，状告 W 公司、G 公司和 M 宾馆侵犯其专利权。根据上述案例分析：

1. W 公司的生产、销售行为是否侵权？是否应承担相应的赔偿责任？分别说明理由。

2. G 公司的销售行为是否侵权？是否应承担相应的赔偿责任？是否可以继续销售库存的 400 台空调器？分别说明理由。

3. M 宾馆的使用行为是否侵权？是否应承担相应的赔偿责任？是否可以继续使用这 200 台空调器？

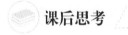 课后思考

额头出汗原则

额头出汗原则是一条知识产权法律原则，尤其关系到著作权法。根据这条法律原则，作者通过创作（如数据库、通讯录）时所付出的劳动就可获得著作权，并不需要真正的创造或"原创性"。在额头出汗原则的保护下，获得著作权的作者（尽管完全非原创）有权得到其付出及费用的保护，在不授权的情况下，别人无权使用其作品，但却可以通过独立研究或工作对其作品进行再创造。电话簿就是一个典型的例子。在额头出汗原则的权限内，电话簿可能不允许复制，但是某个竞争对手可以通过独立收集信息来发行一份相当的号码簿。

第七章　消费者权益保护与产品质量法律制度

引 例

1. 2024 年 4 月 9 日，天津市滨海新区市场监管局接到滨海新区人民检察院《检察建议书》，反映咪雅摄影服务（天津）有限公司涉嫌侵害消费者个人信息。经查，2019 年 7 月至 2022 年 6 月，当事人的法定代表人王某为拓展公司摄影服务业务，多次从高某某处以每月 800 元至 2000 元不等的价格购买了孕产妇信息共 12 716 条，总计金额 49 800 元。当事人通过获取的孕产妇个人信息电话联系推销店内的摄影服务，根据客户选择提供后续免费或者 99 元至 799 元不等的摄影服务套餐。

试分析该案中咪雅摄影服务（天津）有限公司是否违法？应如何处理？

2. 王某 2022 年 2 月从本市某商场购买了老式"温暖"牌室内加热器一台，使用了 2 个月后，加热器起火，王某损失 6000 多元。事发后，王某找到商场，商场同意赔偿了 1000 元，王某认为商场至少赔 5000 元。双方遂起纠纷，李某诉到法院。法院审理后认为：认定产品质量问题，应由技术监督部门出具鉴定书。但技术监督部提出，该加热器已烧毁，又无库存，无法鉴定。法院开庭，认为不能排除消费者使用不当造成加热器起火的可能性，虽然加热器没有合格证，但产品质量问题证据不足，驳回起诉。

试分析该案中法院的做法是否正确？

第一节　消费者权益保护法

一、消费者权益保护法概述

（一）消费者的概念和特征

1. 消费者的概念

国际标准化组织（ISO）认为，消费者是指以个人消费为目的而购买或使用商品或接受服务的个体社会成员。《消费者权益保护法》对"消费者"并没有明确的定义，但该法第二条规定："消费者为生活需要购买、使用商品或者接受服务，其权益受本法保护；本法未作规定的受其他有关法律、法规保护。"因此，对"消费者"的概念应作严格的解释，对消费者的定义应限于满足生活需要而购买、使用商品或者接受服务的个体社会成员。

2. 消费者的特征

按照《消费者权益保护法》的规定，消费者应具有以下法律特征。

①消费者的主体是购买、使用商品或接受服务的个人。法人和其他社会团体不具有消费者资格，因为生活消费的终极消费主体只能是自然人，既包括商品的购买者或服务的接受者，也包括商品的使用者。而法人及其他社会团体在其权利受到侵害时可依照其他法律规定得到救济。

②消费者的消费客体是商品或服务。消费客体包括维持消费者生存与发展所需的各方面的商品或服务，但法律禁止购买、使用的商品和禁止接受的服务不属于消费者权益保护法规定的商品和服务。

③消费者的消费性质是生活消费。生活消费与人的日常生活密切相关，人们在进行生活消费的过程中所受到的损害与生产消费相比更为直接和严重，更需要法律的特别保护。

④消费者的消费方式是购买、使用或者接受经营者提供的商品或服务。具体包括两层含义：一是商品或服务的提供者限定为经营者，经营者既可以是法人、社会团体，也可以是自然人；二是消费者一般都支付了相应的对价，作为消费者相对人的经营者提供商品或服务是有偿的或获得了其他利益。

【知识拓展】

消费者必须为自然人

关于消费者是否必须为自然人，目前理论不一，国内教材也有不同的看法，地方立法普遍认为单位应成为消费者主体。笔者认为，生活消费主要是个人消费，根据立法宗旨、单位的自然属性和国际通说等，消费者权益保护法应以个人作为消费的最终主体。单位购买商品或接受服务可受其他法律，如民法典的调整。

（二）消费者权益保护法的制定

1. 消费者运动

与消费者相伴而生的是消费者权益。消费者权益是指消费者在有偿获得商品或接受服务时应得到的正当权益，包括安全、卫生、经济、实用等权益，其核心是消费者的权利。

消费者运动是消费者为维护自身权益、争取社会公正，自发或有组织地同损害消费者权益的行为进行抗争的社会运动。消费者运动最早发端于美国，1881年人类历史上第一个消费者协会在纽约成立。政府最初对消费者运动采取干预和压制的态度，后来也以积极的姿态参与和推动消费者运动的发展。第二次世界大战后，随着世界经济的不断发展、国民生活水平的不断提高，人们对消费在安全、卫生、质量等各方面都提出了更高的要求。

2. 消费者权益保护法的概念

消费者权益保护法是调整国家机关、经营者、消费者相互之间因保护消费者权益而产生的社会关系的法律规范的总称。

我国在消费者保护法方面采取了专门立法的体例。1993年10月13日，第八届全国人民代表大会常务委员会第四次会议通过了《消费者权益保护法》，这是我国制定的第一部关于消费者权益保护的基本法。该法经过2009年8月和2013年10月两次修订，后于2024年3月15日又配套出台了《中华人民共和国消费者权益保护法实施条例》（以下简称《消保条例》）。《消保条例》是《消费者权益保护法》施行30年来首次出台的配套行政法规，在我国消费者保护事业发展史上具有重要里程碑意义，它的颁布实施进一步完善了我国消费者权益保护法律制度体系，加大了对消费者合法权益的保护力度。

3. 消费者权益保护法的立法宗旨

《消费者权益保护法》第一条规定，该法的立法宗旨是：①保护消费者的合法权益。这是消费者权益保护法立法的首要目的。②维护社会经济秩序。消费者与经营者之间的关系从经济上讲是一种商品交换关系，它直接关系到市场经济秩序。因此，通过消费者权益立法，可以调节消费者与经营者之间的利益关系，规范经营者的市场经营行为，维护社会经济秩序。③促进社会主义市场经济的健康发展。生产的目的就是消费，消费既是生产关系中的一个重要环节，又是构成市场的核心要素，最终制约着市场经济的发展状况与规模。消费者政策和法律与一个国家的产业政策和经济规划是密切相连的，所以消费者立法还具有保障和促进社会经济秩序健康发展的功能。

4. 消费者权益保护法的调整对象

消费者权益保护法调整消费者为生活需要而购买、使用商品或接受服务过程中以保护消费者权益为中心所发生的社会关系。具体包括以下四方面。

①国家机关与经营者之间的关系，主要是指国家有关管理部门在对经营者的生产、销售、服务活动进行监督管理和维护消费者合法权益的过程中发生的关系。

②国家机关与消费者之间的关系，主要是指国家有关管理部门在为消费者提供指导、服务与保护过程中发生的关系。

③经营者与消费者之间的关系，主要是指经营者因违法经营给消费者造成损害，消费者为实现和保护自己权益所发生的关系。

④消费者组织及其他个人或组织与经营者之间的关系，主要是指消费者组织及其他个人或组织为维护消费者权益而对经营者进行监督过程中发生的关系。

5. 消费者权益保护法的调整范围

①消费者为生活需要购买、使用商品和接受服务，其权益受《消费者权益保护法》保护，即被保护的主体限定为生活消费者。《消费者权益保护法》第二条规定："消费者为生活消费需要购买、使用商品或者接受服务，其权益受本法保护；本法未作规定的，受其他有关法律、法规保护。"

②经营者为消费者提供其生产、销售的商品或提供服务，应当遵守《消费者权益保护法》。《消费者权益保护法》第三条规定："经营者为消费者提供其生产、销售的商品或者提供服务，应当遵守本法；本法未作规定的，应当遵守其他有关法律、法规。"消费者与经营者是两个相对的主体，消费者的权利就是经营者的义务。因此，对消费者权益保护就要同时规范与约束经营者的经营行为。《消费者权益保护法》以保护消费者利益为核心，在处理经营者为消费者提供其生产、销售的商品或服务过程中所发生的关系时，也适用《消费者权益保护法》的有关规定；《消费者权益保护法》未作规定的，适用其他有关法律和行政法规的规定。

③农民购买、使用直接用于农业生产的生产资料，参照《消费者权益保护法》执行。《消费者权益保护法》第六十二条规定："农民购买、使用直接用于农业生产的生产资料，参照本法执行。"农民购买直接用于农业生产的生产资料，虽然不是为了个人生活消费，但我国《消费者权益保护法》将农民

购买、使用直接用于农业生产的生产资料纳入了调整范围，原因在于：一方面，我国农业生产力不发达，农民的经济能力处于弱势；另一方面，伪劣农用生产资料如假农药、假化肥、假种子等严重侵害了农民的经济利益，且农民受侵害后缺乏适当的法律途径寻求保护，因而将该类社会关系也纳入消费者权益保护法的范畴。

二、消费者的权利和经营者的义务

消费者权利是指消费者根据消费者权益保护法的规定，在消费者领域中所享受的各项权利，即消费者有权作出或不作出一定的行为或要求他人作出或不作出一定的行为。它是消费者利益在法律上的表现。我国《消费者权益保护法》规定了消费者的九项权利，即安全保障权、知悉权、自主选择权、公平交易权、求偿权、结社权、知识获取权、受尊重权、监督批评权。《消保条例》进一步加大了消费者权益保护力度，对部分消费热点难点问题进行了明确和细化的规定，对今后维护消费者合法权益、规范经营者经营行为、营造放心消费环境都极具意义。

（一）消费者权利的内容

1. 安全保障权

安全保障权是指消费者在购买、使用商品和接受服务时享有的人身、财产安全不受损害的权利。《消费者权益保护法》第七条第一款规定："消费者在购买、使用商品和接受服务时享有人身、财产安全不受损害的权利。"《消保条例》第八条第一款规定："消费者认为经营者提供的商品或者服务可能存在缺陷，有危及人身、财产安全危险的，可以向经营者或者有关行政部门反映情况或者提出建议。"消费者有权要求经营者提供的商品和服务，符合保障人身、财产安全的要求。人身、财产安全是消费者最基本的权利，是消费者最关心的一个问题，因而被列为保护消费者合法权益的一项最重要的内容。

2. 知悉权

知悉权是指消费者在购买、使用商品和接受服务时享有的了解和熟悉真实情况的权利。《消费者权益保护法》第八条第一款规定："消费者享有知悉其购买、使用的商品或者接受的服务的真实情况的权利。消费者有权根据商品或者服务的不同情况，要求经营者提供商品的价格、产地、生产者、用途、性能、规格、等级、主要成分、生产日期、有效期限、检验合格证明、使用方法说明书、售后服务，或者服务的内容、规格、费用等有关情况。"

知悉权既是消费者据以作出自由选择并实现公平交易的前提，又是其购买商品后正确和安全使用的必要保证，因此，经营者应当向消费者提供真实的信息。

3. 自主选择权

自主选择权是指消费者享有自主选择商品和服务的权利。《消费者权益保护法》第九条规定："消费者享有自主选择商品或者服务的权利。消费者有权自主选择提供商品或者服务的经营者，自主选择商品品种或者服务方式，自主决定购买或者不购买任何一种商品、接受或者不接受任何一项服务。消费者在自主选择商品或者服务时，有权进行比较、鉴别和挑选。"自主选择权是自愿原则在《消费者权益保护法》中的具体体现。消费者为生活消费购买商品、接受服务时，与经营者是一种平等主体之间的民事法律关系。任何强行搭售等经营方式都是违反平等、自愿原则的，也必然损害消费者权益。

《消保条例》第十一条规定："消费者享有自主选择商品或者服务的权利。经营者不得以暴力、胁迫、限制人身自由等方式或者利用技术手段，强制或者变相强制消费者购买商品或者接受服务，或者排除、限制消费者选择其他经营者提供的商品或者服务。经营者通过搭配、组合等方式提供商品或者服务的，应当以显著方式提请消费者注意。"这意味着商家可以通过搭配、组合等方式销售商品或者服务，但前提是不能强制或者变相强制消费者购买，也不能排除、限制消费者选择其他的渠道购买，而且要以显著方式提请消费者注意（你买的是组合或者搭售的产品）。

4. 公平交易权

公平交易权是指消费者享有公平交易的权利。《消费者权益保护法》第十条规定："消费者享有公平交易的权利。消费者在购买商品或者接受服务时，有权获得质量保障、价格合理、计量正确等公平交易条件，有权拒绝经营者的强制交易行为。"公平交易权是法律赋予消费者的一项基本权利，是传统商业道德的要求，也是维护我国社会主义市场经济秩序的重要内容。

5. 求偿权

求偿权是指消费者对因消费所受到损害享有依法获得赔偿的权利。《消费者权益保护法》第十一条规定："消费者因购买、使用商品或者接受服务受到人身、财产损害的，享有依法获得赔偿的权利。"求偿权是与安全保障权密切联系的权利，是安全保障权的自然、合理延伸。人身损害赔偿包括生命健康权、姓名权、名誉权、荣誉权等方面的损害赔偿。财产损害赔偿包括财物灭失、破损等赔偿；人身损害赔偿包括人身伤、残、死亡所支付的费用等赔偿。

6. 结社权

结社权是指消费者享有的依法成立社会团体的权利。《消费者权益保护法》第十二条规定："消费者享有依法成立维护自身合法权益的社会团体的权利。"消费者依法成立维护自身合法权益的社会组织，这是宪法中公民结社权在消费者权益保护法中的具体化。赋予消费者这一权利旨在使处于弱者地位的个体消费者形成一个合法存在的代表消费者群体利益的强有力的组织，并将消费者组织起来，开展对商品和服务广泛的社会监督，向消费者提供消费信息和咨询服务，受理消费者的投诉，充当沟通政府和消费者之间的桥梁，支持受到侵害的消费者提起诉讼等。

7. 知识获取权

知识获取权是指消费者享有获得有关消费和消费者权益保护方面的知识的权利。《消费者权益保护法》第十三条规定："消费者享有获得有关消费和消费者权益保护方面的知识的权利。消费者应当努力掌握所需商品或者服务的知识和使用技能，正确使用商品，提高自我保护意识。"国家和社会应当加强对消费者的宣传、教育和培训，尽可能地为消费者提供消费常识和咨询，指导消费行为，使消费者认识商品和服务的性质、质量、特点，掌握正确使用商品和接受服务的方法、商品意外事故的处理方法，识别伪劣商品和核实计量及计价的方法及了解获得赔偿的途径和方法等。同时，消费者也应当努力掌握所需商品或服务的知识和使用技能，正确使用商品，提高自我保护意识。

8. 受尊重权

受尊重权也称人格尊严权，是指消费者依法享有人格尊严、民族风俗习惯得到尊重的权利。《消费者权益保护法》第十四条规定："消费者在购买、使用商品和接受服务时，享有其人格尊严、民族风俗习惯得到尊重的权利，享有个人信息依法得到保护的权利。"人格尊严权是人身权的重要组成部分，是宪法及民法典赋予公民的人格不受侵犯在消费者权益保护法中的具体体现，是消费者的精神利益。同时，我国是一个多民族的国家，各民族都形成了不同的风俗习惯，并在生活消费中表现出来，尊重风俗习惯，也就是尊重民族感情、民族尊严、民族意识。尊重消费者的人格尊严和民族习俗，是社会文明进步的表现。

9. 监督批评权

监督批评权是指消费者享有对商品、服务和保护消费者权益工作进行监督、批评的权利。《消费者权益保护法》第十五条规定："消费者享有对商品和服务以及保护消费者权益工作进行监督的权利。消费者有权检举、控告侵害消费者权益的行为和国家机关及其工作人员在保护消费者权益工作中的违法失职行为，有权对保护消费者权益工作提出批评和建议。"这一权利包括：消费者有权对经营者提供的商品和服务的全程进行监督；有权检举、控告其侵害消费者的行为；有权检举、控告国家机关及其工作人员在保护消费者权益工作中的违法失职行为；有权对保护消费者权益工作提出意见、批评和建议。法律赋予消费者这一权利，有助于提高消费者自身的素质，增强消费者自我保护的能力，促进消费者权益保护法的实施。

上述九项权利是消费者权益保护法规定的消费者享有的主要权利，也是消费者进行消费活动必不可少的。

（二）经营者的义务

经营者，是指以营利为目的向消费者提供其生产、销售的商品或者服务的单位和个人。在消费活动中，经营者是与消费者相对应的主体，消费者权利的实现在很大程度上依赖于经营者的合法经营。为此，消费者权益保护法在规定消费者权利的同时，也规定了经营者的义务，其目的在于更好地保护消费者权利，同时也要求经营者依法经营和服务，遵守职业道德，并不断提高服务质量。经营者的义务就是指经营者在生产经营活动中依法应当为一定行为或不为一定行为的义务。我国《消费者权益保护法》规定了经营者应当履行的义务。

1. 履行法定及约定义务

履行法定及约定义务，是指经营者应按照法律、法规及双方约定向消费者提供商品或服务。

（1）履行法定义务

法定义务，是指由国家法律、法规明确规定的义务。经营者向消费者提供商品或者服务，应当依照消费者权益保护法和其他有关法律、法规的规定履行义务。

（2）履行约定义务

约定义务，是指经营者和消费者达成的协议中所约定的义务。经营者和消费者有约定的，应当按照约定履行义务，但双方的约定不得违背法律、法规的规定。约定义务体现了双方的意思自治，依法成立的合同，对双方有法律约束力，不得擅自变更或解除。如果约定内容违法，如提供淫秽物品，则不受法律保护。

（3）履行诚信、公平交易义务

经营者向消费者提供商品或者服务，应当恪守社会公德，诚信经营，保障消费者的合法权益；不得设定不公平、不合理的交易条件，不得强制交易。

2. 接受监督的义务

《消费者权益保护法》第十七条规定："经营者应当听取消费者对其提供的商品或服务的意见，接受消费者的监督。"消费者不但在购买商品或接受服务时，而且在不购买商品或不接受服务时，均有权对经营者或经营者提供的商品和服务提出意见与建议。经营者不仅要接受消费者的监督，而且还要接受全社会的监督。

3. 保证消费者人身和财产安全的义务

《消费者权益保护法》第十八条第一款规定："经营者应当保证其提供的商品和服务符合保障人身、财产安全的要求，对可能危及人身、财产安全的商品或服务，应当向消费者做出真实的说明和明确的警示，并说明和标明正确使用商品或者接受服务的方法。"当经营者发现其提供的商品或服务存在严重缺陷，或即使正确使用商品和接受服务仍然可能对消费者人身、财产安全造成危害的，应立即向有关部门报告和及时告知消费者，并积极采取防止危害发生的措施。

《消费者权益保护法》第十八条第二款规定："宾馆、商场、餐馆、银行、机场、车站、港口、影剧院等经营场所的经营者，应当对消费者尽到安全保障义务。"当经营者发现其提供的商品或服务存在严重缺陷，或即使正确使用商品和接受服务仍然可能对消费者人身、财产安全造成危害的，应立即向有关部门报告，及时告知消费者，并积极采取防止危害发生的措施。

《消保条例》第七条第二款规定："经营者向消费者提供商品或者服务（包括以奖励、赠送、试用等形式向消费者免费提供商品或者服务），应当保证商品或者服务符合保障人身、财产安全的要求。免费提供的商品或者服务存在瑕疵但不违反法律强制性规定且不影响正常使用性能的，经营者应当在提供商品或者服务前如实告知消费者。"《消保条例》第七条第三款规定："经营者应当保证其经营场所及设施符合保障人身、财产安全的要求，采取必要的安全防护措施，并设置相应的警示标识。消费者在经营场所遇到危险或者受到侵害时，经营者应当给予及时、必要的救助。"

4. 产品召回的义务

《消费者权益保护法》第十九条规定："经营者发现其提供的商品或者服务存在缺陷，有危及人身、财产安全危险的，应当立即向有关行政部门报告和告知消费者，并采取停止销售、警示、召回、无害化处理、销毁、停止生产或者服务等措施。采取召回措施的，经营者应当承担消费者因商品被召回支出的必要费用。"《消保条例》第八条第二款规定："经营者发现其提供的商品或者服务可能存在缺陷，有危及人身、财产安全危险的，应当依照消费者权益保护法第十九条的规定及时采取相关措施。采取召回措施的，生产或者进口商品的经营者应当制定召回计划，发布召回信息，明确告知消费者享有的相关权利，保存完整的召回记录，并承担消费者因商品被召回所支出的必要费用。商品销售、租赁、修理、零部件生产供应、受委托生产等相关经营者应当依法履行召回相关协助和配合义务。"

5. 提供真实信息的义务

《消费者权益保护法》第二十条规定："经营者向消费者提供有关商品或者服务的质量、性能、用途、有效期限等信息，应当真实、全面，不得作虚假或者引人误解的宣传。经营者对消费者就其提供的商品或者服务的质量和使用方法提出的询问应当做出真实、明确的答复。经营者提供商品或者服务应当明码标价。"

《消保条例》第九条规定："经营者应当采用通俗易懂的方式，真实、全面地向消费者提供商品或者服务相关信息，不得通过虚构经营者资质、资格或者所获荣誉，虚构商品或者服务交易信息、经营数据，篡改、编造、隐匿用户评价等方式，进行虚假或者引人误解的宣传，欺骗、误导消费者。经营者不得在消费者不知情的情况下，对同一商品或者服务在同等交易条件下设置不同的价格或者收费标准。"在同等交易条件下导致价格或收费标准不同的营销活动，必须保障消费者的知情权，必须在消费者充分知情的基础上开展相关营销活动。

《消保条例》第十条规定："经营者应当按照国家有关规定，以显著方式标明商品的品名、价格和计价单位或者服务的项目、内容、价格和计价方法等信息，做到价签价目齐全、内容真实准确、标识清晰醒目。经营者采取自动展期、自动续费等方式提供服务的，应当在消费者接受服务前和自动展期、自动续费等日期前，以显著方式提请消费者注意。"这意味着商家通过自动续费方式提供服务的，不仅要事先告知，而且要以显著方式提请消费者注意，让消费者在充分知情的基础上自主选择。

知悉权既是消费者据以作出自由选择并实现公平交易的前提，又是其购买商品后正确和安全使用的必要保证，因此，经营者应当向消费者提供真实的信息。

《消保条例》第十五条规定："经营者不得通过虚假或者引人误解的宣传，虚构或者夸大商品或者服务的治疗、保健、养生等功效，诱导老年人等消费者购买明显不符合其实际需求的商品或者服务。"

6. 标明真实名称和标记的义务

《消费者权益保护法》第二十一条规定："经营者应当标明真实名称和标记。租赁他人柜台或者场地的经营者应当标明其真实名称和标记。"《消保条例》第十三条规定："经营者应当在其经营场所的显著位置标明其真实名称和标记。经营者通过网络、电视、电话、邮购等方式提供商品或者服务的，应当在其首页、视频画面、语音、商品目录等处以显著方式标明或者说明其真实名称和标记。由其他经营者实际提供商品或者服务的，还应当向消费者提供该经营者的名称、经营地址、联系方式等信息。经营者租赁他人柜台或者场地提供商品或者服务，或者通过宣讲、抽奖、集中式体验等方式提供商品或者服务的，应当以显著方式标明其真实名称和标记。柜台、场地的出租者应当建立场内经营管理制度，核验、更新、公示经营者的相关信息，供消费者查询。"《消保条例》第二十一条还规定："经营者决定停业或者迁移服务场所的，应当提前30日在其经营场所、网站、网店首页等的醒目位置公告经营者的有效联系方式等信息。"

名称和标记是区别商品或者服务的主要特征，它代表着一定的商业信誉。要求经营者标明真实名称和标记，也是为了保护消费者的知情权和选择权，制止不正当竞争行为。要求租赁者标明自己的真实名称和标记，旨在避免消费者产生误解和误认，使消费者能够正确地进行消费决策和确定求偿主体。即使在租赁期满后，在法律规定的情况下，消费者仍有权要求租赁的经营者承担责任。

7. 出具凭证、单据的义务

《消费者权益保护法》第二十二条规定："经营者提供商品或者服务，应当按照国家有关规定或者商业惯例向消费者出具发票等购货凭证或服务单据。

消费者索要发票等购货凭证或者服务单据的，经营者必须出具。"购货凭证、服务单据是证明经营者与消费者之间存在合同关系的书面凭证，一般是指发票、保修单等。规定经营者必须履行该义务，是保障消费者依法行使求偿权的一个重要条件，便于消费者日后维护自己的合法权益。

8. 品质担保的义务

商品或者服务的质量是否符合法律、法规规定的要求或者约定的要求，直接关系到消费者的利益。因此，《消费者权益保护法》第二十三条规定："经营者应当保证在正常使用商品或者接受服务的情况下其提供的商品或者服务应当具有的质量、性能、用途和有效期限；但消费者在购买该商品或者接受服务前已经知道其存在瑕疵的，且存在该瑕疵不违反法律强制性规定的除外。"这里的正常使用是指一般消费者合理使用的情况。同时还规定，经营者以广告、说明、实物样品或者其他方式表明商品或者服务质量状况的，应当保证其提供的商品或者服务的实际质量与表明的质量相符。经营者提供的机动车、计算机、电视机、电冰箱、空调器、洗衣机等耐用商品或者装饰装修等服务，消费者自接受商品或者服务之日起六个月内发现瑕疵、发生争议的，由经营者承担有关瑕疵的举证责任，即由经营者承自证清白，适用举证责任倒置规则。

9. 承担退货、更换、修理义务

经营者提供的商品或者服务不符合质量要求的，消费者可以依照国家规定、当事人约定退货，或者要求经营者履行更换、修理等义务。没有国家规定和当事人约定的，消费者可以自收到商品之日起 7 日内退货；7 日后符合法定解除合同条件的，消费者可以及时退货，不符合法定解除合同条件的，可以要求经营者履行更换、修理等义务，并且，依此进行退货、更换、修理的，经营者应当承担运输等必要费用。

10. 商品无理由退货的义务

商品无理由退货的义务，是指经营者采用网络、电视、电话、邮购等方式销售商品，不得擅自扩大不适用无理由退货的商品范围。经营者应当以显著方式对不适用无理由退货的商品进行标注，提示消费者在购买时进行确认，不得将不适用无理由退货作为消费者默认同意的选项。未经消费者确认，经营者不得拒绝无理由退货。消费者有权自收到商品之日起 7 日内退货，且无须说明理由。但消费者无理由退货应当遵循诚实信用原则，不得利用无理由退货规则损害经营者和其他消费者的合法权益。消费者退货的商品应当完好，消费者基于查验需要打开商品包装，或者为确认商品的品质和功能进行合理调试而不影响商品原有品质、功能和外观的，经营者应当予以退货。经营者应当自收到退回商品之日起 7 日内返还消费者支付的商品价款。退回商品的运费由消费者承担；经营者和消费者另有约定的，按照约定。

商品无理由退货并不适用所有商品，下列商品不适用无理由退货：消费者定作的；鲜活易腐的；在线下载或者消费者拆封的音像制品、计算机软件等数字化商品；交付的报纸、期刊；此外，其他根据商品性质并经消费者在购买时确认不宜退货的商品，也不适用无理由退货。

11. 退还押金和预付款的义务

《消保条例》第二十条规定："经营者提供商品或者服务时收取押金的，应当事先与消费者约定退还押金的方式、程序和时限，不得对退还押金设置不合理条件。消费者要求退还押金，符合押金退还条件的，经营者应当及时退还。"

《消保条例》第二十二条规定："经营者以收取预付款方式提供商品或者服务的，应当与消费者订立书面合同，约定商品或者服务的具体内容、价款或者费用、预付款退还方式、违约责任等事项。经营者收取预付款后，应当按照与消费者的约定提供商品或者服务，不得降低商品或者服务质量，不得任意加价。经营者未按照约定提供商品或者服务的，应当按照消费者的要求履行约定或者退还预付款。经营者出现重大经营风险，有可能影响经营者按照合同约定或者交易习惯正常提供商品或者服务的，应当停止收取预付款。经营者决定停业或者迁移服务场所的，应当提前告知消费者，并履行本条例第二十一条规定的义务。消费者依照国家有关规定或者合同约定，有权要求经营者继续履行提供商品或者服务的义务，或者要求退还未消费的预付款余额。"

12. 网络等方式经营者及金融服务经营者的信息提供义务

采用网络、电视、电话、邮购等方式提供商品或者服务的经营者，以及提供证券、保险、银行等金融服务的经营者，应当向消费者提供经营地址、联系方式、商品或者服务的数量和质量、价款或者费用、履行期限和方式、安全注意事项和风险警示、售后服务、民事责任等信息。直播营销平台经营者应当建立健全消费者权益保护制度，明确消费争议解决机制。发生消费争议的，直播营销平台经营者应当根据消费者的要求提供直播间运营者、直播营销人员相关信息及相关经营活动记录等必要信息。

13. 网络游戏服务提供者应依法保护未成年人身心健康

《消保条例》第十六条规定:"经营者提供网络游戏服务的,应当符合国家关于网络游戏服务相关时段、时长、功能和内容等方面的规定和标准,针对未成年人设置相应的时间管理、权限管理、消费管理等功能,在注册、登录等环节严格进行用户核验,依法保护未成年人身心健康。"

14. 保护消费者个人信息的义务

保护消费者个人信息的义务,是指经营者应当按照合法、正当、必要、公开及明示的原则收集和使用消费者的个人信息,确保个人信息安全,未经同意不得发送商业信息。《消费者权益保护法》规定,该项义务包括:①经营者收集、使用消费者个人信息,应当遵循合法、正当、必要的原则,明示收集、使用信息的目的、方式和范围,并经消费者同意。②经营者收集、使用消费者个人信息,应当公开其收集、使用规则,不得违反法律、法规的规定和双方的约定收集、使用信息。③经营者及其工作人员对收集的消费者个人信息必须严格保密,不得泄露、出售或者非法向他人提供。④经营者应当采取技术措施和其他必要措施,确保信息安全,防止消费者个人信息泄露、丢失。在发生或者可能发生信息泄露、丢失的情况时,应当立即采取补救措施。⑤经营者未经消费者同意或者请求,或者消费者明确表示拒绝的,不得向其发送商业性信息。

此外,《消保条例》第二十三条规定:"经营者应当依法保护消费者的个人信息。经营者在提供商品或者服务时,不得过度收集消费者个人信息,不得采用一次概括授权、默认授权等方式,强制或者变相强制消费者同意收集、使用与经营活动无直接关系的个人信息。经营者处理包含消费者的生物识别、宗教信仰、特定身份、医疗健康、金融账户、行踪轨迹等信息以及不满十四周岁未成年人的个人信息等敏感个人信息的,应当符合有关法律、行政法规的规定。"《消保条例》第二十四条规定:"未经消费者同意,经营者不得向消费者发送商业性信息或者拨打商业性电话。消费者同意接收商业性信息或者商业性电话的,经营者应当提供明确、便捷的取消方式。消费者选择取消的,经营者应当立即停止发送商业性信息或者拨打商业性电话。"

《消费者权益保护法》对经营者除规定上述几个方面的义务外,还规定了经营者须承担的两项禁止性义务。

15. 不得从事不公平、不合理交易的义务

《消费者权益保护法》第二十六条第二款规定:"经营者不得以格式条款、

通知、声明、店堂告示等方式，作出排除或者限制消费者权利、减轻或者免除经营者责任、加重消费者责任等对消费者不公平、不合理的规定，不得利用格式条款并借助技术手段强制交易。"《消保条例》规定，经营者不得利用格式条款不合理地免除或者减轻其责任、加重消费者的责任或者限制消费者依法变更或者解除合同、选择诉讼或者仲裁解决消费争议、选择其他经营者的商品或者服务等权利。由于格式合同、通知、声明、店堂告示等通常可能是经营者单方的意思表示，尽管法律并未禁止经营者在其经营过程中使用这种形式，但法律规定只要这些意思表示中含有对消费者不公平、不合理或者减轻、免除其侵犯消费者合法权益应当承担民事责任的内容，该内容将视为无效。

【典型案例】

消费者赵先生在一家餐厅就餐时，发现餐厅在菜单上标注了"谢绝自带酒水"的条款。赵先生认为这一条款侵犯了消费者的权益，遂向有关部门投诉。

问题：餐厅有侵犯赵先生的权益吗？

解析：根据消费者权益保护法，商家不得通过格式合同、通知、声明、店堂告示等方式，作出排除或者限制消费者权利、减轻或者免除经营者责任、加重消费者责任等对消费者不公平、不合理的规定。该案例中，餐厅的"谢绝自带酒水"条款属于霸王条款，侵犯了消费者的公平交易权。

16. 不得侵犯消费者人格权的义务

《消费者权益保护法》第二十七条规定："经营者不得对消费者进行侮辱、诽谤，不得搜查消费者的身体及其携带的物品，不得侵犯消费者的人身自由。"人格权是人身权的重要内容，是公民人格尊严的法律体现，经营者应当尊重消费者的人格权不受侵犯。

三、消费者权益保护体系

（一）国家与社会对消费者权益的保护

对消费者权益的保护，不仅经营者承担直接的义务，也是国家和社会的共同责任。只有靠国家和全社会各方面力量形成一个完整的保护体系，通过立法确定各自的职责，明确法律责任，才能使消费者的合法权益真正得到保护。

1. 国家对消费者权益的保护

由于消费者处于弱者地位，需要国家公共管理权力对经营者与消费者之间的利益关系进行干预，从而达到两者利益上的平衡。为此，《消费者权益保护法》和《消保条例》特别规定了国家对消费者权益保护的立法、行政、司法手段。

①立法保护。国家立法机关通过制定有关消费者权益的法律、法规来保护消费者的权益。国家不仅通过《消费者权益保护法》和《消保条例》，而且也通过在《反不正当竞争法》《产品质量法》《中华人民共和国广告法》中作出专门规定来实现这一目的。

②行政保护。各级人民政府应当加强领导、组织、协调、督促有关行政部门做好保护消费者合法权益的工作；应当加强监督，预防和及时制止危害消费者人身、财产安全的行为。

各级人民政府、各级工商行政管理部门及物价、质量技术监督、卫生、食品检验、商品检验等行政管理机关，均应在各自的职责范围内采取各种措施，保护消费者的合法权益。有关行政管理部门应当听取消费者及消费者协会等组织对经营者的交易行为、商品和服务质量问题的意见，并及时调查处理。

③司法保护。对于经营者侵害消费者合法权益的违法犯罪行为应当予以严厉惩处，切实保护消费者的合法权益。人民法院应当采取措施，方便消费者诉讼。对于符合我国《民事诉讼法》起诉条件的消费者权益争议，必须受理并及时审判，以使消费者权益争议尽快得到解决。

2. 社会对消费者权益的保护

保护消费者的合法权益是全社会的共同责任，国家鼓励、支持一切组织和个人对损害消费者合法权益的行为进行社会监督。而社会对消费者权益的保护，主要是通过各种消费者组织来实现的。根据我国《消费者权益保护法》的规定，消费者协会和其他消费者组织是依法成立的对商品和服务进行社会监督的保护消费者合法权益的社会组织。该法以法律的形式确认了消费者协会的合法地位、性质及职能，并规定，消费者组织不得从事商品经营和营利性服务，不得以牟利为目的向社会推荐商品和服务。中国消费者协会于1984年12月26日在北京成立，目前，各省、市、县都普遍设立了消费者协会。根据《消费者权益保护法》第三十七条的规定，消费者协会的职能包括以下八个方面：①向消费者提供消费信息和咨询服务，提高消费者维护自身合法权益的能力，引导文明、健康、节约资源和保护环境的消费方式；②参与制定有关消费者权益的法律、法规、规章和强制性标准；③参与有关行政部门对商品和服务的监督、检查；④就有关消费者合法权益的问题，向有关部门反映、查询，提出建议；⑤受理消费者的投诉，并对投诉事项进行调查、调解；⑥投诉事项涉及商品和服务质量问题的，可以委托具备资格的鉴定人鉴定，鉴定人应当告知鉴定意见；⑦就损害消费者合法权益的行为，支持受损害的消费者提起诉讼或者依照本法提起诉讼；⑧对损害消费者合法权益的行为，通过大众传播媒介予以揭露、批评。

各级人民政府对消费者协会履行职责应当予以必要的经费等支持。消费者协会应当认真履行保护消费者合法权益的职责，听取消费者的意见和建议，接受社会监督。依法成立的其他消费者组织依照法律、法规及其章程的规定，开展保护消费者合法权益的活动。

对消费者权益的社会保护，除了通过消费者协会这一社会团体来实现外，舆论监督也是很重要的保护手段。国家鼓励、支持一切组织和个人对损害消费者合法权益的行为进行社会监督。大众传播媒介应当真实、客观、公正地报道涉及消费者权益的相关事项，加强消费者维权相关知识的宣传普及，对损害消费者合法权益的行为进行舆论监督。

【典型案例】

张先生在某商场促销活动中购买了一台迷你小冰箱，可使用两个月后，小冰箱内壁便出现了裂痕。张先生拿着发票找到商场，但商场认为小冰箱系张先生人为损坏，不同意帮张先生免费修理。张先生将商场告上了法庭。

问题：张先生需要举证吗？

解析：不需要。《消费者保护法》第二十三条第三款规定："经营者提供的机动车、计算机、电视机、电冰箱、空调器、洗衣机等耐用商品或者装饰装修等服务，消费者自接受商品或者服务之日起六个月内发现瑕疵，发生争议的，由经营者承担有关瑕疵的举证责任。"上述案例中，冰箱有无质量问题，应由商家来举证。因此，此案件无须张先生举证。

（二）消费者权益争议的解决

1. 争议的解决途径

消费者权益争议是消费者与经营者在买卖商品、接受和提供服务中因权利义务关系而产生的纠纷。争议的当事人一方是消费者，另一方是经营者。《消保条例》要求各级人民政府市场监督管理部门和其他有关行政部门推动、健全消费争议多元化解决机制，引导消费者依法通过协商、调解、投诉、仲裁、诉讼等方式维护自身合法权益。同时要求经营者建立便捷、高效的投诉处理机制，及时解决消费争议。鼓励和引导经营者建立健全首问负责、先行赔付、在线争议解决等制度，及时预防和解决消费争议。以下为五种消费者权益争议解决途径。

①与经营者协商和解。争议发生后，消费者可以直接向经营者交涉、索赔，达成和解协议，解决消费纠纷。这是解决争议最简便的途径。

②请求消费者协会和调解组织调解。消费者和经营者发生消费争议，请求消费者协会或者依法成立的其他调解组织进行调解的，相关组织应当及时处理。消费者协会作为中间的调解人，在消费者和经营者之间进行调解，使双方自愿达成和解协议。消费者协会的调解是一种民间性质的调解，其调解形成的和解协议不具有法律强制力，履行依赖于双方自愿。

③向有关行政部门投诉。争议发生后，消费者可以根据商品或服务的性质及侵害事由向工商行政管理机关、产品质量监督部门及各有关专业行政管理部门申诉。消费者投诉的，应当提供真实身份信息，有明确的被投诉人、具体的投诉请求和事实依据。有关行政部门应当自收到投诉之日起 7 个工作日内，予以处理并告知消费者。对不符合规定的投诉决定不予受理的，应当告知消费者不予受理的理由和其他解决争议的途径。有关行政部门受理投诉后，消费者和经营者同意调解的，有关行政部门应当依据职责及时调解，并在受理之日起 60 日内调解完毕；调解不成的应当终止调解。调解过程中需要鉴定、检测的，鉴定、检测时间不计算在 60 日内。有关行政部门经消费者和经营者同意，可以依法将投诉委托消费者协会或者依法成立的其他调解组织调解。

④向仲裁机构申请仲裁。对于符合仲裁条件的消费者权益争议，不论是否经过了协商、调解、申诉，消费者都可以依据与经营者达成的仲裁协议向仲裁机构申请仲裁，通过仲裁来解决纠纷。

⑤向人民法院起诉。消费者权益争议双方如果没有签订仲裁条款或协议，可以直接向人民法院起诉，通过诉讼程序来解决争议。

2. 确定损害赔偿责任主体的原则

当消费者的合法权益受到损害时，消费者可以依法要求经营者承担损害赔偿责任。《消费者权益保护法》是按过错责任原则确定经营者的损害赔偿责任的，而《产品质量法》则按严格责任原则确定经营者的产品责任。对于确定承担损害赔偿责任的主体，一般按以下原则进行。

（1）由生产者、销售者、服务者承担

具体有以下四种情况。

①消费者在购买、使用商品时，其合法权益受到损害的，可以向销售者要求赔偿。销售者赔偿后，属于生产者的责任或者属于向销售者提供商品的其他销售者的责任，销售者有权向生产者或者其他销售者追偿。

②消费者或其他受害人因商品缺陷造成人身、财产损害的，可以向销售者要求赔偿，也可以向生产者要求赔偿。属于生产者责任的，销售者赔偿后有权向生产者追偿。属于销售者责任的，生产者赔偿后有权向销售者追偿。

③消费者在接受服务时，其合法权益受到损害的，可以向提供服务者要求赔偿。

④消费者在展览会、租赁柜台购买商品或者接受服务，其合法权益受到损害的，可以向销售者或者服务者要求赔偿。展览会结束或者柜台租赁期满后，也可以向展览会的举办者、柜台的出租者要求赔偿。展览会的举办者、柜台的出租者赔偿后，有权向销售者或者服务者追偿。

（2）由变更后的企业承担

消费者在购买、使用商品或者接受服务时，其合法权益受到损害，因原企业分立、合并的，可以向变更后承受其权利义务的企业要求赔偿。

（3）由营业执照的使用人或持有人承担

使用他人营业执照的违法经营者提供商品或者服务，损害消费者合法权益的，消费者可以要求其赔偿，也可以向营业执照的持有人要求赔偿。

（4）由网络平台提供者承担

消费者通过网络交易平台购买商品或者接受服务，其合法权益受到损害的，可以向销售者或者服务者要求赔偿。网络交易平台提供者不能提供销售者或者服务者的真实名称、地址和有效联系方式的，消费者也可以向网络交易平台提供者要求赔偿；网络交易平台提供者作出更有利于消费者的承诺的，应当履行承诺。网络交易平台提供者赔偿后，有权向销售者或者服务者追偿。网络交易平台提供者明知或者应知销售者或者服务者利用其平台侵害消费者合法权益，未采取必要措施的，依法与该销售者或者服务者承担连带责任。

（5）由从事虚假广告行为的经营者及相关主体承担

消费者因经营者利用虚假广告或者其他虚假宣传方式提供商品或者服务，

其合法权益受到损害的，可以向经营者要求赔偿。广告经营者、发布者发布虚假广告的，消费者可以请求行政主管部门予以惩处。广告经营者、发布者不能提供经营者的真实名称、地址和有效联系方式的，应当承担赔偿责任。

广告经营者、发布者设计、制作、发布关系消费者生命健康商品或者服务的虚假广告，造成消费者损害的，应当与提供该商品或者服务的经营者承担连带责任。

社会团体或者其他组织、个人在关系消费者生命健康商品或者服务的虚假广告或者其他虚假宣传中向消费者推荐商品或者服务，造成消费者损害的，应当与提供该商品或者服务的经营者承担连带责任。

（三）经营者的法律责任

1. 民事责任

（1）承担民事责任的情形

经营者提供商品或者服务有下列情形之一的，除《消费者权益保护法》规定外，应当依照其他有关法律、法规的规定承担民事责任：①商品或者服务存在缺陷的；②不具备商品应当具备的性能而在出售时未作说明的；③不符合在商品或者包装上注明采用的商品标准的；④不符合商品说明、实物样式等方式表示的质量状况的；⑤生产国家明令淘汰的商品或者销售失效、变质的商品的；⑥销售的商品数量不足的；⑦服务的内容和费用违反约定的；⑧对消费者提出的修理、重作、更换、退货、补足商品数量、退还货款和服务费用或者赔偿损失的要求，故意拖延或者无理拒绝的；⑨法律、法规规定的其他损害消费者权益的情形。经营者对消费者未尽到安全保障义务，造成消费者损害的，应当承担侵权责任。

（2）侵犯消费者人身权的民事责任

①经营者提供商品或者服务，造成消费者或者其他受害人人身伤害的，应当赔偿医疗费、护理费、交通费等为治疗和康复支出的合理费用，以及因误工减少的收入。造成残疾的，还应当赔偿残疾生活辅助具费和残疾赔偿金。造成死亡的，还应当赔偿丧葬费和死亡赔偿金。

②经营者侵害消费者的人格尊严、侵犯消费者人身自由或者侵害消费者个人信息依法得到保护的权利的，应当停止侵害、恢复名誉、消除影响、赔礼道歉，并赔偿损失。经营者有侮辱诽谤、搜查身体、侵犯人身自由等侵害消费者或者其他受害人人身权益的行为，造成严重精神损害的，受害人可以

要求精神损害赔偿。

（3）侵犯消费者财产权的民事责任

①经营者提供商品或者服务，造成消费者财产损害，应当依照法律规定或者当事人约定承担修理、重作、更换、退货、补足商品数量、退还货款和服务费用或者赔偿损失等民事责任。

②经营者以邮购方式提供商品的，应当按照约定提供；未按照约定提供的，应当按照消费者的要求履行约定或者退回货款，并应承担消费者必须支付的合理费用。

③经营者以预收款方式提供商品或者服务的，应当按照约定提供；未按照约定提供的，应当按照消费者的要求履行约定或者退回预付款，并应承担预付款的利息和消费者必须支付的合理费用。

④依法经有关行政部门认为不合格的商品，消费者要求退货的，经营者应当退货。

⑤经营者提供商品或者服务有欺诈行为的，应当按照消费者的要求增加赔偿其受到的损失，增加赔偿的金额为消费者购买商品的价款或者接受服务的费用的三倍；增加赔偿的金额不足五百元的，为五百元。法律另有规定的，依照其规定。

经营者明知商品或者服务存在缺陷，仍然向消费者提供，造成消费者或者其他受害人死亡或者健康严重损害的，受害人有权要求经营者依照《消费者权益保护法》有关规定赔偿损失，并有权要求所受损失二倍以下的惩罚性赔偿。

2. 行政责任

经营者有下列情形之一，除承担相应的民事责任外，其他有关法律定、对处罚机关和处罚方式有规定的，依照法律、法规的规定执行；法律、法规未作规定的，由工商行政管理部门或者其他有关行政部门责令改正，可以根据情节单处或者并处警告、没收违法所得、处以违法所得一倍以上十倍以下的罚款，没有违法所得的，处以五十万元以下的罚款；情节严重的，责令停业整顿、吊销营业执照：①提供的商品或者服务不符合保障人身、财产安全要求的；②在商品中掺杂、掺假，以假充真、以次充好，或者以不合格商品冒充合格商品的；③生产国家明令淘汰的商品或者销售失效、变质的商品的；④伪造商品的产地，伪造或者冒用他人的厂名、厂址，篡改生产日期，伪造或者冒用认证标志等质量标志的；⑤销售的商品应当检验、检疫而未检验、检疫或者伪造检验、检疫结果的；⑥对商品或者服务作虚假或者引人误解的宣传的；⑦拒绝或者拖延有关行政部门责令对缺陷商品或者服务采取停止销售、警示、召回、无害化处理、销毁、停止生产或者服务等措施的；⑧对消费者提出的修理、重作、更换、退货、补足商品数量、退还货款和服务费用或者赔偿损失的要求，故意拖延或者无理拒绝的；⑨侵害消费者人格尊严、侵犯消费者人身自由或者侵害消费者个人信息依法得到保护的权利的；⑩法律、法规规定的对损害消费者权益应当予以处罚的其他情形。

经营者违反《消保条例》第十条至第十四条、第十六条、第十七条、第十九条至第二十一条规定，其他有关法律、法规对处罚机关和处罚方式有规定的，依照法律、法规的规定执行。法律、法规未作规定的，由市场监督管理部门或者其他有关行政部门责令改正。可以根据情节单处或者并处警告、没收违法所得、处以违法所得 1 倍以上 5 倍以下的罚款；没有违法所得的，处以 30 万元以下的罚款；情节严重的，责令停业整顿、吊销营业执照。经营者违反《消保条例》第二十二条规定的，由有关行政部门责令改正，可以根据情节单处或者并处警告、没收违法所得、处以违法所得 1 倍以上 10 倍以下的罚款；没有违法所得的，处以 50 万元以下的罚款；情节严重的，责令停业整顿、吊销营业执照。经营者违反《消保条例》其他规定的，依照《消费者权益保护法》第五十六条的规定予以处罚。

经营者主动消除或者减轻违法行为危害后果的，违法行为轻微并及时改正且没有造成危害后果的，或者初次违法且危害后果轻微并及时改正的，依照《中华人民共和国行政处罚法》的规定从轻、减轻或者不予处罚。

3. 刑事责任

①经营者违反《消费者权益保护法》规定提供商品或者服务，侵害消费者合法权益，构成犯罪的，依法追究刑事责任。

②通过夹带、掉包、造假、篡改商品生产日期、捏造事实等方式骗取经营者的赔偿或者对经营者进行敲诈勒索的，不适用消费者权益保护法第五十五条第一款的规定，依照《中华人民共和国治安管理处罚法》等有关法律、法规处理；构成犯罪的，依法追究刑事责任。

③以暴力、威胁等方法阻碍有关行政部门工作人员依法执行职务的，应依法追究刑事责任。

④有关行政部门工作人员未按照《消保条例》规定履行消费者权益保护职责，玩忽职守或者包庇经营者侵害消费者合法权益的行为的，依法给予处

分；构成犯罪的，依法追究刑事责任。

第二节　产品质量法

一、产品质量法概述

（一）产品和产品质量的概念

1. 产品

广义上，产品泛指与自然物相对的一切劳动生产物，是人类运用生产资料对劳动对象加工、改造而成的物质成果，是人们和社会需要的物化体现。法律上一般对产品作狭义理解，并非任何产品都在产品责任法调整范围之内。《产品质量法》对产品的范围进行了明确的限定："本法所称产品是指经过加工、制作，用于销售的产品。"这里的加工既包括工业加工，也包括手工加工，但建设工程不适用。由此可见：①《产品质量法》调整的产品，是以销售为目的，通过工业加工、手工制作等生产方式获得的具有特定使用性能的物品。②各种未经加工天然形成的产品及初级农产品，如石油、原煤、天然气等，不适用《产品质量法》的规定。③虽经加工、制作但不用于销售的产品，纯为科学研究或为自己使用而加工制作的产品不属于《产品质量法》的调整范围。④建设工程不适用《产品质量法》规定。但是，建设工程使用的建筑材料、建筑物构配件和设备，属于产品质量法规定的产品范围的，适用该法的规定。

2. 产品质量

产品质量是指产品在正常使用条件下，为满足合理的使用要求所必须具备的物质、技术、心理和社会特征的总和。我国产品质量是指国家有关法律法规、质量标准及合同规定的对产品功能性、安全性、可靠性、经济性、维修性和其他特性的要求。

①功能性，即产品在一定条件下实现预定目的或规定用途的能力。它是产品质量最基本的特征之一。

②安全性，即产品在使用过程中不致危害人身、财产和环境的能力。

③可靠性，即产品在规定条件下和规定时间内完成规定功能的能力。

④经济性，即最经济地提供使消费者满意的产品质量，包括产品适当的

价格和企业质量成本，也就是消费者要求的物美价廉。

⑤维修性，即产品在发生故障后能迅速修好恢复其功能的能力，表现为消除故障的速度，售后服务等。

（二）产品质量法

1. 产品质量法的概念

产品质量法是调整产品生产、流通、交换、消费领域中因产品质量而产生的社会关系的法律规范的总称。广义的产品质量法所调整的社会关系可分为两大类：一是产品质量监督管理过程中产生的监督与被监督、管理与被管理的关系，如产品监督管理机关和产品生产者、经营者的关系；二是产品交换过程中产生的具有等价交换性质的社会关系，如产品生产者、销售者与产品用户、消费者的关系。

2. 产品质量法的立法概况

近年来，随着我国社会主义市场经济体制的建立和逐步完善，我国陆续颁布了一批与产品质量有关的法律、法规，如全民所有制工业企业法、药品管理法、标准化法、计量法、消费者权益保护法、反不正当竞争法、商品检验法、工业产品生产许可证实行条例、进口商品质量监督管理办法等。这些法律、法规对于调整某些领域中的产品质量关系、提高产品质量起到了一定的积极作用。

《产品质量法》于1993年2月22日第七届全国人民代表大会常务委员会第三十次会议通过，根据2000年7月8日第九届全国人民代表大会常务委员会第十六次会议《关于修改〈中华人民共和国产品质量法〉的决定》第一次修正，根据2009年8月27日第十一届全国人民代表大会常务委员会第十次会议《关于修改部分法律的决定》第二次修正，根据2018年12月29日第十三届全国人民代表大会常务委员会第七次会议《关于修改〈中华人民共和国产品质量法〉等五部法律的决定》第三次修正。修订后的《产品质量法》共有6章74条，旨在加强对产品质量的监督管理，提高产品质量水平，明确产品质量责任，保护消费者的合法权益，维护社会经济秩序，体现国家干预市场的精神。《产品质量法》是经济法的重要组成部分，其修订标志着适应我国社会主义市场经济发展需要的、比较完整的产品质量法律体系已经建立起来了。

3. 产品质量法的立法宗旨

《产品质量法》第一条开宗明义，规定了该法的立法宗旨，即加强对产品质量的监督管理、提高产品质量水平、明确产品质量责任、保护消费者的合法权益、维护社会经济秩序。

4. 产品质量法的适用范围

《产品质量法》的适用范围，包括适用的产品范围、活动范围和地域范围。

（1）适用的产品范围

《产品质量法》适用的产品，是指经过加工、制作，用于销售的产品。根据法律规定，建筑工程不适用《产品质量法》的规定。建筑工程是指工业、民用建筑物，包括土木建筑工程和建筑业范围内的线路、管道、设备安装工程的新建、扩建、改建活动及建筑装修装饰工程。建筑工程产品投资大，建筑工期长，有特殊的质量要求，难与经过加工、制作的工业产品同时进行规范，需要由专门的法律调整。《中华人民共和国建筑法》是调整建筑工程质量的法律。但是，建筑工程使用的建筑材料、建筑构配件和设备，属于加工、制作并用于销售的产品的，适用《产品质量法》的规定。

（2）适用的活动范围

"从事产品生产、销售活动，必须遵守本法"，这是对产品经营活动范围的规定。产品的生产经营活动一般包括生产、运输、保管、仓储、销售等环节，《产品质量法》主要调整其中的生产和销售环节，因为这两个环节发生的产品质量问题与消费者有着最为直接的关系。《产品质量法》调整发生在运输、保管、仓储环节中的质量问题，仅限于运输人、保管人、仓储人故意为法律禁止生产销售的产品提供运输、保管、仓储等便利条件的行为。另外，《产品质量法》也调整经营性服务环节的产品质量问题。

（3）适用的地域范围

"在中华人民共和国境内"是对适用的地域范围的规定。根据这个规定，在中华人民共和国境外从事产品生产、销售活动的，不适用我国《产品质量法》。

（4）特殊产品的法律适用

军工产品质量监督管理办法由国务院、中央军事委员会另行制定。因核设施、核产品造成损害的赔偿责任，法律、行政法规另有规定的，依照其规定。

二、产品质量的监督

（一）产品质量监督管理体制

《产品质量法》第八条规定："国务院产品市场监督管理部门主管全国产品质量监督工作。国务院有关部门在各自的职责范围内负责产品质量监督工作。县级以上地方市场监督管理部门主管本行政区域内的产品质量监督工作。县级以上地方人民政府有关部门在各自的职责范围内负责产品质量监督工作。法律对产品质量的监督部门另有规定的，依照有关规定执行。"

1. 产品质量监督的类型

根据《产品质量法》的规定，产品质量监督包括产品质量的国家监督和产品质量的行业监督两种。

①国家监督，是指通过国家立法授权特定的国家机关，以国家名义，运用国家赋予的权力实施的监督。行使产品质量国家监督权的机关是国务院市场监督管理部门、县级以上地方市场监督管理部门法和法律另有规定的部门。

②行业监督，是指政府有关部门在各自的职责范围内进行的监督。产品质量行业监督机关为国务院和地方人民政府有关部门，"有关部门"主要指各级地方人民政府的宏观调控部门和专业经济管理部门等。

行业监督不同于国家监督。二者的主要区别是，行业监督的主管部门不能依照《产品质量法》的规定行使行政处罚权。

2. 市场监督管理部门的行政职权

《产品质量法》第十八条规定了县级以上市场监督管理部门在执法过程中享有的各项职权。

①现场检查权。市场监督管理部门在对涉嫌违反《产品质量法》规定的行为进行查处时，有权对当事人涉嫌从事违反法律的生产、销售活动的场所实施现场检查。实施现场检查的主要目的是核实已经取得的违法嫌疑证据，确认违法事实，进一步收集新的违法证据。

②调查了解权。市场监督管理部门在对涉嫌违反《产品质量法》规定的行为进行查处时，有权向当事人的法定代表人、主要负责人和其他有关人员，调查、了解与涉嫌从事违反《产品质量法》的生产、销售活动有关的情况。

③查阅、复制权。市场监督管理部门在对涉嫌违反《产品质量法》规定的行为进行查处时，有权查阅、复制有关的合同、发票、账簿及其他有关资

料。复制这些资料，主要是为了防止这些证据灭失。如被嫌疑人销毁、转移等，会使对违法嫌疑人的进一步查处无法进行。

④封存、扣押权。市场监督管理部门在对涉嫌违反《产品质量法》规定的行为进行查处时，对有根据认为不符合保障人体健康和人身、财产安全的国家标准、行业标准的产品或者有其他严重质量问题的产品，以及直接用于生产、销售该项产品的原辅材料、包装物、生产工具，予以封存或者扣押。封存权和扣押权作为行政强制措施，对生产者、销售者的生产、销售活动影响较大，在适用时必须十分慎重，不能随意使用，以免适用不当给当事人造成不必要的损失。

根据《产品质量法》的规定，县级以上市场监督管理部门按照国务院规定的职责范围，对涉嫌违反《产品质量法》规定的行为进行查处时，可以行使以上职权。

（二）产品质量标准制度

1. 产品质量标准

可能危及人体健康和人身、财产安全的工业产品，必须符合保障人体健康和人身、财产安全的国家标准、行业标准；未制定国家标准、行业标准的，必须符合保障人体健康和人身、财产安全的要求。国家鼓励推行科学的质量管理办法、采用先进的科学技术，鼓励企业产品质量达到并且超过行业标准、国家标准和国际标准。对产品质量管理先进和产品质量达到国际先进水平、成绩显著的单位和个人，给予奖励。

2. 产品质量要求

产品质量应当检验合格，不得以不合格产品冒充合格产品。从法律上来说，合格产品要符合以下四个条件：一是产品必须具备应当具备的使用性能。二是产品符合在产品或者其包装上注明采用的产品标准。三是产品符合以产品说明、实物样品等方式表明的质量状况。四是产品不存在危及人体健康及人身、财产安全的不合理危险；有保障人体健康及人身、财产安全的国家标准、行业标准的，应当符合该标准。

3. 生产许可证制度

我国实行生产许可证制度。生产许可证是指国家对于具备生产条件并对其产品检验合格的工业企业发给许可生产该项产品的凭证。国家规定，对重要的工业产品特别是对可能危及人体健康、人身和财产安全、公共利益的工业产品实行许可证制度。生产许可证制度是为了保证产品质量，维护国家、用户和消费者利益的强制性制度。

【知识拓展】

工业产品生产许可证标志

工业产品生产许可证标志由"企业产品生产许可"拼音 Qiyechanpin Shengchanxuke 的缩写"QS"和"生产许可"中文字样组成。标志主色调为蓝色，字母"Q"与"生产许可"四个中文字样为蓝色，字母"S"为白色。QS 标志由企业自行印（贴），可以按照规定放大或者缩小。

（三）企业质量及产品质量认证制度

《产品质量法》第十四条规定："国家根据国际通用的质量管理标准，推行企业质量体系认证制度。企业根据自愿原则可以向国务院市场监督管理部门认可的或者国务院市场监督管理部门授权的部门认可的认证机构申请企业质量体系认证。经认证合格的，由认证机构颁发企业质量体系认证证书。国家参照国际先进的产品标准和技术要求，推行产品质量认证制度。企业根据自愿原则可以向国务院市场监督管理部门认可的或者国务院市场监督管理部门授权的部门认可的认证机构申请产品质量认证。经认证合格的，由认证机构颁发产品质量认证证书，准许企业在产品或者其包装上使用产品质量认证标志。"

1. 企业质量体系认证制度

（1）企业质量体系认证的概念

企业质量体系认证亦称企业认证、质量体系注册、质量体系评审、质量体系审核等，是指国家认可的质量认证机构根据企业的申请，按照国际通用的质量管理和质量保证系列标准，对企业的质量体系进行审核，并对符合国际通用的质量管理标准的企业颁发质量体系认证证书，证明企业的质量体系和质量保证能力符合相应要求的活动。企业质量体系认证是一种评价性活动。

（2）企业质量体系认证原则

企业质量体系认证采取自愿原则，是否进行企业质量体系认证由企业自主决定，他人不得干涉。

（3）企业质量体系认证的依据

企业质量体系认证的依据是国际通用的质量管理标准，即国际标准化组织推荐世界各国采用的 ISO9000 质量管理及质量保证系列国际标准。根据国际标准化组织的有关规则和管理，国际标准需要由各国转化为本国的国家标准加以实施。ISO9000 国际标准在中国就是 GB/T19000-ISO9000 国家标准，由国家质量技术监督局（现已更名为"国家市场监督管理局"）于 1994 年修订发布，是我国开展企业质量体系认证的依据。

（4）企业质量体系认证证书

企业质量体系认证证书，是指由认证机构颁发给获准认证的企业的一种证明文件，用以证明企业的质量体系或者某项产品符合相应标准和技术规范的要求。认证证书不得擅自制作或者复制。

2. 产品质量认证制度

（1）产品质量认证的概念

产品质量认证是由依法取得产品质量认证资格的认证机构，依据有关的产品标准和要求，按照规定的程序对申请认证的产品进行工厂审查和产品检验，对符合要求的，通过颁发认证证书和认证标志以证明该项产品符合相应标准要求的活动。

（2）产品质量认证的目的

推行产品质量认证制度的目的是通过对符合认证标准的产品颁发认证证书和认证标志，便于消费者识别，同时也有利于经认证合格的企业和产品的市场销售，增强产品的市场竞争能力，以激励企业加强质量管理，提高产品质量水平。产品质量认证必须遵循自愿原则，任何人不得强迫企业进行认证。

（3）产品质量认证的依据

依照《产品质量法》的规定，产品质量认证的依据是有关的国际先进标准和技术要求。对于我国的名、特、优产品，没有国家标准、行业标准的时候，可以依据国家市场监督管理局确认的标准和技术要求开展产品质量认证。对于我国与国外有关认证机构签订了双边、多边认证合作协议的产品，依据双边、多边认证合作协议中规定的标准开展认证工作。

（4）产品质量认证证书和认证标志

产品质量认证证书，是指证明产品质量符合认证要求和许可产品使用认证标志的法定证明文件。认证证书由国务院标准化行政主管部门组织印制并统一规定编号。产品质量认证标志是认证机构为证明产品符合认证标准和技术要求而设计、发布的一种专用质量标志。产品质量认证的依据是《产品质量法》、《中华人民共和国标准化法》（以下简称《标准化法》）。依据法律、法规规定，产品质量认证分为安全认证和合格认证。认证合格后，经认证机构批准，产品的生产者可以在认证合格的产品、产品品牌、包装物、产品说明书或者出厂合格证上使用产品质量认证标志。

产品上带有认证标志，不仅可以把准确可靠的质量信息传递给用户和消费者，对企业而言，还起到质量信誉证的作用，表明该产品经过公正的第三方证明符合规定标准。带有认证标志产品的生产企业要接受认证机构的监督复查，确保出厂的认证产品持续稳定符合规定标准要求，这样就可以起到维护消费者利益、保证消费者安全的作用。许多国家认证标志图案是以国家标准的代码、标准机构或国家认证机构名称的缩写字母为基础而进行艺术创作形成的。我国已成立的 20 多个产品质量认证机构都有相应的认证标志，各机构对标志的使用（包括印制、标识形式、标志颜色等）都有明确规定，获证企业在使用认证标志时应遵照执行。

我国产品质量认证制度基本内容为：①认证依据。《产品质量法》规定，国家参照先进的产品标准和技术要求，推行产品质量认证制度。这就表明，我国产品质量认证是根据国家认可的标准进行的。②认证原则。我国产品质量认证实行自愿认证制，即产品质量认证由企业自愿申请。③认证对象我国目前开展产品质量认证的对象主要包括电工产品、电动工具、电线电缆、低压电器、电子元器件、水泥、橡胶、汽车安全玻璃等产品。④认证方式。我国产品质量认证方式采用国际上通行的第三方认证制度。质量认证由国务院市场监督管理部门或其授权的部门所认可的认证机构承担。⑤认证种类。我国产品质量认证分为合格认证和安全认证两种。⑥认证的条件。中国企业、外国企业均可提出认证申请。

3. 产品质量的标准化管理制度

产品质量的标准化管理，是产品质量标准及与产品质量有关的其他标准的制定、实施活动的总称，是实现产品质量管理专业化、社会化和现代化的前提，也是促进技术进步、改进产品质量、提高社会经济效益的基本保障。

（1）产品质量标准的制定

按照《标准化法》的规定，产品质量标准按其制定的部门或者单位及适用范围的不同，分为国家标准、行业标准、地方标准、企业标准四级。国家标准是指由国家标准化主管机构批准发布，对全国经济、技术发展有重大意义，且在全国范围内统一的标准。行业标准是指中国全国性的各行业范围内统一的标准。对没有国家标准而又需要在全国某个行业范围内统一的技术要求，可以制定行业标准。行业标准应报国务院标准化行政主管部门备案。地方标准是在国家的某个地区通过并公开发布的标准。在我国，对没有国家标准和行业标准而又需要在省、自治区、直辖市范围内统一的工业产品的安全和卫生要求，可以制定地方标准。制定地方标准的项目，由省、自治区、直辖市人民政府标准化行政主管部门确定。地方标准应报国务院标准化行政主管部门和国务院有关行政主管部门备案。企业标准是指企业所制定的产品标准和在企业内需要协调、统一的技术要求和管理、工作要求所制定的标准。企业生产的产品在没有相应的国家标准、行业标准和地方标准时，应当制定企业标准，作为组织生产的依据。已有相应的国家标准、行业标准和地方标准时，国家鼓励企业制定严于国家标准、行业标准和地方标准的企业标准，在企业内部适用。

（2）产品质量的实施

我国《标准化法》将标准按性质的不同，分为强制性标准和推荐性标准。强制性标准必须执行，不符合强制性标准的产品，禁止生产、销售和进口。强制性标准主要有药品标准，食品卫生标准，兽药标准，产品及产品生产、储运和使用中的安全、卫生标准，劳动安全、卫生标准，运输安全标准，国家需要控制的重要产品质量标准等。推荐性标准，是指生产、交换、使用等方面，通过经济手段调节而自愿采用的一类标准，又称自愿性标准。除了强制性标准以外的标准是推荐性标准。《产品质量法》规定，可能危及人体健康和人身、财产安全的工业产品，必须符合保障人体健康、人身、财产安全的国家标准、行业标准；未制定国家标准、行业标准的，必须符合保障人体健康，人身、财产安全的要求。除此之外，质量是合同的条款之一，当事人对此应有明确的约定；无法达成明确约定的，按照国家标准、行业标准履行；没有国家标准、行业标准的，按照通常标准或者符合合同目的的特定标准履行。

（四）产品质量监督检查制度

产品质量监督检查，是指国务院市场监督管理部门和各级地方人民政府市场监督管理部门及法律、法规规定的其他部门，根据法律、行政法规赋予的职责，代表人民政府履行职责，执行公务，对流通领域的产品质量实施监督的一种行政行为。产品质量监督检查，是国家对产品质量实施的一项强制性行政管理措施。

根据《产品质量法》第十五条的规定："国家对产品质量实行以抽查为主要方式的监督检查制度，对可能危及人体健康和人身、财产安全的产品，影响国计民生的重要工业产品以及消费者、有关组织反映有质量问题的产品进行抽查。"

1. 产品质量监督抽查形式

（1）产品质量监督抽查形式的概念

产品质量监督抽查是指国家市场监督管理部门及地方市场监督管理部门按照产品质量监督计划，定期在流通领域抽取样品进行监督检查，了解被抽查企业及其产品的质量状况，并按期发布产品质量监督抽查公报，对抽查的样品不合格的企业采取相应处理措施的一种国家监督活动。监督检查工作由国务院市场监督管理部门规划和组织。法律对产品质量的监督检查另有规定的，依照有关规定执行。

（2）产品质量监督抽查的种类

产品质量监督抽查包括国家监督抽查和地方监督抽查。国家监督抽查是指由国家市场监督管理部门规划和组织的对产品质量进行定期或专项监督抽查，并发布国家监督抽查公报的制度。地方监督抽查是指县级以上地方市场监督管理部门在本行政区域内进行的监督抽查活动。地方抽查不得以"国家监督抽查"的名义进行，发布其质量公报不得冠以"国家监督抽查"字样。

（3）产品质量监督抽查的产品范围

产品质量监督抽查的产品范围包括三个方面：一是可能危及人体健康和人身、财产安全的产品，如食品、药品、医疗器械和医用卫生材料、化妆品、压力容器、易燃易爆产品等；二是影响国计民生的重要工业产品，如农药、化肥、种子、计量器具、烟草，以及有安全要求的建筑用钢筋、水泥等；三是消费者、有关社会组织反映有质量问题的产品，包括群众投诉、举报的假冒伪劣产品及掺杂掺假、以假充真、以次充好、以不合格产品冒充合格产品、造成重大质量事故的产品等。

（4）产品质量监督抽样的要求

根据《产品质量法》的规定，应当在市场上或企业成品仓库内的待销产品中随机抽取样品。这是因为，产品质量监督抽查活动是市场监督管理部门代表政府进行的一种市场监督管理活动，这种监督管理活动的范围一般应仅限于流通环节，而不能扩大到企业内部，并且对于未进入流通的产品企业也不负质量责任。随机抽取样品可以防止生产者、销售者弄虚作假，保证抽样检查的客观性、公正性。

（5）禁止重复抽样

重复抽样扰乱企业的正常经营秩序，加重企业负担，必须坚决禁止。为此，《产品质量法》特别规定，国家监督抽查的产品，地方不得另行重复抽查；上级监督抽查的产品，下级不得另行重复抽查。按照国务院于1992年8月发布的《国务院关于进一步加强质量工作的决定》的规定，为了防止重复抽查，全国性抽查计划由国家技术监督局统一组织协调。

（6）对抽查检验的要求

《产品质量法》规定，根据监督抽查的需要，可以对产品进行检验。检验抽取样品的数量不得超过检验的合理需要，并不得向被检查人收取检验费用。监督抽查所需检验费用按照国务院规定列支。

（7）对抽查检验的异议程序

为了保证质量监督抽查结果的准确和公正，被抽查的生产者、销售者如果对抽查检验的结果有异议的，有权要求复检。《产品质量法》规定，生产者、销售者对抽查检验的结果有异议的，可以自收到检验结果之日起15日内向实施监督抽查的市场监督管理部门或者其上级市场监督管理部门申请复检，由受理复检的市场监督管理部门作出复检结果。

（8）抽查检验后的处理

《产品质量法》第十七条规定："依照本法规定进行监督抽查的产品质量不合格的，由实施监督抽查的产品质量监督部门责令其生产者、销售者限期改正。逾期不改正的，由省级以上人民政府产品质量监督部门予以公告；公告后经复查仍不合格的，责令停业，限期整顿；整顿期满后经复查产品质量仍不合格的，吊销营业执照。监督抽查的产品有严重质量问题的，依照本法第五章的有关规定处罚。"这里所指的有严重质量问题，是指产品存在不符合保障人体健康和人身、财产安全的不合理危险，产品属于以假充真、以次充好、以不合格产品冒充合格产品，产品属于国家明令淘汰的产品，失效、变质的产品，伪造产品产地、伪造或者冒用他人厂名、厂址，伪造或者冒用认证标志等质量标志的产品等。

2. 产品质量监督检查的其他方式

除抽查方式外，国家对产品质量的监督检查方式还包括产品质量统一监督检查、产品质量定期监督检验等其他方式。

（五）产品质量检验制度

1. 产品质量检验机构

产品质量检验机构，是指承担产品质量监督检验、仲裁检验等公证检验工作的技术机构。按照《标准化法》的规定，产品质量检验机构分为两类：一类是县级以上人民政府市场监督管理部门根据需要依法设置的检验机构；另一类是县级以上人民政府市场监督管理部门授权的其他单位的产品质量检验机构。此外，还有一类检验机构属于社会中介组织性质的，它们不隶属于任何政府部门和事业单位，依法设立，经有关部门考核合格后，依法独立承担产品质量检验任务。

产品质量检验机构的任务是，对产品是否合格或者是否符合标准进行检验，承担其他标准实施的监督检验。法定检验机构提供的检验数据具有法律效力，是判明产品是否合格和解决产品质量纠纷的依据。

2. 产品质量检验机构设立的条件

（1）必须具备相应的检测条件和能力

这是指国家有关部门规定的产品质量检验机构应当具备的与其承担的检验任务相适应的条件和能力，包括组织机构条件、检验技术人员条件、技术设备条件及质量体系、工作环境、管理制度等方面的条件。

（2）必须经考核合格

产品质量检验机构必须经省级以上人民政府市场监督管理部门或者其授权的部门依照有关规定对检验机构所具备的检验测试能力进行考核，对考核合格的申请人发给合格证书后，方可承担产品质量检验工作，其出具的检验数据才具有法律效力。

以上是《产品质量法》对产品质量检验机构设立条件的规定，其他法律、法规对产品质量检验机构的资格条件、设置、考核、管理等有特殊规定的，依照法律、法规的相应规定执行。

3. 从事产品质量检验和认证的社会中介机构

从事产品质量检验的社会中介机构，是指经省级以上人民政府市场监督管理部门或者其授权的部门考核合格，经依法注册登记，依靠自己的知识、技术设备和经验，提供产品质量监督抽查检验、生产许可证产品的质量检验、产品质量的认证检验、产品质量争议的仲裁检验等检验服务的社会组织。从事产品质量认证的社会中介机构，是指经中国产品质量认证机构国家认可委员会审查评定，并经国务院市场监督管理部门批准，从事产品质量认证工作的社会组织。

上述两类社会中介机构与政府机关、权力机关、司法机关等国家机关不得存在上下级关系、领导与被领导关系等，不得承担政府行政管理方面的任何职能；中介机构在人、财、物方面完全独立，与国家机关没有任何关系，即《产品质量法》所规定的"不得与行政机关和其他国家机关存在隶属关系或者其他利益关系"。

4. 产品质量检验认证机构的工作原则

根据《产品质量法》的规定，产品质量检验机构、认证机构必须依法按照有关标准，客观、公正地出具检验结果或者认证证明。产品质量检验机构、认证机构的作用和任务，决定了它们在产品质量监督管理中处于一种"中间人""裁判员"的位置。它们能否依法客观、公正地履行职责，与生产者、销售者，国家检验、认证制度，广大的消费者，都有着直接关系。

5. 产品质量认证机构的跟踪调查职责

为了保证认证标志依法使用，产品质量认证机构应当依照国家规定对准许使用认证标志的产品进行认证后的跟踪检查，对不符合认证标准而使用认证标志的进行查处，以维护产品质量认证的信誉，维护广大消费者的合法权益。为此，《产品质量法》规定，产品质量认证机构应当依照国家规定对准许使用认证标志的产品进行认证后的跟踪检查，对不符合认证标准而使用认证标志的，责令改正；情节严重的，撤销其使用认证标志的资格。

（六）产品质量社会监督制度

产品质量社会监督，是指用户、消费者及其他社会组织对产品质量进行监督的制度。《产品质量法》规定，用户、消费者有权就产品质量问题向产品的生产者、销售者查询，向市场监督管理部门及有关部门申诉，接受申诉的部门应当负责处理。保护消费者权益的社会组织可以就消费者反映的产品质量问题建议有关部门负责处理，支持消费者对因产品质量造成的损害向人民法院起诉。任何单位和个人都有权对违反《产品质量法》规定的行为向市场监督管理部门或者其他有关部门检举。

（七）产品召回制度

产品召回制度，是指产品进入流通领域后，发现存在可能危害消费者人身及财产安全的缺陷时，经营者依法从市场上收回，并免费对其进行修理或更换的制度。

2004 年发布的《缺陷汽车产品召回管理规定》是我国第一个产品召回规定。2007 年国家质量监督检验检疫总局颁布了《食品召回管理规定》（已废止），建立了系统的食品召回制度。2009 年颁布的《中华人民共和国食品安全法》首次以法律形式确立了食品召回制度。2020 年通过的《民法典》规定，产品投入流通后发现存在缺陷的，生产者、销售者应当及时采取停止销售、警示、召回等补救措施；未及时采取补救措施或者补救措施不力造成损害扩大的，对扩大的损害也应当承担侵权责任。至此，产品召回制度正式以法律形式确立了。

三、生产者/销售者的产品质量责任和义务

生产者、销售者的产品质量义务，是指法律、法规规定的生产者、销售者在产品质量方面应当承担的作为和不作为的责任。

（一）生产者的产品质量义务

《产品质量法》对生产者的产品质量责任和义务作了如下规定。

1. 保证产品的内在质量

产品质量应当符合下列三方面要求。

①产品不存在危及人身、财产安全的不合理危险。有保障人体健康和人身、财产安全的国家标准、行业标准的，应当符合该标准。这是要求生产者在产品的设计、制造过程中按国家或行业标准进行。在产品设计方面，确保各种系数做到安全可靠；在产品制造方面，确保精度要求；在产品标识方面，保证清晰、完整。没有制定标准的，应以人们使用或消费该产品不会给人身、财产带来危害的要求作为判别依据。

②产品质量应当具备的使用性能，但是，对产品存在使用性能的瑕疵作出说明的除外。产品的使用性能是产品存在的前提，其使用性能应达到在产品说明书中阐明的功效。当然，这要与产品标准一致。对由于主观或客观原因而使产品性能有缺陷，但生产者已说明的，生产者可免除承担责任。

③产品质量符合在产品或者包装上注明采用的产品标准，符合以产品说明等方式表明的质量状况。

产品的内在质量应当与生产者对自身产品作出的说明一致，与该产品的

国家、行业标准一致，与实物样品一致。

2. 提供符合规定的标识

生产者所提供的产品或者其包装上的标识应当符合下列要求。

①有产品质量检验合格证明。生产者对产品质量以合格证、合格印章方式作出保证，证明产品质量检验结果符合出厂要求。未经检验或检验不合格的，不得使用产品质量检验合格证明。

②有中文标明的产品名称、生产厂厂名和厂址。其目的是让消费者识别产品，特别是使用同种商标的联营企业的产品质量存在差异，产品质量出现问题后便于找到生产者。

③根据产品的特点和使用要求，需要标明产品规格、等级、所含主要成分的名称和含量的，相应予以标明。用户及消费者由于用途不同，对产品在某些方面的性能要求就不同。法律规定生产者标明产品的各项指标，有利于消费者合理选择、合理使用。

④限期使用的产品，标明生产日期和安全使用期或者失效日期。

⑤使用不当，容易造成产品本身损坏或者有可能危及人身、财产安全的产品，应当有警示标志或者中文警示说明。另外，如果生产者生产的产品是裸装的食品和其他根据产品的特点难以附加标识的裸装产品的，可以不附加产品标识。

3. 符合产品包装的要求

生产者的一般产品包装，法律没有明确规定。但是，对于特殊产品的包装，《产品质量法》第十六条规定，剧毒、危险、易碎、储运中不能倒置及有其他特殊要求的产品，其包装必须符合相应要求，有警示标志或者中文警示说明，标明储运注意事项等。

4. 不得为法律禁止实施的行为

《产品质量法》对生产者还规定了禁止性的义务。

（1）生产者不得生产国家明令淘汰的产品

国家明令淘汰的产品，是指国务院有关行政部门依据其行政职能，对消耗能源、污染环境、疗效不确定、毒副作用大、技术明显落后的产品，按照一定的程序，采用行政的措施，通过发布行政文件的形式，向社会公布自某日起禁止生产、销售的产品。

（2）生产者不得伪造产地，伪造或者冒用他人的厂名、厂址

伪造产品产地，是指在甲地生产产品，而在产品标识上标乙地的地名的

质量欺诈行为。伪造或者冒用他人厂名、厂址，是指非法标注他人厂名、厂址标识，在产品上编造、捏造不真实的生产厂名和厂址及在产品上擅自使用他人的生产厂名和厂址的行为。

（3）生产者不得伪造或者冒用认证标志、名优标志等质量标志

质量标志，是指表明产品质量状况的证书、标记。伪造或者冒用认证标志等质量标志是指在产品、标签、包装上，用文字符号、图案等方式，非法制作、标注质量标志及擅自使用未获批准的质量标志的行为。

（4）生产者生产产品，不得掺杂、掺假，以假充真、以次充好，以不合格产品冒充合格产品

掺杂、掺假，是指生产者、销售者在产品中掺入杂质或者造假，进行质量欺诈的违法行为。以假充真，是指以此产品冒充与其特征、特性等都不同的他产品，或冒充同一类产品中具有特定质量特征、特性产品的欺诈行为。以次充好，是指以低档次、低等级产品冒充高档次、高等级产品或者以旧产品冒充新产品的违法行为。以不合格产品冒充合格产品，是指以质量不合格的产品作为或者充当合格产品。

（二）销售者的产品质量义务

销售者是产品流转过程中的重要主体，在保证产品质量方面具有重要地位。因此，法律规定销售者应承担下列产品质量义务。

1. 执行进货验收制度

销售者应当执行进货验收制度，验明产品合格证明和其他合格标识。通过产品质量验收可以确定产品流转过程中产品质量状况，保证销售产品的质量，也便于分清生产者和销售者的责任。

2. 保持销售产品的质量

销售者进货后在向用户、消费者出售产品之前的这段时间，应当根据产品的性质、特点采取必要的措施，保持销售产品的质量。如果进货时产品质量符合要求，而销售时出现缺陷，销售者要承担相应的责任。

3. 销售符合质量要求的产品

销售者最重要的义务是保证所销售的产品符合规定的质量要求，不销售假冒伪劣产品，对用户和消费者来说，销售者这一义务是最直接的。对此，《产品质量法》规定：①销售者应当执行进货检查验收制度，验明产品合格证明和其他标识；②销售者应当采取措施，保持销售产品的质量；③销售者不

得销售失效、变质的产品；④销售者销售的产品的标识应当符合《产品质量法》的规定；⑤销售者不得伪造产地，不得伪造或者冒用他人的厂名、厂址；⑥销售者不得伪造或者冒用认证标志、名优标志等质量标志；⑦销售者销售产品，不得掺杂、掺假，不得以假充真、以次充好，不得以不合格产品冒充合格产品。

四、产品质量责任

产品质量责任，是指产品的生产者、销售者及对产品质量负有直接责任的人违反《产品质量法》规定的产品质量义务应承担的法律后果。产品质量责任可分为民事责任、行政责任和刑事责任三种。

（一）民事责任

产品质量民事责任分为产品瑕疵担保责任和产品缺陷损害赔偿责任两种。瑕疵，是指产品质量不符合法律规定或当事人约定的质量标准。缺陷，是指产品存在危及人身、他人财产安全的不合理的危险。

1. 产品瑕疵担保责任

产品瑕疵担保责任又称产品合同责任，是指销售者提供的产品违反法律规定或当事人约定的质量标准，给用户、消费者造成财产损害所应承担的民事责任。

《产品质量法》规定，售出的产品有下列情形之一的，销售者应当负责修理、更换、退货；给购买产品的消费者造成损失的，销售者应当赔偿损失：①不具备产品应当具备的使用性能而事先未作说明的；②不符合在产品或者其包装上注明采用的产品标准的；③不符合以产品说明、实物样品等方式表明的质量状况的。

销售者依照规定负责修理、更换、退货、赔偿损失后，属于生产者的责任或者属于向销售者提供产品的其他销售者（以下简称"供货者"）的责任的，销售者有权向生产者、供货者追偿。销售者未按规定给予修理、更换、退货或者赔偿损失的，由市场监督管理部门责令改正。生产者之间、销售者之间、生产者与销售者之间订立的买卖合同、承揽合同有不同约定的，合同当事人按照合同约定执行。

2. 产品缺陷损害赔偿责任

产品缺陷损害赔偿责任又称产品责任或产品侵权责任，是指生产者、销售者因产品存在缺陷而造成他人人身伤害或缺陷产品以外的其他财产损失时所应承担的赔偿责任。《产品质量法》对生产者和销售者规定了不同的归责原则。

（1）生产者承担严格责任

《产品质量法》对生产者的产品责任归责原则实行严格责任原则。生产者承担产品责任的条件有：①产品存在缺陷；②造成了他人人身、财产（指缺陷产品以外的其他财产）损害；③缺陷与损害之间存在因果关系。三者同时具备，即使生产者无过错，也要依法承担责任。

如果生产者能够证明有下列情形之一的，则无须承担赔偿责任：①未将产品投入流通的；②产品投入流通时，引起损害的缺陷尚不存在的；③将产品投入流通时的科学技术水平尚不能发现缺陷的存在的。

（2）销售者承担过错责任

《产品质量法》对于销售者承担产品责任主要实行过错责任原则。由于销售者的过错使产品存在缺陷，造成人身、他人财产损害的，销售者应当承担赔偿责任。

另一种情况是实行过错推定原则。销售者不能指明缺陷产品的生产者，也不能指明缺陷产品的供货者的，销售者应当承担赔偿责任。

上述两种情况的前提仍然是存在缺陷，并且造成损害。

（3）赔偿方式和赔偿标准

①造成人身伤害的。因产品存在缺陷造成受害人人身伤害的，侵害人应当赔偿医疗费、因误工减少的收入、残废者生活补助费等费用；造成受害人死亡的，并应当支付丧葬费、抚恤费及死者生前抚养的人必要的生活费（此项为间接损失赔偿）等费用。

②造成财产损失的。因产品存在缺陷造成受害人财产损失的，侵害人应当恢复原状或者折价赔偿。受害人因此遭受其他重大损失的，侵害人应当赔偿损失。其他重大损失是指其他经济等方面的损失，包括可以获得的利益的损失。

③关于对受害人由此受到的精神损害的赔偿问题，《产品质量法》未作规定。精神损害，可以给予精神赔偿，也可以给予物质赔偿。

《产品质量法》规定，因产品存在缺陷造成损害要求赔偿的诉讼时效期间为2年。根据特别法优于一般法的原则，如果因产品质量缺陷造成人身损害的，应当适用2年的诉讼时效。

（二）行政责任

1. 应当承担行政责任的违法行为

根据《产品质量法》的规定，承担行政责任的违法行为有：①生产不符合保障人体健康，人身、财产安全的国家标准、行业标准的产品；生产国家明令淘汰的产品。②销售失效、变质产品。③生产者、销售者在产品中掺杂、掺假，以假充真、以次充好，或者以不合格产品冒充合格产品；伪造产品的产地，伪造或者冒用他人的厂名、厂址，伪造或者冒用认证标志、名优标志等质量标志。④产品标识或者有包装的产品标识不符合法律规定。⑤伪造检验数据或者检验结论。

2. 承担行政责任的主要形式是行政处罚

市场监督管理部门、工商行政管理部门依照各自的职权，对违反《产品质量法》的行为可以责令纠正，并给予下列行政处罚：警告，罚款，没收违法生产、销售的产品和没收违法所得，责令停止生产、销售，吊销营业执照。

（三）刑事责任

生产者、销售者及国家工作人员违反《产品质量法》的行为，如已触犯《刑法》、构成犯罪的，依照《刑法》的规定追究刑事责任。

 同步练习

一、不定项选择

1. （百度题库）经营者在什么情况下，不得向消费者发送商业性信息？
（　　）

A. 任何情况下　　　　　　　　B. 未经消费者同意或者请求

C. 消费者明确表示拒绝　　　　D. 消费者明确表示同意

2. （百度题库改编）消费者组织不得（　　）

A. 从事商品经营

B. 进行营利性服务

C. 不得以收取费用或者其他谋取利益的方式向消费者推荐商品和服务

D. 开展宣传活动

3. （考试资料网）王某使用其朋友李某的营业执照经营，售出不合格茶杯，碎片划伤消费者张某。张某可向谁要求赔偿？（　　）

A. 只能向王某要求赔偿

B. 只能向李某要求赔偿

C. 可向王某或李某要求赔偿

D. 须同时向王某和李某赔偿

4. （百度题库）下列哪些产品属于《产品质量法》调整的范围？（　　）

A. 建筑工程　　　B. 服装　　　C. 建筑构、配件　　　D. 原煤

5. （考试资料网）李女士在家中做饭时高压锅突然爆炸，被炸飞的锅盖击中头部，抢救无效死亡。后据质量检测专家鉴定，高压锅发生爆炸的直接原因是设计不尽合理，使用时造成排气孔堵塞而发生爆炸。本案中，可以以下列哪几项依据判定生产者承担责任？（　　）

A. 产品存在的缺陷　　　　　　B. 产品买卖合同约定

C. 产品默示担保条件　　　　　D. 产品明示担保条件

6. （考试资料网）某厂开发一种新型节能炉具，先后制造出 10 件样品，后来样品有 6 件丢失。1996 年某户居民的燃气罐发生爆炸，查明原因是使用了某厂丢失的 6 件样品炉具中的一件，而该炉具存在重大缺陷。该户居民要求某厂赔偿损失，某厂不同意赔偿，下列理由中哪一个最能支持某厂立场？（　　）

A. 该炉具尚未投入流通

B. 该户居民如何得到炉具的事实不清

C. 该户居民偷盗样品，由此造成的损失应由其自负

D. 该户居民应向提供给其炉具的人索赔

二、简答题

1. 消费者解决消费争议的途径有哪些？

2. 消费者享有哪些权利？

3. 经营者发现所提供商品/服务存在严重缺陷时，应采取哪些措施？

三、案例分析

[**案例 1**]（2014 年十大维权案例之六）2021 年 4 月，消费者冯女士在柳滩装饰城购买了一扇价格 2570 元的烤漆门，经营者承诺为实木材质，并于当

年 5 月为消费者送货安装。2021 年 7 月，冯女士在更换地板时，无意间发现所谓的实木门，其内部的填充物是蜂窝纸和锯末板。随后，冯女士找到经营者要求按照价款的 3 倍赔偿，而经营者称当时消费者购买的烤漆门就是该材质，而非实木，因此不同意消费者提出的赔偿要求。经多次交涉未果后，消费者到消费者协会进行投诉。

根据上述案例分析：

1. 消费者协会应怎样处理？请说明理由。

2. 如果满某对消费者协会的处理结果不满意，还可以采取哪些救济措施？

[案例 2]（法大夫公众号）2020 年 11 月，A 公司与 B 公司达成合作，由 A 公司向 B 公司供应机械零部件一万只。合作达成后，A 公司按时供货。2021 年 1 月，因 B 公司一直未支付货款，A 公司诉至法院，要求 B 公司支付货款。B 公司辩称，A 公司交付的机械零部件不符合订购要求，存在质量问题，并且因为使用了该批有质量问题的零部件导致 B 公司产生了重大损失，故 B 公司拒绝向 A 公司支付货款。B 公司一并提出反诉，要求 A 公司赔偿因机械零部件不符合订购要求所带来的损失。针对 B 公司的反诉，A 公司辩称，涉案产品并没有约定质量标准，交易的机械零部件产品因是行业新产品，目前并没有国家质量标准，相关行业也没有制定质量标准，而 B 公司在已经大批使用零部件的情况下提出质量异议，超过了合理的质量异议期限，是主观恶意拖欠货款，B 公司就产品存在质量问题导致其损失，没有任何事实依据。

根据上述案例分析：

A 公司是否应当支付 B 公司因零部件不合格而产生的损失？

课后思考

"7 天无理由退货"不等于"7 天无条件退货"

买家甲在淘宝选中某新款智能手机，想着既然淘宝支持"7 天无理由退货"，便想先买来试用，感觉不好再退。收货使用几天后，买家甲对该手机性能不太满意，于是申请退货退款。该店家称"已在网页显著位置注明该款手机不支持 7 天无理由退货，无质量问题一经使用概不退货"，拒绝退款。后买家甲将该店家诉至法院，被判败诉。

《消费者权益保护法》第二十五条第一款和第二款规定："经营者采用网

络、电视、电话、邮购等方式销售商品，消费者有权自收到商品之日起七日内退货，且无须说明理由，但下列商品除外：（一）消费者定作的；（二）鲜活易腐的；（三）在线下载或者消费者拆封的音像制品、计算机软件等数字化商品；（四）交付的报纸、期刊。除前款所列商品外，其他根据商品性质并经消费者在购买时确认不宜退货的商品，不适用无理由退货。"

国家市场监督管理总局《网络购买商品七日无理由退货暂行办法》第七条规定："下列性质的商品经消费者在购买时确认，可以不适用七日无理由退货规定：（一）拆封后易影响人身安全或者生命健康的商品，或者拆封后易导致商品品质发生改变的商品；（二）一经激活或者试用后价值贬损较大的商品；（三）销售时已明示的临近保质期的商品、有瑕疵的商品。"

"无理由退货"并不等同于"无条件退货"。对于智能手机等特殊商品，一经注册激活即被视为"二手货"，发生价值贬损，一般不适用 7 天无理由退货。本案中，买家甲已将手机激活并使用好几天，商家拒绝退款并不违反法律规定。除智能手机外，定作产品、生鲜产品、数字化商品、报纸期刊等一般也不适用 7 天无理由退货，各位战友购买时要了解清楚退货规则，避免造成不必要的损失。

第八章 劳动合同法律制度

第一节 劳动合同概述

一、劳动合同的概念

（一）概念

劳动合同，又称劳动契约或劳动协议，是指劳动者（雇员）与用人单位（雇主）确立劳动关系、明确双方权利和义务的协议。劳动合同是双方当事人建立劳动关系的法律依据，也是劳动者实现劳动就业权的具体法律形式。

（二）我国劳动合同法律制度的演变

①1982 年 2 月，中华人民共和国劳动人事部发出了《积极试行劳动合同制度的通知》，确定了实行劳动合同制的目的、要求和步骤，并在全国试行劳动合同制。

②1994 年 7 月颁布的《中华人民共和国劳动法》（以下简称《劳动法》）全面肯定了劳动合同制度，为推行全国劳动合同制提供了法律保障，有利于劳动合同制度的全面推行。

③2007 年通过的《中华人民共和国劳动合同法》（以下简称《劳动合同法》）于 2008 年 1 月 1 日施行，标志着我国劳动合同立法迈上了一个新的台阶。

④2009 年、2018 年《劳动法》历经两次修订，2012 年《劳动合同法》进行了首次修订，我国劳动立法日臻完善。

二、劳动合同的特征

①主体的特定性。劳动合同的当事人一方是劳动者，另一方是用人单位。作为劳动力的提供方，劳动者只能也必须是有血有肉的个人；而作为用人单位，在我国必须是一个组织体。

②法律上的从属性。劳动合同的双方当事人虽然在法律地位上是平等的，但劳动者进入用人单位后，自己的劳动力就归用人单位支配，故须服从用人单位的合法管理和指挥，遵守规章制度。在劳动合同的履行中，劳动者必须加入到用人单位的组织中去，成为用人单位的普通一员。劳动者必须服从用人单位的劳动纪律和规章制度，接受用人单位的管理和监督。这种从属性是社会化大生产决定的，法律也对这种从属性进行了确认。

③合同履行的持续性。劳动合同的履行是一个不间断的过程，在确定的或不确定的时间段内，双方当事人持续性地履行各自的权利义务。这一特点决定了劳动合同履行期间双方应尽可能保持合作、和谐的状态，以实现订立劳动合同的目的。这一点与大多数民事合同不同。

④劳动合同内容的强制性。劳动合同虽然是双方当事人在平等、自愿的基础上缔结的，但当事人的意思自治空间受到缩减，即在劳动合同的内容上体现出更强的国家干预，如最低工资、试用期、工时、社保费等必须符合强制性法律规范。所以，劳动合同双方当事人在缔结劳动合同、确定劳动权利

与义务时，不得违反法律法规的强制性规定。

【知识拓展】

众所周知，当人体体温超过 37.2℃ 时就会出现发热症状，体温超过 39℃ 就属于高烧。当外界气温超过 37℃ 时，人体就会感觉难受，容易中暑；当外界气温高于 40℃ 时，人体代谢、调节功能就会受影响。高温天气里，坐着不动都会出一身汗，如果还要到户外劳动，很容易被晒晕。因此，除了一些无法停工的特殊行业外，政府部门应为"高温天气"立法，强制在高温时段停止户外作业，以保障劳动者身体健康。

1960 年 7 月 1 日由卫生部、劳动和社会保障部、中华全国总工会联合制定了《防暑降温措施暂行条例》，且仅适用于"工业、交通运输业及基本建设工地的高温作业和炎热季节的露天作业"及"田间作业"，只对防范高温作业引起的危险后果作了模糊规定，并未明确规定气温达到多少摄氏度可以停工，哪些工种应该停工或采取相应措施等。

2012 年 7 月 4 日，我国《防暑降温措施管理办法》正式发布执行。根据该办法，日最高气温超过 35℃ 室外露天作业者按照办法将可享高温津贴。用人单位应根据地市级以上气象主管部门所属气象台当日发布的预报气温，调整作业时间。气温 40℃ 或露天作业日最高气温达 40℃ 以上，应停止当日室外露天作业；日最高气温达到 37℃ 以上、40℃ 以下时，全天安排劳动者室外露天作业的时间累计不得超过 6 小时，连续作业时间不得超过国家规定，且在气温最高时段 3 小时内不得安排室外露天作业；日最高气温达到 35℃ 以上、37℃ 以下时，用人单位应采取换班轮休等方式，缩短劳动者连续作业时间，且不得安排室外露天作业劳动者加班。

三、劳动合同的种类

(一) 以劳动合同期限来划分

①固定期限的劳动合同即定期劳动合同，是指双方当事人在劳动合同中约定一个明确的合同终止时间，合同期限届满时，当事人的合同关系终止。如果双方同意，也可以续订劳动合同。

②无固定期限的劳动合同即不定期劳动合同，是指双方当事人在合同中没有明确规定合同的终止时间的劳动合同。只要不发生法定的单方解除的情形，劳动关系就可以一直持续到劳动者退休或用人单位作为主体不存在。该

学类合同是一种持续性更强的劳动合同，但是不能等同于长期合同或"铁饭碗"。

③以完成一定工作为期限的劳动合同，是指双方当事人把完成某一项工作或劳动任务作为劳动关系的存续期间，约定任务完成后合同即自行终止的劳动合同。以完成一定工作为期限的劳动合同本质上是固定期限的合同，一般适用于铁路、公路、桥梁、水利、建筑及其他工作无连续性的特定项目。

（二）以工作时间的长短为标准

①全日制劳动合同，是指依据国家法定劳动时间的规定，从事全时工作的合同。即以每天 8 小时工作制或每周 40 小时工作制来计算用工。

②非全日制劳动合同，是指根据我国《劳动合同法》的规定，非全日制用工是指劳动者与用人单位约定的平均每日工作时间不超过 4 小时，每周工作时间累计不超过 24 小时的用工形式。非全日制用工是一种非典型用工形式。

（三）按适用于用人单位的类型

按适用于用人单位的类型，劳动合同分为聘用合同和劳动合同。聘用合同是事业单位和社会团体招聘工作人员时订立的合同，与劳动合同在本质上是相同的。《劳动合同法》第九十六条规定："事业单位与实行聘用制的工作人员订立、履行、变更、解除或者终止劳动合同，法律、行政法规或者国务院另有规定的，依照其规定；未作规定的，依照本法有关规定执行。"

[知识拓展]
劳动合同与劳务合同的比较❶

1. 合同主体不同：劳务合同的主体一方或双方既可是法人，也可是社会组织或自然人；劳动合同的一方须是用人单位，另一方只能是自然人。

2. 劳动者一方所处的法律地位不同：劳务合同的主体无论在合同签订前还是在合同履行中，其法律地位都是平等的，不存在隶属关系；劳动合同的主体在合同签订前，用人单位与劳动者的地位是平等的；但在劳动合同签订后，劳动者则隶属于用人单位，须服从用人单位的管理和指挥。

---

❶ 郭捷. 劳动法学 [M]. 北京：中国政法大学出版社，2011：79.

3. 合同履行中的权利义务关系不同：劳务合同中，劳务提供方向劳务接受方提供的是劳务行为的成果；劳动合同对成果也有要求，但目的在于劳动过程的实现，故而劳动过程和劳动条件就成为其必不可少的内容。

4. 劳动风险责任承担不同：劳务合同中，劳务活动由劳务提供者自行组织，其风险自担；劳动合同中，用人单位享有劳动支配权，故而承担劳动生产过程中的各种风险。

5. 劳动酬金的性质不同：劳务合同中的劳务报酬以市场价格来衡量，反映的是商品交换的性质，一般为一次性或分期支付；劳动合同中的劳动报酬以法律的规定及当事人的约定来衡量，反映的是劳动者生存需要的性质，其支付方式及支付时间特定化为一种持续的、定期的支付。

第二节　劳动合同的形式和内容

一、劳动合同的形式

劳动合同的形式，是指劳动合同赖以确定和存在的方式，即劳动合同双方当事人意思表示一致的外部表现。它有口头形式和书面形式之分。根据我国劳动法律规范的规定，我国劳动合同必须是书面的。

书面形式的劳动合同，是指直接使用文字形式表达双方当事人经过协商而达成的一致意见，确立权利义务。非全日制用工双方当事人可以订立口头协议。

二、劳动合同的内容

（一）概念

劳动合同的内容即劳动合同的条款，是指劳动者与用人单位之间设定权利义务的具体规定。劳动合同的内容直接涉及劳动者与用人单位的切身利益，也关系到国家劳动法律、法规和政策的贯彻实施。劳动合同的内容不能完全依照双方当事人的自由意愿约定，劳动法确认的劳动基本标准是强制性法律规范，当事人必须遵照执行，在合同中依法作出相应规定，即规定的各项劳动条件不能低于法律规定的基本标准。

（二）分类

根据条款内容是否为一个劳动合同所必需，可将劳动合同的内容分为两大类：必备条款和约定条款（也称为可备条款、可选择性条款）。

1. 必备条款

必备条款，是指劳动合同必须具备的法律内容。之所以要求劳动合同要有必备条款，是因为缺少这些内容，双方的主要权利和义务很难明确，很容易引发纠纷。当然，缺乏必备条款并不必然导致合同无效。

【法条链接】

《劳动合同法》第十七条第一款　劳动合同应当具备以下条款：（一）用人单位的名称、住所和法定代表人或者主要负责人；（二）劳动者的姓名、住址和居民身份证或者其他有效身份证件号码；（三）劳动合同期限；（四）工作内容和工作地点；（五）工作时间和休息休假；（六）劳动报酬；（七）社会保险；（八）劳动保护、劳动条件和职业危害防护；（九）法律、法规规定应当纳入劳动合同的其他事项。

相较于《劳动法》而言，《劳动合同法》增加了双方当事人的基本信息、职业危害、社会保险三项必备条款，同时取消了"劳动合同终止的条件"条款、劳动纪律条款、违反劳动合同的责任等三项必备条款，限制了"约定违约金"必备条款的应用。上述修改变化体现了我国法律侧重于对劳动者的保护。

2. 约定条款

《劳动合同法》第十七条第二款规定："劳动合同除前款规定的必备条款外，用人单位与劳动者可以约定试用期、培训、保守秘密、补充保险和福利待遇等其他事项。"

（1）试用期条款

试用期，是指包括在劳动合同期限内，劳动关系还处于非正式状态，用人单位对劳动者是否合格进行考核，劳动者对用人单位是否适合自己进行了解的期限。试用期包含在劳动合同期限内。劳动合同仅约定试用期的，试用期不成立，该期限为劳动合同期限。

①试用范围。对初次就业或者再就业时改变劳动岗位或工种的劳动者，

劳动合同可以约定试用期。同一用人单位与同一劳动者只能约定一次试用期。

②试用期期限。《劳动合同法》第十九条规定："劳动合同期限三个月以上不满一年的，试用期不得超过一个月；劳动合同期限一年以上不满三年的，试用期不得超过二个月；三年以上固定期限和无固定期限的劳动合同，试用期不得超过六个月。"此外，《劳动合同法》还规定了不得约定试用期的情形：以完成一定工作任务为期限的劳动合同；劳动合同期限不满三个月的劳动合同及非全日制用工劳动合同。

③试用期的工资。劳动者在试用期的工资不得低于本单位相同岗位最低档工资的百分之八十，或者不得低于劳动合同约定工资的百分之八十，并不得低于用人单位所在地的最低工资标准。

④试用期内劳动合同的解除。劳动者在试用期内提前三日通知用人单位，可以解除劳动合同，但用人单位在试用期内解除劳动合同有限制条件。《劳动合同法》第二十一条规定："在试用期中，除劳动者有本法第三十九条和第四十条第一项、第二项规定的情形外，用人单位不得解除劳动合同。用人单位在试用期解除劳动合同的，应当向劳动者说明理由。"

（2）保密条款、竞争限制条款

劳动合同当事人可以在劳动合同中约定保守用人单位商业秘密的有关事项。用人单位与劳动者可以在劳动合同中约定保守用人单位的商业秘密和与知识产权相关的保密事项。对负有保密义务的劳动者，用人单位可以在劳动合同或者保密协议中与劳动者约定竞业限制条款，并约定在解除或者终止劳动合同后，在竞业限制期限内按月给予劳动者经济补偿。劳动者违反竞业限制约定的，应当按照约定向用人单位支付违约金。

（3）培训、服务期条款

用人单位为劳动者提供专项培训费用，对其进行专业技术培训的，可以与该劳动者订立协议，约定服务期。劳动者违反服务期约定的，应当按照约定向用人单位支付违约金。违约金的数额不得超过用人单位提供的培训费用。用人单位要求劳动者支付的违约金不得超过服务期尚未履行部分所应分摊的培训费用。用人单位与劳动者约定服务期的，不影响按照正常的工资调整机制提高劳动者在服务期内的劳动报酬。

[典型案例]

刘某于 2017 年 6 月 1 日入职某科技公司，从事研发工作，双方订立了 3

年期的劳动合同。2017 年 11 月 1 日，某科技公司与刘某签订《培训协议》，约定将刘某送到国外进行专项技术培训 2 个月，并约定刘某培训结束后至少再为公司服务 5 年，如刘某违反服务期约定需向公司支付违约金。2020 年 4 月底，某科技公司告知刘某，因公司业务调整，其与刘某所订立的劳动合同在 2017 年 5 月 31 日到期后不再延续，刘某无须再继续履行《培训协议》中约定的服务期。刘某认为，其劳动合同期限应当延续至服务期届满，某科技公司终止劳动合同的行为属于违法终止，故提出仲裁申请，要求某科技公司支付违法终止劳动合同赔偿金。

服务期期间劳动合同到期，用人单位可终止劳动合同。《中华人民共和国劳动合同法实施条例》第十七条规定，劳动合同期满，但是用人单位与劳动者依照《劳动合同法》第二十二条的规定约定的服务期尚未到期的，劳动合同应当续延至服务期满。该条规定是在劳动合同期满情况下对劳动者离职的限制性规定，是对用人单位期待利益的保护，是否续延劳动合同至服务期届满是用人单位的权利而非义务。所以，刘某要求裁决公司属违法终止劳动合同，进而主张违法终止劳动合同赔偿金，系对于法律的误读。但是刘某可以参照《劳动合同法》第四十六条的规定请求用人单位支付经济补偿。

（4）补充保险和福利待遇

用人单位除了要依法为劳动者购买社会保险之外，还应根据自身条件和劳动者在劳动合同中就补充保险和福利待遇作出约定。这实际上也是用人单位增加自身凝聚力的重要途径。

第三节　劳动合同的订立和效力

一、劳动合同的订立

（一）劳动合同订立的概念和原则

1. 劳动合同订立的概念

劳动合同的订立，是指劳动者和用人单位经过平等协商，就劳动合同的条款达成协议，从而确立劳动关系和明确相互权利和义务的法律行为。

2. 劳动合同订立应遵循的原则

《劳动法》第十七条第一款规定："订立和变更劳动合同，应当遵循平等自愿、协商一致的原则，不得违反法律、行政法规的规定。"《劳动合同法》第三条第一款规定："订立劳动合同，应当遵循合法、公平、平等自愿、协商一致、诚实信用的原则。"

（1）平等自愿、协商一致原则

平等，是指用人单位和劳动者在缔结劳动合同时法律地位上的平等。自愿，是指订立劳动合同完全是出于双方当事人自己的真实意志，是双方在意思表示一致的情况下，充分体现自己订立劳动合同的意图，经过平等协商而达成协议。劳动合同的订立必须由当事人自己的意愿独立完成意思表示，他人不得强迫对方。协商一致是指在订立合同过程中，合同订立与否及合同内容如何，都只能在双方当事人以协商方式达成一致意见的基础上确立。但在实践中，劳动合同具有附和性，先由用人单位事先拟好劳动合同，再由劳动者作出是否签约的决定。

（2）公平、合法原则

公平原则是用人单位和劳动者应本着公正的观念签订劳动合同。强调处于强势地位的用人单位应该给处于弱势地位的劳动者公平公正的待遇，尤其是在双方约定的条款上。

无论劳动合同的当事人、内容和形式，还是订立劳动合同的程序都必须符合有关法律和政策的规定。这一原则的具体要求是：劳动合同的当事人必须具备法定资格；劳动合同的内容必须合法；劳动合同的形式必须合法；签订劳动合同的程序合法。

（3）诚实信用原则

诚实信用是一项道德准则，要求人们讲信用、诚实不欺，在不损害他人利益和社会利益的前提下追求自己的利益。在民事法律中，诚实信用原则被称为"帝王条款"。虽然劳动合同不属于民事合同，劳动关系也不属于民事关系，但是诚实信用原则作为市场经济活动中基本的道德准则，同样应对劳动合同当事人双方的订立、履行、变更和解除劳动合同起指导作用。

《劳动合同法》第八条规定："用人单位招用劳动者时，应当如实告知劳动者工作内容、工作条件、工作地点、职业危害、安全生产状况、劳动报酬，以及劳动者要求了解的其他情况；用人单位有权了解劳动者与劳动合同直接相关的基本情况，劳动者应当如实说明。"该条是诚实信用原则在劳动合同法中的体现。

（二）订立劳动合同的程序

订立劳动合同主要应经过要约与承诺两个阶段。

①要约阶段，是指劳动合同的一方当事人向另一方当事人提出订立劳动合同的建议。要约人可以是用人单位，也可以是劳动者。要约的内容应当包括订立劳动合同的愿望、订立劳动合同的条件，以及要求对方考虑答复的期限。其中订立合同的条件必须明确具体，以便对方当事人考虑、衡量和选择，然后决定是否签订合同。

②承诺阶段，是指受要约人对劳动合同的要约内容表示完全的同意和接受，即受要约人对要约人提出的劳动合同的全部内容表示赞同，而不是提出修改，或者部分同意，或者有条件的接受。

当然，订立劳动合同的过程也可能是一个要约邀请——反要约邀请——要约——反要约——再要约……直至承诺取得一致意见的过程。

劳动合同的承诺也是一种法律行为。一般情况下，要约一经承诺写成书面合同，经双方当事人签名盖章，合同即告成立。

依法成立的劳动合同，从合同成立之日或者合同约定生效之日起就具有法律效力。

【典型案例】

招聘广告中的承诺是否有效

研究生毕业后，小毕进了一家大型的国有企业。听说单位领导有意将自己送往国外培训深造，小毕庆幸自己找到了一个好单位，也觉得自己非常幸运。因此，工作中小毕自觉地加倍努力，经常自觉加班。但是何时能出国深造，领导并没有明确的答复。时间一长，小毕觉得自己受了欺骗，工作也不如以前积极了。2006 年 2 月，小毕又看到某外资企业登出了一则招聘广告，广告中称："录用的员工将送到国外培训半年至一年。"小毕毅然辞职，并顺利地进了新单位。加入新单位的小毕对工作充满希望，想通过积极工作获得重视，得到出国机会。但是 2 年过去了，出国培训的事情依然没有动静，也没有听说哪位同事出国培训了。小毕找到单位负责人，认为单位应当履行在招聘广告中的承诺。单位负责人当面答应小毕一定会考虑，但是几天过去后，单位还是没有动静。小毕觉得自己两次出国都没有成功，用人单位实在欺人太甚，明明写好的条件却不兑现，严重侵犯了自己的合法利益，遂申请仲裁。

　　某区劳动仲裁委员会受理了此案。单位在其应诉书中声称，单位与小毕的劳动合同中，并没有规定单位送小毕出国培训的条款。因此，单位没有此项义务，招聘广告中的条件并没有写进劳动合同中来，因此并没有法律效力。

　　我国《劳动法》第十九条规定，劳动合同应当以书面形式订立，并具备7项条款，企业的招聘广告一般并不包含上述法律规定的劳动合同的必备条款。因此，招聘广告本质上与招标公告有非常相似之处，而我国《民法典》第四百七十三条第一款规定："要约邀请是希望他人向自己发出要约的表示。拍卖公告、招标公告、招股说明书、债券募集办法、基金招募说明书、商业广告和宣传、寄送的价目表等为要约邀请。"

　　通过上述分析可以看出，企业发布的招聘广告应当属于要约邀请，而非要约。相比要约具有法律约束力而言，要约邀请发出后对发出人并不产生法律约束力，发出人没有履行要约邀请内容的义务。

（三）劳动合同当事人的先合同义务

1. 用人单位的义务

　　《劳动合同法》第八条规定："用人单位招用劳动者时，应当如实告知劳动者工作内容、工作条件、工作地点、职业危害、安全生产状况、劳动报酬，以及劳动者要求了解的其他情况；用人单位有权了解劳动者与劳动合同直接相关的基本情况，劳动者应当如实说明。"《劳动合同法》第九条规定："用人单位招用劳动者，不得扣押劳动者的居民身份证和其他证件，不得要求劳动者提供担保或者以其他名义向劳动者收取财物。"

　　此外，用人单位必须尊重劳动者的个人隐私权，不可以任意询问劳动者与应聘工作无关的个人情况，而且对因为招聘而获悉的劳动者个人信息，负有保密的义务。

【知识拓展】

　　现代隐私权作为一种新型的人格权，是保障私人生活免受干涉的重要法律手段，是对人性自由和尊严的尊重，也是社会伦理的基本要求和人类文明的重要标志。所谓隐私权，是指自然人就自己个人私事、个人信息等个人生活领域内的事情不为他人知悉、禁止他人干涉的权利。在劳动法领域，一方面，由于雇主相对于劳动者来说是强势的社会群体，他们更有可能凭借其雄厚的经济基础和优势地位侵犯劳动者的隐私权，而纵观各国隐私权的相关规定，雇主享有一定程度上的侵犯劳动者隐私权的法定豁免事由；另一方面，法律对雇主秘密信息的保护手段很多，如商业秘密法、知识产权法等，甚至劳动法也只规定了劳动者损害雇主秘密信息权利的法律后果，而对于劳动者隐私权的保护，法律规定则很少。

2010 年之前，在我国，宪法和民法都没有对"隐私权"的概念、权限范围及侵犯隐私权所应承担的法律责任作出明确的规定。换言之，中国的民事基本法没能将隐私权作为公民的一项独立的人格权确立为自己的保护对象。中国对公民隐私权的保护主要通过司法解释和单行法来实现。首先，最高人民法院在《关于贯彻执行<中华人民共和国民法通则>若干问题的意见（试行）》中，采取变通的方法，规定对侵害他人隐私权、造成名誉权损害的，认定为侵害名誉权，追究民事责任。1993 年，最高人民法院在《关于审理名誉权案件若干问题的解答》中，重申了对隐私权采取间接保护这一原则。其次，立法机关颁布的《中华人民共和国未成年人保护法》和《中华人民共和国妇女权益保障法》都对隐私权作了明确规定。《中华人民共和国未成年人保护法》第四条规定："保护未成年人，应当坚持最有利于未成年人的原则。处理涉及未成年人事项，应当符合下列要求：（一）给予未成年人特殊、优先保护；（二）尊重未成年人人格尊严；（三）保护未成年人隐私权和个人信息……"《中华人民共和国妇女权益保护法》第二十八条第一款规定："妇女的姓名权、肖像权、名誉权、荣誉权、隐私权和个人信息等人格权益受法律保护。"

2021 年起实施的《民法典》新增人格权编，并专门设置"隐私和个人信息保护"一章，且第一千零三十二条第一款明确规定了"自然人享有隐私权，任何组织或者个人不得以刺探、侵扰、泄露、公开等方式侵害他人的隐私权"。并在第一千零一十条明确了性骚扰的规定，即"违背他人意愿，以言语、文字、图像、肢体行为等方式对他人实施性骚扰的，受害人有权依法请求行为人承担民事责任"。

2. 劳动者的义务

劳动者应当如实向用人单位提供本人身份证和学历、就业状况、工作经历、职业技能、健康状况等证明。

《劳动合同法》第八条规定："用人单位招用劳动者时，应当如实告知劳动者工作内容、工作条件、工作地点、职业危害、安全生产状况、劳动报酬，以及劳动者要求了解的其他情况；用人单位有权了解劳动者与劳动合同直接相关的基本情况，劳动者应当如实说明。"

二、劳动合同的法律效力

（一）劳动合同的生效

1. 劳动合同的生效时间

《劳动法》第十七条第二款规定："劳动合同依法订立即具有法律约束力，当事人必须履行劳动合同规定的义务。"《劳动合同法》第十六条第一款规定："劳动合同由用人单位与劳动者协商一致，并经用人单位与劳动者在劳动合同文本上签字或者盖章生效。"这表明劳动合同从订立时起就生效，双方当事人都必须履行，否则将承担相应的法律责任。

需要注意的是，劳动合同的生效不同于劳动关系的建立，劳动关系的建立自用工之日起计算。《劳动合同法》第七条规定："用人单位自用工之日起即与劳动者建立劳动关系……"第十条第三款规定："用人单位与劳动者在用工前订立劳动合同的，劳动关系自用工之日起建立。"

2. 劳动合同的生效要件

劳动合同的生效要件包括以下四项：第一，劳动合同主体必须合格；第二，劳动合同内容必须合法；第三，意思表示必须真实；第四，劳动合同形式和订立程序合法。

特殊情况下，有些须经审批的合同，依法成立后履行审批手续才能生效，如为了控制外国人到中国就业，对其劳动合同的订立就规定了审批程序。

（二）劳动合同的无效

劳动合同的无效是指劳动合同欠缺生效要件或者违反法律法规的强制性规定，从一开始就不具有法律效力。劳动合同一旦被确认无效，即具备自始无效、当然无效、绝对无效的后果，不允许当事人补正。

1. 劳动合同无效的情形

①以欺诈、胁迫的手段或者乘人之危，使对方在违背自身真实意思的情况下订立或者变更劳动合同的，劳动合同无效或部分无效。

欺诈，是指一方当事人故意隐瞒事实真相或制造假象，使对方当事人在上当受骗的情况下表示愿意，如用人单位提供虚假的劳动条件和劳动待遇信息，劳动者提供假证件、假文凭等。

胁迫，是指一方当事人以暴力或其他手段相威胁，强迫对方当事人与自己订立合同，如用人单位以限制人身自由的手段、拖欠工资的方式等迫使劳动者与其订立或续订劳动合同。

乘人之危，是指行为人利用他人的危难处境或紧迫需要强迫对方接受某种明显不公平的条件并作出违背其真意的意思表示。

采取欺诈、胁迫、乘人之危等手段签订的劳动合同，违背了平等自愿、协商一致地订立劳动合同的原则，是一种严重违法的行为。对此类劳动合同，不仅要宣告无效，而且应追究过错方的法律责任。

②用人单位免除自己的法定责任、排除劳动者权利的，劳动合同无效或部分无效。如有的劳动合同规定"发生工伤事故，单位概不负责""不享受星期天休假"等，均属于用人单位免除自己的法定责任、排除劳动者权利因而无效的条款。

③违反法律、行政法规强制性规定的，劳动合同无效或部分无效。这里仅指违反法律、行政法规两种劳动法律渊源。法律和行政法规分别由全国人民代表大会及其常务委员会或国务院制定，具有较高的效力。当事人在订立劳动合同时必须遵循合法原则。否则，所签合同不仅得不到法律的保护，反而会受到法律的制裁。

违反合法原则的具体情况主要包括：主体资格不合法、内容不合法。凡是与国家法律、行政法规相矛盾、相抵触的条款，均属无效条款，如违反《劳动合同法》的规定约定6个月的试用期、违反《劳动合同法》的规定约定违约金等都是无效的。

【法条链接】

《劳动合同法》第九十三条　对不具备合法经营资格的用人单位的违法犯罪行为，依法追究法律责任；劳动者已经付出劳动的，该单位或者其出资人应当依照本法有关规定向劳动者支付劳动报酬、经济补偿、赔偿金；给劳动者造成损害的，应当承担赔偿责任。

《劳动合同法》第二十六条第二款　对劳动合同的无效或者部分无效有争议的，由劳动争议仲裁机构或者人民法院确认。

这表明，无效劳动合同的确认，既可以是当事人一方主张劳动合同无效而另一方无异议的情形，也可以是第三人（如劳动监察机构，具体实施多为劳动监察员）主张劳动合同无效而当事人无异议的情形，只有在当事人对劳动合同无效有争议时，才应当由劳动争议仲裁机构或者人民法院确认。

2. 劳动合同无效的法律后果

无效的劳动合同从订立时起，就没有法律约束力。确认劳动合同部分无效的，如果不影响其余部分的效力，其余部分仍然有效。劳动合同的无效，由劳动争议仲裁委员会或者人民法院确认。

第四节　劳动合同的履行和变更

一、劳动合同的履行

（一）劳动合同履行的原则

劳动合同的履行，是指劳动合同的双方当事人按照劳动合同的约定履行各自所应承担的合同义务的行为。劳动合同依法订立就具有法律效力，当事人必须履行劳动合同约定的义务。劳动合同的履行应遵循如下原则：①全面履行原则，即要求双方当事人要按照合同约定的各自承担的所有义务来具体全面地履行，以此实现订立合同的目的。②亲自履行原则，即未经对方同意，合同的一方当事人不得让他人代替履行义务。这是由劳动力的特点和劳动合同的特点决定的。③协作履行原则，是指当事人不仅应履行自己的义务，还应基于诚实信用原则的要求协助对方履行其义务。

（二）劳动合同履行的规则

1. 履行不明确条款的规则

对于劳动合同中内容不明确的条款，应当先依法确定其具体内容，然后予以履行。劳动合同对劳动报酬和劳动条件等标准约定不明确，引发争议的，用人单位与劳动者可以重新协商；协商不成的，适用集体合同规定；没有集体合同或者集体合同未规定劳动报酬的，实行同工同酬；没有集体合同或者集体合同未规定劳动条件等标准的，适用国家有关规定。

2. 特殊情形下劳动合同的履行规则

在用人单位变更名称、法定代表人、主要负责人、投资人等，或者用人单位发生合并、分立等情况时，由于劳动合同必备条款中的用人单位名称、法定代表人、主要负责人等内容发生了变化，用人单位与劳动者应当从形式上变更劳动合同。但是，没有从形式上变更劳动合同的，原劳动合同也应当继续履行。

【法条链接】

《劳动合同法》第三十三条　用人单位变更名称、法定代表人、主要负责人或者投资人等事项，不影响劳动合同的履行。

《劳动合同法》第三十四条　用人单位发生合并或者分立等情况，原劳动合同继续有效，劳动合同由承继其权利和义务的用人单位继续履行。

二、劳动合同的变更

（一）概念

劳动合同的变更，是指劳动合同在履行过程中，由于法定原因或约定条件发生变化，对已生效的劳动合同进行修改或补充。

（二）劳动合同变更的条件

①经双方当事人协商达成一致意见。《劳动法》第十七条第一款规定："订立和变更劳动合同，应当遵循平等自愿、协商一致的原则，不得违反法律、行政法规的规定。"②订立劳动合同时所依据的法律法规已经修改或废止的。③企业经上级主管部门批准或根据市场变化决定转产或调整生产任务的。④劳动合同订立时所依据的客观情况发生重大变化，致使劳动合同无法履行的。⑤法律法规允许的其他情况。

（三）劳动合同变更的程序

1. 变更须在有效期内进行

在劳动合同依法订立之后，变更须在合同没有履行或者尚未履行完毕之前的有效时间内进行。

劳动合同双方当事人已经存在劳动合同关系，如果劳动合同尚未订立或者是已经履行完毕则不存在劳动合同的变更问题。

2. 坚持平等自愿、协商一致的原则

劳动合同的变更必须经用人单位和劳动者双方当事人的同意。平等自愿、协商一致是劳动合同订立的原则，也是其变更应遵循的原则。劳动合同关系是通过劳动者与用人单位协商一致而形成的，其变更当然应当通过双方协商一致才能进行。劳动合同允许变更，但一般不允许单方变更。

3. 不得违反法律法规的强制性规定

劳动合同变更也并非是任意的，用人单位和劳动者约定的变更内容必须符合国家法律、法规的相关规定。

4. 变更劳动合同必须采用书面形式

《劳动合同法》第三十五条规定："用人单位与劳动者协商一致，可以变更劳动合同的内容。变更劳动合同，应当采用书面形式。"因此，任何口头形式达成的变更协议都是无效的。劳动合同变更的书面协议应当指明对劳动合同的哪些条款作出变更，并应订明劳动合同变更协议的生效日期，书面协议经用人单位和劳动者双方当事人签字盖章后生效。该条的这一规定，是为避免劳动合同双方当事人因劳动合同的变更问题而产生劳动争议。

5. 劳动合同的变更也要及时进行

提出变更劳动合同的主体可以是用人单位，也可以是劳动者。无论是哪一方要求变更劳动合同，都应当及时向对方提出变更劳动合同的要求，说明变更劳动合同的理由、内容和条件等。如果应该变更的劳动合同内容没有及时变更，由于原订条款继续有效，往往使劳动合同不适应变化了的新情况，从而引起不必要的争议。

（四）劳动合同变更的效果

依法变更后的劳动合同，双方当事人必须严格履行。因变更劳动合同给一方造成经济损失的，一般由要求变更劳动合同一方承担经济赔偿责任。变更后的劳动合同文本由用人单位和劳动者各执一份。

【法条链接】

《劳动合同法》第三十三条至第三十五条

第三十三条　用人单位变更名称、法定代表人、主要负责人或者投资人等事项，不影响劳动合同的履行。

第三十四条　用人单位发生合并或者分立等情况，原劳动合同继续有效，劳动合同由承继其权利和义务的用人单位继续履行。

第三十五条　用人单位与劳动者协商一致，可以变更劳动合同约定的内容。变更劳动合同，应当采用书面形式。

变更后的劳动合同文本由用人单位和劳动者各执一份。

第五节　劳动合同的解除和终止

一、劳动合同的解除

劳动合同的解除，是指劳动合同签订以后尚未履行完毕之前，由于一定事由的出现，劳动合同当事人依法提前结束劳动合同的法律行为。

依法解除劳动合同是维护劳动合同双方当事人正当权益的重要保证。由于劳动合同的解除是在当事人未完全履行合同规定的法律行为的情况下发生的，当事人订立合同的目的没有实现，必然会给一方或双方造成影响。因此劳动合同的解除，应遵循相应的法律规则。

劳动合同的解除，分为协商解除、用人单位单方解除、劳动者单方解除三种。

（一）协商解除

《劳动合同法》第三十六条规定："用人单位与劳动者协商一致，可以解除劳动合同。"需要注意的是，关于协商解除，如果是用人单位先提出的，需支付经济补偿；如果是劳动者先提出的，用人单位可不支付经济补偿。

【知识拓展】

《劳动合同法》第四十七条　经济补偿按劳动者在本单位工作的年限，每满一年支付一个月工资的标准向劳动者支付。六个月以上不满一年的，按一年计算；不满六个月的，向劳动者支付半个月工资的经济补偿。

劳动者月工资高于用人单位所在直辖市、设区的市级人民政府公布的本地区上年度职工月平均工资三倍的，向其支付经济补偿的标准按职工月平均工资三倍的数额支付，向其支付经济补偿的年限最高不超过十二年。

本条所称月工资是指劳动者在劳动合同解除或者终止前十二个月的平均工资。

工资具体包括哪些项目，这关系到经济补偿金的数额。《劳动合同法》第四十七条规定的经济补偿的月工资是指劳动者在劳动合同解除或者终止前十二个月的平均工资。实践中往往有"基本工资""最低工资""实发工资""应发工资"几种不同的概念，用人单位也在工资计算方式上做文章，损害劳动者的利益。

《中华人民共和国劳动合同法实施条例》（以下简称《劳动合同法实施条例》）第二十七条规定："劳动合同法第四十七条规定的经济补偿的月工资按照劳动者应得工资计算，包括计时工资或者计件工资以及奖金、津贴和补贴等货币性收入。劳动者在劳动合同解除或者终止前 12 个月的平均工资低于当地最低工资标准的，按照当地最低工资标准计算。劳动者工作不满 12 个月的，按照实际工作的月数计算平均工资。"

（二）用人单位单方解除劳动合同

1. 过错性解除

过错性解除又称即时辞退，指用人单位可以随时提出解除劳动合同的行为。根据《劳动合同法》第三十九条的规定，即时辞退的具体情形包括："（一）在试用期间被证明不符合录用条件的；（二）严重违反用人单位的规章制度的；（三）严重失职，营私舞弊，给用人单位造成重大损害的；（四）劳动者同时与其他用人单位建立劳动关系，对完成本单位的工作任务造成严重影响，或者经用人单位提出，拒不改正的；（五）因本法第二十六条第一款第一项规定的情形致使劳动合同无效的；（六）被依法追究刑事责任的。"

由于劳动者存在上述行为上的严重过错，用人单位有权即时解除劳动合同，无须遵守预告期的规定，也无须向劳动者支付经济补偿。

2. 非过错性解除

非过错性解除，是指用人单位可以解除劳动合同，但应提前三十日以书面形式通知劳动者本人或者额外支付劳动者一个月工资后解除劳动合同，所以又称为预告解除。根据《劳动合同法》第四十条的规定，预告解除的情形包括以下三种。

①劳动者患病或者非因工负伤，在规定的医疗期满后不能从事原工作，也不能从事由用人单位另行安排的工作的。

【知识拓展】

劳动法中"规定的医疗期"

《企业职工患病或非因工负伤医疗期规定》第三条 企业职工因患病或非因工负伤，需要停止工作医疗时，根据本人实际参加工作年限和在本单位工作年限，给予三个月到二十四个月的医疗期：

（一）实际工作年限十年以下的，在本单位工作年限五年以下的为三个月；五年以上的为六个月。

（二）实际工作年限十年以上的，在本单位工作年限五年以下的为六个月；五年以上十年以下的为九个月；十年以上十五年以下的为十二个月；十五年以上二十年以下的为十八个月；二十年以上的为二十四个月。

②劳动者不能胜任工作，经过培训或者调整工作岗位，仍不能胜任工作的。

③劳动合同订立时所依据的客观情况发生重大变化，致使劳动合同无法履行，经用人单位与劳动者协商，未能就变更劳动合同内容达成协议的。

用人单位依照上述规定解除劳动合同，应向劳动者支付经济补偿金。在考察上述第①种和第②种情形时，如何确定劳动者不能胜任工作是关键。不能仅凭领导意见或少数人的主观印象得出结论，实践中一些单位的"末位淘汰制"是不合法的。

【典型案例】❶

2005 年 7 月，被告王某进入原告中兴通讯（杭州）有限责任公司（以下简称"中兴通讯"）工作，劳动合同约定王某从事销售工作，基本工资每月 3840 元。该公司的《员工绩效管理办法》规定：员工半年、年度绩效考核分别为 S、A、C1、C2 四个等级，分别代表优秀、良好、价值观不符、业绩待改进；S、A、C（C1、C2）等级的比例分别为 20%、70%、10%；不胜任工作原则上考核为 C2。王某原在该公司分销科从事销售工作，2009 年 1 月后因分销科解散等原因，转岗至华东区从事销售工作。2008 年下半年、2009 年上半年及 2010 年下半年，王某的考核结果均为 C2。中兴通讯认为，王某不能胜

---

❶ 舒丹. 最新索赔指南与赔偿计算标准丛书劳动纠纷索赔指南与赔偿计算标准［M］. 北京：中国法制出版，2015：125.

任工作，经转岗后，仍不能胜任工作，故在支付了部分经济补偿金的情况下解除了劳动合同。

2011 年 7 月 27 日，王某提起劳动仲裁。同年 10 月 8 日，仲裁委员会作出裁决：中兴通讯支付王某违法解除劳动合同的赔偿金余额 36 596.28 元。中兴通讯认为其不存在违法解除劳动合同的行为，故于同年 11 月 1 日诉至法院，请求判令不予支付解除劳动合同赔偿金余额。

浙江省杭州市滨江区人民法院于 2011 年 12 月 6 日作出（2011）杭滨民初字第 885 号民事判决："《中华人民共和国劳动法》《中华人民共和国劳动合同法》对用人单位单方解除劳动合同的条件进行了明确限定。原告中兴通讯以被告王某不胜任工作，经转岗后仍不胜任工作为由，解除劳动合同，对此应负举证责任。根据《员工绩效管理办法》的规定，"C（C1、C2）考核等级的比例为 10%"，虽然王某曾经考核结果为 C2，但是 C2 等级并不完全等同于"不能胜任工作"，中兴通讯仅凭该限定考核等级比例的考核结果，不能证明劳动者不能胜任工作，不符合据此单方解除劳动合同的法定条件。虽然 2009 年 1 月王某从分销科转岗，但是转岗前后均从事销售工作，并存在分销科解散导致王某转岗这一根本原因，故不能证明王某系因不能胜任工作而转岗。因此，中兴通讯主张王某不胜任工作，经转岗后仍然不胜任工作的依据不足，存在违法解除劳动合同的情形，应当依法向王某支付经济补偿标准二倍的赔偿金。原告中兴通讯于本判决生效之日起十五日内一次性支付被告王鹏违法解除劳动合同的赔偿金余额 36 596.28 元。"宣判后，双方均未上诉，判决已发生法律效力。

3. 经济性裁员

经济性裁员，是指因经济性原因使企业濒临破产，被人民法院宣告进入法定整顿期间，或因生产经营发生严重困难，达到当地政府规定的严重困难企业标准而在难以正常经营的状况下，通过裁员从而达到增效目的的行为。

根据《劳动合同法》第四十一条的规定："有下列情形之一，需要裁减人员二十人以上或者裁减不足二十人但占企业职工总数百分之十以上的，用人单位提前三十日向工会或者全体职工说明情况，听取工会或者职工的意见后，裁减人员方案经向劳动行政部门报告，可以裁减人员：（一）依照企业破产法规定进行重整的；（二）生产经营发生严重困难的；（三）企业转产、重大技术革新或者经营方式调整，经变更劳动合同后，仍需裁减人员的；（四）其他因劳动合同订立时所依据的客观经济情况发生重大变化，致使劳动合同无法履行的……用人单位依照本条第一款规定裁减人员，在六个月内重新招用人员的，应当通知被裁减的人员，并在同等条件下优先招用被裁减的人员。"另外，经济性裁员须向劳动者支付经济补偿金。

4. 用人单位不得单方解除劳动合同的情形

根据《劳动合同法》第四十二条的规定："劳动者有下列情形之一的，用人单位不得实施预告辞退和经济性裁员解除劳动合同：（一）从事接触职业病危害作业的劳动者未进行离岗前职业健康检查，或者疑似职业病病人在诊断或者医学观察期间的；（二）在本单位患职业病或者因工负伤并被确认丧失或者部分丧失劳动能力的；（三）患病或者非因工负伤，在规定的医疗期内的；（四）女职工在孕期、产期、哺乳期的；（五）在本单位连续工作满十五年，且距法定退休年龄不足五年的；（六）法律、行政法规规定的其他情形。"

5. 工会在用人单位单方解除劳动合同时的作用

工会对辞退有知情权、要求纠正权，有义务帮助和支持劳动者提起仲裁或诉讼。《劳动合同法》第四十三条规定："用人单位单方解除劳动合同，应当事先将理由通知工会。用人单位违反法律、行政法规规定或者劳动合同约定的，工会有权要求用人单位纠正。用人单位应当研究工会的意见，并将处理结果书面通知工会。"

（三）劳动者单方解除劳动合同

1. 劳动者主动辞职

主动请辞又称预告辞职，是指劳动者解除劳动合同不需要任何理由，只需要提前一定的期限告知用人单位即可解除劳动合同的行为。《劳动合同法》第三十七条规定："劳动者提前三十日以书面形式通知用人单位，可以解除劳动合同。劳动者在试用期内提前三日通知用人单位，可以解除劳动合同。"

预告辞职没有法定理由，劳动者可以以任何理由向单位提出要求解除劳动合同。通知后超过三十日（试用期内为三日），劳动者可以向用人单位提出办理解除劳动合同手续，用人单位应予办理，不得以扣押人事档案或扣发工资等相要挟、阻挠。

辞职是劳动者的个人自愿行为，因此用人单位对于辞职的劳动者不支付经济补偿。

2. 劳动者被迫辞职

被迫辞职分为两种情形。一种是根据《劳动合同法》第三十八条的规定，用人单位有下列情形之一的，劳动者可以解除劳动合同：①未按照劳动合同约定提供劳动保护或者劳动条件的，比如强行给员工"放假"或"停工"，可视为未提供劳动条件。②未及时足额支付劳动报酬的；③未依法为劳动者缴纳社会保险费的；④用人单位的规章制度违反法律、法规的规定，损害劳动者权益的；⑤因《劳动合同法》第二十六条第一款规定的情形致使劳动合同无效的；⑥法律、行政法规规定劳动者可以解除劳动合同的其他情形。

在上述情形下，虽然辞职是劳动者提出的，但过错在用人单位，在法理上定性为"推定解雇"。这些情形损害了劳动者的合法权益，劳动者无须提前三十日，可以随时通知辞职。

第二种被迫辞职较为特殊，是指用人单位以暴力、威胁或者非法限制人身自由的手段强迫劳动者劳动的，或者用人单位违章指挥、强令冒险作业危及劳动者人身安全的。这种情形对劳动者的损害迫在眉睫，劳动者可以立即解除劳动合同，不需事先告知用人单位。

无论是哪一种被迫辞职情形，用人单位都应支付经济补偿金。

二、劳动合同的终止

（一）劳动合同终止的概念

劳动合同的终止，是指劳动合同的法律效力依法被消灭。亦即劳动合同所确立的劳动关系由于一定法律事实的出现而终结，劳动者与用人单位之间原有的权利和义务不复存在。

（二）劳动合同终止的事由

1. 一般规定

《劳动合同法》第四十四条规定："有下列情形之一的，劳动合同终止：（一）劳动合同期满的；（二）劳动者开始依法享受基本养老保险待遇的；（三）劳动者死亡，或者被人民法院宣告死亡或者宣告失踪的；（四）用人单位被依法宣告破产的；（五）用人单位被吊销营业执照、责令关闭、撤销或者用人单位决定提前解散的；（六）法律、行政法规规定的其他情形。"

【法条链接】

《劳动合同法实施条例》第二十一条　劳动者达到法定退休年龄的，劳动合同终止。

《劳动合同法实施条例》第二十三条 用人单位依法终止工伤职工的劳动合同的，除依照劳动合同法第四十七条的规定支付经济补偿外，还应当依照国家有关工伤保险的规定支付一次性工伤医疗补助金和伤残就业补助金。

2. 劳动合同终止时的特殊情况

劳动合同期满，有《劳动合同法》第四十二条规定情形之一的，劳动合同应当续延至相应的情形消失时终止。但是，《劳动合同法》第四十二条第一款第（二）项规定丧失或者部分丧失劳动能力的劳动者的劳动合同的终止，按照国家有关工伤保险的规定执行。

《劳动合同法》第四十二条："劳动者有下列情形之一的，用人单位不得依照本法第四十条、第四十一条的规定解除劳动合同：（一）从事接触职业病危害作业的劳动者未进行离岗前职业健康检查，或者疑似职业病病人在诊断或者医学观察期间的；（二）在本单位患职业病或者因工负伤并被确认丧失或者部分丧失劳动能力的；（三）患病或者非因工负伤，在规定的医疗期内的；（四）女职工在孕期、产期、哺乳期的；（五）在本单位连续工作满十五年，且距法定退休年龄不足五年的；（六）法律、行政法规规定的其他情形。"

【知识拓展】

关于"按照国家有关工伤保险的规定执行"●

在劳动者患职业病或者因工负伤并被确认丧失或者部分丧失劳动能力时，劳动合同何时终止不以相应情形消失为准，而是按照国家有关工伤保险的规定执行。按照《工伤保险条例》第三十三条、第三十四条、第三十五条的规定，对于劳动者被鉴定为丧失、大部分丧失、部分丧失劳动能力，劳动合同终止的标准更有不同，具体有如下规定。

第一，劳动者因工致残被鉴定为一级至四级伤残的，即丧失劳动能力的，保留劳动关系，退出工作岗位。换言之，劳动者被鉴定为丧失劳动能力的，无论其劳动能力是否恢复，用人单位都不得终止劳动合同，直至劳动者达到退休年龄并办理退休手续，享受基本养老保险待遇。

第二，劳动者因工致残被鉴定为五级、六级伤残的，即大部分丧失劳动能力的，经工伤职工本人提出，该职工可以与用人单位解除或者终止劳动关

● 杨景宇，信春鹰. 中华人民共和国劳动合同法解读［M］. 北京：湖北教育出版社 2007：97.

系。换言之，劳动者被鉴定为大部分丧失劳动能力的，只要工伤职工本人提出，劳动合同就可以终止；但如果工伤职工本人没有提出，不管其劳动能力是否恢复，劳动合同就不得终止。

第三，职工因工致残被鉴定为七级至十级伤残的，即部分丧失劳动能力的，劳动合同期满终止。换言之，劳动者被鉴定为部分丧失劳动能力的，不管其劳动能力是否恢复，劳动合同期满即可终止。

三、经济补偿金

（一）经济补偿金的概念

经济补偿金又称"离职补贴"或"解雇费"，是指法律规定的，当劳动合同由于劳动者行为过错以外的原因而解除或终止时，由用人单位一次性支付给劳动者的一笔金钱。其目的在于一方面认可劳动者已经付出的劳动，另一方面也为劳动者在劳动解除或终止的生活提供帮助。

（二）经济补偿金的适用情形

《劳动合同法》第四十六条规定，有下列情形之一的，用人单位应向劳动者支付经济补偿金：①劳动者依照《劳动合同法》第三十八条规定解除劳动合同的（推定解雇）；②用人单位依照《劳动合同法》第三十六条规定向劳动者提出解除劳动合同并与劳动者协商一致解除劳动合同的（协商解除合同）；③用人单位依照《劳动合同法》第四十条规定解除劳动合同的（无过错辞退）；④用人单位依照《劳动合同法》第四十一条第一款规定解除劳动合同的（经济性裁员）；⑤除用人单位维持或者提高劳动合同约定条件续订劳动合同，劳动者不同意续订的情形外，依照《劳动合同法》第四十四条第一款第（一）项规定终止固定期限劳动合同的（劳动合同期满）；⑥依照《劳动合同法》第四十四条第（四）项、第（五）项规定终止劳动合同的（用人单位人格否认）；⑦法律、行政法规规定的其他情形。

（三）经济补偿金的支付标准

根据《劳动合同法》的规定，经济补偿按照劳动者在本单位工作年限，每满一年支付一个月工资的标准向劳动者支付。六个月以上不满一年的，按一年计算；不满六个月的，向劳动者支付半个月工资的经济补偿。劳动者工资高于本地区职工月平均工资三倍的，向其支付经济补偿的标准按照职工月平均工资的三倍计算，向其支付经济补偿的年限最高不超过十二年。

（四）用人单位违法解除或终止劳动合同的规定

用人单位违反《劳动合同法》规定解除或者终止劳动合同，劳动者要求继续履行劳动合同的，用人单位应当继续履行；劳动者不要求继续履行劳动合同或者劳动合同已经不能继续履行的，用人单位应当依照《劳动合同法》第八十七条的规定支付赔偿金。

用人单位违反《劳动合同法》规定解除或者终止劳动合同的，应当依照《劳动合同法》第四十七条规定的经济补偿标准的二倍向劳动者支付赔偿金。

赔偿金适用于用人单位违法解除劳动合同，经济补偿金适用于用人单位依法解除劳动合同，二者性质截然不同，不能同时适用。《劳动合同法实施条例》第二十五条规定了赔偿金的计算年限自用工之日起计算，这直接增加了用人单位的违法成本。《劳动合同法》关于赔偿金的规定追溯到劳动合同法施行前的工作年限，突破了劳动合同法溯及力的规定。

（五）劳动合同解除或终止后的附随义务

用人单位应当在解除或者终止劳动合同时出具解除或者终止劳动合同的证明，并在十五日内为劳动者办理档案和社会保险关系转移手续。用人单位出具的解除、终止劳动合同的证明，应当写明劳动合同期限、解除或者终止劳动合同的日期、工作岗位、在本单位的工作年限。如果用人单位违反规定未向劳动者出具解除或者终止劳动合同的书面证明，由劳动行政部门责令改正；给劳动者造成损害的，应当承担赔偿责任。

劳动者应当按照双方约定，办理工作交接。用人单位依照《劳动合同法》有关规定应当向劳动者支付经济补偿的，在办结工作交接时支付。

第六节　劳动合同特殊制度

一、劳务派遣

（一）劳务派遣的概念和特征

劳务派遣又称劳动力派遣、劳动派遣，是指依法设立的劳务派遣机构

（派遣单位）与接受派遣的单位（用工单位）订立劳务派遣协议，约定由派遣单位根据用工单位的用工需求招聘劳动者，并把劳动者派到用工单位去劳动的一种用工方式。

与传统用工相比，劳务派遣用工的特点为：涉及派遣单位、用工单位、劳动者三方主体；劳动关系的存在和劳动的履行相分离。实践中需要注意劳务派遣和劳务外包的区别。

（二）劳务派遣规范的主要内容

1. 明确了三方主体之间的法律关系

《劳动合同法》规定劳务派遣单位的义务有：①与被派遣的劳动者签订 2 年以上固定期限的劳动合同；②在劳动合同期限中应载明被派遣劳动者的用工单位、派遣期限、工作岗位等情况；③应将劳务派遣协议的内容告知被派遣劳动者；④按月支付劳动报酬；⑤被派遣劳动者在无工作期间，劳务派遣单位应当按照所在地人民政府规定的最低工资标准，向其按月支付报酬。

《劳动合同法》规定用工单位的义务有：①执行国家劳动标准，提供相应的劳动条件和劳动保护；②告知被派遣劳动者的工作要求和劳动报酬；③支付加班费、绩效奖金，提供与工作岗位相关福利待遇；④对在岗被派遣劳动者进行工作岗位所必需的培训；⑤连续用工的，实行正常的工资调整机制；⑥不得向被派遣劳动者收取费用；⑦用工单位不得将被派遣劳动者再派遣到其他用人单位。

2. 规范了劳务派遣单位的设立门槛

《劳动合同法》第五十七条规定，劳务派遣单位应依照公司法的规定设立，注册资本不少于 200 万元，同时应当向劳动行政部门申请行政许可。

3. 规范劳务派遣的使用规模、严格限定劳务派遣适用的岗位

根据《劳动合同法》第六十六条的规定，劳动合同用工是我国的企业基本用工形式，劳务派遣用工是补充形式。劳务派遣只能在临时性（存续时间不超过 6 个月）、辅助性（非主营业务岗位）、替代性（因脱产学习、休假等）的岗位上实施。根据《劳务派遣暂行规定》第四条的规定，用工单位应严格控制劳务派遣用工数量，使用的被派遣劳动者的数量不超过用工总量的 10%。

4. 特别明确了被派遣劳动者的相关权利

根据《劳动合同法》第六十三条的规定，被派遣劳动者享有与用工单位

的劳动者同工同酬的权利、组织和参加工会的权利、依法解除劳动合同的权利、最低工资保障权等。根据《劳动合同法》第六十五条第二款的规定："被派遣劳动者有本法第三十九条和第四十条第（一）项、第（二）项规定情形的，用工单位可以将劳动者退回劳务派遣单位，劳务派遣单位可以依照本法有关规定，可以与劳动者解除劳动合同。"《劳务派遣暂行规定》第十二条规定："有下列情形之一的，用工单位可以将被派遣劳动者退回劳务派遣单位：（一）用工单位有劳动合同法第四十条第三项、第四十一条规定情形的；（二）用工单位被依法宣告破产、吊销营业执照、责令关闭、撤销、决定提前解散或者经营期限届满不再继续经营的；（三）劳务派遣协议期满终止的。被派遣劳动者退回后在无工作期间，劳务派遣单位应当按照不低于所在地人民政府规定的最低工资标准，向其按月支付报酬。"

《劳动合同法》还加强了对违法经营派遣业务的用人单位，违法派遣的派遣单位、用工单位的法律责任。《劳动合同法》第九十二条规定，用工单位给被派遣劳动者造成损害的，劳务派遣单位与用工单位承担连带赔偿责任。

二、非全日制用工

（一）非全日制用工的界定

非全日制用工，是指以小时计酬为主，劳动者在同一用人单位（不包括自然人雇主）一般平均每日工作时间不超过 4 小时，每周工作时间累计不超过 24 小时的用工形式。

（二）非全日制用工的特点

①可以订立口头协议；

②可以同时与多个用工单位订立劳动合同，但后订立的合同不得影响先订立的劳动合同的履行；

③不得约定试用期；

④任何一方均可随时通知对方终止用工，且用人单位不向劳动者支付经济补偿；

⑤小时计酬不低于用人单位所在地人民政府规定的最低小时工资标准，报酬结算周期最长不超过 15 日；

⑥劳动者可以参加基本养老保险、基本医疗保险（个人缴纳）。

《中华人民共和国社会保险法》第十条第一款、第二款规定："职工应当参加基本养老保险，由用人单位和职工共同缴纳基本养老保险费。无雇工的个体工商户、未在用人单位参加基本养老保险的非全日制从业人员以及其他灵活就业人员可以参加基本养老保险，由个人缴纳基本养老保险费。"该法第二十三条规定："职工应当参加职工基本医疗保险，由用人单位和职工按照国家规定共同缴纳基本医疗保险费。无雇工的个体工商户、未在用人单位参加职工基本医疗保险的非全日制从业人员以及其他灵活就业人员可以参加职工基本医疗保险，由个人按照国家规定缴纳基本医疗保险费。"

第七节　违反劳动合同的法律责任

一、用人单位应承担的法律责任

（一）由于用人单位的原因订立无效劳动合同

由于用人单位的原因订立的无效合同，对劳动者造成损害的，应当承担赔偿责任。

《违反〈劳动法〉有关劳动合同规定的赔偿办法》规定，由于用人单位的原因订立无效劳动合同的，或订立部分无效劳动合同，若造成劳动者工资收入损失的，应按劳动者本人应得工资收入付给劳动者，并加付应得工资25%的赔偿费用。

（二）用人单位不与劳动者订立劳动合同的

《劳动合同法》第八十二条规定："用人单位自用工之日起超过一个月不满一年未与劳动者订立书面劳动合同的，应当向劳动者每月支付二倍的工资。用人单位违反本法规定不与劳动者订立无固定期限劳动合同的，自应当订立无固定期限劳动合同之日起向劳动者每月支付二倍的工资。"

（三）以担保或其他名义向劳动者收取财物的

《劳动合同法》第八十四条规定："用人单位违反本法规定，扣押劳动者居民身份证等证件的，由劳动行政部门责令限期退还劳动者本人，并依照有关法律规定给予处罚。用人单位违反本法规定，以担保或者其他名义向劳动者收取财物的，由劳动行政部门责令限期退还劳动者本人，并以每人五百元以上二千元以下的标准处以罚款；给劳动者造成损害的，应当承担赔偿责任。劳动者依法解除或者终止劳动合同，用人单位扣押劳动者档案或者其他物品的，依照前款规定处罚。"

（四）用人单位制定的规章制度违反法律法规规定的

用人单位直接涉及劳动者切身利益的规章制度违反法律、法规规定的，由劳动行政部门责令改正，给予警告；给劳动者造成损害的，应当承担赔偿责任。

需要注意的是，这里的违反法律、法规规定的，包括实体上的违法和程序上的违法，给劳动者造成损害的，应当承担赔偿责任。劳动者还可提出解除劳动合同，用人单位需支付经济补偿。

（五）用人单位提供的劳动合同缺乏必备条款，单边持有劳动合同的

实践中，合同简单化、单边持有化已经成为很多用人单位的习惯性做法。根据《劳动合同法》第八十一条的规定："用人单位提供的劳动合同文本未载明本法规定的劳动合同必备条款或者用人单位未将劳动合同文本交付劳动者的，由劳动行政部门责令改正；给劳动者造成损害的，应当承担赔偿责任。"

（六）违法约定试用期的

《劳动合同法》第八十三条规定："用人单位违反本法规定与劳动者约定试用期的，由劳动行政部门责令改正；违法约定的试用期已经履行的，由用人单位以劳动者试用期满月工资为标准，按已经履行的超过法定试用期的期间向劳动者支付赔偿金。"这里的赔偿金，是用人单位支付工资之外另行向劳动者支付的赔偿，既要支付工资，还需要支付赔偿金。

（七）其他情形

《劳动合同法》第八十五条规定："用人单位有下列情形之一的，由劳动行政部门责令限期支付劳动报酬、加班费或者经济补偿；劳动报酬低于当地最低工资标准的，应当支付其差额部分；逾期不支付的，责令用人单位按应付金额百分之五十以上百分之一百以下的标准向劳动者加付赔偿金：（一）未按照劳动合同的约定或者国家规定及时足额支付劳动者劳动报酬的；（二）低于当地最低工资标准支付劳动者工资的；（三）安排加班不支付加班费的；

（四）解除或者终止劳动合同，未依照本法规定向劳动者支付经济补偿的。"

《劳动合同法》第八十七条规定："用人单位违反本法规定解除或者终止劳动合同的，应当依照本法第四十七条规定的经济补偿标准的二倍向劳动者支付赔偿金。"

《劳动合同法》第八十九条规定："用人单位违反本法规定未向劳动者出具解除或者终止劳动合同的书面证明，由劳动行政部门责令改正；给劳动者造成损害的，应当承担赔偿责任。"

（八）行政责任与刑事责任

《劳动合同法》第八十八条规定："用人单位有下列情形之一的，依法给予行政处罚；构成犯罪的，依法追究刑事责任；给劳动者造成损害的，应当承担赔偿责任：（一）以暴力、威胁或者非法限制人身自由的手段强迫劳动的；（二）违章指挥或者强令冒险作业危及劳动者人身安全的；（三）侮辱、体罚、殴打、非法搜查或者拘禁劳动者的；（四）劳动条件恶劣、环境污染严重，给劳动者身心健康造成严重损害的。"

二、劳动者应承担的法律责任

（一）劳动者违反规定或劳动合同约定的

劳动者违反法律规定或劳动合同约定解除劳动合同，对用人单位造成损失的，劳动者应赔偿用人单位的下列损失：①用人单位招收录用其所支付的费用；②用人单位为其支付的培训费用，双方另有约定的按约定办理；③对生产、经营和工作造成的直接经济损失；④劳动合同约定的其他赔偿费用。

（二）劳动者违反劳动合同中约定的保密事项

劳动者违反《劳动合同法》规定解除劳动合同，或者违反劳动合同中约定的保密义务或者竞业限制，给用人单位造成损失的，应当承担赔偿责任。

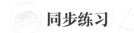 **同步练习**

一、单项选择题

1. 下列关于劳动关系的表述，选项正确的是（　　）

A. 劳动关系是特定当事人之间的法律关系

B. 劳动行政部门与劳动者、用人单位之间的关系也属于劳动关系

C. 劳动关系既包括财产关系，也包括人身关系

D. 劳动关系既具有平等性，也具有从属性

2. 小军是一家汽车修理厂的老职工，工作表现一直十分优秀，今年春节因一次交通事故被法院判处交通肇事罪，刑期为有期徒刑一年缓刑三年。汽车修理厂借此想与小军解除劳动合同，小军表示不同意，专门向李律师咨询，李律师的说法中正确的是（   ）

A. 汽车修理厂可以解除劳动合同，且不用支付经济补偿金，也不用提前30日书面通知小军

B. 汽车修理厂可以解除劳动合同，但须提前30日书面通知小军

C. 汽车修理厂有权提出解除劳动合同，但应该支付相应的经济补偿金

D. 交通肇事罪是过失罪，不是故意罪，且小军被判的是缓刑，仍然有人身自由可以从事劳动，汽车修理厂不能借此解除劳动合同

3. 李某 2010 年 7 月 1 日入职一家企业工作，双方未订立书面劳动合同，下列选项中正确的是（   ）

A. 上班时间超过一年，李某可以要求支付自 2011 年 8 月 1 日起每月两倍的工资

B. 上班半年，李某可以要求支付自用工之日起满一个月的次日每月两倍的工资

C. 该企业通知李某签订合同，李某拖延不签，该企业在 2010 年 7 月 29 日口头提出与李某终止劳动关系

D. 2012 年 6 月 30 日李某离职并申请劳动仲裁，要求单位支付 2010 年 8 月 1 日起的第二倍工资差额，应获支持

4. 张某在某报社从事文字校对工作，在她与该报社的劳动合同争议中，法院判决认定张某为非全日制用工，下列选项中符合非全日制用工规定的是（   ）

A. 张某在该报社工作已经超过 8 年，每天工作时间为 5 小时

B. 报社每月一次与张某结算劳动报酬

C. 张某每日平均工作时间不超过 4 小时，每周工作时间累计不超过 24 小时

D. 该报社可以随时通知张某离职，但需支付补偿金

5. 王某大学毕业后到某通讯集团公司工作，双方订立劳动合同约定：公司对王某进行为期半年的通信技术专业培训，王某在培训后 3 年之内不能离开公司，如违反则需支付公司违约金 2 万元。到公司报到后，公司对王某进行了培训，并因此支付了专项培训费用总计 15 000 元。培训完成 2 年后，王某提出辞职，公司要求其支付违约金。下列有关本案的表述正确的是（　　）

    A. 王某无须支付违约金　　　　B. 王某应支付违约金 20 000 元

    C. 王某应支付违约金 15 000 元　　D. 王某应支付违约金 5000 元

6. 某高新技术开发公司与某甲签订了一份劳动合同，合同中规定，某甲的主要任务是伪造实验数据。在工作的过程中，由于某甲没有很好地完成任务，该公司依据签订的劳动合同要求其承担违约责任。对此，下列说法正确的是（　　）

    A. 某甲违约，应该承担违约责任

    B. 该合同内容违反了法律，合同无效

    C. 如果某甲是因为不可抗力的原因而没有完成任务，则可以免责

    D. 如果是某甲非因主观原因而没有完成任务，则可以酌情减免违约责任

二、不定项选择

1. 2022 年 4 月，赵某应聘到甲公司工作，双方口头约定了一个月试用期，但未订立书面劳动合同。关于双方劳动关系建立的下列表述中，正确的是（　　）

    A. 甲公司应当与赵某补签劳动合同，双方之间的劳动关系自合同补签之日起建立

    B. 赵某与甲公司未订立劳动合同，双方之间未建立劳动关系

    C. 赵某与甲公司之间的劳动关系自赵某进入公司开始工作时建立

    D. 赵某与甲公司之间的劳动关系自试用期满时建立

2. 根据劳动合同法律制度的规定，下列关于试用期的表述正确的有（　　）

    A. 甲公司与白某订立无固定期限劳动合同，约定试用期 4 个月

    B. 乙公司与陆某订立以完成一定工作任务为期限的劳动合同，试用期为 1 个月

    C. 丙公司约定李某从事非全日制用工，约定试用期半个月

    D. 丁公司与赵某订立 1 年期劳动合同，约定试用期 2 个月

3. 根据劳动合同法律制度的规定，关于用人单位和劳动者对竞业限制约定的下列表述中，正确的有（　　）

A. 劳动者违反竞业限制约定的，应按照约定向用人单位支付违约金

B. 用人单位可以与劳动者约定竞业限制条款，应在竞业限制期限内按月支付劳动者经济补偿

C. 竞业限制约定适用于用人单位与所有劳动者之间

D. 用人单位和劳动者约定的从事同类业务的竞业限制期限不得超过2年

4. 劳动合同解除后，用人单位应当向劳动者支付经济补偿金的情形有（　　）

A. 由用人单位提出解除劳动合同并与劳动者协商一致而解除劳动合同的

B. 用人单位符合可裁减人员规定而解除劳动合同的

C. 用人单位决定提前解散而终止劳动合同的

D. 用人单位被依法宣告破产终止劳动合同的

5. 用人单位可以不支付劳动者经济补偿金的情况有（　　）

A. 劳动者同时与其他用人单位建立劳动关系，对完成本单位的工作任务造成严重影响而解除劳动合同的

B. 经过培训、调整工作岗位，仍不能胜任工作而解除劳动合同的

C. 双方协商一致，由劳动者提出解除劳动合同的

D. 劳动者开始享受基本养老保险待遇的

6. 下列说法错误的是（　　）

A. 用人单位违反《劳动合同法》规定解除或者终止劳动合同，劳动者要求继续履行劳动合同的，用人单位应当继续履行

B. 用人单位违反《劳动合同法》规定解除或者终止劳动合同，劳动合同已经不能继续履行的，用人单位应当支付双倍的经济补偿金

C. 用人单位终止劳动合同，超出劳动行政部门责令的限期仍未依法向劳动者支付经济补偿的，应按应付金额150%的标准向劳动者加付赔偿金

D. 用人单位违法解除或者终止劳动合同，劳动者不要求继续履行劳动合同，用人单位应当支付150%的经济补偿金

7. 下列关于劳务派遣的表述错误的是（　　）

A. 用工单位可以将被派遣劳动者再派遣到其他用人单位

B. 用人单位可以设立劳务派遣单位向本单位或者所属单位派遣劳动者

C. 劳务派遣单位应当将劳务派遣协议的内容告知被派遣劳动者

D. 被派遣劳动者可以同用工单位协商解除劳动合同

8. 下列关于非全日制用工的表述正确的是（　　）

A. 终止用工，用人单位不必向劳动者支付经济补偿

B. 非全日制用工双方当事人任何一方都可以随时通知对方终止用工

C. 非全日制用工双方当事人应当订立书面劳动合同

D. 非全日制用工双方当事人可以约定试用期

9. 下列关于试用期规定的表述中，错误的是（　　）

A. 约定的试用期不得超过 6 个月

B. 在试用期内，劳动者可随时提出解除劳动合同

C. 同一用人单位与同一劳动者只能约定一次试用期

D. 劳动合同期限不满 3 个月的，可以约定试用期

10. 下列关于劳动合同履行的说法正确的是（　　）

A. 用人单位拖欠或者未足额支付劳动报酬的，劳动者可依法向法院申请支付令

B. 劳动者拒绝用人单位管理人员违章指挥、强令冒险作业的，违反了劳动合同

C. 劳动者对危害生命安全的劳动条件，有权对用人单位提出批评、检举和控告

D. 用人单位变更名称、法定代表人或者投资人等事项，不影响劳动合同的履行

三、简答题

1. 简述劳动合同与劳务合同的区别。

2. 比较劳动关系、事实劳动关系、劳动法律关系的区别。

3. 试述劳动合同的主要条款。

4. 简述用人单位适用"二倍工资"的法律规定。

5. 简述劳动合同终止的事由。

四、案例分析

2018 年 9 月，许某与某广告传媒公司签订《主播经纪合约》，约定许某为公司签约艺人，工作内容为通过网络（YY 平台）或公共场合进行演艺活动；实际工作地点为公司办公室，由公司提供直播设备；每月保底收入 4000

元，提成数额为创收的 60%；合约范围内所产生的直播劳务产生的全部收益按许某 60%、公司 40% 的比例进行分配；合约期内，许某不得委托代理人、经理人、经纪人或其他从事类似工作的公司或个人代理许某的相关演艺活动。合同签订后，许某在平台上进行直播。2019 年 3 月，许某以拖欠工资、未依法缴纳社保为由向某广告传媒公司申请辞职。许某经仲裁后提起诉讼，要求某广告传媒公司支付经济补偿金。

根据上述案例分析：

1. 许某与某广告传媒公司签订的《主播经纪合约》是否属于劳动合同？
2. 许某与某广告传媒公司之间属于劳动关系还是劳务关系？为什么？
3. 本案应该如何处理？

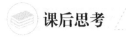 **课后思考**

关于无固定期限劳动合同的争议

在制定《劳动合同法》时，关于无固定期限劳动合同的规定引起了较大的争议。有一些人认为，连续签订两次固定期限的劳动合同，有可能累计时间却很短。这一项规定仅以签订固定期限劳动合同的次数为判断标准，容易导致用人单位对一些低技能、岗位专业性不强的劳动者采取到期不续签的做法，从而规避签订无固定期限劳动合同的法律义务，加重了劳动合同短期化的问题。这一项之所以这样设计，就是为了解决劳动合同短期化的问题。根据规定，用人单位在与劳动者签订一次固定期限劳动合同后，再次签订固定期限的劳动合同时，就意味着下一次只要劳动者提出或者同意续订劳动合同，就必须签订无固定期限的劳动合同。企业为了不签订无固定期限的劳动合同，但又能同时保持用工的稳定性，防止因频繁更换劳动力而加大用工成本，就会延长每一次固定期限劳动合同的期限，从而解决了合同短期化的问题。有的人认为，这一项规定限制了用人单位的用工自主权。这种认识是错误的。因为劳动合同是由双方当事人协商一致订立的，劳动合同的期限长短、订立次数都由双方协商一致确定，选择什么样的劳动者的决定权仍掌握在企业手中。只不过在法律规定的情形出现时，用人单位才必须与劳动者签订无固定期限劳动合同。而且这种劳动合同也不是"终身制"的，在法律规定的条件或是双方协商约定的条件出现时，用人单位可以解除劳动合同。

张五常、董保华等学者在《劳动合同法》出台前后对该法进行了非常尖锐的批评。董保华认为《劳动合同法》造成了"难以进行劳动合同解除的解聘制度"。《劳动合同法》颁布后，由于缺乏对无固定期限劳动合同制度的正确认识，不少人认为无固定期限劳动合同是"铁饭碗""终身制"，认为无固定期限劳动合同一经签订就不能解除。因此，很多劳动者把无固定期限劳动合同视为"护身符"，千方百计要与用人单位签订无固定期限劳动合同。而用人单位则将无固定期限劳动合同看成了"终身包袱"，想方设法逃避签订无固定期限劳动合同的法律义务。这实际上是对无固定期限劳动合同的误解。

2021年1月1日起实施的《最高人民法院关于审理劳动争议案件适用法律问题的解释（一）》第三十四条第二款规定："根据劳动合同法第十四条规定，用人单位应当与劳动者签订无固定期限劳动合同而未签订的，人民法院可以视为双方之间存在无固定期限劳动合同关系，并以原劳动合同确定双方的权利义务关系。"该解释平息了《劳动合同法》第十四条第三款"用人单位自用工之日起满一年不与劳动者订立书面劳动合同的，视为用人单位与劳动者已订立无固定期限劳动合同"的论争，并排除了《劳动合同法》第八十二条第二款"用人单位违反本法规定不与劳动者订立无固定期限劳动合同的，自应当订立无固定期限劳动合同之日起向劳动者每月支付二倍的工资"中"二倍工资"的情形，即"违反本法规定不与劳动者订立无固定期限劳动合同"中未订立无固定期限劳动合同的情形适用二倍工资；"视为用人单位与劳动者已订立无固定期限劳动合同"中未订立无固定期限劳动合同的不适用二倍工资，而是以原劳动合同确定双方的权利义务关系。

第九章　经济仲裁与经济诉讼

引 例

某房屋所有者王刚与前妻生有一女王萍。前妻去世后，王刚又与张梅结婚，生有王丽、王东两个子女。后来，王刚购买了他现在居住的房屋并进行了翻建。王萍婚后与其丈夫另行购房居住。王刚去世后，张梅和王丽、王东继续在该房屋中居住。此后，王东拟将该房屋中的一间作为婚房，受到了王丽的阻挠，王东遂向某仲裁委员会申请仲裁。仲裁委员会经审理裁定，对该案不予受理。仲裁委员会的做法是否合法？王东可以寻求的救济途径有哪些？

第一节　仲裁制度

一、仲裁与仲裁法

仲裁，是指纠纷当事人在自愿的基础上达成协议，将纠纷提交非司法机构的第三方审理，第三方就纠纷居中评判，并作出对争议各方有约束力的裁决的一种解决纠纷的制度、方法或方式。

仲裁法是调整仲裁关系的法律规范。《中华人民共和国仲裁法》（以下简称《仲裁法》）于 1994 年 8 月 31 日由第八届全国人民代表大会常务委员会第九次会议通过，自 1995 年 9 月 1 日起施行，2009 年、2017 年历经两次修订。2024 年 11 月，《仲裁法》（修订草案）提请十四届全国人大常委会第十二次会议首次审议。

二、仲裁法的基本原则

（一）自愿仲裁原则

仲裁机构对案件行使仲裁权，依据的是当事人的自愿申请，即当事人双方在纠纷发生前或发生后自愿达成仲裁协议。一旦纠纷发生，由当事人提出仲裁申请，仲裁机构依申请对纠纷行使仲裁权。

（二）一裁终局原则

仲裁是双方当事人自愿选择的解决经济纠纷的途径，仲裁裁决结果具有法律效力，双方当事人必须履行；裁决一经作出，当事人就同一纠纷再申请仲裁或向人民法院提起诉讼的，仲裁委员会或人民法院不予受理。

（三）独立公正仲裁原则

《仲裁法》明确规定仲裁应依法独立进行，不受行政机关、社会团体和个人的干涉。独立仲裁原则体现在仲裁与行政脱钩，仲裁委员会独立于行政机关，与行政机关没有隶属关系，仲裁委员会之间也没有隶属关系。

（四）公正及时原则

《仲裁法》强调公正、及时地仲裁经济纠纷。仲裁应当以事实为根据，以法律为准绳，公平合理、及时迅速地解决财产争议。仲裁在不违反法律的前提下，可以按照当事人的意愿，灵活地解决双方争端。

三、仲裁协议

（一）仲裁协议的概念

仲裁协议是双方当事人自愿将其发生的或可能发生的争议提交仲裁解决的共同意思表示，是民商事仲裁的前提。仲裁协议应当具备下列内容：①请求仲裁的意思表示。当事人在订立合同时，在"合同纠纷的解决方式"条款中，如欲选择仲裁途径解决争议，必须确切写明通过仲裁解决纠纷。②仲裁事项。无论是合同中的仲裁条款，还是事后双方达成的仲裁协议，必须对提请仲裁的事项予以明确约定，否则有可能导致仲裁协议无效。③选定的仲裁委员会。当事人在仲裁协议中必须约定向何地、何仲裁机关申请仲裁。

(二) 仲裁协议的效力

仲裁协议的效力，是指一项有效的仲裁协议对有关当事人和机构在法律上的约束力。只有仲裁协议有效才能排斥法院对当事人纠纷的管辖权。因此，一份有效的仲裁协议必须具备法律规定的要件。

[知识拓展]

仲裁协议的无效

根据《仲裁法》的规定，有下列情形之一的，仲裁协议无效：（一）约定的仲裁事项超出法律规定的仲裁范围的；（二）无民事行为能力人或者限制民事行为能力人订立的仲裁协议；（三）一方采取胁迫手段，迫使对方订立仲裁协议的。

仲裁协议对仲裁事项或者仲裁委员会没有约定或者约定不明确的，当事人可以补充协议；达不成补充协议的，仲裁协议无效。

四、仲裁机构

(一) 仲裁委员会

仲裁委员会，是指依法设立，依据仲裁协议行使一定范围内的民商事纠纷仲裁权的机构。仲裁委员会由设立地区的人民政府组织有关部门和商会统一组建。

(二) 仲裁协会

仲裁协会是仲裁机构为共同发展和维护仲裁事业而组成的自我管理、自我教育和自我服务的社会团体。中国仲裁协会是社会团体法人。中国仲裁协会的章程由全国会员代表大会制定。中国仲裁协会是仲裁委员会的自律性组织，仲裁委员会是中国仲裁协会的会员。

(三) 仲裁员与仲裁庭

1. 仲裁员

仲裁委员会应当从公道正派的人员中聘任仲裁员。这些人员还应当同时符合下列条件之一：①从事仲裁工作满 8 年的；②从事律师工作满 8 年的；

③曾任审判员满 8 年的；④从事法律研究、教学工作并具有高级职称的；⑤具有法律知识、从事经济贸易等专业工作并具有高级职称或者具有同等专业水平的。

2. 仲裁庭

具体仲裁案件的审理并不直接由仲裁委员会承担，而是由仲裁委员会中的仲裁员组成的仲裁庭来进行审理。仲裁庭是对某一争议案件进行具体审理的组织，但不是常设机构。它分为合议制和独任制两种形式，前者由 3 名仲裁员组成，后者由 1 名仲裁员独立组成。

五、仲裁程序

（一）申请与受理

1. 仲裁的申请

仲裁程序从当事人申请仲裁开始，提出申请是仲裁程序开始的必要条件。《仲裁法》规定，当事人申请仲裁应当符合下列条件：①有仲裁协议；②具体的仲裁请求和事实、理由；③属于仲裁委员会的受理范围。

2. 仲裁的受理

仲裁委员会收到仲裁申请书之日起 5 日内，认为符合受理条件的，应当受理，并通知当事人；认为不符合受理条件的，应当书面通知当事人不予受理，并说明理由。

【知识拓展】

仲裁员的回避

仲裁员具有法定的可能影响案件公正裁决的情况时，应依法回避。仲裁员有下列情形之一的，必须回避，当事人有权提出回避申请：①是本案当事人或者当事人、代理人的近亲属的；②与本案有利害关系的；③与本案当事人、代理人有其他关系，可能影响公正仲裁的；④私自会见当事人、代理人，或者接受当事人、代理人请客送礼的。

仲裁员是否回避，由仲裁委员会主任决定；仲裁委员会主任担任仲裁员时，由仲裁委员会集体决定。仲裁员因回避或者其他原因不能履行职责的，应当依照《仲裁法》规定重新选定或者指定仲裁员。

（二）审理和裁决

1. 仲裁审理的原则

第一，开庭原则。开庭审理，是指在当事人和其他仲裁参与人的参加下由仲裁庭主持对案件进行审理的活动。仲裁应该开庭进行。当事人协议不开庭的，仲裁庭可以根据仲裁申请书、答辩书及其他材料作出裁决。

第二，不公开原则。对于仲裁案件，不公开进行为原则，公开进行为例外；只有当事人协议公开的，才可以公开进行，但涉及国家秘密的除外。

2. 和解与调解

当事人申请仲裁后，可以自行和解。达成和解协议的，可以请求仲裁庭根据和解协议作出裁决书，也可以撤回仲裁申请。当事人达成和解协议，撤回仲裁协议申请后反悔的，可以根据原仲裁协议或重新约定的仲裁协议申请仲裁。

3. 裁决

仲裁裁决应当按照多数仲裁员的意见作出，仲裁庭不能形成多数意见时，裁决应当按照首席仲裁员的意见作出。独任仲裁庭仲裁的案件，裁决按照独任仲裁员的意思作出。裁决书由仲裁员签名、加盖仲裁委员会印章。裁决书自作出之日起发生法律效力。仲裁程序实行一裁终局，仲裁案件经过一次仲裁作出仲裁裁决即告终结。

【典型案例】

河北某县食品厂与北京市某综合门市部签订了购销饼干机的合同。合同规定由食品厂到北京市提货，先付款后提货，同时在合同中规定了仲裁条款。食品厂提货时发现饼干机有质量问题，于是要求综合门市部退款，双方为此发生争议。食品厂2月14日向仲裁委员会申请仲裁，仲裁委员会2月21日受理此案。食品厂选择两名仲裁员，综合门市部选择1名仲裁员，作为首席仲裁员。食品厂指出首席仲裁员是综合门市部的常年法律顾问，要求其回避。仲裁委员会主任驳回了回避申请，3名仲裁员组成仲裁庭公开审理了此案。

（三）申请撤销仲裁裁决

1. 申请撤销仲裁裁决的理由

《仲裁法》第五十八条第一款规定："当事人提出证据证明裁决有下列情形之一的，可以向仲裁委员会所在地的中级人民法院申请撤销裁决：（一）没有仲裁协议的；（二）裁决的事项不属于仲裁协议的范围或者仲裁委员会无权仲裁的；（三）仲裁庭的组成或者仲裁的程序违反法定程序的；（四）裁决所依据的证据是伪造的；（五）对方当事人隐瞒了足以影响公正裁决的证据的；（六）仲裁员在仲裁该案时有索贿受贿，徇私舞弊，枉法裁决行为的。"

2. 法院对撤销仲裁裁决申请的处理及其法律后果

人民法院在受理当事人提出的撤销仲裁裁决的申请后，必须组成合议庭对当事人的申请及仲裁裁决进行审查。经审查，人民法院可以根据不同的情况作出不同的处理。

（四）仲裁裁决的执行

1. 仲裁裁决的执行

通常情况下，当事人协商一致将纠纷提交仲裁，都会自觉履行仲裁裁决。但实际上，由于种种原因，当事人不自动履行仲裁裁决的情况并不少见。在这种情况下，另一方当事人可请求人民法院强制执行仲裁裁决。

仲裁裁决的执行，必须符合下列条件。

第一，必须有当事人的申请。一方当事人不履行仲裁裁决时，另一方当事人须向人民法院提出执行申请，人民法院才能启动执行程序。是否向人民法院申请执行是当事人的权利，人民法院没有主动采取执行措施，对仲裁裁决予以执行的职权。

第二，当事人必须在法定期限内提出申请。仲裁当事人在提出执行申请时，应当遵守法定期限，及时行使自己的权利。超过法定期限再提出申请执行时人民法院不予受理，申请执行的期间为 2 年。

第三，当事人必须向有管辖权的人民法院提出申请。当事人申请执行仲裁裁决，必须向有管辖权的人民法院提出。有管辖权的人民法院是被执行人住所地或者被执行人财产所在地的人民法院。

2. 仲裁裁决的不予执行

人民法院接到当事人的执行申请后，应当及时按照仲裁裁决予以执行。

但是，如果被申请执行人提出证据证明仲裁裁决有法定不应执行的情形的，可以请求人民法院不予执行该仲裁裁决；人民法院组成合议庭审查核实后，裁定不予执行。

3. 仲裁裁决的中止执行

中止执行是指在执行仲裁裁决的过程中，由于出现某种特定的原因而使执行程序暂时停止，待情况消除后再继续执行。按照《民事诉讼法》第二百六十七条第一款的规定："有下列情形之一的，人民法院应当裁定中止执行：（一）申请人表示可以延期执行的；（二）案外人对执行标的提出了确有理由的异议的；（三）作为一方当事人的公民死亡，需要等待继承人继承权利或者承担义务的；（四）作为一方当事人的法人或者其他组织终止，尚未确定权利义务承受人的；（五）人民法院认为应当中止执行的其他情形。"

4. 仲裁裁决的终结执行

仲裁裁决的终结执行是指在执行程序开始后，由于出现特定的事由，使执行程序无法再进行或者已经没有进行的必要，因而结束执行程序的制度。依照《民事诉讼法》第二百六十八条的规定，下列情形也将导致仲裁裁决的终结执行："（一）申请人撤销申请的；（二）据以执行的法律文书被撤销的；（三）作为被执行人的公民死亡，无遗产可供执行，无义务承担人的；（四）追索赡养费、扶养费、抚育费案件的权利人死亡的；（五）作为被执行人的公民因生活困难无力偿还借款，无收入来源，又丧失劳动能力的；（六）人民法院认为应当终结执行的其他情形的。"

【典型案例】

甲市电器厂（卖方）与乙市百货公司（买方）签订了一份买卖300台电饭锅的合同，后因电饭锅的质量问题双方发生纠纷。于是，乙市百货公司于2016年9月向某仲裁委员会申请仲裁。该仲裁委员会于2017年3月作出裁决，由甲市电器厂赔偿乙市百货公司经济损失3万元。裁决生效后，甲市电器厂拒不向乙市百货公司给付赔偿款。乙市百货公司向人民法院申请强制执行。执行程序开始后，甲市电器厂提出该厂与乙市百货公司签订的买卖合同中没有订立仲裁条款，事后也没有达成书面仲裁协议。经管辖法院组成合议庭审查，认定被执行人所述的情况属实。

第二节　民事诉讼制度

一、民事诉讼的概念及特征

民事诉讼，是指人民法院在当事人和其他诉讼参与人的参与下，审理和解决民事案件的各种诉讼活动及由此所产生的诉讼关系的总和。民事诉讼的基本特征有：①双方当事人在诉讼上具有平等性和对等性。②民事诉讼是在国家审判机关主持下进行，民事纠纷按司法程序进行解决。③民事诉讼具有严格的规范性。民事诉讼活动要严格依照法定的诉讼程序和诉讼制度进行。④民事诉讼具有连续性与明显的阶段性。民事诉讼活动不是一蹴而就的，整个过程由若干个诉讼阶段组成。⑤纠纷解决的强制性和最终性。民事诉讼解决纠纷方式不以双方的合意为前提条件，只要争议一方起诉符合条件即可启动，法院所做的生效裁判，具有法律约束力，当事人不予履行的，法院可依法强制义务人履行义务。

【知识拓展】

诉讼的种类

诉讼是在法院主持下按照法定程序和方式解决纠纷的活动。社会主体有多种纠纷解决方式，诉讼是最终的、具有权威性的"公力救济"方式。按照解决争议的内容和性质不同，诉讼可以分为刑事诉讼、民事诉讼和行政诉讼。民事诉讼法与刑事诉讼法、行政诉讼法都属于程序法，具有诉讼活动的共同规律，有一些相同或者相近的规定，但由于三部程序法的目的任务和调整对象不同，因而又存在许多差异。

二、民事诉讼法

（一）民事诉讼法的概念

民事诉讼法是由国家制定的规范人民法院与所有诉讼参与人的诉讼活动和诉讼关系的法律规范的总称。

《民事诉讼法》于 1991 年 4 月 9 日第七届全国人民代表大会第四次会议通过，自公布之日施行。其后于 2007 年 10 月 28 日第一次修正，2012 年 8 月

31 日第二次修正，2017 年 6 月 27 日进行第三次修正，2021 年 12 月 24 日第四次修正，并于公布之日施行。

（二）民事诉讼法的性质

民事诉讼法的性质有：①民事诉讼法是基本法；②民事诉讼法是程序法；③民事诉讼法是部门法。

（三）民事诉讼法的任务

民事诉讼法的任务有：①保护当事人行使诉讼权利；②保证人民法院查明事实，分清是非，正确适用法律时审理民事案件；③确认民事权利义务关系，制裁民事违法行为，护当事人的合法权益；④教育公民自觉遵守法律，护社会秩序、经济秩序。

（四）民事诉讼的受案范围

人民法院受理公民之间、法人之间、其他组织之间及它们相互之间因财产关系和人身关系提起的民事诉讼，适用民事诉讼法的规定。根据民事诉讼法和其他有关法律的规定，法院适用民事诉讼法审理的案件有以下几类：①由民法调整的平等民事主体之间因财产关系和人身关系发生的纠纷案件；②由婚姻法、继承法等调整的平等主体之间因婚姻家庭关系发生的纠纷案件；③法律、法规规定属于法院适用民事诉讼法审理的经济案件；④由劳动法调整的用人单位与劳动者之间因劳动关系发生的纠纷案件；⑤依照民事诉讼法审理的由其他法律调整的社会关系发生争议的案件；⑥按照民事诉讼法中的特别程序、督促程序、公示催告程序审理的案件。

（五）民事诉讼基本制度

1. 合议制度

人民法院审理第一审民事案件，由审判员、陪审员共同组成合议庭或者由审判员组成合议庭。合议庭的成员人数须是单数。适用简易程序审理的民事案件，由审判员 1 人独任审理。陪审员在执行陪审职务时，与审判员有同等的权利义务。

2. 回避制度

适用回避的法定情形有：①是本案当事人或者当事人、诉讼代理人近亲属的；②与本案有利害关系的；③与本案当事人、诉讼代理人有其他关系，可能影响对案件公正审理的。同时，《民事诉讼法》规定，审判人员接受当事人、诉讼代理人请客送礼，违反规定会见当事人、诉讼代理人的，当事人有权要求他们回避。

适用回避的对象有：审判人员、书记员、翻译人员、鉴定人、勘验人。回避的方式包括当事人申请和有关人员自行回避。

3. 公开审判制度

人民法院审理民事案件，除涉及国家机密、个人隐私或者法律另有规定的以外，应当公开进行。离婚案件及涉及商业秘密的案件，当事人申请不公开审理的，可以不公开审理。不论是否公开审理的案件，人民法院一律公开宣告判决。

4. 两审终审制

当事人不服一审人民法院对民事案件所作的判决、裁定，可上诉至二审人民法院，二审所作裁判为终审裁判，当事人不得再提起上诉。但最高人民法院所作一审裁判是终审裁判，依照特别程序审理的案件也是一审终审，当事人不得上诉。

【典型案例】

甲公司经销部副经理乙在合同未到期时提出辞职，后来被丙公司高薪聘请为市场经理，未办移交手续即到了丙公司。乙利用其在甲公司所掌握的商业秘密，将甲公司的技术资料、进货渠道、客户资料全部提供给丙公司，使丙公司成为甲公司的有力竞争对手，甲公司因而损失严重，于是甲公司向人民法院起诉，请求乙和丙公司承担连带赔偿责任，并申请不公开审理，以避免泄露商业秘密。该案审判员李某是丙公司总经理的父亲。

三、民事诉讼的参加人

（一）民事诉讼当事人概述

当事人，是指因民事权益发生争议或受到侵害，以自己的名义进行诉讼，与案件有利害关系并受法院裁判约束的人。民事诉讼当事人的特征有：①以自己的名义进行诉讼，实施诉讼行为；②与案件有利害关系；③受法院裁判的约束。

(二) 共同诉讼

共同诉讼，是指当事人一方或者双方为两人以上，其诉讼标的是共同的，或者诉讼标的是同一种类、人民法院认为可以合并审理并经当事人同意的，为共同诉讼。共同诉讼分为必要共同诉讼和普通共同诉讼两种类型。

1. 必要共同诉讼

必要共同诉讼，是指一个案件当事人的一方或双方为两人以上，诉讼标的是同一个的，所有当事人必须共同参加，人民法院必须同一审理的诉讼，具有共同权利或共同义务的同一方当事人为必要的共同诉讼人。必要共同诉讼具有以下特征：①同一方当事人为两人以上，这是共同诉讼的基本要求；②诉讼标的具有同一性；③必须共同参加同一诉讼；④共同诉讼的一方当事人对诉讼标的有共同权利义务的，其中一人的诉讼行为经其他共同诉讼人承认，对其他共同诉讼人发生效力。

2. 普通共同诉讼

普通共同诉讼，是指当事人一方或双方为两人以上，诉讼标的属同一种类，当事人同意、法院许可合并审理的诉讼。普通共同诉讼具有以下特征：①同一方当事人为两人以上，这是共同诉讼的基本要求；②有两个以上同一种类的诉讼标的；③普通共同诉讼是可分之诉；④普通共同诉讼的成立须由法院决定并经当事人同意；⑤普通共同诉讼人对诉讼标的没有共同权利义务，各自与对方具有独立的诉讼标的，其中一人的诉讼行为对其他共同诉讼人不发生效力。

(三) 诉讼第三人

诉讼第三人，是指对当事人双方的诉讼标的认为有独立请求权，或者虽然没有独立的请求权但与案件的处理结果有法律上的利害关系，因而参加到他人已经开始的诉讼中，成为原被告以外的第三方当事人。根据参加诉讼的原因和诉讼地位不同，诉讼第三人分为有独立请求权的诉讼第三人和无独立请求权的第三人。

1. 有独立请求权的诉讼第三人

有独立请求权的诉讼第三人，是指对他人之间的诉讼标的有独立的请求权，因而参加到他人已经开始的诉讼中的除本诉原告和被告以外的当事人。

2. 无独立请求权的诉讼第三人

无独立请求权的第三人，是指对当事人双方的诉讼标的没有独立请求权，但与案件处理结果有法律上的利害关系，因而参加到他人已经开始的诉讼中的第三方的当事人。

（四）代表人诉讼

1. 代表人诉讼概述

代表人诉讼，是指一方或者双方当事人人数众多时，由众多的当事人推选或法院指定的代表人进行诉讼，法院裁判效力对全体当事人发生效力的制度。代表人诉讼的特征：①当事人一方人数众多。人数众多，是指一方当事人在 10 人以上。②由代表人实施诉讼行为。代表人为 2~5 人，代表人的诉讼行为对其所代表的当事人发生效力，但代表人变更、放弃诉讼请求或者承认对方当事人的诉讼请求，进行和解，必须经被代表的当事人同意。③裁判效力及于所有当事人。

2. 人数确定的代表人诉讼

人数确定的代表人诉讼，是指人数众多的一方当事人具有共同或同一种类的诉讼标的，共同参加同一诉讼，法院合并审理的诉讼形式。人数确定的代表人诉讼有以下特征：①众多当事人一方的诉讼标的是相同的或者是同一种类；②人数众多一方当事人的人数是明确的；③当事人推选代表人进行诉讼。

3. 人数不确定的代表人诉讼

人数不确定的代表人诉讼，是指诉讼标的是同一种类，当事人一方人数众多，在起诉时人数尚未确定，在一定条件下裁判效力适用于未同期参加诉讼的当事人的诉讼形式。人民法院可以发出公告，说明案件情况和诉讼请求，通知权利人在一定期间向人民法院登记。人数不确定的代表人诉讼有如下特征：①人数众多一方的诉讼标的必须是同一种类；②人数众多一方的人数不确定；③诉讼代表人由当事人推选或法院指定；④法院裁判对参加登记的全体权利人发生效力，未参加登记的权利人在诉讼时效期间提起诉讼的，适用该裁判。

【典型案例】

张某与丈夫王某在法院进行离婚诉讼，张某因不愿意在法庭见到王某，法院申请不出庭，法院同意后，张某委托律师李某作为代理人进行诉讼，但没有进行特别授权。在庭审中，王某同意离婚但要求分得全部夫妻财产，李某便代理张某放弃了分割夫妻共同财产的诉讼请求，并与王某达成了离婚的调解协议。

四、管辖

（一）管辖概述

1. 管辖的概念

管辖，是指各级人民法院之间、同级人民法院之间受理第一审案件的分工和权限。管辖分为级别管辖、地域管辖、裁定管辖等。

2. 划分管辖的原则

①便于当事人诉讼，避免投诉无门或滥诉；

②规范法院行使审判权，避免相互推诿；

③均衡各级法院的工作任务；

④原则与灵活相结合。

（二）级别管辖

1. 级别管辖的概念

级别管辖，是指上下级法院之间受理第一审案件的分工和权限。我国法院组织大体分为基层人民法院、中级人民法院、高级人民法院和最高人民法院。各级人民法院分工的依据主要是案件的性质、案件争议标的金额的大小、案情的复杂程度和案件的影响范围等。

2. 基层人民法院管辖的第一审民事案件

第一审民事案件原则上由基层人民法院管辖，基层人民法院管辖由其上级人民法院管辖以外的所有第一审民事案件。

3. 中级人民法院管辖的第一审民事案件

①重大涉外案件；

②在本辖区有重大影响的案件；

③最高人民法院确定由中级人民法院管辖的案件。

4. 高级人民法院管辖的第一审民事案件

高级人民法院管辖在本辖区有重大影响的第一审民事案件。

5. 最高人民法院管辖的第一审民事案件

①在全国有重大影响的案件；②认为应当由本院审理的案件。

（三）地域管辖

地域管辖是指同级法院之间受理第一审案件的分工和权限。

1. 一般地域管辖

①一般地域管辖的原则。"原告就被告"，即由被告住所地人民法院管辖。

②一般地域管辖的例外。下列民事诉讼，由原告住所地人民法院管辖；原告住所地与经常居住地不一致的，由原告经常居住地人民法院管辖：对不在中华人民共和国领域内居住的人提起的有关身份关系的诉讼；对下落不明或者宣告失踪的人提起的有关身份关系的诉讼；对被采取强制性教育措施的人提起的诉讼；对被监禁的人提起的诉讼。

2. 特殊地域管辖

特殊地域管辖，是指地域管辖的一种，是以当事人住所地、诉讼标的或标的物及法律事实所在地为标准来确定案件管辖法院的一种管辖制度，一般适用于种类复杂的民事诉讼案件。

3. 专属管辖

专属管辖，是指法律强制规定某类案件只能由特定法院管辖，其他法院无权管辖，也不允许当事人协议变更管辖。例如，①因不动产纠纷提起的诉讼，由不动产所在地人民法院管辖；②因港口作业中发生纠纷提起的诉讼，由港口所在地人民法院管辖；③因继承遗产纠纷提起的诉讼，由被继承人死亡时住所地或者主要遗产所在地人民法院管辖。

4. 协议管辖

合同或者其他财产权益纠纷的当事人可以书面协议选择被告住所地、合同履行地、合同签订地、原告住所地、标的物所在地等与争议有实际联系的地点的人民法院管辖，但不得违反级别管辖和专属管辖的规定。

（四）裁定管辖

1. 移送管辖

人民法院发现受理的案件不属于本院管辖的，应当移送有管辖权的人民法院，受移送的人民法院应当受理。受移送的人民法院认为受移送的案件依照规定不属于本院管辖的，应当报请上级人民法院指定管辖，不得再自行移送。

2. 指定管辖

①有管辖权的人民法院由于特殊原因，不能行使管辖权的，由上级人民法院指定管辖。②人民法院之间因管辖权发生争议，由争议双方协商解决；协商解决不了的，报请它们的共同上级人民法院指定管辖。

3. 管辖权的转移

①上级人民法院有权审理下级人民法院管辖的第一审民事案件。确有必要将本院管的第一审民事案件交下级人民法院审理的，应当报请其上级人民法院批准。

②下级人民法院对其所管辖的第一审民事案件，认为需要由上级人民法院审理的，可以报请上级人民法院审理。

【知识拓展】

移送管辖与管辖权转移的区别

移送管辖与管辖权转移都属于裁定管辖，但两者有很大区别。移送管辖是无管辖权的法院把不属于自己管辖的案件移送到有管辖权的法院，移送的是案件；而管辖权转移是有管辖权的法院把管辖权转交给无管辖权的法院，移交的是管辖权。管辖权转移由上级法院决定或者同意；而移送管辖无须上级法院批准，受移送法院也不得拒绝。管辖权转移是在上下级法院之间，是对级别管辖的补充；而移送管辖一般是在同级法院之间。

五、民事诉讼的审判程序

（一）第一审程序

1. 第一审普通程序

第一审普通程序是人民法院审理第一审民事案件通常所适用的诉讼程序，它是民事案件审判中最基本的程序，在民事诉讼法中规定得最完整，适用范围最为广泛。

（1）起诉

起诉是指公民、法人或其他组织认为自己的民事权益受到侵害或发生争议，以自己名义向法院提起诉讼，请求法院予以解决的一种诉讼行为。起诉必须符合下列条件：第一，原告是与本案有直接利害关系的公民、法人和其他组织。第二，有明确的被告。第三，有具体的诉讼请求和事实、理由。第四，属于人民法院受理民事诉讼的范围和受诉人民法院管辖。第五，起诉应当向人民法院递交起诉状，按照被告人数提出副本。书写起诉状确有困难的，可以口头起诉，由人民法院记入笔录，告知对方当事人。

（2）受理

受理是人民法院对符合起诉法定条件的案件予以立案审理的诉讼行为。人民法院应当保障当事人依照法律规定享有的起诉权利。对符合起诉条件的，必须受理。符合起诉条件的，应当在7日内立案，并通知当事人；不符合起诉条件的，应当在7日内作出裁定书，不予受理；原告对裁定不服的，可以提起上诉。

（3）先行调解

当事人起诉到人民法院的民事纠纷，适宜调解的先行调解，但当事人拒绝调解的除外。

（4）审理前的准备

审理前的准备包括送达起诉状副本和答辩状副本、告知当事人有关的诉讼权利和义务、告知合议庭的组成人员等。

（5）开庭审理

开庭审理是人民法院在当事人及其他诉讼参与人的参加下，在法庭上对案件进行审理的诉讼活动。

第一，庭审准备。人民法院审理民事案件，应当在开庭3日前通知当事人和其他诉讼参与人。公开审理的，当公告当事人姓名、案由和开庭的时间、地点。

第二，法庭调查。按照下列顺序进行：①当事人陈述；②告知证人的权利义务，证人作证，宣读未到庭的证人证言；③出示书证、物证、视听资料和电子数据；④宣读鉴定意见；⑤宣读勘验笔录。当事人在法庭上可以提出新的证据。

第三，法庭辩论。按照下列顺序进行：①原告及其诉讼代理人发言；②被告及其诉讼代理人答辩；③第三人及其诉讼代理人发言或者答辩；④互相辩论。法庭辩论终结由审判长按照原告、被告、第三人的先后顺序征询各方最后意见。

第四，合议庭评议及裁判法庭辩论终结，应当依法作出判决。判决前能够调解的进行调解，调解不成的应当及时判决。合议庭评议暂时休庭，评议不公开进行，行少数服从多数的原则。

第五，宣告判决。人民法院对公开审理或者不公开审理的案件，一律公开宣告判决。

2. 第一审简易程序

第一审简易程序是指基层人民法院和它的派出法庭审理简单的民事案件所适用的一种民事诉讼程序。简易程序是简化了的第一审程序，可节约诉讼成本，提高审判效率，方便当事人诉讼。

基层人民法院和它的派出法庭审理事实清楚、权利义务关系明确、争议不大的简单的民事案件时，适用简易程序。基层人民法院和它的派出法庭审理上述以外的民事案件，当事人双方也可以约定适用简易程序。

人民法院在审理过程中，发现案件不宜适用简易程序的，裁定转为普通程序。

3. 小额诉讼程序

基层人民法院和它的派出法庭在审理事实清楚、权利义务关系明确、争议不大的简单的民事案件，标的额为各省、自治区、直辖市上年度就业人员年平均工资 50% 以下的，实行一审终审。

（二）第二审程序

1. 第二审程序的概念

第二审程序是指当事人对第一审人民法院未发生法律效力的裁判不服而提起上诉，二审人民法院对案件依法审理的审判程序。

2. 上诉的提起

人民法院审判民事案件，实行两审终审制。当事人不服地方人民法院第一审判决的，有权在判决书送达之日起 15 日内向上一级人民法院提起上诉。当事人不服地方人民法第一审裁定的，有权在裁定书送达之日起 10 日内向上一级人民法院提起上诉。上诉应当递交上诉状，通过原审人民法院提出，并按照对方当事人或者代表人的人数提出副本。当事人直接向第二审人民法院上诉的，第二审人民法院应当在 5 日内将上诉状移交原审人民法院。

【典型案例】

原告姜某诉被告郑某名誉侵权案中，一审法院认为被告侵犯了姜某的名誉权，应承担侵权的民事责任，法院依法判决被告在判决生效后 10 日内以书面形式公开向原告赔礼道歉，并赔偿精神损害抚慰金 2000 元。被告当场表示不服，提出要上诉，判决书送达被告 15 日却仍没有递交上诉状，法院根据原告的申请开始执行判决。被告认为他已经上诉，要等法院二审判决结果。

3. 上诉案件的审理

（1）审判组织形式和审理方式

应当由审判员组成合议庭，开庭审理。经过阅卷、调查和询问当事人，对没有提出新的事实、证据或者理由，合议庭认为不需要开庭审理的，可以不开庭审理。

（2）审判范围

第二审人民法院应当对上诉请求的有关事实和适用法律进行审查。

（3）上诉案件的裁判与调解

第二审人民法院对上诉案件审理后按照下列情形分别处理：第一，原判决、裁定认定事实清楚，适用法律正确的，以判决、裁定方式驳回上诉，维持原判决、裁定。第二，原判决、裁定认定事实错误或者适用法律错误的，以判决、裁定方式依法改判、撤销或者变更。第三，原判决认定基本事实不清的，裁定撤销原判决，发回原审人民法院重审，或者查清事实后改判。第四，原判决遗漏当事人或者违法缺席判决等严重违反法定程序的，裁定撤销原判决，发回原审人民法院重审。第五，第二审人民法院审理上诉案件，可以进行调解。调解达成协议，应当制作调解书，由审判人员、书记员署名，加盖人民法院印章。调解书送达后，原审人民法院的判决即视为撤销。人民法院审理对判决的上诉案件，应当在第二审立案之日起 3 个月内审结。有特殊情况需要延长的，由本院院长批准。人民法院审理裁定的上诉案件，应当在第二审立案之日起 30 日内作出终审裁定。第二审人民法院的判决、裁定，是终审判决、裁定。

［知识拓展］

可以适用于裁定的范围

裁定是指人民法院审理民事案件时，对所发生的程序上应当解决的事项作出的判定。裁定适用于下列范围：不予受理；对管辖权有异议的；驳回起诉；保全和先予执行；准许或者不准许撤诉；中止或者终结诉讼；补正判决书中的笔误；中止或者终结执行；撤销或者不予执行仲裁裁决；不予执行公证机关赋予强制执行效力的债权文书；其他需要裁定解决的事项。其中，对不予受理、管辖权异议、驳回起诉三项裁定可以上诉。

同步练习

一、不定项选择

1. 根据法律规定，可以启动再审程序的主体不包括（　　）

A. 当事人　　　　　　　　　B. 人民法院

C. 人民检察院　　　　　　　D. 各级人大常委会

2. 在民事诉讼中，以他人名义进行诉讼的是（　　）

A. 当事人　　　　　　　　　B. 第三人

C. 原告　　　　　　　　　　D. 诉讼代理人

3. 下列做法符合民事诉讼法关于协议管辖规定的是（　　）

A. 当事人口头约定管辖法院

B. 合同当事人约定二审管辖法院

C. 合同当事人共同选定了甲、乙两个与案件有联系的地方基层人民法院为管辖法院

D. 合同当事人约定由原告住所地法院管辖

4. 人民法院适用简易程序审理案件，应当在立案之日起多少日内审结？（　　）

A. 1个月　　　　　　　　　　B. 2个月

C. 6个月　　　　　　　　　　D. 3个月

5. 沈阳市中级人民法院在对一合同纠纷案件进行二审时，认为原一审判决认定事实错误，正确的处理方法是（　　）

A. 发回一审人民法院重审

B. 依法改判、撤销或者变更

C. 裁定撤销原判，发回重审或查清事实后直接予以改判

D. 应按再审程序处理

二、案例分析

陈某拥有房产两套，生有两个儿子和一个女儿。生前她一直与次子在其

中一套房居住，另外一套租给房客王某。陈某死后，次子独自料理陈某的丧事，并将两套遗产房卖给王某。大儿子得知此事后，以老二为被告向法院起诉，要求平分遗产。在诉讼进行中，女儿提出母亲生前立有遗嘱，将两套房全部留给自己，向法院提出要求取得全部遗产房。

　　问题：案中两个儿子、一个女儿及王某各处于什么诉讼地位？为什么？

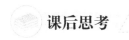

课后思考

刘某与淘宝管辖权异议案

　　家住北京市 A 区的甲（淘宝网实名认证注册账号为"紫藤"）于 2017 年 10 月 29 日在乙经营的"奢华专柜名鞋"淘宝店铺里购买了一双 Asics Nimbus17 跑步鞋。该网店声明："本店所有商品均购自海外，原盒原吊牌，绝无假货。"乙通过快递的方式将鞋子邮寄至甲位于江西省南昌市 B 区的老家。甲签收后打开包裹，发现鞋子严重脱胶，质量低劣，不符合网店标明的产品品质，于是要求退货。可是乙认为甲已经对货物予以签收，拒不退货。经与乙协商退货无果，甲在某论坛上发帖声讨该卖家兜售假货，并于 11 月 26 日以乙出售质量不合格商品为由，将其诉至北京市 A 区法院，要求其退付货款，并赔偿交通费、误工费等各项损失。与此同时，甲认为，在他发现乙所卖商品与专柜正品不符之后立即向淘宝投诉，并将与乙在网上协商退货的截图上传给淘宝，但淘宝对甲的投诉置之不理。淘宝作为大型购物网站，理应对其入驻经营者的经营行为履行监督职责，但淘宝却疏于监管，放任乙销售假冒伪劣商品，因此要求其与乙一起承担连带责任。北京市 A 区法院受理本案后向乙和淘宝公司送达起诉状副本、应诉通知等相关诉讼文书。淘宝公司在向北京市 A 区法院递交答辩状时，对本案提出了管辖权异议。淘宝公司认为，其与原告甲之间构成网络服务合同关系，原告在申请注册为淘宝用户时，点击同意了《淘宝服务协议》（协议文本共 19 页），该协议第九条第三项约定："一旦产生纠纷，您与淘宝平台的经营者均同意以被告住所地人民法院为第一审管辖法院。"（该条款位于协议文本的最后一页，用黑体字标明）。淘宝公司住所地在浙江省杭州市余杭区，该案第一审管辖法院应为杭州市余杭区法院，所以要求法院将本案移送至杭州市余杭区法院审理。经查，乙的户口一直在老家长沙市 C 区，2014 年外出去深圳市 D 区打工，2016 年年初才从深圳搬迁至上海市 E 区居住。为开设网店，乙于 2017 年 8 月 5 日在工商行政管理部门注册登记为个体工商户。

如果淘宝公司与甲并未就双方之间发生的纠纷约定管辖条款，则应根据《民事诉讼法》第二十三条的规定，适用合同纠纷的一般管辖规则即由被告住所地或者合同履行地人民法院管辖。淘宝公司与甲之间协议管辖条款是否有效需从以下两个层面考虑：其一，条款性质。双方之间约定管辖的条款处于《淘宝服务协议》第九条第三项，而该协议的性质属于格式合同。其二，条款效力。根据《民事诉讼法司法解释》第三十一条的规定，经营者使用格式条款与消费者订立管辖协议，未采取合理方式提请消费者注意，消费者主张管辖协议无效的，人民法院应予支持。根据《民法典》的规定，提供格式条款一方对格式条款中免除或者限制其责任的内容，在合同订立时采用足以引起对方注意的文字、符号、字体等特别标识，并按照对方的要求对该格式条款予以说明的，可认为系采取了"合理的方式"。

参考文献

1. 李昌麒. 经济法学 [M]. 北京：中国政法大学出版社，2002.

2. 盛杰民. 经济法概念 [M]. 北京：人民法院出版社，2003.

3. 朱晔. 经济法学 [M]. 广州：暨南大学出版社，2008.

4. 史正保. 经济法概论 [M]. 北京：经济科学出版社，2009.

5. 唐立新，汪发元. 经济法新编 [M]. 武汉：武汉大学出版社，2009.

6. 漆多俊. 经济法学 [M]. 北京：高等教育出版社，2010.

7. 刘泽海. 新编经济法教程 [M]. 2版. 北京：清华大学出版社，2013.

8. 巩传红，杨晖. 经济法教程 [M]. 北京：中国财政经济出版社，2013

9. 王肃元. 经济法概论 [M]. 北京：经济科学出版社，2013.

10. 王先林，焦海涛，许多奇，等. 经济法学专题研究 [M]. 北京：法律出版社，2013.

11. 刘泽海，王强. 经济法 [M]. 4版. 南京：南京大学出版社，2013.

12. 赵亮，程艳霞. 经济法 [M]. 北京：人民邮电出版社，2014.

13. 吕吉海，王珂，王蕊. 经济法基础 [M]. 2版. 北京：北京邮电大学出版社，2016.

14. 薛全忠. 经济法基础教程 [M]. 长春：吉林大学出版社，2016.

15. 孙桂娟，徐雅利，周燕迎. 经济法概论 [M]. 北京：高等教育出版社，2016.

16. 马洪. 经济法概论 [M]. 7版. 上海：上海财经大学出版社，2017.

17. 田立军，荣建华，葛歆，等. 市场经济法律教程 [M]. 6版. 上海：复旦大学出版社，2018.

18. 徐孟洲，孟雁北. 竞争法 [M]. 3版. 北京：中国人民大学出版社，2018.

19. 刘文华，孟雁北. 经济法练习题集 [M]. 5版. 北京：中国人民大学出版社，2020.

20.《经济法学》编写组. 经济法学 [M]. 北京：高等教育出版社，2022.

21. 陈云良. 现代经济法学［M］. 北京：高等教育出版社，2022.

22. 隋彭生. 合同法［M］. 10 版. 北京：中国人民大学出版社，2023.

23. 张守文. 经济法学［M］. 8 版. 北京：北京大学出版社，2024.

24. 刘继锋. 经济法案例研习［M］. 北京：中国政法大学出版社，2023.

25. 中国注册会计师协会. 经济法［M］. 北京：中国财政经济出版社，2024.

26. 黄赤东，梁书文. 产品质量法及配套规定新释新解［M］. 北京：人民法院出版社，2001.

27. 马原. 消费者权益保护分解适用集成［M］. 北京：人民法院出版社，2004.

28. 郭学文. 电子商务交易法律问题研究［M］. 青岛：中国海洋大学出版社，2008.

29. 国务院法制办公室. 中华人民共和国产品质量法注解与配套［M］. 2 版. 北京：中国法制出版社，2012.

30. 何山. 中华人民共和国消费者权益保护法释义及实用指南［M］. 北京：中国民主法制出版社，2013.

31. 于海英. 法律专家教您如何消费维权［M］. 长春：吉林文史出版社，2015.

32. 刘双舟. 广告法律法规适用全书［M］. 北京：中国工商出版社，2016.

33. 本书编写组. 中华人民共和国互联网法律法规文件全书［M］. 法律出版社，2017.

34. 全国人大财经委电子商务法起草工作小组. 中华人民共和国电子商务法律法规政策汇编［M］. 北京：华夏出版社，2018.

35. 刘玉民，于海侠. 合同类案例裁判规则与法律指南［M］. 北京：人民法院出版社，2011.

36. 戚庆余. 企业合同管理法律实务应用全书［M］. 北京：中国法制出版社，2012.

37. 栾兆安. 房屋买卖合同签订指南：纠纷、漏洞、陷阱与风险防范［M］. 北京：法律出版社，2014.

38. 王利明，杨立新，王轶，等. 民法学［M］. 5 版. 北京：法律出版社，2017.

39. 王利明. 民法总则［M］. 北京：中国人民大学出版社，2017.

40. 李少伟. 民法学教程［M］. 3 版. 北京：法律出版社，2017.

41. 李永军. 中华人民共和国民法总则精释与适用［M］. 北京：中国民主法制出版社，2017.

42. 杨立新. 中华人民共和国民法典条文精释与实案全析［M］. 北京：中国人民大学出版社，2022.

43. 龙翼飞. 民法学·上册［M］. 北京：国家开放大学出版社，2023.

44. 严波. 建设工程招投标与合同管理［M］. 重庆：重庆大学出版社，2023.

45. 《个人独资企业法》起草工作小组.《中华人民共和国个人独资企业法》条文释义［M］. 北京：改革出版社，1999.

46. 曹德斌，张小奕. 新合伙企业法实用手册［M］. 北京：中国工商出版社，2007.

47. 朱少平.《中华人民共和国合伙企业法》释义及实用指南［M］. 北京：中国民主法制出版社，2013.

48. 闫冬梅. 小微企业法律实务与风险防控［M］. 北京：中国政法大学出版社，2017.

49. 赵旭东. 新公司法讲义［M］. 北京：人民法院出版社，2005.

50. 高云. 公司法一本通（应用版）［M］. 北京：法律出版社，2016.

51. 王东敏. 公司法审判实务与疑难问题案例解析［M］. 北京：人民法院出版社，2017.

52. 杨景宇，信春鹰.《中华人民共和国劳动合同法》解读［M］. 武汉：湖北教育出版社，2007.

53. 黎建飞. 劳动合同法与实施条例简明问答三百问［M］. 北京：中国人民大学出版社，2008.

54. 中国法律出版社. 劳动法律纠纷处理一本通［M］. 北京：中国法制出版社，2009.

55. 郭捷. 劳动法学［M］. 北京：中国政法大学出版社，2011.

56. 中国法制出版社. 劳动法律政策解读与实用范本典型案例全书［M］. 北京：中国法制出版社，2013.

57. 刘新苗. 人力资源管理操作实务与细节大全［M］. 北京：中国法制出版社，2013.

58. 关怀，林嘉. 劳动法［M］. 北京：中国人民大学出版社，2016.

59. 陈若冰. 劳动法与社会保障法导引与案例［M］. 北京：经济科学出版社，2018.

60. 梁书文，童兆洪. 最新知识产权损害赔偿及配套法律法规行政解释司法解释与典型案例 ［M］. 北京：中国人民公安大学出版社，2001.

61. 黄松有. 知识产权司法解释实例释解 ［M］. 北京：人民法院出版社，2006.

62. 安凤德，李旭辉，常亮. 知识产权犯罪疑难案例精析 ［M］. 杭州：浙江大学出版社，2007.

63. 乔晓阳. 中华人民共和国商标法释义及实用指南 ［M］. 北京：法律出版社，2013.

64. 吴汉东. 知识产权法 ［M］. 6 版. 北京：北京大学出版社，2022.

65. 刘春田. 知识产权法学 ［M］. 2 版. 北京：高等教育出版社，2022.

66. 国家知识产权局. 中华人民共和国商标法释义 ［M］. 北京：法律出版社，2023.

67. 刘贵祥. 新民事诉讼法条文例解与法律适用 ［M］. 北京：人民法院出版社，2012.

68. 汤维建. 新民事诉讼法适用疑难问题新释新解 ［M］. 中国检察出版社，2013.

69. 《民事诉讼法》编写组. 民事诉讼法 ［M］. 3 版. 北京：高等教育出版社，2022.

70. 江伟，肖建国. 仲裁法 ［M］. 4 版. 北京：中国人民大学出版社，2023.